Die Piratenpartei

Oskar Niedermayer (Hrsg.)

Die Piratenpartei

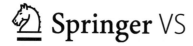
Springer VS

Herausgeber
Oskar Niedermayer
Freie Universität Berlin,
Deutschland

ISBN 978-3-531-19474-5   ISBN 978-3-531-19475-2 (eBook)
DOI 10.1007/978-3-531-19475-2

Die Deutsche Nationalbibliothek verzeichnet diese Publikation in der Deutschen National-
bibliografie; detaillierte bibliografische Daten sind im Internet über http://dnb.d-nb.de
abrufbar.

Springer VS
© Springer Fachmedien Wiesbaden 2013
Das Werk einschließlich aller seiner Teile ist urheberrechtlich geschützt. Jede Verwertung,
die nicht ausdrücklich vom Urheberrechtsgesetz zugelassen ist, bedarf der vorherigen Zustimmung des Verlags. Das gilt insbesondere für Vervielfältigungen, Bearbeitungen, Über-
setzungen, Mikroverfilmungen und die Einspeicherung und Verarbeitung in elektronischen
Systemen.

Die Wiedergabe von Gebrauchsnamen, Handelsnamen, Warenbezeichnungen usw. in diesem
Werk berechtigt auch ohne besondere Kennzeichnung nicht zu der Annahme, dass solche
Namen im Sinne der Warenzeichen- und Markenschutz-Gesetzgebung als frei zu
betrachten wären und daher von jedermann benutzt werden dürften.

Gedruckt auf säurefreiem und chlorfrei gebleichtem Papier

Springer VS ist eine Marke von Springer DE. Springer DE ist Teil der Fachverlagsgruppe
Springer Science+Business Media
www.springer-vs.de

Inhalt

Oskar Niedermayer
Einleitung: Erfolgsbedingungen neuer Parteien
im Parteiensystem 7

Henning Bartels
Die Vorgeschichte: die Urheberrechtsdebatte
und die schwedische Piratpartiet 15

Oskar Niedermayer
Die Piraten im parteipolitischen Wettbewerb:
von der Gründung Ende 2006 bis zu den Wahlerfolgen
in Berlin 2011 und im Saarland 2012 29

Oskar Niedermayer
Die Wähler der Piratenpartei: wo kommen sie her,
wer sind sie und was bewegt sie zur Piratenwahl? 63

Stefanie Haas und Richard Hilmer
Backbord oder Steuerbord: Wo stehen die Piraten politisch? 75

Oskar Niedermayer
Organisationsstruktur, Finanzen und Personal der Piratenpartei 81

Christoph Bieber/Markus Lewitzki
Das Kommunikationsmanagement der Piraten 101

Tobias Neumann
Ein Blick nach Innen: Das Selbstverständnis der Piraten 125

Manuela S. Kulick
Die Piratenpartei und die Genderproblematik 149

Felix Neumann
Plattformneutralität. Zur Programmatik der Piratenpartei 175

Marc Debus und Thorsten Faas
Die Piratenpartei in der ideologisch-programmatischen
Parteienkonstellation Deutschlands: Das Füllen einer Lücke? 189

Carsten Koschmieder
Die Piratenfraktion im Berliner Abgeordnetenhaus 213

Oskar Niedermayer
Die netzpolitischen Reaktionen der anderen Parteien
auf das Erscheinen der Piratenpartei 237

Einleitung: Erfolgsbedingungen neuer Parteien im Parteiensystem

Oskar Niedermayer

1 Zur Messung des „Erfolgs" neuer Parteien im Parteiensystem

Parteiensysteme sind über die Zeit hinweg Veränderungen unterworfen. Insbesondere versuchen immer wieder neu gegründete Parteien, im Parteiensystem Fuß zu fassen. Ob sie damit Erfolg haben oder scheitern, wird von einer ganzen Reihe von Faktoren beeinflusst. Bevor man sich der Analyse dieser Erfolgsbedingungen zuwenden kann, muss zunächst geklärt werden, was unter „Erfolg" zu verstehen ist. Der „Erfolg" einer neuen Partei im Parteiensystem kann sehr unterschiedlich gemessen werden. Wir werden im Folgenden das sukzessive Erreichen von mehreren Karrierestufen, die qualitative Veränderungen der Rolle einer Partei im Parteiensystem markieren, als Erfolgskriterium benutzen.[1] Die Entwicklung einer Partei über die Zeit hinweg wird somit als eine Art „Lebenszyklus" gesehen, in dessen Verlauf es natürlich nicht nur aufwärts geht: Es kann auch Misserfolge geben, d. h. das Zurückfallen auf eine niedrigere Karrierestufe, bis hin zum „Tod", d. h. zur Auflösung der Partei oder ihrer Verschmelzung mit einer anderen Partei.

Diese Sichtweise ist in der Parteienforschung nicht neu. Eines der bekanntesten früheren Modelle ist das „lifespan"-Modell von Pedersen (1982: 6 f.), der vier Karrierestufen unterscheidet: „declaration" (die politische Gruppe entscheidet sich zur Wahlteilnahme), „authorization" (die Partei wird zu einer Wahl zugelassen), „representation" (die Partei ist parlamentarisch repräsentiert) und „relevance" (die Partei verfügt über „coalition potential" oder „blackmail potential"). Bei der Bestimmung der vierten Stufe knüpft er an Sartoris (1976: 122 f.) Kriterium für die Relevanz von Parteien an, nach dem eine parlamentarisch repräsentierte Partei dann als irrelevant angesehen werden kann, wenn sie kein Koalitionspotenzial hat, d. h. wenn „it is never needed or put to use for any feasible coalition

---

1 Zum Folgenden vgl. auch Niedermayer 2010.

majority". Unabhängig von ihrem Koalitionspotenzial muss eine Partei jedoch immer dann als relevant angesehen werden, wenn sie Erpressungspotenzial hat, indem „its existence, or appearance, affects the tactics of party competition". In Anlehnung an Pedersen und Lipset/Rokkan (1967) entwickelt Müller-Rommel (1993: 34) für seine Analyse der Grünen in Westeuropa ein Modell, das von drei Hürden ausgeht, die überwunden werden müssen: die Legalitätshürde (Erfüllung der rechtlichen Voraussetzungen für die Nominierung von Kandidaten für lokale und regionale Wahlen), die Mobilisierungshürde (Aufbau einer nationalen Organisation und Nominierung von Kandidaten für nationale Parlamentswahlen) und die Repräsentationshürde (Vertretung im nationalen Parlament).

Zu diesen Modellen lassen sich einige kritische Anmerkungen machen: Erstens umfassen politikwissenschaftliche Parteidefinitionen neben dem Kriterium der Organisiertheit in aller Regel auch das Kriterium der tatsächlichen Wahlteilnahme und nicht der bloßen Absicht, an einer Parlamentswahl teilzunehmen (Niedermayer 2007: 125 f.). Eine gesellschaftliche Organisation ist daher nicht schon deshalb eine Partei, weil sie sich so nennt bzw. an Wahlen teilnehmen möchte, sondern erhält diesen Status erst dann, wenn sie tatsächlich an einer Wahl teilnimmt. Zweitens kann eine Partei durchaus Erpressungspotenzial besitzen, ohne parlamentarisch repräsentiert zu sein. Drittens treten bei der Bestimmung der parlamentarischen Relevanz einer Partei nach ihrer Bedeutung für „feasible" – also politisch machbare – Koalitionen des Öfteren Operationalisierungsprobleme auf, da nicht immer klar zu bestimmen ist, ab wann eine neue Partei von den anderen Parteien als prinzipiell koalitionsfähig angesehen wird. Als problemlos operationalisierbare Alternative bietet sich an, eine parlamentarisch vertretene Partei dann als relevant anzusehen, wenn mit ihr eine minimale Gewinnkoalition gebildet werden kann. Darunter wird im Rahmen der Koalitionstheorien eine Koalition verstanden, die zum einen über eine Regierungsmehrheit verfügt (im Gegensatz zu einer Minderheitskoalition) und zum anderen eine minimale Größe in dem Sinne besitzt, dass jede Koalitionspartei zum Erreichen der Mehrheit benötigt wird (im Gegensatz zu einer übergroßen Koalition). Kann mit einer Partei eine minimale Gewinnkoalition gebildet werden, ist durch ihre Einbeziehung also rein rechnerisch die Bildung einer Mehrheitsregierung möglich, so ist diese Partei insofern relevant, als die für eine solche Koalition in Frage kommenden anderen Parteien die Partei in ihre prinzipiellen Koalitionsüberlegungen einbeziehen und eine positive oder negative Koalitionsentscheidung treffen müssen. Ist dies nicht der Fall, dann spielt die Partei für Koalitionsbildungsüberlegungen keinerlei Rolle und ist daher für Regierungsbildungsprozesse vollkommen irrelevant. Viertens hat eine Partei mit dem Status als relevante Parlamentspartei

Einleitung: Erfolgsbedingungen neuer Parteien im Parteiensystem 9

noch nicht die höchsten Stufen der Karriereleiter erreicht. Dies ist erst mit einer Regierungsbeteiligung bzw. mit dem Stellen des Regierungschefs der Fall. Wir unterscheiden daher in unserem Modell zur Messung des Erfolgs einer neuen Partei im Parteiensystem sechs Karrierestufen:

- Wahlteilnahme (Zuerkennung der Parteieigenschaft durch die Zulassung zu einer Parlamentswahl – in der Bundesrepublik die Zulassung zu einer Landtags- oder Bundestagswahl).
- Wettbewerbsbeeinflussung (die Existenz oder Aktivitäten der Partei führen zu Reaktionen anderer Parteien im Parteienwettbewerb). Die neue Partei erhält damit parteistrategische Relevanz für ihre Konkurrentinnen.
- Parlamentarische Repräsentation (Einzug in ein Parlament, d. h. in Deutschland in einen Landtag, in den Bundestag oder in das Europäische Parlament). Dies ist der Indikator für elektorale Relevanz, d. h. für die Unterstützung durch einen relevanten Teil der Wählerschaft.
- Koalitionsstrategische Inklusion (mit der Partei können rein rechnerisch minimale Gewinnkoalitionen gebildet werden). Damit erhält die Partei gouvernementale Relevanz, d. h. sie wird in Überlegungen zur Regierungsbildung einbezogen.
- Regierungsbeteiligung (die Partei wird als Juniorpartner an einer Regierung beteiligt).
- Regierungsübernahme (die Partei stellt die Regierungschefin/den Regierungschef und hat damit die höchste Stufe ihrer Karriere erreicht).

2 Erfolgsbedingungen neuer Parteien im Parteienwettbewerb

Als Erfolgsbedingungen einer Partei im Parteienwettbewerb lassen sich diejenigen Faktoren ansehen, die das Erreichen der verschiedenen Karrierestufen fördern oder behindern. Die Strukturierung der Fülle dieser Faktoren wird vereinfacht, wenn man sich vergegenwärtigt, dass für Parteiensysteme in demokratischen Gesellschaften der freie Wettbewerb zwischen den Parteien konstitutiv ist und jede Art von Wettbewerb durch Angebot, Nachfrage und Rahmenbedingungen bestimmt wird. Die Angebotsseite des politischen Wettbewerbs bilden die einzelnen Parteien, die durch den Einsatz von Ressourcen, durch inhaltliche Politikangebote und mit Hilfe unterschiedlicher Strategien versuchen, den Wettbewerb in ihrem Sinne zu beeinflussen bzw. für sich zu entscheiden. Die Nachfrageseite wird durch die Orientierungen und Verhaltensweisen der Wahlberechtigten gebildet.

Der politische Wettbewerb wird zudem durch eine Reihe von Rahmenbedingungen beeinflusst, die von den Wettbewerbsteilnehmern einerseits beachtet werden müssen, andererseits aber auch zum Teil – zumindest für zukünftige Wahlen – beeinflusst werden können.

Betrachten wir zunächst die Angebotsseite des politischen Wettbewerbs, so beeinflussen im Einzelnen die folgenden Faktoren den Erfolg einer neuen Partei im Parteiensystem:

- Die Ressourcen der Partei und ihrer Konkurrentinnen, insbesondere:
  - Organisationsstrukturen (regionale/lokale Organisationseinheiten bzw. die Existenz funktionaler Äquivalente für eine territoriale Organisation);
  - Mitglieder (Anzahl der Parteimitglieder und sozialstrukturelle Zusammensetzung der Mitgliedschaft);
  - Führungspersonal (Bekanntheit, Kommunikationsfähigkeiten nach außen und parteiinterne Führungsfähigkeiten);
  - Finanzausstattung (Höhe der selbsterwirtschafteten Einnahmen und Teilnahme an der öffentlichen Teilfinanzierung);
  - Motivation (Motivation der Mitglieder und des Führungspersonals zur Behauptung bzw. Stärkung der Rolle der neuen Partei);
  - Willensbildungsprozesse (Ausgestaltung der parteiinternen Willensbildungs- und Entscheidungsprozesse);
  - Strategiefähigkeit (Existenz eines strategischen Zentrums zur Steuerung der Partei im Wettbewerb);
- Die Strategien der Partei und ihrer Konkurrentinnen:
  - Inhaltliche und organisatorische Strategien der Parteien zur Wählermobilisierung;
  - Strategien der Konkurrenzparteien gegenüber der neuen Partei (inhaltliche Reaktionen: Ignorierung, Stigmatisierung, Thematisierung, Auseinandersetzung, Annäherung, Übernahme; organisationsbezogene Reaktionen: Kooperation, Eingliederung, Fusion).
- Die inhaltlichen Politikangebote der Partei und ihrer Konkurrentinnen:
  - Verortung der Parteien auf den wesentlichen Konfliktlinien, die den Parteienwettbewerb prägen;
  - Haltung zu einzelnen relevanten Themen.

Auf der Nachfrageseite des Parteienwettbewerbs können die folgenden Orientierungen und Verhaltensweisen der Wahlberechtigten den Erfolg einer neuen Partei beeinflussen:

- Das Ausmaß an und die Stärke von langfristigen Parteibindungen;
- Die generellen Orientierungen gegenüber neuen Parteien;
- Die Existenz, Veränderung und Herausbildung zentraler gesellschaftlicher Konfliktlinien, die sozialstrukturell verankert sind und/oder auf unterschiedlichen Wertorientierungen beruhen;
- Die Interessen und Organisierbarkeit bestimmter Gruppen in der Bevölkerung;
- Die Orientierungen gegenüber einzelnen politischen Themen (Relevanz, inhaltliche Orientierung, Kompetenzzuweisung, Katalysatorthemen);
- Die Orientierungen gegenüber dem politischen Spitzenpersonal der Parteien.

Zu den Rahmenbedingungen des politischen Wettbewerbs, die den Erfolg einer neuen Partei beeinflussen können, gehören:

- Der rechtliche Rahmen:
  - Parteienrecht (insbesondere die Regelungen zur Gründung und zum Verbot von Parteien sowie die Ausgestaltung der öffentlichen Parteienfinanzierung);
  - Wahlrecht (Regeln für die Wahlteilnahme und die parlamentarische Repräsentation);
- Die Staatsorganisation (Föderalismus vs. Unitarismus);
- Die Situation im übrigen intermediären System, vor allem das Ausmaß der Unterstützung durch Medien, Verbände und soziale Bewegungen;
- Ökonomische, soziale, demographische, innen- und außenpolitische, ökologische und technologische Entwicklungen bzw. Ereignisse, die zu Veränderungen der inhaltlichen Positionen bzw. Strategien der Parteien oder der Orientierungen bzw. Verhaltensweisen der Bürger führen.

Erreicht eine Partei eine bestimmte Karrierestufe, so hat dies in der Regel Auswirkungen auf die verschiedenen Gruppen von Erfolgsfaktoren und beeinflusst daher auch die Chancen der Partei, die nächste Stufe zu erreichen. So kann z. B. das Erreichen der Karrierestufe der Wettbewerbsbeeinflussung durch die sichtbaren Reaktionen der anderen Parteien die Wahrnehmung der neuen Partei durch die Wähler verstärken und dadurch ihre Chance auf parlamentarische Repräsentation bei der nächsten Wahl erhöhen.

Die Relevanz der verschiedenen Erfolgsbedingungen variiert stark je nach dem Typus, dem sich die neue Partei zuordnen lässt. In der Parteienforschung gibt es keinen Konsens über die Typenbildung bei neuen Parteien.[2] Kombiniert man zur Typenbildung die Faktoren „inhaltliche Orientierung" und „politische Repräsentation", so lassen sich z. B. folgende Typen unterscheiden:

- Ein-Themen-Parteien, die in ihrer inhaltlichen Orientierung ausschließlich auf ein einziges politisches Thema fixiert sind. Dabei handelt es sich meist um ein so genanntes „position issue", zu dem diametral entgegengesetzte politische Zielvorstellungen existieren, und die Partei versucht alle Wahlberechtigten zu repräsentieren, die eine dieser Zielvorstellungen teilen (z. B. Anti-EU-Parteien, die für einen Austritt ihres Landes aus der EU kämpfen).
- Klientelparteien, die die Interessen einer bestimmten, relativ klar abgegrenzten Wählerklientel in verschiedenen Politikbereichen vertreten (z. B. Rentnerparteien).
- Cleavage-Repräsentationsparteien, die einen Pol einer neu entstandenen, zentralen gesellschaftlichen Konfliktlinie repräsentieren (z. B. die Grünen in der Anfangsphase).
- Ideologische Nischenparteien, die die Anhänger bestimmter, nicht allzu weit verbreiteter Ideologien oder Weltanschauungen repräsentieren (z. B. „Die Violetten – für spirituelle Politik").
- Personenbezogene Parteien, die primär den Interessen ihrer Führungsperson dienen (z. B. einige der neuen Parteien in Mittel-Ost-Europa).
- Regionalparteien, die auf eine bestimmte Region beschränkt sind und die Interessen der Bürger dieser Region vertreten wollen (z. B. die Bayernpartei).
- Spaßparteien, die die satirische Parodie von Inhalten und Methoden der anderen Parteien mit zuweilen ernsthaften politischen Positionen verbinden (z. B. Die PARTEI).

Es ist evident, dass z. B. für den Erfolg einer Ein-Themen-Partei die gesellschaftliche Relevanz dieses Themas und die der Partei durch die Wahlberechtigten zugemessene Problemlösungskompetenz eine zentrale Rolle spielt, während für ideologische Nischenparteien die Frage im Mittelpunkt steht, wie viele Bürger ihre Ideologie teilen bzw. von ihr überzeugt werden können, und für personenbezogene Parteien das Charisma und die „Medientauglichkeit" ihrer Führungsperson relevant ist.

---

2 Zu den unterschiedlichen Faktoren, die zur Typenbildung herangezogen werden, vgl. z. B. Lucardie (2007).

In föderalistischen Staaten lassen sich der Erfolg einer neuen Partei im Parteiensystem und seine Ursachen auf den verschiedenen politischen Ebenen untersuchen. In der Bundesrepublik Deutschland heißt dies, dass man sowohl die Parteiensysteme in den einzelnen Bundesländern als auch das gesamtdeutsche Parteiensystem auf der Bundesebene in den Blick nehmen kann. Hinzu kommt, dass in solchen Staaten die beiden Politikebenen sich gegenseitig beeinflussen. Dies bedeutet, dass prinzipiell alle genannten Erfolgsbedingungen und das Erreichen bestimmter Karrierestufen auf der Landesebene auch den Erfolg einer neuen Partei auf der Bundesebene beeinflussen können und umgekehrt. So kann z. B. der Einzug einer Partei in einen Landtag durch die dadurch bewirkte Stärkung der öffentlichen Resonanz, Steigerung der Medienaufmerksamkeit und Verbesserung der Ressourcenausstattung die Chancen der Partei auf parlamentarische Repräsentation auch auf der Bundesebene erhöhen.

3   Zu diesem Band

Der vorliegende Band liefert zum einen eine umfassende Analyse der Piratenpartei[3] und beleuchtet zum anderen die Erfolgsbedingungen, die dazu geführt haben, dass die Piraten mit der Berliner Abgeordnetenhauswahl von 2011 auf der Landesebene die vierte Karrierestufe erreicht haben und auch bundespolitisch Beachtung finden. Henning Bartels beschäftigt sich mit der vor allem durch die schwedische Piratpartiet geprägten internationalen Vorgeschichte der Piratenpartei Deutschlands, Oskar Niedermayer analysiert ihren Werdegang im politischen Wettbewerb und ihre Wählerschaft, Stefanie Haas und Richard Hilmer fragen, wo sie politisch stehen, Oskar Niedermayer beleuchtet die Entwicklung ihrer organisatorischen, finanziellen und personellen Ressourcen, Christoph Bieber und Markus Lewitzki nehmen ihr Kommunikationsmanagement in den Blick, Tobias Neumann analysiert ihr Selbstverständnis, Manuela Kulick beschäftigt sich mit der Genderproblematik, Felix Neumann liefert eine Analyse ihrer programmatischen Entwicklung, Marc Debus und Thorsten Faas verorten sie in der Konfliktstruktur des deutschen Parteiensystems, Carsten Koschmieder nimmt ihre parlamentarische Arbeit im

---

3   Der Name der Partei spielt auf die für ihre Gründung wesentliche Auseinandersetzung um Urheberrechtsfragen im digitalen Zeitalter an, in deren Verlauf die Musik- und Filmindustrieverbände eine Kampagne starteten, in der Verstöße gegen Urheberrechtsgesetze „Raubkopien" (englisch: Piracy) genannt wurden.

Berliner Abgeordnetenhaus unter die Lupe und Oskar Niedermayer beleuchtet im letzten Kapitel die netzpolitischen Reaktionen der anderen Parteien.

Literatur

Lipset, Seymour M./Rokkan, Stein (1967): Cleavage Structures, Party Systems, and Voter Alignments: An Introduction, in: Lipset, Seymour Martin/Rokkan, Stein (Hrsg.): Party Systems and Voter Alignments. Cross-national Perspectives. New York: The Free Press, S. 1–64.

Lucardie, Paul (2007): Zur Typologie der politischen Parteien, in: Decker, Frank/Neu, Viola (Hrsg.): Handbuch der deutschen Parteien. Wiesbaden: VS Verlag für Sozialwissenschaften, S. 62–78.

Müller-Rommel, Ferdinand (1993): Grüne Parteien in Westeuropa. Opladen: Westdeutscher Verlag.

Niedermayer, Oskar (2007): Parteien, in: Fuchs, Dieter/Roller, Edeltraud (Hrsg.): Lexikon Politik. Stuttgart: Reclam, S. 195–197.

Niedermayer, Oskar (2010): Erfolgsbedingungen neuer Parteien im Parteiensystem am Beispiel der Piratenpartei Deutschland, in: Zeitschrift für Parlamentsfragen, 41, S. 838–854.

Pedersen, Mogens N. (1982): Towards a New Typology of Party Lifespans and Minor Parties, in: Scandinavian Political Studies, 5, S. 1–16.

Sartori, Giovanni (1976): Parties and Party Systems. A Framework for Analysis. Cambridge: Cambridge University Press.

Die Vorgeschichte: die Urheberrechtsdebatte und die schwedische Piratpartiet

Henning Bartels

1 Der technische Fortschritt und die Auswirkungen auf die Urheberrechtsdebatte

Das Auftreten einer neuen politischen Vereinigung ist nicht selten auf gesellschaftliche Veränderungen zurückzuführen, die neue Fragen und Probleme mit sich bringen und auf die die etablierten politischen Kräfte keine bzw. – aus Sicht eines nicht unerheblichen Teils der Wählerschaft – keine ausreichenden Antworten bieten. So ist z. B. die Erfolgsgeschichte der Grünen in der bundesdeutschen Parteienlandschaft untrennbar mit den Umweltschutz- und Friedensbewegungen verbunden, deren Interessen keine der damaligen Parteien vertretenen wollte bzw. konnte.

Die Piratenpartei kann zwar nicht mit so augenscheinlich existenziellen Themen wie Umwelt oder Frieden aufwarten, dennoch ist auch ihr Erscheinen auf der politischen Bildfläche eng damit verbunden, dass die vorhandenen politischen Kräfte neu auftretende Fragestellungen nicht befriedigend beantworten konnten oder gar ignorierten. Der Auslöser der Veränderungen, an deren Ende die Gründung der Piratenpartei steht, ist der technische Fortschritt, genauer gesagt der Siegeszug von Computer und Internet, sprich: die Digitalisierung von Content (Musik, Filme, Texte, Software etc.) und dessen praktisch grenzenloser privater Vertrieb.

Bis in die 6oer Jahre des vergangenen Jahrhunderts hinein war es normalen Musikkonsumenten praktisch unmöglich, selbst Medien mit eigens zusammengestellter Musik herzustellen. Dies änderte sich erstmals mit dem Aufkommen von Tonbändern und Musikkassetten. Bereits damals zeigte sich das spätere Dilemma in Ansätzen, versuchten doch die Rechteinhaber schon zu dieser Zeit ein generelles Kopierverbot durchzusetzen. Da eine solche Restriktion allerdings von staatlicher Seite als undurchsetzbar erachtet wurde – eine dazu nötige Kontrolle aller

Privathaushalte war undenkbar – erhielten die Musikverwerter in Deutschland eine Kompensation durch die Einführung einer Leermittelabgabe.

> „Da sich ein Verbot der Anfertigung privater Kopien nicht hätte durchsetzten lassen, entschied sich der Gesetzgeber zur Einführung einer pragmatischen Lösung und führte erstmals einen pauschalisierten Schadensersatz ein. Das 1965 verabschiedete Urheberrecht trug der expandierenden Nachfrage nach Aufnahmegeräten Rechnung, indem es die Institution der ‚erlaubnisfreien Privatkopie' schuf und gleichzeitig den Urhebern einen Anspruch auf Vergütung zusprach. Ermöglicht wurde dadurch das Vervielfältigen zum privaten und sonstigen eigenen Gebrauch ohne vorherige Erlaubniseinholung."[1]

Diese Regelung impliziert kein Recht auf eine Privatkopie, allerdings eine Duldung des Kopierens zum privaten Gebrauch. Im Zuge der Gesetzesanpassungen zum bundesdeutschen Urheberrecht wurde eingeschränkt, dass eine Privatkopie von „offensichtlich rechtswidrig" hergestellten (1. Korb, 2003) bzw. „offensichtlich rechtswidrig ... öffentlich zugänglich" gemachten Vorlagen (2. Korb, 2008) unzulässig ist.

Obwohl die Problematik hier anhand der bundesdeutschen Rechtslage skizziert wird, unterscheidet sich die Lage in anderen Ländern nicht wesentlich. Hauptproblem aus Sicht der internationalen Content-Industrie sind die – erlaubten bzw. geduldeten – Privatkopien. Denn seit zu Beginn der 90er Jahre des vergangenen Jahrhunderts hat sich die Situation durch die Erfindung der mp3-Datei – die das Datenvolumen z. B. eines Musikdatei drastisch minimiert – und die Entwicklung von leistungsstarken Computern inklusive CD- und DVD-Brennern sowie durch den Siegeszug des Internets dramatisch verändert. Musik- und Filmindustrie hatten durch die technische Entwicklung ihr wichtigstes Monopol verloren, nämlich die exklusive Fähigkeit, physische Medien mit ihren Inhalten in absolut perfekter Qualität herzustellen. Dies kann nun in jedem Haushalt, der über einen handelsüblichen Computer verfügt, geleistet werden. Und die Folgen des Internets brachte Eben Moglen, Rechtsprofessor an der Columbia Law School

---

1   Enquete-Kommission Internet und digitale Gesellschaft des Deutschen Bundestags, Projektgruppe Urheberrecht, Arbeitspapier für die Bereitstellung in Adhocracy (vom 25. 02. 2011), http://www.bundestag.de/internetenquete/dokumentation/Urheberrecht/11-02-25_PGUR_Privatkopie.pdf (Abruf 21. 03. 12).

Die Vorgeschichte: die Urheberrechtsdebatte und die schwedische Piratpartiet

in New York auf den Punkt: „Es ist der Industrie nicht möglich, Musik besser zu vertreiben, als Zwölfjährige das können."[2]

Diese Entwicklung kulminierte um die Jahrhundertwende im Aufkommen der sogenannten Tauschbörsen.[3] Mit speziellen Programmen, wie z. B. Napster, konnten sich Nutzer zusammenschließen und die Musik direkt untereinander tauschen, indem sie auf die Festplatten der anderen Nutzer zugriffen. Obwohl Napster aber weder selbst Dateien anbot noch kopierte, fanden die Rechteinhaber ein Mittel, das weltweit äußerst populäre und sehr erfolgreiche Programm stillzulegen, denn es nutzte zentrale Server, ohne die das Datentauschen (Filesharing) nicht möglich war. Napster wurde geschlossen, weil die Klagen wegen Beihilfe zur Urheberrechtsverletzung vor den Gerichten erfolgreich waren. Das Problem verschob sich allerdings nur, denn nun entstanden dezentrale Tauschbörsen, die ohne einen bestimmten Rechner auskamen. Schon bald gab es Filesharing-Protokolle, die in kürzester Zeit enorme Datenmengen durch das Netz transportieren und die nicht mehr ganze Musikstücke oder Filme übertragen, sondern nur noch die einzelnen Bits einer Datei, und das zeitgleich von völlig unterschiedlichen Quellen. Dadurch wird die Geschwindigkeit des Downloads signifikant erhöht und gleichzeitig ist es möglich, schon unvollständige Dateien weiterzugeben. Dieses Protokoll nutzen verschiedene Programme, deren Besitzer man nicht verklagen kann: Die Software ist frei im Netz verfügbar, niemand ist für ihre Nutzung verantwortlich zu machen. Das System hat aber keine eigene Suchfunktion, man muss sich einer externen Suchmaschine bedienen, und die Anfang des Jahrtausends bekannteste heißt The Pirate Bay und ist in Schweden beheimatet.

2 Das Antipiratenbüro und die Verschärfung der schwedischen Urheberrechtsgesetze

Schon zu Beginn unseres Jahrhunderts verfügte Schweden über eine sehr hohe Breitbandabdeckung, das Internet wurde früher und intensiver von mehr Menschen genutzt und spiele im schwedischen Alltag „eine viel größere Rolle"[4] als beispielsweise hierzulande. Entsprechend hoch war in dem Land auch die Nutzung

---

2   Zit. nach Bernhard Gunther, Piraten, in: Heise online vom 24. 09. 2001, http://www.heise.de/tp/artikel/9/9608/1.html (Abruf 22. 03. 12).
3   Siehe dazu Röttgers (2003).
4   Carsten Schymik, Stiftung Wissenschaft und Politik, in: Torben Waleczek, Warum die Raubkopierer nach Brüssel wollen, in: Spiegel online vom 05. 06. 09, http://www.spiegel.de/politik/ausland/0,1518,628834,00.html (21. 03. 12).

der im Netz frei zugänglichen Portale und Tauschbörsen. Die schwedische Unterhaltungsindustrie gründete im Jahr 2001 mit der Unterstützung großer amerikanischer Medien- und Rechtegiganten das sogenannte „Antipiratenbüro", um den Kampf gegen die Filesharer aufzunehmen und zu koordinieren und im Besonderen die als zu lax empfundene schwedische Urheberrechtsgesetzgebung im Sinne der Rechteverwerter zu verschärfen, denn auch das schwedische Urheberrecht stammte aus analogen Zeiten und stand dem neuen Konflikt zwischen Content-Industrie und Filesharern hilflos gegenüber.

Die Lobbyarbeit des Antipiratenbüros hatte mehrere konkrete Folgen. Erstens begann die schwedische Exekutive – trotz weiterhin unklarer Rechtslage – wesentlich härter bei bestimmten Verdachtsfällen vorzugehen. Im März 2005 kam es zu einer ersten großen Razzia gegen Schwedens größten unabhängigen Internet Service Provider. Die Polizei erklärte, man habe vier Rechner, darunter einen der größten bekannten Piratenserver in Europa, konfisziert. Auf den Servern hätten sich erhebliche Mengen an raubkopiertem Material befunden, u. a. 1 800 Filmdateien, 5 000 Software-Programme und etwa 450 000 Musikdateien.[5]

Zweitens erreichte das Antipiratenbüro auch auf legislativer Ebene einen wichtigen Erfolg: Am 25. Mai 2005 wurde mit großer Mehrheit ein neues Urheberrecht verabschiedet, das weitestgehend den Argumenten der Rechteverwerter folgte und deren Forderungen Rechnung trug. Das am 1. Juli 2005 in Kraft getretene Gesetz stellte das im Internet zur Verfügung stellen (Upload) sowie das Herunterladen (Download) und den Tausch von urheberrechtlich geschütztem Material unter Strafe. Zudem wurde die Leermittelabgabe deutlich angehoben, um die Urheber besser vergüten zu können (Bartels 2009: 27 ff)

Dritte Folge der Arbeit des Antipiratenbüros war die Formierung einer Opposition: die Filesharer sahen sich durch die Forderungen der Content-Industrie zunehmend kriminalisiert und begannen sich nun ebenfalls zu organisieren. Bereits 2003 entschlossen sich die Interessensvertreter der Dateitauscher, den von der Rechteindustrie ins Spiel gebrachten Begriff der Piraterie ironisch aufzunehmen und gründeten das „Piratenbüro", aus dessen Umfeld 2004 die bereits erwähnte Webseite The Pirate Bay (TPB) hervorging.

Das neue Urheberrecht hatte über Nacht einen großen Teil der Bevölkerung kriminalisiert. Webseiten wie TPB konnten jedoch auch nach diesem Recht nicht einfach stillgelegt werden, da urheberrechtlich geschütztes Material dort weder angeboten, noch heruntergeladen, noch getauscht wurde. Und auch die Nutzer,

---

5   Vgl. Schwedens Polizei gelingt Schlag gegen Piraterie, in: Mediabiz.de vom 14. 03. 05, http://www.mediabiz.de/musik/news/schwedens-polizei-gelingt-schlag-gegen-piraterie/174521 (21. 03. 12).

Die Vorgeschichte: die Urheberrechtsdebatte und die schwedische Piratpartiet　　　19

die Urheberrechtsverletzungen begangen, waren praktisch nicht belangbar, da erstens die EU-Richtlinie 2004/48/EG zur Durchsetzung der Rechte des geistigen Eigentums, die zur effektiven Strafverfolgung notwendig gewesen wäre, noch nicht in schwedisches Recht umgesetzt war. Und zweitens gab es noch nicht einmal die Möglichkeit, Straftäter ausfindig zu machen, da die Telekommunikationsdaten nicht gespeichert werden mussten. Die Richtlinie 2006/24/EG über die Vorratsspeicherung von solchen Daten wurde zwar im Dezember 2005 vom europäischen Parlament beschlossen, in nationales schwedisches Recht aber erst, nach einer (erfolgreichen) Klage der EU-Kommission gegen Schweden vor dem Europäischen Gerichtshof, am 21. März 2012 umgesetzt.[6]

3 Die Gründung der schwedischen Piratpartiet

Das verschärfte Urheberrecht sowie der Beschluss des Europäischen Parlaments zur Vorratsdatenspeicherung werden von den Beteiligten als Hauptanstöße zur Gründung der Piratenpartei genannt. Am 1. Januar 2006 um 20:30 Uhr stellte Rickard Falkvinge die Piratpartiet-Webseite online, was als offizieller Gründungsakt der Partei gilt.

> „Es liegt eben daran, wie die junge Generation mit dem Medium Internet umgeht. Eigentlich lädt jeder jeden Tag illegal Musik oder Filme aus dem Internet, ohne jedes Unrechtsbewusstsein. Davon haben die heutigen Politiker keine Ahnung, es existiert ein großer kultureller Graben innerhalb der Gesellschaft. Es war diese Kriminalisierung weiter Bevölkerungsgruppen, die mich letztlich zum Handeln bewegte. Also habe ich zu Neujahr meine Gedanken dazu online gestellt."[7]

Auch für den Namen der Partei wurde wieder der von den Rechteinhabern verwendete Begriff der Piraterie aufgegriffen, wie der ehemalige Bundesvorsitzende der Piratenpartei Deutschlands, Jens Seipenbusch, bestätigte:

> „Bei der Namensgebung der Partei haben wir den negativen Kampfbegriff der Verwertungsindustrie aufgenommen. Musik- und Filmindustrie bezeichnen alle als Netzpi-

---

6　Vgl. Dieter Weiand, Schweden sagt ja zu Vorratsdatenspeicherung, in: Sveriges Radio online vom 21.03.12, http://sverigesradio.se/sida/gruppsida.aspx?programid=2108&grupp=2397&artikel=5027974 (26.03.12).

7　Zit. nach: Die Piraten organisieren sich, Interview mit Rickard Falkvinge, in: Süddeutsche Zeitung online vom 11.01.06, http://jetzt.sueddeutsche.de/texte/anzeigen/251718 (22.03.12).

raten, die im Internet etwas anderes machen, als bei ihnen einzukaufen. Wir wollen dieser negativen Sicht des Piraten etwas Positives entgegensetzen: Uns geht es vor allem um Freiheit.[8]

Erstes Ziel der neuen Partei war die Sammlung von 2 000 Unterstützerunterschriften bis zum 29. Februar 2006, da von der schwedischen Wahlbehörde als Voraussetzung für die Teilnahme an den Reichstagswahlen im September 2006 mindestens 1 500 Unterschriften verlangt wurden. Zwei Tage später seien „bereits knapp 4800 Unterschriften"[9] zusammengekommen. In den folgenden Monaten gelang es der Partei, sich erfolgreich für die kommende Wahl registrieren zu lassen, Kandidaten in den wichtigen Wahlkreisen aufzustellen und auch die restlichen organisatorischen Probleme zu lösen. Und für die Publicity, die der Partei für die Reichstagswahl erste Aufmerksamkeit bescherte, sorgte Ende Mai 2006 eine groß angelegte Razzia gegen TPB. Mehrere Server wurden beschlagnahmt und drei TPB-Mitglieder wurden zum Verhör mitgenommen, kurz darauf aber wieder auf freien Fuß gesetzt. Zweck der Aktion sei es gewesen, Beweismaterial sicherzustellen, mit dem man Filesharing und Verstöße gegen das Urheberrecht nachweisen wollte. Die Piratenpartei organisierte sofort die Proteste gegen diese Vorgehensweise. Angeheizt wurde die Situation durch Gerüchte, dass die US-Regierung im Rahmen der WTO mit Handelssanktionen gedroht hätte, wenn Schweden nichts gegen das „Problem Pirate Bay"[10] unternehme. Zudem wurden Zeitungen Listen mit Namen, Adressen und Telefonnummern von mehreren tausend Mitgliedern der Piratenpartei zugespielt und eine Zeitung berichtete, dass das Antipiratenbüro heimlich und illegal über 400 000 schwedische Internetnutzer ausgespäht und akribisch festgehalten habe, welche Filme, Lieder und Spiele diese aus dem Netz heruntergeladen hätten.[11]

Falkvinge frohlockte: „Als das mit der Liste in die Nachrichten geriet, gingen die Neuanmeldungen bei uns steil nach oben", und Filesharing werde „das heiße

---

8 Zit. nach: Es geht uns um die Freiheit, Interview, in: Der Freitag online vom 25.04.09, http://www.freitag.de/alltag/0917-piratenpartei-urheberrecht-interview (22.03.12).

9 Falkvinge zit. nach: Die Piraten organisieren sich, Interview mit Rickard Falkvinge, in: Süddeutsche Zeitung online vom 11.01.06, http://jetzt.sueddeutsche.de/texte/anzeigen/251718 (22.03.12).

10 USA nutzten WTO als Druckmittel beim „Problem PirateBay", in: Heise online vom 21.06.06, http://www.heise.de/newsticker/USA-nutzten-WTO-als-Druckmittel-beim-Problem-Pirate-Bay--/meldung/74540 (22.03.12).

11 Stefan Schmitt & Christian Stöcker, Piratenkrieg in Schweden, in: Spiegel online vom 06.06.06, http://www.spiegel.de/netzwelt/web/0,1518,419892,00.html (22.03.12).

Thema im kommenden Wahlkampf" und die Piratenpartei sei „die einzige Partei, die diesen Komplex versteht."[12]

Im folgenden Wahlkampf zu den Reichstagswahlen im September 2006 machte sich thematisch zwar bemerkbar, dass die schwedischen Dateiteiler nun eine eigene politische Lobby besaßen. Allerdings zahlte sich der Komplex nicht wie erhofft für die Piratenpartei aus, denn mit Blick auf die potentiellen Wähler der Piratpartiet hatten nicht nur die Grünen (Miljöpartiet) und die Linken (Vänsterpartiet) ihre Standpunkte bezüglich des Urheberrechts revidiert, auch die Moderata samlingspartiet (Wirtschaftsliberal-Konservativen) des späteren Ministerpräsidenten Reinfeldt gab sich in dieser Frage eher moderat. Selbst der sozialdemokratische Justizminister Thomas Bodström äußerte seine Bereitschaft, das verschärfte Urheberrecht zu revidieren, wenn im Gegenzug eine neue Steuer auf Breitband-Internetzugänge eingeführt würde. Aufgrund dieser Zugeständnisse war der Piratpartiet entscheidender Wahlkampfwind aus den Segeln genommen worden. Am 17. September 2006 erhielt die Partei bei der Reichstagswahl lediglich 34 918 (0,63 %) statt der erhofften 225 000 Stimmen, die den Einzug in das Parlament bedeutet hätten.[13]

4   Aufstieg und Fall der Piratpartiet

Der Prozess gegen die Macher der Webseite The Pirate Bay[14] markierte eine erneute Wende in der Geschichte der Piratenpartei. Der Vorwurf lautete Urheberrechtsverletzung durch Bereitstellung technischer Grundlagen für den Tausch von raubkopiertem Material und das Gerichtsverfahren erfuhr eine sehr große Aufmerksamkeit in Schweden, aber auch international. Am 17. April 2009 wurden die vier Angeklagten der Beihilfe zur schweren Urheberrechtsverletzung für schuldig befunden und zu einjährigen Haftstrafen sowie zur Entrichtung von Schadensersatz in Höhe von rund 2,75 Millionen Euro verurteilt. Das Schöffengericht war zu dem Schluss gekommen, den Angeklagten sei bewusst gewesen, dass urheberrechtlich geschütztes Material über die Plattform getauscht werde und so hätten diese schwere Urheberrechtsverletzungen begünstigt. Zudem sei die Seite nicht ideell, sondern in professionell-kommerzieller Absicht betrieben worden.

---

12   ebd.
13   Vgl. Bartels 2009: 38.
14   Ausführlich bei Bartels 2009: 40 ff.

Schon vor Prozessbeginn war die in der schwedischen Öffentlichkeit heftig umstrittene IPRED-Richtlinie (s. o.) in nationales Recht umgesetzt worden. Das neue Gesetz war nun noch vor der Urteilsverkündung, am 1. April 2009, in Kraft getreten. Es erlaubt den Urhebern und deren Vertretern den Zugriff auf die von den Providern gespeicherten IP-Daten von Nutzern und ermöglicht so die Identifizierung und strafrechtliche Verfolgung der Filesharer. Zudem wurden die vorgesehenen Strafen erheblich verschärft. Am Tag des Inkrafttretens wurde ein Rückgang des Internetverkehrs in Schweden um 30 % beobachtet.

Das harte Urteil gegen TPB ebenso wie die große Skepsis gegenüber IPRED in der schwedischen Bevölkerung – Umfragen nannten fast 50 % Ablehnung[15] – sorgten erneut für einen Aufschwung der Piratenpartei. Doch diesmal gelang es der Partei, die für sie günstige Stimmung in ein entsprechendes Wahlergebnis umzusetzen, sie erreichte 7,13 % der Stimmen. Besonders bei der männlichen Wählerschaft kamen die Piraten gut an (12 %), wohingegen nur 4 % der Frauen überzeugt werden konnten. In der Gruppe der 18–30-jährigen Wähler wurde die Piratpartiet gar stärkste Partei mit einem Anteil von 19 %.[16] Die Piraten durften ihren Spitzenkandidaten Christian Engström ins EU-Parlament entsenden. Am 1. Dezember 2011 konnte Amelia Andersdotter – aufgrund der Erweiterung des EU-Parlaments nach dem Vertrag von Lissabon – ein zweites Mandat besetzen.

Der Erfolg der Piratpartiet bei der Europa-Wahl hatte mehrere Gründe. Erstens war das ureigenste Themenfeld der Partei, nämlich das Urheberrecht im digitalen Zeitalter, aufgrund des Prozesses gegen TPB und im Zuge der Diskussion um die IPRED-Richtlinie zu einem innenpolitischen Topthema des Jahres 2009 in Schweden avanciert. Die Kompetenz der Partei auf diesem Gebiet war unzweifelhaft. Hinzu kam, dass – anders als bei der Wahl 2006 – es den anderen Parteien nicht mehr möglich war, durch eine glaubwürdige Übernahme der Position der Piratenpartei die Abwanderung von Wählerpotenzial zu verhindern, hatten doch Ende 2008 die Regierungsparteien das umstrittene IPRED-Gesetz durchs Parlament gebracht und die Oppositionsparteien dies nicht verhindern können.

Zweitens ist die Thematik des Urheberrechts im digitalen Zeitalter eher ein transnationales Problem. Obwohl das Thema 2009 innenpolitische Relevanz und Sprengkraft besaß und obwohl Schweden sich in den ersten Jahren des neuen Jahrtausends zu einem zentralen Schauplatz der Auseinandersetzung zwischen

---

15 Schweden: Widerstand gegen IPRED wächst, in: gulli.com vom 18. 03. 09, http://www.gulli.com/news/2771-schweden-widerstand-gegen-ipred-waechst-2009-03-18 (23. 03. 12).

16 Reinhard Wolff, Piratenpartei entert Europaparlament, in: Taz online vom 08. 06. 09, http://www.taz.de/!35774/ (23. 03. 12).

Rechteindustrie und Dateiteilern entwickelt hatte, ist eine Lösung des Konfliktes auf nationaler Ebene nicht denkbar. Die Entsendung eines Mandatsträgers in das Parlament, das u. a. für die Richtlinien zur Vorratsdatenspeicherung und zum Schutz des geistigen Eigentums verantwortlich zeichnet, ist aus Sicht der Gegner dieser Politik folgerichtig und logisch.

Drittens haben Wahlen zu nationalen Parlamenten bei den Bürgern auch in Schweden eine ganz andere Bedeutung, das legen schon die Wahlbeteiligungen nahe: bei der Reichstagswahl 2006 waren es 81,99 %, 2010 gar 84,63 %, während die Europawahl 2009 eine Beteiligung von 45,5 % – selbst diese niedrige Quote ist eine erhebliche Steigerung zur Europawahl 2004, als nur 37,9 % der Wähler an die Urne gingen – aufwies. Eine niedrige Wahlbeteiligung begünstigt kleinere Parteien, deren Wählerschaft leichter zu mobilisieren ist. Zudem liegt es nahe, dass so mancher Wähler eine als weniger wichtig eingeschätzte Wahl dazu nutzt, eine „Protestpartei" zu wählen und den etablierten politischen Kräften einen „Denkzettel" zu verpassen.

Dass diese Faktoren für den Erfolg 2009 verantwortlich zeichneten, zeigt auch ein Blick auf die Reichstagwahl vom 19. September 2010. Die erwähnte hohe Wahlbeteiligung schmälerte die Erfolgschancen für die Piratenpartei bereits erheblich. Die Frage nach den kostenlosen Downloads im Internet interessierte kaum noch: Die Urteile im Pirate Bay-Prozess waren noch in der Revision[17] und die Situation hatte sich für die schwedischen Internetnutzer als weniger dramatisch als erwartet erwiesen: Schon kurz nach Inkrafttreten der IPRED-Richtlinie hatten mehrere Internetprovider angekündigt, keinerlei Daten von Kunden mehr zu speichern bzw. diese sofort zu löschen – zum Schutz der Privatsphäre der Kunden.[18] Und die Umsetzung der Vorratsdatenspeicherung, die die Provider zwingt, die entsprechenden Daten zu speichern, trat erst am 1. Mai 2012 in Kraft (s. o.). 2010 standen ganz andere Themen im Mittelpunkt des Wahlkampfs: Wirtschaftskrise, Arbeits-

---

17 Nachdem das Verfahren gegen einen der vier Angeklagten wegen Abwesenheit abgetrennt worden war, bestätigte das Berufungsgericht zwei Monate nach der Wahl im November 2010 die Urteile, senkte die Haftstrafen auf 4–11 Monate und erhöhte die zu leistende Schadensersatzsumme. Im Februar 2012 lehnte der Oberste Gerichtshof Schwedens den Berufungsantrag der Angeklagten ab. Die Urteile sind nun rechtskräftig, die Verurteilten überlegen nun, den Europäischen Gerichtshof anzurufen. Pirate-Bay-Prozess: Haftstrafen endgültig bestätigt, in: Chip. de, vom 02. 02. 12, http://www.chip.de/news/Pirate-Bay-Prozess-Haftstrafen-endgueltig-bestaetigt_36159576.html (23. 03. 12).

18 Schwedische Provider löschen IP-Daten von Kunden, in: Pressetext.com vom 30. 04. 09, http://www.pressetext.com/news/20090430003?phrase=ipred (22. 03. 12).

losigkeit und Einwanderung.[19] Selbst aktive Piratenmitglieder beklagten, die Partei stagniere und entwickle sich nicht weiter und hätte zu den wirklich wichtigen Themen rein gar nichts zu sagen.[20] Die Quittung gab es in Form des Wahlergebnisses: 0,65 % bedeuteten den Rückgang auf das Ausgangsniveau von 2006.

Ähnlich verlief die Entwicklung der Mitgliedschaften. Hatten die Mitgliederzahlen der Piratpartiet zwischen Juli 2006 und Dezember 2008 noch weitgehend stagniert, konnte die Partei im Vorfeld des Prozesses gegen TPB und während der Diskussion um die IPRED-Richtlinie schon fast eine Verdopplung der Mitglieder verbuchen. Nach dem Urteil aber brachen alle Dämme, die Mitgliederzahl explodierte förmlich über Nacht von knapp 15 000 auf über 40 000. Im Juni 2009 wurde stolz das 50 000. Mitglied begrüßt. Diese Entwicklung wurde dadurch begünstigt, dass man einfach per Mausklick übers Internet Parteimitglied werden konnte und dass keine Mitgliedsbeiträge erhoben wurden. Es wird deutlich, dass diese Beitrittswelle aufgrund der erwähnten Ereignisse im Frühjahr 2009 also eher eine Solidaritätsbekundung mit den Angeklagten darstellte, als dass sie eine explizite politische Position ausdrückt, denn die bei der Reichstagswahl 2010 erreichte Prozentzahl von 0,65 entsprach lediglich 38 491 Wählern – selbst die zeitweiligen Mitglieder hatten nicht alle für die Piratenpartei gestimmt. Das ernüchternde Ergebnis bei diesen Wahlen ist ein weiterer Hinweis darauf, dass der „Hype" um die schwedische Piratenpartei vorläufig ein ernüchterndes Ende gefunden hat. Mittlerweile sind viele der jährlich zu erneuernden Mitgliedschaften ausgelaufen und nicht erneuert worden. Auf ihrer Webseite nennt die schwedischen Piratenpartei Ende März 2012 einen Mitgliedstand von 8 409, sie ist damit nach Mitgliedern die achtstärkste Partei Schwedens und wieder auf dem Niveau vom April 2009 vor der Verkündung des TPB-Urteils angekommen.[21]

5   Das Dilemma der Piratpartiet und die Unterschiede zu den deutschen Piraten

Als sich zu Beginn des Jahres 2006 die schwedische Piratenpartei gründete, galt ihr ausschließliches Anliegen dem Urheberrecht im digitalen Zeitalter und den

---

19   Die ausländerfeindlichen Schwedendemokraten konnten ihren Anteil fast verdoppeln und zogen mit 5,7 % ins Parlament ein.

20   Vgl. Jeena Paradies, Verlorene Reichstagswahl der Piratenpartei Schweden, in: jeenaparadies.net vom 19.11.10, http://jeenaparadies.net/weblog/2010/nov/verlorene-reichstagswahl-der-piraten-partei (23.03.12).

21   Vgl. http://www.piratpartiet.se/medlemsantal (28.03.12).

Rechten derjenigen, die im Internet Dateien als – im Gegensatz zur Meinung der Rechteinhaber – Privatkopien nicht gewerblich tauschten. Obwohl in Schweden seit dieser Zeit eine Art Stellvertreterkampf zwischen Content-Industrie und Filesharern tobt, ist die Problematik globaler Natur und trotz der nationalen Zuständigkeiten ist nur eine transnationale Lösung des Konfliktes denkbar. In diesem Sinne gründeten sich europa- und weltweit zahlreiche Piratenparteien, die sich schon 2006 vernetzten. Aus dem losen Zusammenschluss der Pirate Parties International (PPI) ist im April 2010 der offizielle Weltverband der Piratenparteien mit derzeit 26 Mitgliedern geworden.

Politische Erfolge konnten bislang jedoch nur die wenigsten der nationalen Piratenparteien verzeichnen. Neben den beiden Europaabgeordneten der schwedischen Piratpartiet stellen Piratenparteien außerhalb Deutschlands zurzeit (Stand: März 2012) auf kommunaler Ebene sechs Mandatsträger: einen in der Schweiz (Winterthur), zwei in Katalonien und drei in Tschechien.

Die bisherigen Wahlerfolge der deutschen Piratenpartei sind in dieser Hinsicht eine Ausnahme. Nach der Saarlandwahl im März 2012 verfügt die Partei über 19 Mandate auf Landesebene und 165 Mandate auf kommunaler Ebene.

Die Piratenpartei Deutschlands wurde am 10. September 2006 in Berlin gegründet. Anders als in Schweden fiel die deutsche Partei in ihrem Gründungsjahr nicht weiter auf. Bis ins Jahr 2009 hinein fristete sie ein von der breiten Öffentlichkeit weitestgehend ignoriertes Dasein. In diesem Jahr allerdings erfuhren beide Parteien eine sehr große mediale Aufmerksamkeit, jedoch mit einem erheblichen Unterschied: Die schwedischen Piraten haben im Laufe der Jahre häufig darauf verwiesen, dass die Urheberrechtsdiskussion zwar für ihre Gründung entscheidend gewesen sei, diese aber letztendlich auch nur ein Aspekt ihrer Netzpolitik sei. Der TPB-Prozess und die Diskussionen um IPRED im Frühjahr 2009 aber, die für den exorbitanten Zulauf, den die Piratpartiet erhielt, verantwortlich waren, sind untrennbar mit der Urheberrechtsdebatte verbunden. Die Tatsachen, dass diese Debatte im folgenden Reichstagswahlkampf keine Rolle mehr spielte, die Partei entsprechend auf ihr Ausgangsniveau zurückfiel sowie der rasante Schwund der Mitgliederzahlen können ein Hinweis darauf sein, dass es der Partei in Schweden eben nicht gelang, jenseits der Urheberrechtsfragen Kompetenzen aufzubauen.

In Deutschland hingegen war die Diskussion um die Urheberrechte zwar ebenfalls der entscheidende interne Faktor für die Gründung der Partei. In die öffentliche Wahrnehmung trat die Partei jedoch erstmals als Gegner des von der Großen Koalition eingebrachten Zugangserschwerungsgesetzes, das Netzsperren gegen kinderpornographische Webseiten vorsah. Das Gesetz wurde zwar beschlossen, kam aber aufgrund zahlreicher Bedenken und handwerklicher Mängel[22] nicht zur Anwendung und wurde schließlich im Dezember 2011 vorzeitig aufgehoben.

Da die etablierten Parteien sich in der Diskussion nicht oder nur halbherzig gegen die Netzsperren ausgesprochen hatten und obwohl letztlich die FDP in den Koalitionsverhandlungen im April 2011 das Gesetz kippte,[23] konnte die Piratenpartei in dieser Debatte die politische Meinungsführerschaft erringen und sich nach dem Scheitern des Gesetzes dementsprechend als Sieger fühlen.

Überhaupt war die Urheberrechtsdebatte in Deutschland nicht dazu geeignet, großes politisches Kapital aus ihr zu schlagen. Abgesehen davon, dass die spektakulären Prozesse in Schweden oder auch in den USA (Bartels 2009: 60 f.) stattfanden, ist die Situation z. B. für die deutsche Musikindustrie noch recht komfortabel, Deutschland sei eines „der wenigen Länder, in denen es gelungen ist, den Musikdiebstahl im Internet zumindest einzudämmen."[24] Zwar verschickt die Content-Industrie in Deutschland jedes Jahr zigtausende Abmahnungen, doch die Haltung der bundesdeutschen Gerichte und Staatsanwaltschaften, die zunehmend dazu tendieren, bei Bagatelldelikten keine Verfahren anzustreben, nimmt der Diskussion – zum Leidwesen der Rechteinhaber – die Schärfe.

In dieser Situation ist es den deutschen Piraten also gelungen, nicht als die „Kostenlos-Downloaden-Partei"[25] wahrgenommen zu werden, sondern als die Partei der Bürgerrechte im digitalen Zeitalter, was sich auch im Programm der Piratenpartei widerspiegelt. Vergleicht man das Parteiprogramm der deutschen Piratenpartei aus dem Gründungsjahr 2006 mit dem Wahlprogramm von 2009, fällt auf, dass sich die Schwerpunkte doch ganz erheblich verschoben hatten: 2006 setzte sich die Hälfte der Programmpunkte mit immaterialgüterrechtlichen Fragen auseinander, 2009 war es noch einer von sechs: Urheber- und Patentrecht plus Open Access wurden in einem Punkt zusammengefasst und rutschten in der Prioritätenskala von ganz vorne ins hintere Mittelfeld ab.[26]

Dieser Schritt markiert den ersten großen Unterschied zur schwedischen Schwester, aber dabei ist es nicht geblieben. Der schwedische Abgeordnete Eng-

---

22 Eine ausführliche Darstellung der Debatte bei Bartels 2009: 62 ff.

23 Koalition kippt Internetsperren, in: Tagesschau online vom 06.04.11, http://www.tagesschau.de/inland/internetsperren118.html (29.03.12)

24 Bundesverband Musikindustrie: Übersicht Jahreswirtschaftsbericht 2008 – Musikkopien, http://www.musikindustrie.de/musikkopien0/ (27.03.12))

25 Sowohl schwedischer als auch deutscher Piratenpartei geht es keinesfalls um eine „Kostenlos-Kultur" und somit um die Abschaffung des Urheberrechts sondern lediglich um das Recht auf eine freie Privatkopie, was allerdings in letzter Konsequenz das bisherige Geschäftsmodell der Rechteverwerter in Frage stellt. Vgl. dazu u. a. Graf 2009.

26 Vgl. http://wiki.piratenpartei.de/Bundestagswahl_2009/Wahlprogramm (27.03.12).

Die Vorgeschichte: die Urheberrechtsdebatte und die schwedische Piratpartiet

ström verkündete kurz nach seiner Wahl ins Europaparlament die Absicht, der Grünen Fraktion beizutreten: „Da wir eine Einthemenpartei sind und bleiben wollen, brauche ich mir so keine Gedanken um andere Bereiche zu machen".[27] Der erste gewählte Mandatsträger der Piratenpartei stellte gar die dauerhafte Existenz der eigenen Partei in Frage:

> „Uns Piraten soll es als Partei auch gar nicht ewig geben. Wir sind nicht gekommen, um zu bleiben. Wir wollen Ideen verbreiten. Wenn die etablierten Parteien, ob CDU oder Linke, diese aufnehmen, umso besser. Wenn das getan ist, dann ist auch unser Job getan."[28]

Einen ganz anderen Ansatz verfolgt die deutsche Piratenpartei. Obwohl z. B. noch 2009 unter dem Vorsitzenden Seipenbusch das Image der Einthemenpartei durchaus gepflegt wurde, sprach dieser schon von einer „vorübergehenden Priorisierung", um „Bürger aus dem gesamten demokratischen Spektrum zusammenbringen."[29] Auch galt das Axiom, die Partei sei im herkömmlichen Parteienspektrum weder rechts noch links einzuordnen. Mittlerweile jedoch haben sich in der deutschen Partei die Befürworter eines Vollprogramms durchgesetzt, seither ist die Partei bemüht, zu immer mehr Fragen eigenständige Positionen zu entwickeln. Die Forderung nach einem bedingungslosen Grundeinkommen ist ein erster Hinweis, in welche Richtung es geht. Der ehemalige Parteivorsitzende Sebastian Nerz sieht in den Piraten eine „sozial-liberale Grundrechtspartei"[30] und er sei „sehr zuversichtlich", dass die Partei die meisten programmatischen Lücken bis zur Bundestagswahl 2013 geschlossen haben werde.[31]

Während das Festhalten der schwedischen Piratenpartei am Einthemen-Dogma die Partei erst sehr hoch hinaus getragen hat und danach genauso schnell hat abstürzen lassen, scheint das Bemühen um ein Vollprogramm einen wesentlich

---

27 Zit. nach: Angelika Dehmel, Ein Pirat in Brüssel, in: Stern online vom 12. 11. 09, http://www.stern. de/politik/ausland/eu-parlament-ein-pirat-in-bruessel-1520788.html (27. 03. 12).

28 Zit. nach: Stefanie Bolzen, „Wir Piraten sind nicht gekommen, um zu bleiben", Interview, in: Welt online vom 19. 09. 11, http://www.welt.de/politik/ausland/article13613992/Wir-Piraten-sind-nicht-gekommen-um-zu-bleiben.html (27. 03. 12).

29 Zit. nach: „Nicht alle wissen, dass wir existieren", Interview, in: Taz online vom 07. 08. 09, http://www.taz.de/!38738/ (28. 03. 12).

30 Zit. nach: Piraten sehen sich als „sozial-liberale Grundrechtspartei", in: Focus online vom 05. 10. 11, http://www.focus.de/politik/weitere-meldungen/piratenpartei-piraten-sehen-sich-als-sozial-liberale-grundrechtspartei_aid_671852.html (27. 03. 12).

31 Piratenpartei bekennt sich zu Programm-Lücken, in: Zeit online vom 05. 10. 11, http://www.zeit. de/politik/deutschland/2011-10/piratenpartei-pressekonferenz (27. 03. 12):

nachhaltigeren Effekt zu besitzen: die Mitgliederzahlen in Deutschland steigen weiterhin kontinuierlich an und die wirklich großen Erfolge (der Einzug ins Berliner Abgeordnetenhaus 2011 und in den Saarländischen Landtag 2012) haben sich erst nach der verstärkten inhaltlichen Positionierung eingestellt.

Der Erfolg der schwedischen Piratpartiet bei den Europawahlen 2009 hat der deutschen Piratenpartei einen wichtigen Impuls verliehen, er hat auch deutschen Wählern aufgezeigt, dass auch eine solch scheinbar unkonventionelle Vereinigung wählbar ist und die Stimme für diese Partei nicht unbedingt verschenkt sein muss.

Der Erfolg der deutschen Piratenpartei könnte nun der schwedischen Piratpartiet einen – vielleicht lebensnotwendigen – Impuls verleihen: Auch wenn das Schicksal der deutschen Piratenpartei noch lange nicht entschieden ist, inspiriert von den deutschen Erfolgen überlegen die schwedischen Piraten, „ob wir unser eigenes Parteiprogramm nicht auch ausweiten sollten."[32]

Literatur

Bartels, Henning (2009): Die Piratenpartei. Entstehung, Forderungen und Perspektiven der Bewegung. Berlin: Contumax-Verlag.
Graf, Klaus (2009): Urheberrechtsfibel – nicht nur für Piraten. Berlin: Contumax-Verlag.
Röttgers, Janko (2003): Mix, Burn & R.I.P. Das Ende der Musikindustrie, http://www.mix-burnrip.de/download.php.

---

[32] Christian Engström zit. nach: Schwedischer Pirat: Wir brauchen Ausdauer, Interview, in: euractiv. de vom 11.11.11, http://www.euractiv.de/digitale-agenda/artikel/christian-engstrm-rechnet-fest-mit-deutschen-piraten-im-ep-005607 (28.03.12).

Die Piraten im parteipolitischen Wettbewerb: von der Gründung Ende 2006 bis zu den Wahlerfolgen in Berlin 2011 und im Saarland 2012

Oskar Niedermayer

1 Rechtliche Hürden für den Erfolg neuer politischer Vereinigungen

Zu den Erfolgsbedingungen neuer politischer Vereinigungen im Parteiensystem gehören neben den Orientierungen und Handlungen der Akteure auf der Angebots- und Nachfrageseite auch die rechtlichen Rahmenbedingungen des politischen Wettbewerbs in Form des Parteien- und Wahlrechts.[1] Aus den Regelungen des Parteien- und Wahlrechts ergeben sich zwei Hürden für den Erfolg neuer politischer Vereinigungen: zum einen die Erfordernisse, die zur Feststellung der Parteieigenschaft zu erfüllen sind, und zum anderen der für eine Teilnahme an der Verteilung der Parlamentsmandate erforderliche Stimmenanteil.

Schon das Erreichen der ersten Karrierestufe, also die rechtliche Anerkennung als Partei, ist nicht einfach. Um an einer Wahl teilnehmen zu können, müssen Parteien – bei Kreiswahlvorschlägen auch einzelne Wahlberechtigte – Wahlvorschläge einreichen. Für eine Bundestagswahl können laut Bundeswahlgesetz jedoch politische Vereinigungen, „die im Deutschen Bundestag oder einem Landtag seit deren letzter Wahl nicht auf Grund eigener Wahlvorschläge ununterbrochen mit mindestens fünf Abgeordneten vertreten waren, … einen Wahlvorschlag nur einreichen, wenn sie spätestens am neunzigsten Tage vor der Wahl dem Bundeswahlleiter ihre Beteiligung an der Wahl schriftlich angezeigt haben und der Bundeswahlausschuss ihre Parteieigenschaft festgestellt hat" (§ 18 BWG).[2] Zur Feststellung der Parteieigenschaft muss der Bundeswahlausschuss das Vorliegen

---

1 Vgl. hierzu auch das Einleitungskapitel des Verfassers.
2 Bei der Bundestagswahl 2009 z. B. haben 49 politische Vereinigungen, auf die diese Regelung zutraf, eine Beteiligungsanzeige eingereicht. Nur 21 wurden als Parteien anerkannt (vgl. Bundeswahlleiter, Pressemitteilungen Nr. 38 vom 30. Juni und Nr. 41 vom 17. Juli 2009).

der formalen Erfordernisse[3] prüfen und beurteilen, ob die Vereinigung nach dem „Gesamtbild der tatsächlichen Verhältnisse" (§ 2 I Parteiengesetz) eine ausreichende Gewähr für die Ernsthaftigkeit der Zielsetzung bietet, auf die politische Willensbildung Einfluss zu nehmen und parlamentarisch an der Vertretung des Volkes mitzuwirken. Die Machtfülle des Bundeswahlausschusses bei der Zulassung neuer bzw. kleiner Parteien stößt immer wieder auf verfassungsrechtliche Bedenken, da (1) er von einer der Kontrolle des Bundesinnenministers unterstellten Person geleitet wird (der Bundeswahlleiter wird vom Bundesinnenminister ernannt und kann auch jederzeit abberufen werden), (2) seine Zusammensetzung von den etablierten Parteien dominiert wird (die acht Beisitzer werden von den acht bei der letzten Bundestagswahl erfolgreichsten Parteien vorgeschlagen) und (3) die Unbestimmtheit des Maßstabes zur Zuerkennung der Parteieigenschaft dem Gremium einen sehr weiten Entscheidungsspielraum lässt. Daher urteilt z. B. Meinel (2010: 71), dass es sich bei dem Zulassungsverfahren „um nicht anderes als ein Kooptationsverfahren" handele: „Wer in Deutschland bei Wahlen als Partei antreten darf, entscheidet im Streitfall die unmittelbare Konkurrenz". Zudem bedeutet die Zulassung durch den Bundeswahlausschuss nicht, dass die neue Partei auch in allen Bundesländern an der Wahl teilnehmen kann. Die neuen Parteien können, wie die anderen auch, ihren Wahlvorschlag nicht in Form einer Bundesliste einreichen, sondern müssen in jedem einzelnen Bundesland, in dem sie an der Wahl teilnehmen wollen, Landeslisten aufstellen. Diese werden von den Landeswahlausschüssen nur zur Wahl zugelassen, wenn sie „von 1 vom Tausend der Wahlberechtigten des Landes bei der letzten Bundestagswahl, jedoch höchstens 2 000 Wahlberechtigten, persönlich und handschriftlich unterzeichnet" (§ 27 BWG) sind. Viele neue Parteien scheitern an dem Erfordernis, Unterstützungsunterschriften zu sammeln, oder sie beschränken ihre Wahlteilnahme gleich auf die Bundesländer, wo sie sich die größten Chancen ausrechnen. Daher hat es in der gesamten bisherigen Geschichte der Bundesrepublik keine einzige Bundestagswahl gegeben, bei der es in allen Bundesländern eine identische Angebotskonstellation gab, d. h. in allen Ländern exakt dieselben Parteien antraten.[4] In den letzten vier Bundestagswahlen bis 2009 gab es sogar kein einziges Paar von Bundesländern mit identischer Angebotskonstellation.

---

3   Der Beteiligungsanzeige sind die Satzung und das Programm der Partei sowie ein Nachweis über die satzungsgemäße Bestellung des Vorstandes beizufügen.

4   Dies ist allein deshalb schon nicht möglich, weil die CDU nur außerhalb Bayerns und die CSU nur in Bayern antritt, die Aussagen gelten aber auch, wenn man CDU und CSU als äquivalente Parteien betrachtet (vgl. Niedermayer 2012: 138 f).

Eine weitere wahlrechtliche Hürde besteht für das Erreichen der dritten Karrierestufe, also den Einzug in den Bundestag. Das Bundeswahlgesetz sieht vor, dass Parteien an der Mandatsverteilung für den Bundestag nur dann teilnehmen, wenn sie mindestens 5 Prozent der abgegebenen gültigen Zweitstimmen erhalten oder in mindestens drei Wahlkreisen ein Direktmandat errungen haben. Eingeführt, um einer zu starken Zersplitterung des Parlaments und den damit verbundenen möglichen Problemen bei der Regierungsbildung und Regierungsstabilität vorzubeugen, bildet die 5-Prozent-Klausel eine relativ hohe Hürde für die parlamentarische Repräsentation.

Äquivalente Hürden für den Erfolg neuer Parteien bestehen auch auf der Landesebene. Zwar unterscheiden sich die Einzelregelungen zwischen den Bundesländern, aber überall entscheidet der jeweiligen Landeswahlausschuss über die Zulassung derjenigen Parteien, die seit der letzten Wahl nicht im jeweiligen Landtag oder im Bundestag vertreten waren, und diese müssen für ihre Wahlvorschläge Unterstützungsunterschriften vorlegen. In allen Bundesländern gilt zudem die 5-Prozent-Hürde bei der Mandatsverteilung, die meist auch nicht durch den Gewinn von Direktmandaten außer Kraft gesetzt wird.

Wie in den nächsten Abschnitten deutlich werden wird, hatten auch die Piraten mit diesen Hürden zu kämpfen. Sie haben sie jedoch – wenn auch bisher nur in zwei Bundesländern – in relativ kurzer Zeit überwunden. In einem oder mehreren Bundesländern die Stufe der parlamentarischen Repräsentation zu erreichen, gelang im wiedervereinigten Deutschland bis 2011 nur sieben weiteren, nicht im Bundestag vertretenen Parteien.[5] Zwei davon blieben „Eintagsfliegen", d. h. sie waren nur eine Legislaturperiode lang in nur einem Bundesland vertreten: die „Arbeit für Bremen und Bremerhafen" (AFB), eine 1995 bis 2002 existierende bürgerliche Abspaltung der Bremer SPD, und die „STATT Partei", eine 1993 in Hamburg u. a. von früheren CDU-Mitgliedern gegründete bürgerliche Protestpartei, die im selben Jahr in die Hamburger Bürgerschaft einziehen konnte, danach aber weder in Hamburg noch in anderen Bundesländern Erfolg hatte. Bisher auch nur seit einer Legislaturperiode in einem Bundesland vertreten sind die Freien Wähler, die seit 1998 im Bayerischen Landtag sitzen, denen aber für die nächste Landtagswahl gute Chancen des Wiedereinzugs gegeben werden. Die im Jahre 2000 gegründete rechtspopulistische „Partei Rechtsstaatlicher Offensive", 2001 bis 2004 nach ihrem Gründer „Schill-Partei" benannt und nach der Trennung von

---

5   Nicht berücksichtigt wurden die Bürgerbewegungslisten 1990 in den neuen Bundesländern, da diese in Gestalt von Bündnis 90 bei der ersten gesamtdeutschen Bundestagswahl in den Bundestag eingezogen sind.

Schill bis zu ihrer Auflösung 2007 die Kurzbezeichnung „Offensive D" führend, zog 2001 in die Hamburger Bürgerschaft ein. Im Jahr 2011 konnte die aus den Resten des früheren Bremer Landesverbands der Offensive D gebildete Partei „Bürger in Wut" (BIW) mit einem Abgeordneten in die Bremer Bürgerschaft einziehen. Einen Sonderfall im deutschen Parteiengefüge bildet der „Südschleswigsche Wählerverband" (SSW), der als Vertretung der dänischen Minderheit in Schleswig Holstein von der Fünf-Prozent-Hürde befreit und im Landtag vertreten ist.

In mehreren Bundesländern über mehrere Legislaturperioden hinweg in den Landtagen vertreten waren seit 1990 nur die drei rechtsextremen Parteien REP, DVU und NPD. Die Republikaner zogen 1992 in den Landtag von Baden-Württemberg ein und konnten ihren Erfolg 1996 wiederholen. Seither spielen sie jedoch keine Rolle mehr. Das gleiche gilt heute für die DVU, die 1987, 1991, 1999, 2003 und 2007 in die Bremer Bürgerschaft einzog und 1992 in Schleswig-Holstein, 1998 in Sachsen-Anhalt sowie 1999 und 2004 in Brandenburg in den Landtag gelangte. Momentan, d. h. 2012, noch in zwei Bundesländern parlamentarisch repräsentiert ist die NPD, die seit 2004 in Sachsen und seit 2006 in Mecklenburg-Vorpommern im Landtag sitzt.

2 Von der Gründung der Piratenpartei 2006 bis zu den ersten Wahlteilnahmen auf der Landesebene 2008

Von der Gründung der „Piratenpartei Deutschland" am 10. September 2006 mit 53 Teilnehmern in Berlin nahm außerhalb der Netzgemeinde kaum jemand Notiz. Das änderte sich zunächst auch nicht: Die neue Partei organisierte im ersten Jahr ihres Bestehens „verschiedene von der Öffentlichkeit weitestgehend unbeachtete Aktionen" (Bartels 2009: 57) wie z. B. im März 2007 in Berlin das „Killerschach … mit Theaterblut und Menschen statt Figuren", um dem Publikum im Rahmen der Diskussion um ein Verbot so genannter Killerspiele verständlich zu machen, „dass ein solches Verbot auch dadurch letzten Endes erschwert wird, dass der Begriff ‚Killerspiel' überhaupt nicht definiert ist".[6] Zudem engagierte man sich zusammen mit anderen Organisationen im Arbeitskreis Vorratsdatenspeicherung, der u. a. am 22. September 2007 in Berlin eine große Demonstration gegen die Vorratsdatenspeicherung und andere Kontroll- und Überwachungspraktiken organisierte.

---

6 Piratenpartei Deutschland, Geschichte der Piraten, http://www.piratenpartei.de/navigation/partei/parteigeschichte (15. 01. 2011).

Die Piraten waren relativ bald darauf aus, nicht nur auf der gesellschaftlichen Ebene aktiv zu sein, sondern auch an Wahlen teilzunehmen. An der Berliner Abgeordnetenhauswahl und der Landtagswahl in Mecklenburg-Vorpommern am 17. September 2006 konnte allerdings schon deshalb nicht teilgenommen werden, weil zur Zeit der Gründung die Meldefrist für eine Beteiligung schon längst verstrichen war (vgl. Tabelle 1). Aber auch zur Bürgerschaftswahl in Bremen am 13. Mai 2007 wurde keine Beteiligungsanzeige abgegeben, weil keine funktionsfähigen Organisationsstrukturen im Land vorhanden waren. Zwar waren die Piraten schon Ende 2007 in der Hälfte der Bundesländer mit eigenen Landesverbänden vertreten[7], Bremen kam jedoch erst am 26. Juni 2009 im Rahmen der zweiten LV-Gründungswelle nach dem Achtungserfolg bei den Europawahlen 2009 hinzu.[8]

Nachdem man durch die Überwindung von „Personalquerelen" wieder „in ruhigere Gewässer gefunden"[9] hatte, planten die Piraten die erste Wahlteilnahme bei den am 27. Januar 2008 stattfindenden Landtagswahlen in Hessen und Niedersachsen. In Niedersachsen wurde eine Beteiligungsanzeige abgegeben und den Piraten wurde vom Landeswahlausschuss im November 2007 die Parteieigenschaft zugesprochen. Damit erreichten die Piraten auf Landesebene die erste Karrierestufe, also die Zuerkennung der Parteieigenschaft. Die Landesliste der Piraten wurde jedoch nicht zugelassen, da die erforderliche Anzahl von Unterstützungsunterschriften nicht eingereicht wurde. In Hessen braucht die Parteieigenschaft nicht geprüft zu werden, da Landeslisten nicht nur von Parteien, sondern auch von Wählergruppen eingereicht werden können. Unterstützungsunterschriften sind jedoch vorzulegen und den Piraten gelang es, die notwendigen 1 000 Unterschriften zu sammeln, so dass sie an der Wahl teilnehmen konnten. Für die Medien zählten sie zu den „Exoten"[10] und mit den erhaltenen 6 962 Stimmen, d. h. einem Ergebnis von knapp 0,3 Prozent, verschwanden sie in den Wahlanalysen unter den „Sonstigen".

Die Aufmerksamkeit für die neue Partei hielt sich auch dann noch in Grenzen, als sie im Januar 2008 ein internes Schriftstück veröffentlichte, das ihr aus

---

7   Vgl. hierzu das Kapitel des Verfassers über Organisationsstruktur, Finanzen und Mitgliedschaft der Piraten in diesem Band.

8   Allerdings muss in Bremen, wie auch in anderen Bundesländern, nicht unbedingt ein Landesverband existieren, um eine Beteiligungsanzeige abzugeben. Notwendig sind aber zumindest „nächstniedrige Gebietsverbände" (§ 16, 1 BremWahlG).

9   Matthias Hell, Piratenpartei feiert Geburtstag, Computer Reseller News vom 11. September 2007, http://www.crn.de/panorama/artikel-49840.html (09. 01. 2012).

10 Auch Piraten treten an, in: Kölner Stadt-Anzeiger online vom 25. Januar 2008, http://www. ksta. de/jks/artikel.jsp?id=1201184401869 (05. 01. 2012).

34 Oskar Niedermayer

Tabelle 1 Wahlergebnisse der Piratenpartei seit ihrer Gründung 2006

	Stimmen	%
LTW Berlin 9/06: Meldefrist verstrichen	–	–
LTW Mecklenburg-Vorpommern 9/06: Meldefrist verstrichen	–	–
LTW Bremen 5/07: keine Beteiligungsanzeige	–	–
LTW Hessen 1/08	6 962	0,3
LTW Niedersachsen 1/08: zu wenig Unterstützungsunterschriften	–	–
LTW Hamburg 2/08	1 773	0,2
LTW Bayern 9/08: zu wenig Unterstützungsunterschriften	–	–
LTW Hessen 1/09	13 796	0,5
Europawahl 7. Juni 2009	229 464	0,9
LTW Saarland 8/09: Meldefrist bei LV-Gründung verstrichen	–	–
LTW Sachsen 8/09	34 651	1,9
LTW Thüringen 8/09: Meldefrist bei LV-Gründung verstrichen	–	–
Bundestagswahl 27. September 2009	847 870	2,0
LTW Brandenburg 9/09: Anzeige nicht frist- und formgerecht	–	–
LTW Schleswig-Holstein 9/09	28 837	1,8
LTW Nordrhein-Westfalen 5/10	121 046	1,6
LTW Hamburg 2/11	73 126	2,1
LTW Sachsen-Anhalt 3/11	13 828	1,4
LTW Baden-Württemberg 3/11	103 618	2,1
LTW Rheinland-Pfalz 3/11	29 319	1,6
LTW Bremen 5/11	24 935	1,9
LTW Mecklenburg-Vorpommern 9/11	12 728	1,9
LTW Berlin 9/11	130 105	8,9
LTW Saarland 3/12	35 656	7,4

Quelle: amtliche Wahlstatistiken.

dem bayerischen Justizministerium zugespielt worden war und nahelegte, dass in Bayern schon lange vor dem Beschluss des bayerischen Landtages vom Juli 2008 über ein Gesetz zur Onlinedurchsuchung solche Untersuchungen stattgefunden haben könnten. So nahmen die Piraten von der Öffentlichkeit unbeachtet im Februar 2008 an der Hamburger Bürgerschaftswahl teil und unterboten mit 0,2 Prozent der Stimmen noch das Ergebnis von Hessen. Erst als Mitte September 2008 die Nachricht über eine Hausdurchsuchung beim Pressesprecher der Piraten auf der Suche nach dem Informanten vom Januar „die Runde in der Netz-Community machte, wurde auch eine breitere Öffentlichkeit darauf aufmerksam".[11] Vielleicht hätte die kurzzeitige Aufmerksamkeit geholfen, durch eine Mobilisierung von Wahlberechtigten genügend Unterstützungsunterschriften für die Teilnahme an der bayerischen Landtagswahl am 28. September 2008 zu sammeln, aber die Fristen waren da schon überschritten, sodass der Partei die Wahlteilnahme mangels Unterstützung verwehrt blieb. Bei der vorgezogenen Neuwahl des hessischen Landtags am 18. Januar 2009 gelang der Partei zwar die Wahlteilnahme und sie verdoppelten auch ihre Stimmen, mit dem mageren Ergebnis von 0,5 Prozent konnte sie jedoch immer noch keinen „bleibenden Eindruck in der politischen Landschaft" hinterlassen, „sie fristete weiter ihr Schattendasein, ihr fehlte einfach der richtige Aufhänger" (Bartels 2009: 59).

3 Die bundesweiten (Achtungs-)Erfolge bei der Europawahl und der Bundestagswahl 2009

Diesen Aufhänger, der den Piraten „eine bis dato unbekannte mediale Aufmerksamkeit bescherte" (Bartels 2009: 62), lieferte kurz darauf die Bundesregierung mit der Debatte um ein ‚Gesetz zur Bekämpfung der Kinderpornografie in Kommunikationsnetzen' (Zugangserschwerungsgesetz). Als Bundesfamilienministerin Ursula von der Leyen (CDU) im Januar 2009 ihre Initiative zur Sperrung kinderpornografischer Inhalte im Internet verkündete, traf sie zunächst auf keinen öffentlichen Widerstand. Bald darauf regten sich jedoch erste Bedenken und die Piratenpartei reihte sich frühzeitig bei den Kritikern ein: Der damalige Bundesvorsitzende Dirk Hillbrecht warf von der Leyen vor, ihr würden auf ihrem „Kreuzzug" ... „sämtliche Maßstäbe und jeder Gedanke an die Folgen ihrer Pläne

---

11 Meike Laaff, Hausdurchsuchung bei der Piratenpartei, in: taz online vom 17. September 2008, http://www.taz.de/!23107/ (05.01.2012).

aus dem Blick"[12] geraten. Die wesentliche Befürchtung der Kritiker war, dass „das Tabuthema Kinderpornographie instrumentalisiert" würde, um „eine schleichende Internetzensur"[13] aufzubauen, weshalb Ursula von der Leyen im Netz zunehmend als ‚Zensursula' tituliert wurde. Dessen ungeachtet, schloss die Bundesregierung am 17. April 2009 mit einigen Internetprovidern Verträge zur Zugangserschwerung zu solchen Netzinhalten ab und das Bundeskabinett billigte am 22. April 2009 den ersten Entwurf des Zugangserschwerungsgesetzes. Am selben Tag wurde eine von der Berlinerin Franziska Heine initiierte Online-Petition gegen das Gesetz eingereicht, die „so etwas wie das Erweckungserlebnis der Opposition im Internet"[14] darstellte.

Dass die Piratenpartei bei der Europawahl am 7. Juni 2009 von der Netzsperrendiskussion profitieren konnte, lag an zwei Dingen: Zum einen konnte sie sich „im Laufe der Diskussion so etwas wie die politische Meinungsführerschaft unter den Gegnern der Sperren" (Bartels 2009: 62) erobern und zum anderen war sie die einzige Partei, durch deren Wahl man seiner Gegnerschaft gegen Netzsperren politisch Ausdruck verleihen konnte. Die Regierungsparteien CDU/CSU und SPD standen mit deutlicher Mehrheit hinter der Gesetzesinitiative und die Opposition aus FDP, Grünen und Linkspartei tat „erst gar nichts und gab dann kaum mehr als ein leises Wimmern von sich".[15] Zu dieser Zeit wurde der Grundstein für die Haltung vieler netzaffiner Bürgerinnen und Bürger gelegt, die Piratenpartei als ihre einzige politische Interessenvertretung anzusehen. Allerdings muss auch betont werden, dass die Netzsperrendiskussion im Verlauf des Wahlkampfes zur Europawahl einen relativ unbedeutenden ‚Nebenkriegsschauplatz' darstellte. Zwar wurde das Wahlergebnis, wie bei jeder Europawahl, auch von der nationalen Politikebene mitbestimmt, aber die nationalen Wahlkampfthemen lagen primär im wirtschafts- und sozialpolitischen Bereich und die heiße Phase des Wahlkampfs wurde eindeutig vom Thema Opel- und Karstadt-Rettung dominiert (vgl. Niedermayer 2009) Immerhin konnten die Piraten mit 0,9 Prozent jedoch einen Achtungserfolg erzielen und landeten damit unter den 26 an der Wahl teilnehmenden

---

12 Piratenpartei Deutschland, Pressemitteilung vom 17. März 2009, Piratenpartei fordert: Kinder schützen statt Zensur propagieren, http://www.piratenpartei.de/pressemitteilung/Piratenpartei-fordert-Kinder-schuetzen-statt-Zensur-propagieren (20. 01. 2012).

13 So z. B. Christian Bahl, der Gründer des Vereins „Missbrauchsopfer gegen Internetsperren", zit. n. Kai Biermann, Missbrauchsopfer gegen Netzsperren, in: Die Zeit online vom 16. April 2009, http://www.zeit.de/online/2009/17/netzsperren-missbrauch/komplettansicht (13. 01. 2012).

14 So der Politikwissenschaftler Christoph Bieber, zit. n. Tilmann Prüfer, Vorsicht, Opposition!, in: Die Zeit vom 27. August 2009.

15 Christian Stöcker, Die Generation C64 schlägt zurück, Spiegel online vom 2. Juni 2009, http://www.spiegel.de/netzwelt/web/0,1518,628017,00.html (02. 09. 2010).

und an der 5-Prozent-Hürde gescheiterten Kleinparteien nach den Freien Wählern, den Republikanern, der Tierschutzpartei und der Familienpartei auf dem fünften Platz. Mindestens ebenso wichtig wie das Abschneiden der Piraten in Deutschland war jedoch der Sensationserfolg der Piratpartiet in Schweden, die nach der Verurteilung der Verantwortlichen der Internet-Tauschbörse The Pirate Bay wegen Urheberrechtsverletzungen im April massiv an Popularität gewann und mit über 7 Prozent der Stimmen ein Mandat erhielt. Die Botschaft „Ein Pirat segelt ins Europaparlament"[16] trug wesentlich dazu bei, dass die Piraten-Bewegung verstärkt wahrgenommen und als mögliche Wahlalternative gesehen wurde.

Am 18. Juni 2009 beschloss der Bundestag das Zugangserschwerungsgesetz mit der Mehrheit der Großen Koalition, nachdem der Initiativantrag einer Gruppe jüngerer Delegierter auf dem SPD-Parteitag am 14. Juni mit der Aufforderung an die SPD-Bundestagsfraktion, das Gesetz in letzter Minute zu verhindern, gescheitert war. Am 20. Juni trat der SPD-Abgeordnete und ehemalige Fraktionssprecher für Bildung und Forschung Jörg Tauss aus Protest gegen die Zustimmung seiner Fraktion zum Netzsperrengesetz aus der SPD aus und wechselte zur Piratenpartei, so dass diese plötzlich ein fraktionsloses Bundestagsmitglied hatte[17]. Allerdings war die Aufmerksamkeit, die die Partei dadurch erfuhr, durchaus zwiespältig zu sehen, da gegen Taus seit einigen Monaten wegen des Besitzes von Kinderpornographie ermittelt wurde. Die Piratenpartei hieß ihn dennoch „in ihren Reihen herzlich willkommen".[18]

Eine der Erfolgsbedingungen neuer Parteien aus der Gruppe der Rahmenbedingungen des politischen Wettbewerbs ist das Ausmaß an Unterstützung, die sie durch die anderen Organisationen des intermediären Systems erfährt, also durch die Medien, Verbände und sozialen Bewegungen, wobei vor allem „das Überschreiten der Selektionsschwelle der Medien ... eines der Hauptprobleme" (Solar 2010: 109) darstellt. Die Diskussion über Netzsperren, der Achtungserfolg bei der Europawahl und die Causa Tauss führten im Juni 2009 eindeutig zu einem Überschreiten dieser Schwelle, wie Abbildung 1 am Beispiel der Presseberichterstattung zeigt.

---

16 Ein Pirat segelt ins Europaparlament, in: FAZ online vom 8. Juni 2009, http://www.faz.net/themenarchiv/2.1242/europawahl/schweden-ein-pirat-segelt-ins-europaparlament-1814094.html (20.01.2012).
17 Zu Tauss vgl. auch das Kapitel des Verfassers über Organisation, Finanzen und Personal in diesem Band.
18 Piratenpartei Deutschland, Pressemitteilung vom 20. Juni 2009, Erster Pirat im Bundestag, http://www.piratenpartei.de/node/779 (20.01.2012).

Abbildung 1 Presseberichterstattung über die Piratenpartei 2006–2010
(Anzahl der Artikel mit Erwähnung der Partei)

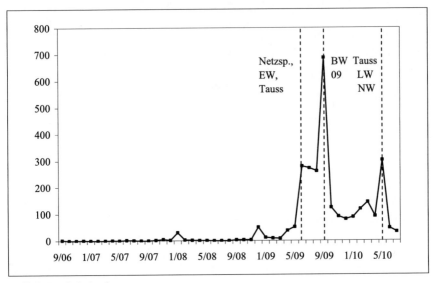

Quelle: lexisnexis-Recherche.

Auch in den folgenden drei Monaten bis zur Bundestagswahl ebbte die Medienaufmerksamkeit nicht wesentlich ab. Man begann, sich für den „Aufstand der Computerkinder"[19] zu interessieren und konstatierte den Piraten, „einen Nerv getroffen" zu haben, da die anderen Parteien ihre Themen „bisher stiefmütterlich und ohne ausreichende Sachkenntnis behandelt"[20] hätten.

Eine weitere Verbesserung ihrer Erfolgschancen erfuhren die Piraten durch die wesentliche Stärkung ihrer organisatorischen und personellen Ressourcen.[21] Kurz nach der Europawahl wurden die bisher existierenden 11 Landesverbände durch Neugründungen in Bremen, Mecklenburg-Vorpommern, dem Saarland,

---

19 Christopher John Peter, Aufstand der Computerkinder, in: Der Stern online vom 6. Juli 2009, http://www.stern.de/digital/online/piratenpartei-aufstand-der-computerkinder-705496.html (09.08.2010).
20 Jannis Brühl, Unter schwarzer Flagge, in: Süddeutsche Zeitung online vom 3. Juli 2009, http://www.sueddeutsche.de/digital/piratenpartei-unter-schwarzer-flagge-1.94180 (20.1.2012).
21 Vgl. hierzu im Einzelnen das Kapitel des Verfassers über Organisationsstruktur, Finanzen und Personal der Piraten in diesem Band.

Sachsen-Anhalt und Thüringen ergänzt, so dass die Partei nun über eine flächendeckende Organisationsstruktur auf der Landesebene verfügte. Zudem erlebten die Piraten einen Mitgliederboom: Hatten sie Mitte Februar 2009 bundesweit gerade einmal 840 Mitglieder, so betrug der Mitgliederbestand Ende Juni schon mehr als 2 700 und kurz vor der Bundestagswahl waren es knapp 7 400.

Am 17. Juli 2009 entschied der Bundeswahlausschuss, den Piraten für die Bundestagswahl am 27. September den Parteistatus zuzuerkennen. Damit hatten sie auch auf der Bundesebene die erste Karrierestufe erreicht. Es spricht auch Einiges dafür, das Erreichen der zweiten Karrierestufe, also die Wettbewerbsbeeinflussung durch Reaktionen anderer Parteien auf die Piratenpartei, in die Zeit zwischen der Europa- und Bundestagswahl zu verorten.[22]

Auf der Landesebene waren die Ergebnisse der nächsten Monate allerdings gemischt. Am 23. Juli verweigerte der Brandenburger Landeswahlausschuss den Piraten die Zulassung für die gleichzeitig mit der Bundestagswahl stattfindende Brandenburger Landtagswahl. In Schleswig-Holstein, das den Landtag auch am 27. September wählte, nahmen die Piraten jedoch teil und erreichten 1,8 Prozent. Im Saarland und in Thüringen waren die erforderlichen formalen Fristen für die am 30. August stattfindenden Landtagswahlen bei der Gründung der Landesverbände schon verstrichen, so dass die Partei an diesen beiden Wahlen nicht teilnehmen konnte. In Thüringen vereinbarten die Piraten daher mit den Grünen eine Kooperation in den Punkten Bürgerrechte und Freiheit. Der sächsische Landesverband wurde zwar schon am 8. August 2008 gegründet, bekam aber erst Anfang 2009 „wieder Leben eingehaucht", bestand allerdings nur aus „genau sieben Piraten"[23], die sich außerstande sahen, fast gleichzeitig für die Landtags- und Bundestagswahl die erforderlichen Unterstützungsunterschriften zu sammeln und sich daher gegen die Bundestagswahlteilnahme entschieden. Bei der Landtagswahl am 30. August erreichten die sächsischen Piraten mit 1,9 Prozent das bisher beste Wahlergebnis der Piraten auf Landesebene. Bei den gleichzeitig stattfindenden Kommunalwahlen in Nordrhein-Westfalen konnten sie zudem in Münster und Aachen in die Stadträte einziehen.

Außer dem sächsischen konnten alle Landesverbände der Piraten die Unterstützungsunterschriften fristgerecht sammeln, so dass die Partei in 15 Bundesländern zur Bundestagswahl antrat. Wegen der geringen finanziellen Ressourcen der Partei konnten übliche Offline-Wahlkampfmittel wie Plakate nur sparsam ein-

---

22 Vgl. hierzu das Kapitel des Verfassers über die Reaktionen der anderen Parteien.
23 Meike Martin, Sachsen hat Schuld ;-), Statement vom 29. September 2009, http:/www.piraten-sachsen.de/2009/09/29/sachsen-hat-schuld/ (15. 01. 2012).

gesetzt werden und zudem fehlte es der Partei für den Straßenwahlkampf auch an Erfahrung. Man versuchte eher, durch die Teilnahme an spektakulären Events wie der zentralen Großdemonstration gegen die Vorratsdatenspeicherung, Internet-Zensur und Online-Durchsuchung unter dem Motto ‚Freiheit statt Angst‘ am 12. September in Berlin oder durch unorthodoxe Forderungen, wie die nach einem eigenen Internet-Ministerium Aufmerksamkeit zu erregen. Dennoch erschwerte der weitgehende Verzicht auf ‚paid-media‘ und weitere kostenträchtige Wahlkampfmittel erheblich die Mobilisierung von Randwählern.

Ihre Kernwählerschaft aus der netzaffinen Jugend konnten die Piraten jedoch sehr gut mobilisieren, weil sich diese über einen Online-Wahlkampf erreichen lässt. Die Partei machte im Bundestagswahlkampf den anderen Parteien vor, „wie man im Internet Wähler für sich begeistern kann"[24], indem sie „als einzige politische Organisation fast alle zur Verfügung stehenden interaktiven Optionen" (Schweitzer 2009: 217) in ihrer Kampagne einsetzte und „vielleicht den einzig ‚echten‘ Mitmach-Wahlkampf im Web 2.0" (Bieber 2009) führte. Wie erfolgreich die Piraten im Vergleich mit den anderen Parteien im Netz waren, zeigt eine MEEDIA-Untersuchung, die mit Hilfe des Google-Research-Tools Ad Planner analysierte, wie viele unterschiedliche Besucher die offiziellen Websites der Parteien im Juli 2009 hatten. Dort landete die Piratenpartei mit 160 000 Besuchern auf Platz 1, während die etablierten Parteien mit miserablen Zahlen aufwarteten: SPD 58 000, die Grünen 48 000, CDU 43 000, die Linke 32 000 und die FDP 29 000.[25] Es war daher auch nicht überraschend, dass bei der ersten Sonntagsfrage des größten sozialen Netzwerks, StudiVZ und MeinVZ, im August 2009 die Piraten mit 31 Prozent mit großem Abstand vor der zweitplatzierten CDU/CSU (18 Prozent) als Sieger hervorgingen.[26] Die gravierenden Unterschiede in den politischen Präferenzen zwischen der netzaffinen Jugend und den ‚Normalbürgern‘ zeigten sich in der Tatsache, dass die Piraten bei der Wahl 2 Prozent statt 31 Prozent erhielten. Damit hatten die Piraten zwar die 5-Prozent-Hürde klar verfehlt, waren aber durchaus „erfolgreich gescheitert"[27] und hatten bei ihrer ersten

---

24 Konrad Fischer, Die Piratenpartei dominiert den Wahlkampf im Netz, in: Wirtschaftswoche vom 23. August 2009.

25 Vgl. Jens Schröder, Piratenpartei besiegt etablierte Parteien, http://meedia.de/index.php?id=1997&tx_ttnews[tt_news]=22710 (21. 01. 2012).

26 Vgl. Piratenpartei liegt klar vorn, in: Der Spiegel online vom 17. August 2009, http://www.spiegel.de/unispiegel/wunderbar/0,1518,643216,00.html (09. 01. 2012).

27 Oliver Georgi, Erfolgreich gescheitert, in: FAZ online vom 28. September 2009, http://www.faz.net/themenarchiv/2.1242/bundestagswahl/piratenpartei-erfolgreich-gescheitert-1853555.html (20. 01. 2012).

Die Piraten im parteipolitischen Wettbewerb

Tabelle 2   Europawahl- und Bundestagswahlergebnisse der Piratenpartei 2009 in den einzelnen Bundesländern

	Europawahl		Bundestagswahl	
	Stimmen	%	Stimmen	%
Baden-Württemberg	33 209	0,9	112 006	2,1
Bayern	29 236	0,7	135 790	2,0
Berlin	12 063	1,4	58 062	3,4
Brandenburg	5 637	0,9	34 832	2,5
Bremen	2 147	1,1	8 174	2,4
Hamburg	5 097	1,2	23 168	2,6
Hessen	14 807	0,9	66 708	2,1
Mecklenburg-Vorpommern	5 032	0,8	20 063	2,3
Niedersachsen	19 112	0,8	87 046	2,0
Nordrhein-Westfalen	45 071	0,8	158 585	1,7
Rheinland-Pfalz	13 648	0,8	41 728	1,9
Saarland	3 856	0,9	8 620	1,5
Sachsen	17 905	1,1	–	–
Sachsen-Anhalt	6 113	0,8	28 780	2,4
Schleswig-Holstein	7 621	0,9	33 277	2,1
Thüringen	8 910	0,9	31 031	2,5

Quelle: amtliche Wahlstatistiken.

Bundestagswahlteilnahme gleich den ersten Platz unter den parlamentarisch nicht repräsentierten Parteien eingenommen. Die Ergebnisse in den Bundesländern bestätigten die regionalen Schwerpunkte der Wählerunterstützung, die sich schon bei der Europawahl angedeutet hatten (vgl. Tabelle 2).

Berlin war die absolute ‚Piraten-Hochburg‘, mit einigem Abstand gefolgt von Hamburg. Auch im dritten Stadtstaat, der Hansestadt Bremen, hatten die Piraten in beiden Wahlen deutlich überdurchschnittlich abgeschnitten, während sie im größten Flächenland, Nordrhein-Westfalen, deutlich unter dem Durchschnitt blieben. Im Vergleich mit den Zweitstimmen waren die gewonnenen Erststimmen eine marginale Größe. Auf dem Piratenticket wurden im gesamten Bundesgebiet nur 14 Kreiswahlvorschläge für die Direktwahl von Kandidaten zugelassen, die insgesamt 46 770, d. h. 0,1 Prozent, Erststimmen erhielten.

4 Die Durststrecke nach der Bundestagswahl und der Erfolg bei der Berliner Abgeordnetenhauswahl am 18. September 2011

Einen Tag nach der Bundestagswahl „adelte die Bundeskanzlerin die Piraten durch Aufmerksamkeit"[28] und in der Partei herrschte „Aufbruchstimmung"[29]. Die Erwartung, die Piraten würden jetzt in allen Bereichen durchstarten, erfüllte sich jedoch nicht. Die neue Koalition aus CDU/CSU und FDP setzte das Netzsperrengesetz aus, in den bundesweiten Umfragen tauchten die Piraten nach wie vor nicht auf, die Medienaufmerksamkeit ging deutlich zurück (vgl. Abb. 1) und die Mitgliederzahlen, die nach der Wahl noch einmal in die Höhe geschossen waren, stagnierten ab dem Frühjahr 2010 bei etwa 12 000. Zudem war die Partei auch 2010 immer noch in Geldnot. Zwar hatten sie für das Jahr 2009 erstmals Anspruch auf öffentliche Mittel, die sich eigentlich auf 840 555 Euro belaufen hätten. Wegen des aus dem Grundgesetz abgeleiteten Verbots einer überwiegenden staatlichen Parteienfinanzierung darf diese jedoch nicht höher sein als die von den Parteien selbst erwirtschafteten Eigeneinnahmen des Vorjahres. Da die Piratenpartei in ihrem Rechenschaftsbericht für 2008 nur 31 504,68 € Eigeneinnahmen ausgewiesen hatte, wurden die staatlichen Mittel auf diese Höhe begrenzt und der Kontostand des Bundesverbands betrug Ende Juli 2010 gerade einmal knapp 81 000 Euro, wobei von diesem Geld vieles schon verplant war.[30]

Auch den nordrhein-westfälischen Landesverband plagten „notorische Geldnöte"[31], die die Organisation eines flächendeckenden Wahlkampfes schwer machten. Dennoch gab man Anfang 2010 das Ziel aus, bei der Landtagswahl am

---

28 Während ihrer ersten Pressekonferenz sagte sie „Wir müssen den Dialog mit den Wählern der Piratenpartei aufnehmen und um die Wähler der Zukunft kümmern, um die jungen Wähler" (zit. n. Özlem Topcu, Bloß nicht offline, in: Die Zeit vom 1. Oktober 2009.

29 Tilman Steffen, Piraten wollen Apo üben, in: Die Zeit online vom 28. September 2009, http://www.zeit.de/politik/deutschland/2009-09/piraten-wahlabend (30.09.2009).

30 Vgl. http://wiki.piratenpartei.de/Kontostand (9.8.2010). Zur Entwicklung der finanziellen Ressourcen vgl. im Detail auch das Ressourcen-Kapitel des Verfassers in diesem Band.

31 Martin Teigeler, Jung und Klamm: Piratenpartei NRW plagen notorisch Geldnöte, in: Aachener Nachrichten vom 23. Dezember 2009.

9. Mai 2010 „politische Verantwortung zu übernehmen".[32] Dies sollte auch mit Hilfe eines breiten Programms geschehen, wobei eine inhaltliche Verbreiterung der bisher „monothematisch aufgestellt(en)" (Blumberg 2010: 19) Partei innerhalb des Bundesverbands sehr umstritten war. Obwohl das Bundesverfassungsgericht Anfang März 2010 mit seinem Beschluss, die Vorratsdatenspeicherung in ihrer seit 2008 praktizierten Form für verfassungswidrig zu erklären, den Piraten noch eine Steilvorlage lieferte, war von der Partei im Landtagswahlkampf jedoch „kaum etwas zu hören" und das Wahlziel wurde auf „2 Prozent plus x" heruntergeschraubt.[33] Mit nur 1,6 Prozent der Stimmen verfehlte man bei der Wahl auch das reduzierte Ziel. Der Mitte Mai in Bingen stattfindende Bundesparteitag, auf dem man das inhaltliche Profil schärfen wollte, zog sich „quälend, inhaltsleer und altbacken"[34] hin und kurz darauf wurde Jörg Tauss wegen des Besitzes von Kinderpornographie verurteilt und trat aus der Partei aus. All dies führte zwar wieder kurzfristig zu mehr Medienaufmerksamkeit (vgl. Abbildung 1), aber diesmal mit negativem Tenor und manche Medien läuteten der Partei schon das Totenglöcklein: „Es war einmal die Piratenpartei".[35] Die Folgemonate waren von internen Streitigkeiten geprägt: Zunächst führte der „hitzige Streit innerhalb der gesamten Partei um Datenschutz und Transparenz"[36] im Rahmen der Einführung der ‚Liquid Feedback'-Software zur internen Kommunikation im August zum Rücktritt eines Bundesvorstandsmitglieds, dann benahm sich der Vorstand beim Streit um die inhaltliche breitere Aufstellung der Partei „wie ein Kindergarten" und die Piraten gingen „in der öffentlichen Wahrnehmung weitgehend unter".[37] Auf dem Parteitag in Chemnitz im November 2010 gelang es jedoch zumindest, die inhaltliche Diskussion um die programmatische Erweiterung zu führen und zu einem gewissen Abschluss zu bringen. Dabei setzte sich mit – nicht immer fundierten –

---

32 Marc Wiegand, Piraten-Partei will NRW-Landtag entern, in: Der Westen online vom 23. Januar 2010, http://www.derwesten.de/region/rhein_ruhr/piraten-partei-will-nrw-landtag-entern-id3308760.html (21. 01. 2012).

33 Tillmann Prüfer, Klar zum Kentern, in: ZEITmagazin vom 6. Mai 2010.

34 Ole Reißmann, Piraten erleiden Schiffbruch, in: Der Spiegel online vom 24. Mai 2010, http://www.spiegel.de/politik/deutschland/0,1518,695167,00.html (06. 09. 2010).

35 Ebd.

36 Julia Seeliger, Piratenpartei stoppt Liquid Feedback, in: taz online vom 6. August 2010, http://www.taz.de/System-zur-Meinungsbildung/!56636/ (09. 08. 2010).

37 Fabian Heckenberger, Putsch im Glashaus, in: Süddeutsche Zeitung online vom 24. Oktober 2010, http://www.sueddeutsche.de/politik/selbstdemontage-der-piratenpartei-putsch-im-glashaus-1.1015473 (25. 10. 2010).

Beschlüssen zur Wirtschafts-, Sozial-, Bildungs- und Umweltpolitik das Lager der „Vollis" gegen die erweiterungsskeptischen „Kernis" durch.[38]

Bei den ersten vier Landtagswahlen des ‚Superwahljahres 2011' in Hamburg (20. Februar), Sachsen-Anhalt (20. März), Baden-Württemberg (27. März) und Rheinland-Pfalz (27. März) musste man sich mit Ergebnissen von 1,4 bis 2,1 Prozent zufrieden geben. Diese Größenordnung stellte gegenüber den Ergebnissen der ersten Landtagswahlteilnahmen 2008 durchaus eine Steigerung dar und in Hamburg und Baden-Württemberg konnte man sich damit an die Spitze der Kleinparteien setzen. Aber überall musste man die Träume vom Entern der Landtage begraben. Das änderte sich auch nicht unter der neuen, auf dem Bundesparteitag Mitte Mai 2011 gewählten Führung, die für ein geschlosseneres Auftreten der Partei sorgen und sie als die „einzige freiheitlich-demokratische Partei Deutschlands"[39] im Parteienwettbewerb positionieren wollte. Bei der Bremer Bürgerschaftswahl am 22. Mai und der Landtagswahl in Mecklenburg-Vorpommern am 4. September erzielte die Partei jeweils 1,9 Prozent.

Warum gelang dann der Partei zwei Wochen später am 18. September bei der Berliner Abgeordnetenhauswahl ein solcher Sensationserfolg? Die Piraten in Berlin hatten schon auf ihrem Parteitag Ende Februar 2010 Kurs auf das Abgeordnetenhaus genommen, als „ernsthafte Konkurrenten" wurden sie von den anderen Parteien jedoch „nicht wahrgenommen"[40] und auch die Medien schenkten ihr kaum Aufmerksamkeit. Dies blieb so, bis sie zu Beginn der heißen Wahlkampfphase Anfang August zum ersten Mal in den Umfragen auftauchten. Danach wuchs ihre Unterstützung sehr rasch und schon eineinhalb Wochen vor der Wahl sahen die beiden großen Umfrageinstitute die Piraten bei 5,5 bis 6,5 Prozent, so dass ihnen die Medien unisono „gute Aussichten, in das Abgeordnetenhaus einzuziehen"[41] attestierten. Am Wahlabend feierten sie dann mit 8,9 Prozent der Stimmen einen Sensationserfolg und ließen damit nicht nur alle anderen Klein-

---

38 Ole Reißmann, Piratenpartei spielt SPD, in: Der Spiegel online vom 21. November 2010, http://www.spiegel.de/politik/deutschland/0,1518,730336,00.html (22.11.2010).

39 So der neu gewählte Bundesvorsitzende Sebastian Nerz, zit. n. Wechsel an der Spitze der Piratenpartei, in: Focus online vom 14. Mai 2011, http://www.focus.de/politik/deutschland/ parteienwechsel-an-der-spitze-der-piratenpartei_aid_627208.html (23.05.2011).

40 Maike Schultz, Mit Enterhaken ins Abgeordnetenhaus, in: Berliner Zeitung online vom 27. Februar 2010, http://www.berliner-zeitung.de/archiv/die-berliner-piraten-feilen-auf-ihrem-parteitag-am-wochenende-weiter-an-der-basisdemokratie-mit-enterhaken-ins-abgeordneten-haus,10810590,10701904.html (10.09.2010).

41 FDP raus, Piraten rein, in: Süddeutsche Zeitung online vom 9. September 2011, http://www.sueddeutsche.de/politik/umfrage-zur-berli-wahl-piraten-koennten-es-ins-erste-parlament-schaffen-1.1140821 (09.09.2011)

parteien, sondern auch die bisher parlamentarisch repräsentierte FDP hinter sich, die 5,8 Prozentpunkte einbüßte und aus dem Abgeordnetenhaus flog.[42]

Diese beispiellose Karriere verdanken sie einer ganzen Reihe von – zum Teil berlinspezifischen – Gründen:

- Die Piraten hatten eine sehr gute Ausgangsposition, denn Berlin war, wie die bisherigen Ausführungen gezeigt haben, von Anfang an eine Piraten-Hochburg: Die Partei wurde in Berlin gegründet, ihre spektakulärsten Offline-Aktionen fanden in Berlin statt, sie erreichte 2009 sowohl bei der Europa- als auch bei der Bundestagswahl das bei Weitem beste Wahlergebnis aller Bundesländer und der Berliner Landesverband war mit über 900 Mitgliedern schon zu Beginn der heißen Wahlkampfphase der mit Abstand stärkste Landesverband. Dies alles zeigt, dass die spezifische Sozialstruktur und politische Kultur Berlins, der „Hochburg der sogenannten digitalen Bohème und von Internet-Startups"[43], ein besonders guter Nährboden für die generell in urbanen Zentren konzentrierte Kernklientel der Piraten ist.

- Die Piraten führten einen optimalen online-Wahlkampf, der auf den wichtigsten Plattformen des Web 2.0 basierte. Zudem bot Berlin als Stadtstaat die Möglichkeit, mit relativ geringem Ressourcenaufwand[44] einen flächendeckenden Offline-Wahlkampf zu führen. So konnte durch 12 000 Plakate stadtweit eine „deutliche Präsenz ... im Straßenwahlkampf"[45] erzielt werden, die die Piraten auch optimal ausnutzten: Die „selbstgebastelt" wirkenden, „durch ihr eher gewöhnungsbedürftiges" Design „optisch aus dem Rahmen" (Borchard/ Stoye 2011: 7 f.) fallenden Plakate mit zum Teil provokanten Slogans[46] erzielten ein hohes Maß an Aufmerksamkeit.

- Zum durch den Start der Plakatierung markierten Beginn der heißen Wahlkampfphase Anfang August, als das Umfrageinstitut Infratest dimap mit seinem BerlinTREND August im Feld war, half den Piraten auch ein Ereignis auf der Bundesebene: Der Bundesinnenminister Hans-Peter Friedrich verlangte

---

42 Stärkste Partei wurde mit 28,3 Prozent die SPD, gefolgt von der CDU (23,3 Prozent), den Grünen (17,6 Prozent) und der Linkspartei (11,7 Prozent).

43 Christoph Seils, Die Piraten und die digitale Spaltung der Gesellschaft, in: Der Tagesspiegel online vom 12. September 2011, http://www.tagesspiegel.de/meinung/die-piraten-und-die-digitale-spaltung-der-gesellschaft/4600488.html (17.09.2011).

44 Die Piraten gaben ein Wahlkampfbudget von 20 000 bis 25 000 Euro an, vgl. Wahlkampf in Berlin so teuer wie nie, in: Der Tagesspiegel online vom 1. August 2011, http://www.tagesspiegel.de/berlin/wahlkampf-in-berlin-so-teuer-wie-nie/4453846.html (04.08.2011).

45 Jens Anker, Piraten kapern Wählerstimmen, in: Berliner Morgenpost vom 14. August 2011.

46 So z. B. „Warum häng' ich hier eigentlich, ihr geht ja doch nicht wählen".

angesichts des Blutbads, das von dem Attentäter Anders Breivik in Norwegen angerichtet worden war, der Anonymität im Internet ein Ende zu setzen, was zu einer deutlichen Mobilisierung der Netzgemeinde führte und von Sebastian Nerz mit den Worten kommentiert wurde, Friedrich greife „einen der Grundpfeiler unserer Demokratie"[47] an.

- Im BerlinTREND vom August erreichten die Piraten 3 Prozent, ein Wert, ab dem Infratest dimap eine Partei gesondert ausweist, statt sie unter die „Sonstigen" zu subsumieren. Damit tauchten die Piraten erstmals gesondert, und damit für die Medien und die Öffentlichkeit sichtbar, in einer Umfrage auf. Das Auftauchen dieser neuen und auch noch relativ unkonventionellen Partei hatte einen hohen Nachrichtenwert, sodass sich die Partei in der Folgezeit einer großen Medienaufmerksamkeit erfreute und sich eine Aufwärtsspirale aus zunehmender Medienunterstützung und zunehmenden Umfrageergebnissen entwickelte.

- Die etablierten Parteien haben die Piraten zu lange unterschätzt und als sich ein möglicher Erfolg der Partei abzeichnete, haben die Spitzenkandidaten der anderen Parteien – Klaus Wowereit (SPD), Frank Henkel (CDU) und Renate Künast (Grüne) – „noch einmal falsch reagiert. Durch Einlassungen von gewollter Ignoranz (Frank Henkel) über verunglückte Veralberung (Renate Künast) bis zu staatstragender Warnung (Klaus Wowereit) haben CDU, Grüne und SPD den Piraten noch mehr Wind in die Segel geblasen. Denn nichts dürfte deren junge, sich als subversiv, aber nicht fundamental-oppositionell empfindende Zielgruppe mehr ärgern, als ignoriert, nicht ernst genommen oder an den Pranger gestellt zu werden."[48]

- Je näher die Piraten in den Umfragen der Fünf-Prozent-Hürde kamen, umso attraktiver wurden sie für Wähler, die aus Unzufriedenheit mit den etablierten Parteien bisher entweder gar nicht oder eine der Kleinstparteien gewählt hatten[49] und nun damit rechnen konnten, dass ihre Stimme etwas bewirkt bzw. nicht mehr verloren ist.

---

47 Zit. n. Opposition wettert gegen Klarnamen-Minister, in: Der Spiegel online vom 7. August 2011, http://www.spiegel.de/netzwelt/netzpolitik/0,1518,778858,00.html (16.08.2011).

48 Markus Hesselmann, Von der Avantgarde zum Mainstream, in: Der Tagesspiegel online vom 18. September 2011, http://www.tagesspiegel.de/meinung/von-der-avantgarde-zum-main-stream/4621432.html (19.09.2011).

49 Berlin war schon immer eine Hochburg der Kleinstparteien. Bei der Abgeordnetenhauswahl von 2006 erreichten die 18 an der Wahl teilnehmenden und an der Fünf-Prozent-Hürde gescheiterten Parteien einen Höchstwert von insgesamt fast 14 Prozent der Stimmen.

Die Piraten im parteipolitischen Wettbewerb · 47

- Inhaltlich gingen die Piraten in Berlin deutlich über ihren Markenkern, die Netzpolitik, hinaus. Man versuchte sich mit einer „Mischung aus den sozial-liberalen Elementen der FDP und politisch ‚roten‘, also links angesiedelten Idealen"[50] im Parteienwettbewerb zu positionieren. Dabei führten die offenen Programmberatungen u. a. zu einer „teuren Wunschliste" mit zuweilen „skurrilen Forderungen"[51], über deren Finanzierung man sich keine großen Gedanken machte. Auch dokumentierten die Aussagen der Kandidaten zuweilen ihre „Ahnungslosigkeit in Sachen Landespolitik"[52] – so z. B. als der Spitzenkandidat Andreas Baum in einer Fernsehdiskussion von vielen Millionen statt der 63 Milliarden Euro Schulden sprach, die Berlin habe. Dies wurde den Piraten jedoch von ihren Wählern – im Gegensatz zu manchen Medien[53] – nicht übel genommen, da sie damit ein authentisch wirkendes „Gegenmodell zu den pseudo-professionellen Parteien"[54] lieferten.

- Viel wichtiger als die Vielzahl konkreter politischer Forderungen, die den meisten Wählern ohnehin unbekannt blieben, war jedoch der Rekurs auf eine zentrale Wertkategorie: Im Mittelpunkt des Wahlkampfs der Piraten stand die Forderung nach mehr Transparenz in der Politik: So wurde der Spitzenkandidat nie müde zu betonen, dass „natürlich das Thema Transparenz" den Piraten am wichtigsten sei, und zwar sowohl in der Kommunikation der Partei mit den Bürgern als auch bei der Frage, „wie Politik gemacht wird" und „wie mit Entscheidungen umgegangen wird", so dass z. B. „Verträge, die der Senat abschließt, … öffentlich zu sein" hätten.[55] Damit traf er in Berlin auf offene Ohren, denn die Berliner wurden ein halbes Jahr vor der Wahl durch die Diskussion um die Offenlegung der umstrittenen Verträge zur Teilprivatisie-

---

50 So der spätere Parlamentarische Geschäftsführer der Berliner Abgeordnetenhausfraktion, Martin Delius, im Mai 2011, zit. n. Nik Afanasjew, Vorstoß in die Bildungspolitik, in: Der Tagesspiegel online vom 18. Mai 2011, http://www.tagesspiegel.de/berlin/vorstoss-in-die-bildungspolitik/4186818.html (18.05.2011).

51 Ole Reißmann, Polit-Freibeuter kämpfen gegen die Realität, in: Der Spiegel online vom 7. September 2011, http://www.spiegel.de/politik/deutschland/0,1518,784334,00.html (15.09.2011).

52 Christoph Seils a.a.O. (Anm. 43).

53 So mokierte man sich z.B. darüber, dass den Berlinern möglicherweise „charmante Auftritte inzwischen wichtiger als kompetente Aussagen" seien (Felix Berth, Sachverstand zweitrangig, in: Süddeutsche Zeitung online vom 19. September 2011, http://www.sueddeutsche.de/politik/berlin-nach-der-wahl-eine-waehleranalyse-sachverstand-zweitrangig-1.1146140 (20.09.2011).

54 Lorenz Maroldt, Fünf Gründe für den Erfolg der Piraten, in: Der Tagesspiegel online vom 15. September 2011, http://www.tagesspiegel.de/meinung/fuenf-gruende-fuer-den-erfolg-der-piraten/4612396.html (17.09.2011)

55 „Das Experiment hat sich gelohnt", Interview mit Andreas Baum in der Berliner Morgenpost vom 4. September 2011.

rung der Berliner Wasserbetriebe, die Mitte Februar 2011 zu einem erstmals in der Geschichte Berlins erfolgreichen Volksentscheid führte, für das Transparenzthema sensibilisiert.

- Als letzter Punkt kam hinzu, dass sich ein Teil der linksorientierten Grünen-Klientel aus Opposition gegen den Kurs der Grünen-Spitze, die sich im Wahlkampf zu angepasst, zu sehr als seriöse Partei der Mitte gab und sogar eine Koalition mit der CDU nicht ausschloss, der neuen „Aufmüpfigkeitspartei"[56] zuwandte.[57] Durch Ausweitung dieser Argumentation lässt sich sogar konstatieren, dass die Piraten eine „realistische Alternative für ein Wählerspektrum" darstellten, „das von der staatstragenden und pragmatischen Haltung linker Berliner Parteien frustriert" war.[58] Zudem sprachen die Piraten mit ihrem Transparenzthema auch Wähler an, die sich von der Bundes-FDP nicht mehr repräsentiert fühlten und in der Landes-FDP keine Alternative sahen.

Mit dem Gewinn von 15 Mandaten konnten die Piraten in Berlin nicht nur die dritte, sondern auch gleich die vierte Karrierestufe erreichen, die der koalitionsstrategischen Inklusion. Diese Stufe wird erreicht, wenn mit der Partei rein rechnerisch mindestens eine der möglichen minimalen Gewinnkoalitionen gebildet werden kann,[59] d. h. eine Koalition, die zum einen über eine Regierungsmehrheit verfügt und zum anderen eine minimale Größe in dem Sinne besitzt, dass jede Koalitionspartei zum Erreichen der Mehrheit auch benötigt wird. Ist dies der Fall, so ist diese Partei insofern relevant, als die für eine solche Koalition in Frage kommenden anderen Parteien die Partei in ihre prinzipiellen Koalitionsüberlegungen einbeziehen und eine positive oder negative Koalitionsentscheidung treffen müssen. Ist dies nicht der Fall, dann spielt die Partei für Koalitionsbildungsüberlegungen keinerlei Rolle und ist daher für Regierungsbildungsprozesse vollkommen irrelevant.

Die erfolgreichen Parteien zogen in der folgenden Stärke in das Abgeordnetenhaus ein: SPD 47 Mandate, CDU 39 Mandate, Grüne 29 Mandate, Linke 19 Mandate und Piraten 15 Mandate. Bei insgesamt 149 Mandaten beträgt die ab-

---

56 Matthias Kamann, Renate Künast in unmöglicher Mission, in: Die Welt online vom 14. September 2011, http://www.welt.de/politik/wahl/berlin-wahl/article13602561/Renate-Kuenast-in-unmoeglicher-Mission.html (15.09.2011).

57 Das von allen Berliner Bezirken mit Abstand beste Ergebnis von 14,7 Prozent erzielten die Piraten in der Grünen-Hochburg Friedrichshain-Kreuzberg.

58 Alexander Hensel, Warum die Piraten in Berlin so gut ankommen, in: Der Spiegel online vom 14. September 2011, http://www.spiegel.de/politk/deutschland/0,1518,786016,00.html (15.09. 2011).

59 Vgl. das Einleitungskapitel des Verfassers zu diesem Band.

Die Piraten im parteipolitischen Wettbewerb   49

solute Mehrheit 75 Mandate. Das Wahlergebnis machte somit rein rechnerisch fünf minimale Gewinnkoalitionen möglich, davon zwei unter Einschluss der Piraten: CDU/SPD (86 Mandate), SPD/Grüne (76 Mandate), CDU/Grüne/Linke (87 Mandate), CDU/Grüne/Piraten (83 Mandate), SPD/Linke/Piraten (81 Mandate). Da Renate Künast in der letzten Wahlkampfphase eine Koalition ihrer Partei mit der CDU definitiv ausgeschlossen hatte, brauchte über eine Koalition von CDU, Grünen und der Piratenpartei nach der Wahl nicht mehr nachgedacht werden. Anders jedoch bei der Frage nach einer Koalition aus SPD, Linken und Piraten. Die Fraktion der Piraten beschloss in einer Sondersitzung am 5. Oktober 2011 nach dem Platzen der rot-grünen Koalitionsgespräche, die SPD und die Linkspartei zu Sondierungsgesprächen über eine solche Koalition aufzufordern. Der Linken-Fraktionsvorsitzende Udo Wolf äußerte dazu, die Linke würde sich einer Sondierung nicht von vornherein entziehen, und Klaus Wowereit hielt eine solche Konstellation lachend für eine „interessante Variante". Der SPD-Landeschef Michael Müller machte aber klar: „Wir sehen die Piraten durchaus als ernstzunehmende Kraft, aber zurzeit noch nicht als Regierungspartner".[60] Damit war diese rechnerische Option politisch vom Tisch.

5 Der erfolgreiche Auftakt des Wahljahres 2012: die Piratenpartei zieht in den saarländischen Landtag ein

Bei einem normalen Verlauf der jeweiligen Legislaturperioden in den Bundesländern hätte es im Jahre 2012 keine einzige Landtagswahl gegeben. Aus unterschiedlichen Gründen wurden jedoch in Schleswig-Holstein, im Saarland und in Nordrhein-Westfalen die Landtage vorzeitig aufgelöst und vorgezogene Landtagswahlen anberaumt.

In Schleswig-Holstein war der Landtag am 27. September 2009 gleichzeitig mit der Bundestagswahl gewählt worden. CDU und FDP erreichten zusammen nur 46,4 % der Stimmen, hatten aber mit 48 von 95 Sitzen die Mehrheit im Landtag, vor allem durch 11 Überhangmandate der CDU. Die in der Landeswahlordnung ungenau geregelte Vergabe von Ausgleichsmandaten für die anderen Parteien wurde vom Landeswahlausschuss in einer Weise ausgelegt, die der CDU und FDP die Mehrheit sicherte. Dagegen klagten Grüne und SSW vor dem Landesverfas-

---

60 Zit. n. M. Schlegel u. a.: Piraten wollen mit ans Ruder, in: Der Tagesspiegel online vom 5. Oktober 2011, http://www.tagesspiegel.de/berlin/piraten-wollen-mit-ans-ruder/4689346.html (06.10. 2011).

sungsgericht, das in seinem Urteil vom 30. August 2010 die Verfassungswidrigkeit des Landeswahlgesetzes feststellte und eine vorgezogene Neuwahl des Landtages bis spätestens 30. September 2012 anordnete. Die Landesregierung beschloss am 7. Juni 2011, dass die Wahl am 6. Mai 2012 stattfinden soll.

Hatten die Parteien im Fall Schleswig-Holstein viel Zeit, sich auf die vorgezogene Neuwahl einzustellen, so war dies für die anderen beiden Wahlen nicht der Fall. Am 6. Januar 2012 kündigte die saarländische CDU-Ministerpräsidentin Annegret Kramp-Karrenbauer die seit 2009 regierende Jamaika-Koalition aus CDU, FDP und Grünen auf, weil der „Zustand der Zerrüttung" in der FDP und die „anhaltenden Zerwürfnisse" „nicht mehr länger hinnehmbar" seien.[61] Sie bot der saarländischen SPD die Bildung einer Großen Koalition an, die darauffolgenden Sondierungsgespräche scheiterten jedoch am 19. Januar, sodass am 26. Januar die Auflösung des Landtags und eine vorgezogene Neuwahl am 25. März 2012 beschlossen wurde. Sowohl Kramp-Karrenbauer als auch der saarländische SPD-Vorsitzende Heiko Maas betonten, dass der Grund für die Neuwahlen darin zu sehen sei, eine „möglichst große Legitimation" für die anstehenden „tiefgreifenden strukturellen Maßnahmen" der künftigen Landesregierung zu erlangen, und dass zwischen den beiden Parteien „große inhaltliche Schnittmengen" bestünden, sodass es „viele gute Gründe für eine große Koalition" gebe.[62]

Bei der Landtagswahl 2010 in Nordrhein-Westfalen 2010 hatte die bisherige CDU/FDP-Koalition ihre Regierungsmehrheit im Landtag verloren und die SPD bildete mit den Grünen unter der Führung von Hannelore Kraft (SPD) eine rot-grüne Minderheitsregierung. Am 14. März 2012 lehnten die Oppositionsparteien bei der zweiten Lesung des von der Landesregierung vorgelegten Haushaltsplans den Einzelplan des Innenministeriums geschlossen ab. Damit galt nach – umstrittener – Rechtsauffassung der Landtagsverwaltung der Haushalt insgesamt als abgelehnt, der Landtag löste sich noch am selben Tag einstimmig auf und es wurden vorgezogene Neuwahlen für den 13. Mai anberaumt.

Die saarländische Piratenpartei, am 24. Juni 2009 als einer der letzten Landesverbände gegründet und Anfang 2012 weniger als 300 Mitglieder stark, stellte sich – auch unter Mithilfe von außen – „chaotisch improvisierend mit hoher

---

61 Zit. n. Björn Hengst/Jörg Diehl, Kramp-Karrenbauer demütigt die FDP, in: Der Spiegel online vom 6. Januar 2012, http://www.spiegel.de/politik/deutschland/0,1518,807646,00.html (07.01. 2012).

62 Zit. n. Oliver Georgi, Neuwahl nach gescheiterter Sondierung, in: Frankfurter Allgemeine Zeitung online vom 19. Januar 2012, http://www.faz.net/aktuell/politik/inland/saarland-neuwahl-nach-gescheiterter-sondierung-11615100.html (20.1.2012).

Motivation zielführend"[63] der schwierigen Aufgabe, in kürzester Zeit Parteistrukturen aufzubauen, eine Landesliste aufzustellen, die notwendigen 900 Unterstützungsunterschriften für die Wahlzulassung zu sammeln, Geld einzuwerben, Wahlkampfaktivitäten durchzuführen und ein Wahlprogramm zu beschließen. Am 5. Februar 2012 wurde in einer gemeinsamen Mitgliederversammlung aller saarländischen Piraten die Landesliste mit der Spitzenkandidatin Jasmin Maurer basisdemokratisch beschlossen, die vorgesehenen Kreisverbandsgründungen wurden zu Wahlkampfveranstaltungen umfunktioniert, man engagierte sich bei den Demonstrationen gegen das umstrittene ACTA-Abkommen und am 10./11. März verabschiedete ein Landesparteitag das Wahlprogramm, wobei ihnen attestiert wurde, sie agierten „durchweg professionell und ausgesprochen pragmatisch."[64] Heraus kam ein durchaus buntes ,Vollprogramm', in dem netzpolitische Themen keine Priorität hatten.

Am Wahlabend wurden die eigenen Erwartungen deutlich übertroffen. Glaubte man zumindest anfangs nicht, „dass wir deutlich über 5 Prozent kommen"[65], so erreichten die Piraten nach der Wahl im großstädtischen Milieu von Berlin nun auch in einem eher strukturkonservativen Flächenland mit 7,4 Prozent ein hervorragendes Ergebnis und zogen mit vier Abgeordneten in den Landtag ein. Für den Erfolg waren vor allem folgende Faktoren ausschlaggebend:

- Der neuerliche Rekurs auf die zentralen Wertkategorien der Transparenz und Partizipation in der Politik, die mittlerweile mehr noch als die Netzpolitik zum ,Markenkern' der Partei geworden sind. Schon die erste Reaktion der Piraten auf die Ankündigung vorgezogener Neuwahlen zeigte die generelle Stoßrichtung des Wahlkampfs auf, wie schon in Berlin die – noch zu erarbeitenden – politikbereichsspezifischen landespolitischen Positionen und Forderungen durch das Generalthema Transparenz zu überwölben und sich als Alternative zu profilieren: „Ein Einzug der Piraten ins saarländische Parlament wird neue Impulse setzen und helfen, den verkrusteten Filz im Landtag zu lösen." (…) „Wir Saarländer sind die Machtspielchen leid" (…) „Wir treten an, um dies zu

---

63 So der stellvertretende Vorsitzende und Pressesprecher Thomas Brück, zit. n. http://www. newsecho.de/zeitgeschehen/saar_lor_lux/A0GbQa3wyv0/ruesten_fuer_die_landtagswahl-piraten_%E2%80%9Esaarlaendische_landespolitik_ist_ein_desaster%E2%80%9C (25.01.2012).
64 Daniel Friedrich Sturm, Wie die Piraten im Saarland die Grünen überholen, in: Die Welt online vom 10. März 2012, http://www.welt.de/politik/wahl/saarland-wahl/article13914683/Wie-die-Piraten-im-Saarland-die-Gruenen-ueberholen.html (15.03.2012).
65 So Thomas Brück, zit. n. Die Saar-Piraten sortieren sich, in: Die Tageszeitung online vom 31.01.2012, http://www.taz.de/Wahlkampf-im-Saarland/!86692/ (31.01.2012).

ändern, für eine faire und offene Politik."[66] Kurz vor der Wahl erklärte daher die Spitzenkandidatin Jasmin Maurer auch die guten Umfragewerte ihrer Partei mit der Tatsache, dass die Wähler „keine Lust mehr auf die ganze Intransparenz in der Politik"[67] hätten, eine Erklärung, die gerade im „Klüngelparadies Saarland"[68] sehr plausibel ist.

- Der „Bonus der Profillosigkeit"[69], der ihnen noch gestattet, zu bestimmten Themen keine klare Haltung zu haben, und die Tatsache, dass man sie noch „in keine Schublade stecken"[70] kann. Dies bedeutet, dass viele Wähler die Piraten noch nicht klar im Parteiensystem verorten konnten[71] und sie daher prinzipiell für enttäuschte bisherige Anhänger aller anderen Parteien wählbar waren.

- Die Unzufriedenheit mit den anderen Parteien war daher auch ein viel stärkeres Motiv, die Piraten zu wählen, als ihre konkreten landespolitischen Inhalte (vgl. Forschungsgruppe Wahlen 2012: 18).

- Hinzu kam die Tatsache, dass der Ausgang der Wahl in Bezug auf die Regierungsbildung von Anfang an praktisch feststand, da die beiden großen Parteien deutlich erkennen ließen, nach der Wahl eine Große Koalition bilden zu wollen.[72] In einer solchen Situation wächst die Bereitschaft der Wähler zu experimentieren und „einmal risikofrei Zeichen zu setzen": So waren kurz vor der Wahl 35 Prozent aller Befragten und 85 Prozent der Piraten-Anhänger der Ansicht, dass man jetzt, „wo die Regierung praktisch schon feststeht, auch mal

---

66 Pressemitteilung der Piratenpartei Saarland vom 22. Januar 2012, http://piratenpartei-saarland. de/2012/01/wahlkampf-ahoi/ (23.01.2012).

67 Zit. n. Anieke Walter, Tierliebe Greenhorns, in: Der Stern online vom 23. März 2012, http:// www.stern.de/politik/deutschland/piraten-bei-der-landtagswahl-saarland-tierliebe-green-horns-1803971.html (24.03.2012).

68 ebd.

69 So der Berliner Protestforscher Dieter Rucht, zit. n. „Noch haben die Piraten den Bonus der Profillosigkeit", Interview mit Dieter Rucht, in: Frankfurter Rundschau online vom 14. März 2012, http://www.fr-online.de/politik/protestforscher-rucht—noch-haben-piraten-den-bonus-der-profillosigkeit-,1472596,11893632.html (15.03.2012).

70 So die Spitzenkandidatin Jasmin Maurer, zit. n. Oliver Georgi, Der Mut zu Lücken und die Tücken, in: Frankfurter Allgemeine Zeitung online vom 11. März 2012, http://www.faz.net/-heo-6ydom (15.03.2012).

71 Ende 2011 trauten sich weniger als drei Fünftel der Bürger zu, die Partei auf dem Links-Rechts-Spektrum zu verorten (Institut für Demoskopie Allensbach 2011: Tab A3).

72 Dies war vor allem der Tatsache geschuldet, dass andere Koalitionsalternativen – SPD/Grüne, SPD/Linkspartei und CDU/FDP – aufgrund persönlicher Animositäten, ja regelrechten Feindschaften zwischen dem Spitzenpersonal der Parteien nicht möglich waren. Vgl. Marc Widmann, Wenn man sich oft und schmerzhaft trifft, in: Süddeutsche Zeitung online vom 14. Februar 2012, http://www.sueddeutsche.de/politik/vor-den-landtagswahlen-im-saarland-wenn-man-sich-oft-und-schmerzhaft-trifft-1.1283408 (16.2.2012).

eine andere Partei wählen kann, die sonst nicht in Frage kommt" (Forschungsgruppe Wahlen 2012: 24).

- Schuld am Erfolg hatten letztendlich auch die anderen Parteien, die sich trotz der durch die Umfragen signalisierten Möglichkeit des Einzugs der Piraten in den Landtag politisch nicht genug mit der neuen Konkurrenz auseinandersetzten.

6 Die bundespolitische Entwicklung

„Erobern die Piraten jetzt ganz Deutschland?"[73] Werden sie bei der nächsten Bundestagswahl im Herbst 2013 den Sprung über die Fünf-Prozent-Hürde schaffen und damit auch auf der Bundesebene die dritte – oder sogar gleich die vierte – Karrierestufe erreichen? Kann eine neue Partei heutzutage in Deutschland angesichts der Orientierungen der Wahlberechtigten auf der Bundesebene überhaupt zu einer relevanten Größe im Parteienwettbewerb werden? Zumindest die dritte Frage ist mit ‚ja' zu beantworten: „Seit geraumer Zeit führen Veränderungen der Rahmenbedingungen des politischen Wettbewerbs durch langfristige Prozesse des ökonomischen, sozialen und kulturellen Wandels zu einer Aufweichung der Beziehung zwischen sozialer Gruppenzugehörigkeit und Wertorientierungen, zu einer Erosion der traditionellen sozialen Milieus und damit einer Schrumpfung der Kernwählergruppen der etablierten Parteien sowie generell zu einer Abnahme der langfristigen Bindungen an eine Partei. Insgesamt wurde damit das Wahlverhalten flexibilisiert, und dies bedeutet nicht nur, dass die etablierten Parteien immer weniger auf einen festen Wählerstamm setzen können und ihre Wähler bei jeder Wahl aufs Neue durch ein optimales personelles und inhaltliches Angebot überzeugen müssen, sondern auch, dass neue Parteien mit einem attraktiven Angebot im Parteienwettbewerb durchaus Chancen haben" (Niedermayer 2010: 850).

Die ersten beiden Fragen jetzt schon eindeutig zu beantworten, ist angesichts der Fülle von Faktoren, die den Erfolg der Piraten in den nächsten eineinhalb Jahren negativ oder positiv beeinflussen können, nicht möglich. Dies zeigt schon der Blick auf das erste Halbjahr nach dem Berliner Wahlerfolg mit den Entwicklungen bei den Piraten selbst, dem Medienecho und dem durch die Umfragen dokumentierten Auf und Ab in der Wählergunst.

---

73 M. Kluckert/F. Solms-Laubach, Erobern die Piraten jetzt ganz Deutschland?, in: Bild online vom 20. September 2011, http://www.bild.de/politik/inland/piratenpartei/erobern-die-piraten-jetzt-ganz-deutschland-20045890.bild.html (23.01.2012).

Der Sensationserfolg bei der Abgeordnetenhauswahl in Berlin führte in den ersten Wochen nach der Wahl zu einem größtenteils unkritisch-positiven Medienhype: „Die Piraten ... können derzeit beschließen, beraten oder auch nur befinden, was sie wollen. Jede Kleinigkeit wird als Sensation gefeiert, als Sieg von Transparenz, Aufmüpfigkeit, Basisdemokratie und alternativer Authentizität"[74]. Die Partei tauchte erstmals in den bundesweiten Umfragen auf und erreichte im Oktober in der politischen Stimmung 7 Prozent (vgl. Abb. 2).[75] Danach verlor die Partei jedoch etwas den Reiz des Neuen, die Berliner Fraktion fiel zunächst kaum durch ihre inhaltliche Arbeit und umso mehr durch öffentlich ausgetragene Streitereien und Fälle von Vetternwirtschaft auf[76], und die bundesweite Berichterstattung in manchen Medien wurde auch deutlich kritischer. So führten z. B. die Beschlüsse des Bundesparteitags der Piraten Anfang Dezember 2011 in Offenbach zur Etikettierung als „Freibier-für-alle-Partei"[77], der inhaltliche Jahresauftakt 2012 in der Bundespressekonferenz wurde als „Demonstration der Politikunfähigkeit"[78] kommentiert und man warf der Partei vor, sich mit ihrer „Basisdemokratie ohne Meinung" auf einem „schmalen Grat zwischen Ahnungslosigkeit und Ignoranz"[79] zu bewegen.

Die Wählergunst ging zurück und die Partei rutschte in der politischen Stimmung unter die 5-Prozent-Hürde.

---

74 Jan Thomsen, Diensträder für Piraten, in: Berliner Zeitung online vom 14. Oktober 2011, httb://www.berliner-zeitung.de/berlin/abgeordnetenhaus-dienstraeder-fuer-piraten,10809148, 11010984.html (15.10.2011).

75 Die Daten der Abbildung 2 stammen aus den Politbarometer-Umfragen der Forschungsgruppe Wahlen e. V. im Auftrag des ZDF. Dort wird zum einen die momentane „politische Stimmung" ausgewiesen, d. h. die Antworten auf die „Sonntagsfrage" danach, ob man – wenn am nächsten Sonntag Bundestagswahl wäre – zur Wahl ginge und wenn ja, welche Partei man wählen würde. Zudem wird eine „Projektion" veröffentlicht, bei der über Gewichtungsfaktoren „längerfristige Überzeugungen und auch taktische Überlegungen" der Wähler berücksichtigt werden. Für die hier vorgelegte Analyse ist die politische Stimmung daher geeigneter, da sie die Reaktion der Bürgerinnen und Bürger auf kurzfristige politische Ereignisse und Entwicklungen wiedergibt.

76 Vgl. hierzu das Kapitel von Carsten Koschmieder.

77 Philipp Krohn, Die Freibier-für-alle-Partei, in: Frankfurter Allgemeine Zeitung online vom 6. Dezember 2911, http://www.faz.net/-gqe-6vlns (12.12.2011).

78 Thorsten Denkler, Viel reden, wenig wissen, in: Süddeutsche Zeitung online vom 10. Januar 2012, http://www.sueddeutsche.de/politik/piraten-stellen-plaene-fuer-vor-viel-reden-wenig-wissen-1.1254442 (10.1.2012)

79 Svenja Bergt, Basisdemokratie ohne Meinung, in: Die Tageszeitung online vom 10. Januar 2012, http://www.taz.de/Kommentar-Piratenpartei/!85376/ (11.01.2012).

Die Piraten im parteipolitischen Wettbewerb

Abbildung 2   Die Piratenpartei in der politischen Stimmung
(Angaben in Prozent)

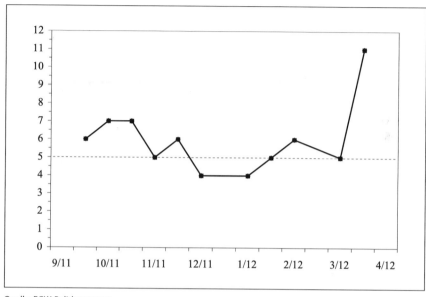

Quelle: FGW-Politbarometer.

Hilfreich für die Partei war kurz darauf eine Generalabrechnung mit den „digitalen Maoisten"[80], mit der sich der CDU-Abgeordnete Ansgar Heveling, Mitglied der Enquete-Kommission ‚Internet und digitale Gesellschaft' des Bundestags, nach Meinung nicht nur der Netzgemeinde „zum Gespött"[81] machte. Zudem gewann die Berliner Fraktion mit öffentlichkeitswirksamen „politischen Initiativen vor allem zum Thema Transparenz" deutlich „an politischem Profil"[82] und der öffentliche, auch zu Demonstrationen führende Streit um das von den Piraten

---

80 Ansgar Heveling, Netzgemeinde, ihr werdet den Kampf verlieren!, in: Handelsblatt online vom 30. Januar 2012, http://www.http://www.handelsblatt.com/meinung/gastbeitraege/gastkommentar-netzgemeinde-ihr-werdet-den-kampf-verlieren/6127434.html (03. 02. 2012).
81 Christian Stöcker, CDU-Hinterbänkler trollt die Netzgemeinde, in: Der Spiegel online vom 30. Januar 2912, http://www.spiegel.de/netzwelt/netzpolitik/0,1518,812249,00.html (03. 02. 2012).
82 Lars von Törne, „Wir treiben die Regierung vor uns her", in: Der Tagesspiegel online vom 31. Januar 2012, http://www.tagesspiegel.de/berlin/piratenpartei-wir-treiben-die-regierung-vor-uns-her/6134430.html (01. 02. 2012).

heftig kritisierte internationale Abkommen gegen Produkt- und Markenpiraterie (ACTA) Mitte Februar brachte zusätzliche Aufmerksamkeit, sodass sich die politische Stimmung wieder etwas verbesserte.[83]

Nach dem Erfolg bei der saarländischen Landtagswahl schoss die Wählerunterstützung dramatisch nach oben: Hatten sich in der ersten Märzhälfte noch 5 Prozent der Befragten für die Piraten ausgesprochen, waren es in der Woche nach der Saarlandwahl 11 Prozent (vgl. Abb. 2). Geschuldet war dies vor allem dem wieder ausbrechenden Medienhype: Unter dem Motto „Der Zeitgeist ist ein Pirat"[84] sah man mit der „Orange Revolution im Saarland"[85] die Piraten „nach Berlin nun auch den Westen"[86] erobern. Diesmal konnten auch weder die Tatsache, dass der schon länger geführte Streit zwischen Teilen der Berliner Piratenfraktion und dem Bundesvorsitzenden Sebastian Nerz zum „offenen Machtkampf um die Führungsriege der Partei"[87] eskalierte, noch „Sexismus-Vorwürfe"[88] gegen die Partei von der eigenen Jugendorganisation oder eine Aktion des Handelsblatts, in der 100 Künstler, Politiker, Medienschaffende und Wirtschaftsgrößen unter dem Motto „Mein Kopf gehört mir" wegen deren urheberrechtlichen Positionen zum Widerstand gegen die Piraten aufriefen[89] die positive politische Stimmung trüben: Mitte April 2012 lag die Piratenpartei in einer Umfrage erstmals vor den Grünen.[90]

---

83 Getrübt wurde das Bild auch nicht durch die Tatsache, dass sich Mitte Februar ehemals führende Köpfe der Piraten um den früheren Parteichef Jens Seipenbusch zur „Gruppe42" zusammenschlossen, die in einer öffentlichen Erklärung dazu aufforderten, bei der programmatischen Verbreiterung die Gründungsthemen nicht zu vernachlässigen und ihr Alleinstellungsmerkmal in der Netzpolitik zu pflegen und auszubauen. Vgl. die Erklärung der 42, http://gruppe42.net/erklaerung/ (25.02.2012).

84 Florian Güßgen, Der Zeitgeist ist ein Pirat, in: Der Stern online vom 25. März 2012, http://www.stern.de/politik/deutschland/piratenpartei-triumphiert-im-saarland-der-zeitgeist-ist-ein-pirat-1804853.html (03.04.2012).

85 Bernhard Honnigfort, Orange Revolution im Saarland, Frankfurter Rundschau online vom 26. März 2012, http://www.fr-online.de/politik/piratenpartei-orange-revolution-im-saarland,1472569,11993700.html (03.04.2012).

86 Manuel Bewarder, Piraten erobern nach Berlin nun auch den Westen, in: Die Welt online vom 25. März 2012, http://www.welt.de/106113909 (03.04.2012).

87 Annett Meiritz, Machtkampf bei den Piraten, in: Der Spiegel online vom 4. April 2012, http://www.spiegel.de/politik/deutschland/0,1518,825689,00.html (04.04.2012).

88 Annett Meiritz/Oliver Trenkamp, Piratenchef wehrt sich gegen Sexismus-Vorwürfe, in: http://www.spiegel.de/politik/deutschland/0,1518,826299,00.html (09.04.2012).

89 Vgl. Sven Prange, Hundert Kreative provozieren die Netzpiraten, in: Handelsblatt online vom 5. April 2012, http://www.handelsblatt.com/politik/deutschland/urheberrecht-hundert-kreative-provozieren-die-netzpiraten/6482104.html (12.04.2012).

90 Vgl. Piraten segeln den Grünen davon, in: Der Stern online vom 10. April 2012, http://www.stern.de/politik/deutschland/stern-rtl-wahltrend-piraten-segeln-den-gruenen-davon-1811422.html (12.04.2012).

Der Saarland-Erfolg und die hohen Umfragewerte der Piraten führten bei den anderen Parteien zu der Auffassung, dass nun endgültig „Schluss mit Welpenschutz"[91] sei. Die Strategien zur Auseinandersetzung mit der neuen Konkurrenz fielen jedoch sehr unterschiedlich aus.

Der SPD-Fraktionsvorsitzende Frank-Walter Steinmeier rief zu einer schärferen Auseinandersetzung mit den „sich als Störfaktor im System"[92] gefallenden Piraten und zur ernsthaften Befassung mit ihren Positionen zur Netzpolitik auf, und die Generalsekretärin Andrea Nahles verkündete, man wolle die Piraten-Wähler mit ihrem Bedürfnis nach mehr Partizipation „sehr ernst nehmen"[93] und ihnen ab sofort Gesprächsangebote über die drängendsten Probleme machen. Der parlamentarische Geschäftsführer der CDU-Fraktion Peter Altmaier hingegen, empfahl im Umgang mit den Piraten eine „gehörige Portion Gelassenheit"[94], während Bayerns CSU-Innenminister Joachim Herrmann die Piraten-Mitglieder als „weitgehend ahnungslose Illusionisten" mit „Ideen aus dem extrem linksalternativen Politikspektrum"[95] attackierte, obwohl der Aufstieg der Piraten in Bayern der CSU bei der Landtagswahl im Herbst 2013 sogar eher nutzen könnte, weil dann ein mögliches Oppositionsbündnis aus SPD, Grünen und Freien Wählern um die Mehrheit fürchten müsste.

Befürchtungen, dass die Piraten ihnen möglicherweise die Rückkehr zur Macht im Bund verbauen könnten, haben mittlerweile auch die Grünen und sehen die Piraten daher als „größtes strukturelles Problem"[96] ihrer Partei an. Sie argumentieren, dass das Thema Netzpolitik bei sich viel besser aufgehoben sei, da die eigenen Netzpolitiker „viel weiter, viel differenzierter und problembewusster als die

---

91 Harry Nutt, Ende der fürsorglichen Belagerung, in: Frankfurter Rundschau online vom 2. April 2012, http://www.fr-online.de/meinung/leitartikel-zur-piratenpartei-ende-der-fuersorglichen-belagerung,147602,14585970.html (11.04.2012).

92 Zit. n. „Piraten gefallen sich als Störfaktor im System", Interview mit Frank-Walter Steinmeier, in: Die Welt online vom 6. April 2012, http://www.welt.de/106160357 (6.4.2012).

93 Zit. n. SPD nimmt Piraten ins Visier, in: Rheinische Post online vom 6. April 2012, http://www.rp-online.de/politik/deutschland/spd-nimmt-piraten-ins-visier-1.2783788 (06.04.2012).

94 Zit. n. Piratenpartei sieht sich als „feste Größe" und „neue Kraft", in: Focus online vom 27. März 2012, http://www.focus.de/politik/weitere-meldungen/nach-der-landtagswahl-im-saarland-piraten-sehen-sich-als-feste-groesse-und-neue-kraft_aid_728590.html (03.04.2012).

95 Zit. n. Bayerns Innenminister nennt Piraten „ahnungslose Illusionisten", in: Der Tagesspiegel online vom 8. April 2012, http://www.tagesspiegel.de/politik/angriff-auf-piratenpartei-bayerns-innenminister-nennt-piraten-ahnungslose-illusionisten/6487660.html (14.4.2012)

96 So der Co-Fraktionsvorsitzende Jürgen Trittin, zit. n. Michael Schlieben, Die neuen Grünen, in: Die Zeit online vom 4. April 2012, http://www.zeit.de/politik/deutschland/2012-04/piraten-gruene-vergleich/komplettansicht (11.04.2012).

der Piraten"[97] seien, und wollen sie in den Wahlkämpfen „entzaubern"[98]. Von der FDP, die bei ihrem Überlebenskampf keine Stimme an die Piraten zu verschenken hat, kommen noch unterschiedliche Signale: Christian Lindner, der frühere Generalsekretär und jetzige FDP-Spitzenkandidat in Nordrhein-Westfalen, nimmt die Piraten als Partei „nicht ernst"[99], der FDP-Vorsitzende Philipp Rösler versichert „Wir lassen uns ... nicht von den Piraten kapern"[100], die FDP-Bundesjustizministerin Sabine Leutheusser-Schnarrenberger versucht bei den Wählern die Botschaft zu verankern, die FDP sei in der Netzpolitik das Original, die Piratenpartei nur eine Kopie[101], und der FDP-Generalsekretär Patrick Döring attackierte in der ARD-Sendung ‚Berliner Runde' das Politik- und Menschenbild der Piraten als manchmal „stark von der Tyrannei der Masse geprägt."[102]

7 Ausblick

Jenseits aller tagespolitischen Aufgeregtheiten lassen die neueren Entwicklungen immer deutlicher werden, dass sich die Piratenpartei schon jetzt einer Reihe von in Zukunft noch wachsenden Problemen gegenübersieht, die aus der Diskrepanz zwischen dem eigenen Selbstverständnis und den Spielregeln der Mediengesellschaft bzw. der repräsentativen Demokratie resultieren.[103] Da gerade diese Diskrepanz einen großen Teil ihres Erfolges ausmacht, ist eine Lösung dieser Probleme äußerst schwierig. Ohne befriedigende Kompromisslösungen ist der Erfolg der Partei jedoch gefährdet.

---

97 So die Co-Vorsitzende Claudia Roth, zit. n. Manuel Bewarder, Etablierte Parteien blasen zum Kampf gegen Piraten, in: Die Welt online vom 26. März 2012, http://www.welt.de/politik/deutschland/article13947408/Etablierte-Parteien-blasen-zum-Kampf-gegen-Piraten.html (11. 04. 2012).
98 Michael Schlieben, Die neuen Grünen, in: Die Zeit online vom 4. April 2012, http://www.zeit.de/politik/deutschland/2012-04/piraten-gruene-vergleich/komplettansicht (11. 04. 2012).
99 Zit n. ebd.
100 Zit. n. R. Birnbaum et al., Wie gehen die Parteien mit en Piraten um? in: Cicero online vom 27. März 2012, http://www.cicero.de/berliner-republik/saarland-wahlen-wie-gehen-die-anderen-parteien-mit-den-piraten-um/48767 (14. 04. 2012).
101 Vgl. z. B. „Die Piratenpartei ist technikverliebt", Interview mit Sabine Leutheusser-Schnarrenberger in: Handelsblatt online vom 9. März 2012, http://www.handelsblatt.com/politik/deutschland/sabine-leutheusser-schnarrenberger-die-piratenpartei-ist-technikverliebt/6307960.html (19. 03. 2012).
102 Zit. n. Demokratie braucht angstfreien Diskurs, FDP-Bundespartei vom 27. März 2012, http://www.fdp.de/Demokratie-braucht-angstfreien-Diskurs/2650c14579i1p409/index.html (6. 4. 2012).
103 Vgl. hierzu auch das Kapitel des Verfassers über Organisationsstruktur, Finanzen und Personal der Partei.

- Das Organisationsproblem: Es wird immer schwieriger werden, den laufenden Geschäftsbetrieb der immer größer werdenden Partei durch ehrenamtliches Personal halbwegs effektiv zu bewältigen.
- Das Machtstrukturproblem: Auch wenn die Piraten formelle Hierarchien und Machtstrukturen möglichst zu vermeiden versuchen, werden sie einerseits nicht um Strukturbildungen herumkommen und andererseits besteht im Laufe der Zeit die Gefahr der Herausbildung informeller Machtstrukturen, die schwerer zu kontrollieren sind.
- Das Führungsproblem: Mit zunehmendem Erfolg wird die zeitliche und emotionale Überlastung des ehrenamtlichen Führungspersonals, das ohne die üblichen Gratifikationen eines hohen politischen Amtes (Einkommen, politische Macht und Gestaltungsmöglichkeiten) auskommen muss und permanent unter Beobachtung und Rechtfertigungsdruck einer des Öfteren aggressiv reagierenden Basis steht, noch zunehmen, was zu einem weiteren Verschleiß an Führungspersonal führen könnte.
- Das Medienkommunikationsproblem: Die Diskrepanz zwischen dem Selbstverständnis der Führungskräfte, lediglich eine verwaltende Rolle ohne selbstständige politische Gestaltungsmacht inne zu haben, und der inhaltlichen Führungsrolle, die seitens der Medien von Parteiführungskräften erwartet und von den anderen Parteien auch ausgefüllt wird, kann zu steigenden Irritationen führen, die sich negativ auf die Medienberichterstattung auswirken.
- Das Legitimationsproblem: Bisher haben die sich die Parlamentarier der Piratenpartei – wenn ein klar erkennbarer Basiswille zu einer politischen Frage über den Liquid-Feedback-Entscheidungsprozess erkennbar war – immer darauf verständigt, ihre Entscheidungen im Sinne des Basiswillen zu treffen. Was geschieht aber, wenn die Fraktion eine Entscheidung gegen den Basiswillen trifft, z. B. weil sie aufgrund ihres deutlichen Informationsvorsprungs zu einem spezifischen Problem eine andere Entscheidung für sachlich geboten hält, die Basis davon aber nicht überzeugen konnte? Dann stellt sich der Partei die Frage, welche Legitimationsbasis höher bewertet wird, die der gewählten Repräsentanten mit ihrem vom Grundgesetz abgesicherten freien Mandat oder die der Parteibasis.
- Das Repräsentativitätsproblem: Schon heute ist zu fragen: Wer ist eigentlich die „Basis", die die politischen Entscheidungen trifft, wenn sich – wie z. B. bisher in Berlin – im Schnitt deutlich weniger als zehn Prozent der Mitglieder an den Diskussionen und Entscheidungen über spezifische Politikinhalte beteiligen und aufgrund der Anonymität nichts darüber ausgesagt werden kann, wie repräsentativ diese kleine Gruppe für die Gesamtmitgliedschaft ist?

- Das Positionierungsproblem: Mit zunehmender Einbeziehung in den politischen Wettbewerb werden die Konkurrenzparteien die Piraten immer stärker inhaltlich zu „stellen" versuchen und die Wähler werden immer stärker wissen wollen, wofür sie in den verschiedenen Politikbereichen steht. Eine zunehmend klarere Positionierung im Parteiensystem kann jedoch das Wählerpotenzial verringern, da sie dann nicht mehr für Wähler unterschiedlicher politischer Couleur wählbar ist. Zur Positionierung gehört auch, dass sich die Parteiführungen auf den verschiedenen Ebenen und die Partei insgesamt eindeutig und unmissverständlich von allen rechtsextremen Äußerungen, Vergleichen und Relativierungen distanzieren, die von einzelnen Mitgliedern immer wieder bekannt werden. Das Lavieren in dieser Frage schadet der Partei, wie die erneute Debatte kurz vor den Landtagswahlen in Schleswig-Holstein und Nordrhein-Westfalen gezeigt hat.

- Das Entzauberungsproblem: Je mehr und je länger die Piraten über ihre parlamentarische Vertretungen die Möglichkeit haben, die gegebenen Transparenz- und Partizipationsversprechen auch umzusetzen, desto größer wird die Gefahr, aufgrund der Hemmnisse der parlamentarischen Realität Erwartungsenttäuschungen bei den Mitgliedern und Wählern zu produzieren.

- Das Regierungsfähigkeitsproblem: Vielleicht schneller als erwartet, könnte sich die Frage nach einer Regierungsbeteiligung stellen, die zu kontroversen innerparteilichen Diskussionen führen könnte. Bei einer möglichen Entscheidung für das Anstreben politischer Macht steht die mangelnde Fraktionsdisziplin und die permanente Rückbindung an die Basis im Gegensatz zu der von den potenziellen Koalitionspartnern erwarteten längerfristigen politischen Verlässlichkeit, ohne die ein Regierungsbündnis nicht funktionieren kann.

Literatur

Bartels, Henning (2009): Die Piratenpartei. Entstehung, Forderungen und Perspektiven der Bewegung. Berlin: Contumax-Verlag.

Bieber, Christoph (2009): Kampagne als „Augmented Reality Game": Der Mitmachwahlkampf der Piratenpartei. http://carta.info/15450/kampagne-als-augmented-reality-game-der-mitmachwahl-kampf der-piratenpartei.

Blumberg, Fabian (2010): Partei der „digital natives"? Eine Analyse der Genese und Etablierungschancen der Piratenpartei. Parteienmonitor. Berlin: Konrad-Adenauer-Stiftung.

Borchard, Michael/Stoye, Sabine (2011): Einzug der Piratenpartei in das Berliner Abgeordnetenhaus – Eine Analyse des Wahlergebnisses. Parteienmonitor Aktuell. Berlin: Konrad-Adenauer-Stiftung.

Forschungsgruppe Wahlen e. V. (2012): Wahl im Saarland. Eine Analyse der Landtagswahl vom 25. März 2012. Mannheim.

Institut für Demoskopie Allensbach (2011): Die Chance der Piraten. Eine Dokumentation des Beitrags von Prof. Dr. Renate Köcher in der Frankfurter Allgemeinen Zeitung Nr. 291 vom 14. Dezember 2011. Allensbach.

Meinel, Florian (2010): Chancengleichheit oder Kooptation? Der Zugang kleiner Parteien zur Bundestagswahl, in: Zeitschrift für Parlamentsfragen, 41, S. 67–76.

Niedermayer, Oskar (2009): Die Wahl zum Europäischen Parlament vom 7. Juni 2009 in Deutschland: SPD-Debakel im Vorfeld der Bundestagswahl, in: Zeitschrift für Parlamentsfragen, 40, S. 711–731.

Niedermayer, Oskar (2010): Erfolgsbedingungen neuer Parteien im Parteiensystem am Beispiel der Piratenpartei Deutschland, in: Zeitschrift für Parlamentsfragen, 41, S. 838–854.

Niedermayer, Oskar (2012): Regionalisierung des Wahlverhaltens und des Parteiensystems auf der Bundesebene 1949 bis 2009, in: Schmitt-Beck, Rüdiger (Hrsg.): Wählen in Deutschland (PVS Sonderheft 45). Baden-Baden: Nomos, S. 134–156.

Schweitzer, Eva Johanna (2010): Normalisierung 2.0. Die Online-Wahlkämpfe deutscher Parteien zu den Bundestagswahlen 2002–2009, in: Holtz-Bacha, Christina (Hrsg.): Die Massenmedien im Wahlkampf. Das Wahljahr 2009. Wiesbaden: VS Verlag für Sozialwissenschaften, S. 189–244.

Solar, Marcel (2010): Klarmachen zum Ändern? Aufstieg und Perspektiven der deutschen Piratenpartei, in: MIP, 16, S. 108–111.

Die Wähler der Piratenpartei: wo kommen sie her, wer sind sie und was bewegt sie zur Piratenwahl?

Oskar Niedermayer

1 Wie groß ist das Wählerpotenzial der Piratenpartei und was halten die Bürger von ihr?

Die Piratenpartei existiert seit Ende 2006 und hat seit Anfang 2008 an Landtagswahlen teilgenommen.[1] Erst durch ihre Achtungserfolge bei der Europawahl (0,9 Prozent) und der Bundestagswahl (2,0 Prozent) im Jahre 2009 begann sie, in den Wahlanalysen Aufmerksamkeit zu erregen, und sei dem Sensationserfolg bei der Abgeordnetenhauswahl in Berlin im September 2011, wo sie 8,9 % der Stimmen erhielt und mit 15 Abgeordneten in das Parlament einzog, begann sich die Wahlforschung für ihre Wählerschaft zu interessieren. Bisher ist jedoch der Wissensstand noch begrenzt.

In den Umfragen auf Bundesebene tauchten die Piraten erst nach ihrem Berliner Wahlerfolg auf.[2] Im ersten halben Jahr erreichten sie bei der Wahlabsicht in den Umfragen immer wieder Werte über 5 Prozent und nach dem zweiten Wahlerfolg bei der Landtagswahl im Saarland mit 7,4 Prozent übersprangen sie die Hürde zu zweistelligen Unfragewerten.[3] Schon im Mai 2010 konnten sich 9 Prozent der Bevölkerung vorstellen, bei einer Wahl auch einmal die Piratenpartei zu wählen, im Oktober 2011, unmittelbar nach dem Berliner Wahlerfolg, stieg dieses

---

1 Vgl. hierzu das Kapitel des Verfassers über die Piratenpartei im Parteienwettbewerb.
2 Bzw. sie wurden von den Instituten erst nach dieser Wahl gesondert ausgewiesen, statt in den „Sonstigen" zu verschwinden (so weist z. B. Infratest dimap eine Partei erst ab 3 Prozent gesondert aus).
3 Vgl. z. B. die ein- bis zweimal im Monat stattfindenden Politbarometerumfragen der Forschungsgruppe Wahlen e. V. (http://www.forschungsgruppe.de/Aktuelles/) im Auftrag des ZDF, die monatlichen DeutschlandTRENDS von Infratest dimap (http://www.infratest-dimap.de/) im Auftrag der ARD und zweier Tageszeitungen, die monatlichen Umfragen des Instituts für Demoskopie Allensbach (http://www.ifd-allensbach.de/startseite.html) im Auftrag der Frankfurter Allgemeinen Zeitung und die wöchentlichen Umfragen von Forsa (http://www.forsa.de/) für RTL und den Stern.

weit definierte Unterstützungspotenzial auf 26 Prozent und fiel dann wieder auf 17 Prozent Ende November/Anfang Dezember 2011 (Institut für Demoskopie Allensbach 2011: 3).

Ende 2011 attestierten zwei Drittel des weiten Unterstützungspotenzials der Partei, „unkonventionell" zu sein und drei Viertel hofften, dass sie „frischen Wind in die Politik bringt" (ebd.: 6). In der engeren Anhängerschaft[4] waren Anfang April 2012 vier Fünftel der Ansicht, dass die Piraten dafür sorgen, dass die Politik wieder offener und transparenter wird, und drei Viertel sahen die Partei als Alternative für diejenigen, die sonst gar nicht wählen gehen würden (Infratest dimap 2012a: 14).

Schon vor der Berliner Abgeordnetenhauswahl begann sich auch der ‚Markenkern' der Piratenpartei – die Netzpolitik und der übergeordnete Wertebezug der Transparenz in der Politik – bei den Wählern herauszukristallisieren: Bei den meisten Politikbereichen trauten nur 1 bis 4 Prozent der Gesamtheit der Berliner Befragten den Piraten am ehesten zu, die jeweilige Aufgabe oder das Problem zu lösen. Beim Thema „sich für den Schutz persönlicher Daten einsetzen" waren es jedoch 16 Prozent und beim Thema „für mehr Transparenz und Offenheit in der Verwaltung sorgen" 9 Prozent, beides für eine kleine Partei hohe Werte, die z. B. von der FDP nirgends erreicht wurden (vgl. Infratest dimap 2011: 27).

Zudem erhält die Piratenpartei einen für eine erst vor Kurzem im politischen Wettbewerb aufgetauchte Partei erstaunlich hohen Sympathiebonus von der Bevölkerung: Im April 2012 gab die Hälfte der Befragten an, sie fänden es gut, wenn die Piraten bei der Bundestagswahl 2013 in den Bundestag einziehen würden. Allerdings geht erst ein Drittel davon aus, dass die Piraten in den deutschen Parlamenten dauerhaft eine Rolle spielen werden (Infratest dimap 2012a: 12 und 15).

2 Wo kommen die Wähler der Piratenpartei her?

Schon bei der Bundestagswahl 2009 rekrutierten die Piraten ihre Wähler aus ehemaligen Wählern aller anderen Parteien, nicht nur der Grünen, wie oft vermutet wurde: In der Größenordnung von einem Fünftel waren es frühere SPD-Wähler, je etwa ein knappes Siebtel kam von der Union und den Grünen und ungefähr je ein Zwanzigstel kam von der FDP, der Linkspartei und sonstigen Parteien, der

---

4   D. h. diejenigen, die bei der „Sonntagsfrage" angaben, die Partei zu wählen, wenn am nächsten Sonntag Bundestagswahl wäre.

Die Wähler der Piratenpartei: wo kommen sie her, wer sind sie und was bewegt sie zur Piratenwahl?

Tabelle 1   Zusammensetzung der Piratenwählerschaft nach Herkunft
(Berliner Abgeordnetenhauswahl 2011 und saarländische
Landtagswahl 2012)

	AHW Berlin 2011		LW Saarland 2012	
	Stimmen	%	Stimmen	%
Ehemalige Wähler der SPD	14 000	11	3 000	8
Ehemalige Wähler der CDU	4 000	3	4 000	11
Ehemalige Wähler der Grünen	17 000	13	3 000	8
Ehemalige Wähler der Linkspartei	13 000	10	7 000	19
Ehemalige Wähler der FDP	6 000	5	4 000	11
Ehemalige Wähler sonstiger Parteien	22 000	17	3 000	8
Ehemalige Nichtwähler	23 000	18	8 000	22
Erstwähler	12 000	9	3 000	8
Zugezogene	20 000	15	2 000	5

Quelle: eigene Berechnungen mit Daten von Infratest dimap (2011: 10 ff. und 2012b: 9).

beachtliche Rest rekrutierte sich aus Nicht- und Erstwählern.[5] Bei der Abgeordnetenhauswahl in Berlin und der Landtagswahl im Saarland konnte die Wählerwanderungsanalyse wegen der deutlich höheren Fallzahlen genauer sein, sodass jetzt ein differenziertes Bild der Zusammensetzung der Piratenwählerschaft nach ihrer Herkunft vorliegt (vgl. Tabelle 1).[6]

Bei beiden Wahlen setzt sich die Piratenwählerschaft aus ehemaligen Wählern aller anderen Parteien[7], ehemaligen Nichtwählern, Erstwählern und Zugezogenen zusammen. Es gibt nur einen gemeinsamen Schwerpunkt: Bei beiden Wahlen besteht der größte Anteil der Piratenwählerschaft aus ehemaligen Nichtwählern (18 bzw. 22 Prozent). Bei der Berliner Abgeordnetenhauswahl sind darüber hinaus die ehemaligen Wähler sonstiger Parteien und die Zugezogenen in der Piraten-

---

5   So die Ergebnisse einer internen Wählerwanderungsanalyse von Infratest dimap, die dem Verfasser freundlicherweise zur Verfügung gestellt wurden.

6   Erwähnt werden muss, dass es bei den Wählerwanderungsbilanzen um die Größenordnungen geht, nicht um die exakte Zahl der Stimmen.

7   D. h. aus Wählern, die bei der Berliner Abgeordnetenhauswahl 2006 bzw. der saarländischen Landtagswahl 2009 eine der anderen Parteien gewählt hatten.

wählerschaft stark vertreten, während es bei der saarländischen Landtagswahl die ehemaligen Wähler der Linkspartei sind. Den geringsten Anteil an der Piratenwählerschaft haben in Berlin mit 3 Prozent die ehemaligen CDU-Wähler und im Saarland mit 5 Prozent die Zugezogenen.

Diese Zahlen geben jedoch keine Auskunft darüber, welchen Parteien das Antreten der Piraten bei den beiden Wahlen am meisten geschadet hat, weil sie einen relevanten Teil der Wählerschaft, die diese Parteien bei der letzten Wahl hatten, zu sich herübergezogen haben. Um diese Frage zu beantworten, müssen die Stimmen, die die Piraten von ehemaligen Wählern dieser Parteien erhalten haben, zu der jeweiligen Gesamtstimmenzahl der Parteien bei der letzten Wahl in Beziehung gesetzt werden (vgl. Tabelle 2).

So ändert sich z. B. der nicht sehr große Unterschied zwischen den bei der Berliner Abgeordnetenhauswahl von der SPD (14 000) und den Grünen (17 000) gewonnenen Stimmen deutlich, wenn man berücksichtigt, dass die SPD 2006 das 2,3-Fache der Stimmen bekam als die Grünen, so dass 2011 die Piraten gut 3 Prozent der 2006 für die SPD abgegebenen Stimmen kapern konnten, aber gut 9 Prozent derjenigen überzeugten, die 2006 für die Grünen gestimmt hatten. Von den in den Landtagen vertretenen Parteien verloren auch im Saarland die Grünen den höchsten Anteil ihrer bisherigen Wählerschaft an die Grünen. Dort hätte der Wählerabstrom an die Piraten die Grünen fast aus dem Landtag geworfen: Mit 5,0 Prozent der Stimmen schafften sie es gerade noch, parlamentarisch vertreten

Tabelle 2   Abwanderung zu den Piraten
(Berliner Abgeordnetenhauswahl 2006/2011 und saarländische Landtagswahl 2009/2012; Angaben in Prozent)

	AHW Berlin	LW Saarland
	2006/2011	2009/2012
Wähler der SPD	3	2
Wähler der CDU	1	2
Wähler der Grünen	9	9
Wähler der Linkspartei	7	6
Wähler der FDP	6	8
Wähler sonstiger Parteien	12	12

Quelle: eigene Berechnungen mit Daten von Infratest dimap (2011: 10 ff. und 2012b: 5 ff.).

zu bleiben. Auch von der FDP-Wählerschaft haben die Piraten bei beiden Wahlen beachtliche Anteile abgezogen, allerdings wäre die FDP auch ohne das Antreten der Piraten aus beiden Landtagen geflogen. Den höchsten Anteil der bisherigen Wählerschaft (12 Prozent) haben die Piraten bei beiden Wahlen allerdings von den nicht in den Landtagen vertretenen Parteien abgezogen, d. h. sie haben eine hohe Anziehungskraft für bisherige Wähler von Kleinstparteien. Die geringsten Sorgen um einen Aderlass durch die Piraten müssen sich die beiden Volksparteien, insbesondere die CDU, machen: Dort betrug der Anteil an Wählern, die die Piraten für sich gewinnen konnten, nur 1–3 Prozent.

Auch bei den Nicht- und Erstwählern lohnt es sich, genauer hinzusehen. Zwar haben die Piraten 2011 in Berlin 23 000 Stimmen von Wahlberechtigten bekommen, die 2006 nicht gewählt haben, und nur 12 000 von denjenigen, die 2011 zum ersten Mal wählen durften, wenn man aber berücksichtigt, dass es 2006 über eine Million Nichtwähler gab und 2011 nur knapp 150 000 Erstwähler, dann haben die Piraten einen deutlich größeren Teil der Erstwähler (8 Prozent) von sich überzeugen können als der Nichtwähler (2 Prozent). Das gleiche Bild bietet sich im Saarland, wo die Piraten 12 Prozent der Erstwähler und 3 Prozent der Nichtwähler rekrutieren konnten.

3   Wer sind die Wähler der Piratenpartei?

Für das Wahlverhalten spielen soziale Charakteristika nach wie vor eine große Rolle, d. h.: die Angehörigen unterschiedlicher sozialer Gruppen haben unterschiedliche Schwerpunkte bei ihren Parteipräferenzen. Dies ließ sich bei der Bundestagswahl auch für die Wahl der Piraten feststellen (vgl. Tabelle 3):

Die Piraten, die ein Gesamtergebnis von 2 Prozent erzielen konnten, wurden deutlich stärker von Männern als von Frauen gewählt, und zwischen Alter und Piraten-Wahl ließ sich ein klarer Zusammenhang erkennen: mit zunehmendem Alter wurden die Piraten immer weniger gewählt. Die höchste Zustimmungsrate hatte die Partei bei den 18–24-jährigen Männern, wo sie mit 12 Prozent gleichauf mit den Grünen zur viertstärksten Partei wurde. Zwischen Bildung und Piratenwahl zeigte sich ein positiver, wenn auch im Vergleich zum Alter nicht so stark ausgeprägter Zusammenhang und hinsichtlich der Berufstätigkeit ließ sich ein klares Defizit bei den Beamten feststellen.

Die Ergebnisse der Wahltagbefragungen bei der Berliner Angeordnetenhauswahl 2011 und der saarländischen Landtagswahl 2012 bestätigen im Großen und Ganzen diese sozialstrukturellen Schwerpunkte (vgl. Tabelle 4).

Tabelle 3   Wahl der Piratenpartei nach Bevölkerungsgruppen
(Bundestagswahl 2009; Angaben in Prozent)

Gesamtergebnis: 2%				
Geschlecht			**Geschlecht + Alter**	
Frauen	1		Frauen 18–24 Jahre	5
Männer	3		Frauen 25–34 Jahre	2
Alter			Frauen 35–44 Jahre	1
18–24 Jahre	9		Frauen 45–59 Jahre	1
25–34 Jahre	4		Frauen 60 Jahre und älter	0
35–44 Jahre	2		Männer 18–24 Jahre	12
45–59 Jahre	1		Männer 25–34 Jahre	6
60 Jahre und älter	0		Männer 35–44 Jahre	3
			Männer 45–59 Jahre	1
Berufsgruppe			Männer 60 Jahre u. älter	0
Arbeiter	3			
Angestellte	3		**Schulbildung**	
Beamte	1		kein Abschl./Volks-/H.schule	1
Selbstständige	3		Mittel-/Realschule	2
			Abitur/Universität	3

Quelle: Infratest dimap 2009: 55 ff.

Auch hier wurden die Piraten von Männern überdurchschnittlich und von Frauen unterdurchschnittlich gewählt. Beim Alter zeigt sich allerdings eine Verschiebung: Die Altersgruppe mit der stärksten Piraten-Affinität blieben die Jüngeren (18–29 Jahre), und zwar im Saarland noch stärker als in Berlin. In beiden Ländern wurden die Piraten jetzt aber auch von den 30–44-Jährigen überdurchschnittlich stark gewählt, d. h. es wurden nicht nur die Jüngeren angesprochen. Bei denen, die 60 Jahre und älter sind, erhielten die Piraten in Berlin allerdings sehr geringen und im Saarland so gut wie keinen Zuspruch mehr.

Die Kombination von Geschlecht und Alter zeigt auch in den beiden Ländern die von der Bundestagswahl her bekannte Bevölkerungsgruppe mit der höchsten Zustimmungsrate zu den Piraten: die jungen Männer. Von den 18–29-jährigen

Tabelle 4   Wahl der Piratenpartei nach Bevölkerungsgruppen (Berliner Abgeordnetenhauswahl 2011 und saarländische Landtagswahl 2012; Angaben in Prozent)

	BE	SL		BE	SL
Gesamtergebnis	8,9	7,4		8,9	7,4
Geschlecht			**Geschlecht + Alter**		
Männer	11	9	Männer 18–29 Jahre	19	22
Frauen	7	6	Männer 30–44 Jahre	15	15
Alter			Männer 45–59 Jahre	10	7
18–29 Jahre	15	18	Männer 60 Jahre u. älter	5	2
30–44 Jahre	12	12	Frauen 18–29 Jahre	11	14
45–59 Jahre	9	6	Frauen 30–44 Jahre	8	10
60 Jahre und älter	4	1	Frauen 45–59 Jahre	7	6
			Frauen 60 Jahre u. älter	3	1
Schulbildung			**Berufsgruppe**		
Hauptschulabschluss	6	4	Arbeiter	9	8
Mittlere Reife	8	9	Angestellte	8	8
Hochschulreife	13	12	Beamte	4	4
Hochschulabschluss	9	8	Selbstständige	11	7

Quelle: Forschungsgruppe Wahlen 2011: 100 ff. und 2012a: 76 ff.

Männern wurden die Piraten in Berlin doppelt und im Saarland sogar dreimal so häufig gewählt wie vom Bevölkerungsdurchschnitt. In Berlin wurden die Piraten in dieser Gruppe mit 19 Prozent hinter der SPD (25 Prozent) und vor den Grünen (16 Prozent) zweitstärkste Partei, im Saarland erreichten sie mit 22 Prozent knapp hinter der CDU (23 Prozent) den dritten Platz. Auch bei den Frauen zeigt sich, dass die Jüngeren (im Saarland sogar die 30–44-Jährigen) die Partei überdurchschnittlich wählen.

Bei der Schulbindung ergibt sich, wenn zwischen Hochschulreife und Hochschulabschluss differenziert wird, kein linearer Zusammenhang in Gestalt einer mit zunehmender formaler Bildung zunehmenden Piratenwahl mehr. Zwar werden in beiden Ländern die Piraten von Wählern mit Hauptschulabschluss deutlich

Tabelle 5 Die soziale Zusammensetzung der Piratenwählerschaft (Berliner Abgeordnetenhauswahl 2011 und saarländische Landtagswahl 2012; Angaben in Prozent)

	BE	SL		BE	SL
Geschlecht			**Geschlecht + Alter**		
Männer	63	60	Männer 18–29 Jahre	17	20
Frauen	37	40	Männer 30–44 Jahre	22	20
Alter			Männer 45–59 Jahre	16	16
18–29 Jahre	27	32	Männer 60 Jahre u. älter	8	4
30–44 Jahre	33	34	Frauen 18–29 Jahre	10	13
45–59 Jahre	27	28	Frauen 30–44 Jahre	11	14
60 Jahre und älter	13	6	Frauen 45–59 Jahre	11	12
			Frauen 60 Jahre u. älter	5	2
Schulbildung			**Berufsgruppe**		
Hauptschulabschluss	8	17	Arbeiter	19	27
Mittlere Reife	25	32	Angestellte	41	45
Hochschulreife	30	31	Beamte	4	4
Hochschulabschluss	29	16	Selbstständige	17	9

Quelle: Forschungsgruppe Wahlen 2011: 100 ff. und 2012a: 76 ff.

unterdurchschnittlich und von Personen mit Mittlerer Reife in etwa durchschnittlich gewählt. Die größte Piraten-Affinität besteht jedoch nicht bei den Wählern mit Hochschulabschluss, sondern mit Hochschulreife.

Betrachtet man die Piratenwahl in den unterschiedlichen Berufsgruppen, so wird deutlich, dass – wie schon bei der Bundestagswahl – die Partei bei den Beamten auf große Vorbehalte stößt: In beiden Ländern wird sie von Beamten nur halb so häufig gewählt wie vom Bevölkerungsdurchschnitt. Hingegen zeigt sich die größere Piraten-Affinität der Selbstständigen in Berlin, dem Mekka der IT-Start-ups, im Saarland nicht.

Wenn eine Partei von einer bestimmten Bevölkerungsgruppe überdurchschnittlich stark gewählt wird, dann ist diese Gruppe in der sozialstrukturellen Zusammensetzung der Parteiwählerschaft im Vergleich zur Gesamtbevölkerung natürlich auch überdurchschnittlich repräsentiert. Dies muss jedoch nicht bedeuten, dass sie einen großen Teil der Parteiwählerschaft bildet. Ob dies der Fall ist, hängt von der Größe der Gruppe in der Gesamtbevölkerung ab. Aufschluss über die soziale Zusammensetzung der Wählerschaft der Piraten erhält man daher nur durch die umgekehrte Prozentuierung[8] in Tabelle 5.

In beiden Ländern sind die Männer unter der Piratenwählerschaft stärker vertreten als die Frauen und die größte Altersgruppe bilden die 30–44-Jährigen, während wenige Piratenwähler 60 Jahre und älter sind. Unterschiede zwischen den Ländern zeigen sich in der Schulbildung: Während in Berlin unter den Piratenwählern nur wenige mit Hauptschulabschluss zu finden sind und die Personen mit Hochschulreife und Hochschulabschluss gleich große Gruppen bilden, findet sich unter den saarländischen Piratenwählern ein höherer Anteil mit Hauptschulabschluss und ein geringerer Anteil mit Hochschulabschluss. Die dominierende Berufsgruppe sind in beiden Ländern die Angestellten und Beamte finden sich unter den Wählern kaum.

4 Was bewegt die Wähler zur Wahl der Piratenpartei?

In ihrer Kurzanalyse der Abgeordnetenhauswahl verkündete die Forschungsgruppe Wahlen e. V. u. a. ein Ergebnis ihrer Vorwahlbefragung, nachdem die Piraten „für 80 Prozent der Befragten ‚aus Unzufriedenheit mit den anderen Parteien' und nur für 10 Prozent ‚wegen der Inhalte' gewählt werden" (Forschungsgruppe Wahlen 2011b).[9] Diese Aussage wurde von vielen Medien aufgegriffen und diente in der Diskussion dazu, die Wähler der Piraten als „Protestwähler" zu kennzeichnen. Hierzu ist zu bemerken, dass obige Zahlen die Einschätzung der Gesamtheit der Befragten über die Motive der Piratenwähler wiedergeben, nicht die Meinung der Piratenwähler selbst. Aber wie im späteren Wahlreport verdeutlicht wurde, gaben auch nur 31 Prozent der Piratenanhänger an, die Partei werde wegen der politischen Inhalte gewählt, und 66 Prozent meinten, die Wahl geschehe aus Unzufriedenheit mit den anderen Parteien (vgl. Forschungsgruppe Wahlen 2011a: 25). Bei der Landtagswahl im Saarland waren die Werte noch höher: 85 Prozent sowohl der Befragten insgesamt als auch der Piraten-Anhänger gaben an, dass die Unzufriedenheit mit den anderen Parteien für die Wahl der Piraten wichtiger ist als deren politische Inhalte (vgl. Forschungsgruppe Wahlen 2012a: 22).

---

8   D. h. zum Beispiel: man fragt nicht, wie viel Prozent der Angestellten die Piraten wählen, sondern wie viel Prozent der Piratenwähler Angestellte sind.

9   Der Rest von 10 % hatte dazu keine Meinung oder beantwortete die Frage nicht.

Waren bei diesen Fragen die Antwortmöglichkeiten vorgegeben, so wurde im April 2012 im DeutschlandTREND von Infratest dimap den Piratenanhängern eine offene Frage nach den Gründen für ihre Präferenz zugunsten der Piraten gestellt. Die Auswertung der Antworten ergab: „Beim Votum für die Piratenpartei steht der Protest gegen den etablierten Politikprozess und die Unzufriedenheit mit bzw. Kritik an den anderen Parteien im Vordergrund. 42 Prozent der aktuellen Piratenanhänger nennen dies als Motiv. Dass die Piraten jung und unverbraucht sind und einen frischen Wind in die Politik bringen, nennen 23 Prozent. Das Programm bzw. konkrete sachpolitische Themen gibt nur jeder siebte Piratenanhänger als Grund für seine Entscheidung an. Die Motive sind allerdings deutlich unterschiedlich zwischen den Altersgruppen: Für jüngere Wähler sind die inhaltlichen Angebote am wichtigsten, für die älteren ist der Ausdruck des Protests ausschlaggebend" (Infratest dimap 2012c).

Bei der Interpretation dieser Zahlen ist allerdings Vorsicht geboten. Der Terminus ‚Protestwähler' besitzt in der Öffentlichkeit gemeinhin eine emotionale Konnotation, die in der Charakterisierung der Piratenwähler als „digitale Wutbürger"[10] treffend zum Ausdruck kommt. Die Wahl einer Partei aus Protest kann jedoch genauso gut mit einem nüchternen, rationalen Kalkül erklärt werden (vgl. Arzheimer 2002: 86), etwa wenn damit der bisher gewählten Partei signalisiert werden soll, dass man sich einen Kurswechsel wünscht oder dass man mit einem stattgefundenen Kurswechsel nicht einverstanden ist. Wie z.B. in der Analyse der Gründe für den Erfolg der Piraten bei der Abgeordnetenhauswahl deutlich wurde, gab es in der Tat eine Reihe von rationalen Gründen vor allem für ehemalige Wähler der Grünen, aber auch der SPD, Linkspartei und FDP, sich bei dieser Wahl den Piraten zuzuwenden. Zudem muss unterschieden werden, ob es den Wählern um „das Programm bzw. konkrete sachpolitische Themen" geht, oder ob das Wahlmotiv der übergeordnete Wertbezug der Transparenz und Partizipation ist, der sich in der Unzufriedenheit mit dem Politikstil der etablierten Parteien – wozu auch die Grünen gehören – äußert. So gesehen, ist das ‚Protest-bzw. Unzufriedenheitsmotiv' ein genuin inhaltliches Wahlmotiv. Protestwahl und inhaltliche Wahl sollten also nicht als einander ausschließende Motive betrachtet werden. Ein weiterer wesentlicher Unterschied zu den ‚traditionellen' Protestwählern der Vergangenheit besteht darin, dass diese extreme Parteien gewählt haben. Die Piraten werden von den Wählern jedoch nicht als extreme Partei wahrgenom-

---

10 Stefan Plöchinger, Durchbruch für die digitalen Wutbürger, in: Süddeutsche Zeitung online vom 18. September 2011, http://www.sueddeutsche.de/digital/piratenpartei-im-berliner-abgeordnetenhaus-durchbruch-fuer-die-digitalen-wutbuerger-1,1145415 (19.09.2011).

men: Im März 2012 rechneten 31 Prozent der Befragten die Piraten eher dem linken Spektrum zu, 35 Prozent hielten sie eher für eine Partei der Mitte, 4 Prozent für eher rechts und 30 Prozent konnten sie noch gar nicht einordnen (vgl. Forschungsgruppe Wahlen 2012b).

5 Fazit

Auch wenn die Wahlforschung mit der Analyse der Wählerschaft der Piraten noch am Anfang steht, machen die bisherigen Ergebnisse deutlich, dass die Piraten neben ihren Kernwählern, die mit ‚jung, männlich und netzaffin' beschrieben werden können, eine große Zahl von Randwählern gewinnen konnten, für die der Unmut über die etablierten Parteien und der Wunsch nach einem neuen Politikstil im Vordergrund steht. Diese Wähler sind noch nicht fest an die Piratenpartei gebunden, können von den anderen Parteien aber auch nicht einfach dadurch zurück gewonnen werden, dass man sich etwas mehr um Netzpolitik kümmert.

Literatur

Arzheimer, Kai (2002): Politikverdrossenheit. Wiesbaden: Westdeutscher Verlag.

Forschungsgruppe Wahlen e. V. (2011a): Wahl in Berlin. Eine Analyse der Wahl zum Abgeordnetenhaus vom 18. September 2011. Mannheim.

Forschungsgruppe Wahlen e. V. (2011b): Wahl in Berlin (Kurzanalyse). Mannheim.

Forschungsgruppe Wahlen e. V. (2012a): Wahl im Saarland. Eine Analyse der Landtagswahl vom 25. März 2012. Mannheim.

Forschungsgruppe Wahlen e. V. (2012b): Politbarometer März II. Mannheim.

Infratest dimap (2009): Wahlreport. Bundestagswahl 27. September 2009. Berlin.

Infratest dimap (2011): Wahlreport. Abgeordnetenhauswahl Berlin 2011. Berlin.

Infratest dimap (2012a): ARD-DeutschlandTREND, April 2012. Berlin.

Infratest dimap (2012b): WahlANALYSE, Landtagswahl Saarland 2012, Zusammenfassender Bericht von Infratest dimap für die ARD. Berlin/Saarbrücken (dem Verfasser von Infratest dimap freundlicherweise zur Verfügung gestellt).

Infratest dimap (2012c): ARD-DeutschlandTREND – Piratenwähler, http://www.infratest-dimap.de/umfragen-analysen/bundesweit/ard-deutschlandtrend/2012/april-ii/.

Institut für Demoskopie Allensbach (2011): Die Chance der Piraten. Eine Dokumentation des Beitrags von Prof. Dr. Renate Köcher in der Frankfurter Allgemeinen Zeitung Nr. 291 vom 14. Dezember 2011. Allensbach.

Backbord oder Steuerbord:
Wo stehen die Piraten politisch?

Stefanie Haas und Richard Hilmer

1   Weder links noch rechts, sondern Pirat

Die Piratenpartei lehnt eine Selbstverortung in das klassische Links-Rechts-Schema der politischen Spektralanalyse ab. Eine solche Kartographierung politischer Parteien sei „überkommen"[1], meint der ehemalige Bundesvorsitzende der Newcomer mit Blick auf seine Vereinigung. Die Piraten verweisen darauf, dass sich ihr politischer Kompass nicht an der gängigen Zweidimensionalität parteipolitischer Programmatiken orientiert, vielmehr entspringen ihre politischen Antworten einem rationalen Diskurs, der sich ausschließlich an den Inhalten abarbeitet und in keiner Ideologie verwurzelt ist (Raab 2011: 84).

Die Parteiführung trifft damit den Nerv der Anhängerschaft. Im Forum der Piratenpartei, einer Informations- und Kommunikationsplattform zur Willensbildung sowie Offenlegung und Kanalisation innerparteilichen Streits, wehren sich die Sympathisanten ebenfalls gegen eine Verortung im linken oder rechten Parteienspektrum. Dagegen stößt man auf zahlreiche Versuche alternativer Einordnungen, die von *vorne* (im Sinne politischen Vorreitertums) über *unten* (aufgrund der basisdemokratischen Verankerung) bis hin zu *oben* (als Ausdruck der thematischen Überlegenheit über andere Parteien) führen.[2] An kreativen Präpositionen zur politischen Einordung ihrer Partei mangelt es den Piraten offenbar nicht, obgleich sowohl Ernsthaftigkeit als auch Angemessenheit mancher Vorschläge bezweifelt werden dürfen. Das galt auch für die letztlich nicht erfüllte Forderung von Piratenanhängern auf der Internetplattform *StudiVZ*, die Angabe zur politischen Orientierung zusätzlich zu links und rechts um die Nennung *Pirat* zu erweitern.

---

1   So Nerz in einem Interview des Deutschlandfunks am 26. März, http://www.dradio.de/dlf/sendungen/interview_dlf/1713664/ (18.04.2012).

2   Vgl. http://forum.piratenpartei.de/viewtopic.php?f=88&t=6559 (18.04.2012).

Hinter der Ablehnung einer politischen Richtungsbeschreibung steckt laut Henning Bartels auch politisches Kalkül. Durch die verweigerte Einordung in das politische Spektrum grenzten sich die Piraten vom herkömmlichen Politikbetrieb ab und bedienen damit ihr Image als Anti-Parteien-Partei, zudem ließe sich die noch ausstehende inhaltliche Positionierung zu vielen Themen leichter rechtfertigen, und nicht zuletzt müssten sich die Piraten in der Wähleransprache nicht auf gesellschaftliche Milieus beschränken, wodurch die Gruppe potenzieller Wähler möglichst groß bliebe (Bartels 2009: 238). In dieser Hinsicht könnte man die Piraten als Sammelsurium „nichtgrüne[r] Sozialiberadikale[r]"[3] (Dath 2011: 27) charakterisieren.

2   Wahlberechtigte und Wähler: Die politischen Nachfrager

Zieht man die Orientierungen der Wahlberechtigen und Wähler in Deutschland als der Nachfragedimension politischen Wettbewerbs heran, erweist sich die proklamierte Entideologisierung der Piraten als ein selbstverordnetes Etikett, das von der Öffentlichkeit nicht geteilt wird. Darum gebeten, die Piraten auf einer Skala von 1 bis 11 abzutragen, wobei die erste Ziffer den linken Pol, die zweite Ziffer den rechten Pol des Gradmaßes und 6 die politische Mitte repräsentiert[4], ordnen die Bürger die Piraten deutlich dem linken Spektrum des Parteiensystems zu. Im Links-Rechts-Kontinuum liegen die Piraten (4,6) links von der SPD (4,8) und erhalten eine ähnliche Verortung wie die Grünen (4,5). Trotz der andauernden Ausgestaltung ihrer programmatischen Standpunkte erweist sich die Einschätzung der politischen Heimat der Piraten durch die Bürger als erstaunlich konstant. Schon Ende des vergangenen Jahres, nach dem bemerkenswerten Erfolg bei der Abgeordnetenhauswahl in Berlin und der damit verbundenen medialen, politischen und wissenschaftlichen Aufmerksamkeit, wurde die Piratenpartei nahezu identisch positioniert (Institut für Demoskopie Allensbach 2011: T. A3).

Nicht jeder Befragte traut sich jedoch eine Einschätzung zu. Die Rate der Antwortverweigerer liegt bei der Piratenverortung um ein Vielfaches höher als bei den anderen Parteien, jeder Vierte möchte (keine Angabe) oder kann (weiß nicht)

---

3   Dietmar Dath, Unter nichtgrünen Sozialiberadikalen, in: Frankfurter Allgemeine Zeitung vom 5. Dezember 2011.

4   Die Frage im Wortlaut: „Man spricht in der Politik immer wieder von ‚links' und ‚rechts'. Wenn Sie einmal an die Parteien in Deutschland denken: Wo würden Sie die [PARTEI] auf einer Skala von 1 bis 11 einordnen, wobei 1 bedeutet, dass die Partei ‚links' ist und 11 bedeutet, dass die Partei ‚rechts' ist? Mit den Werten dazwischen können Sie Ihre Einschätzung abstufen."

Abbildung 1   Positionierung auf dem Links-Rechts-Kontinuum

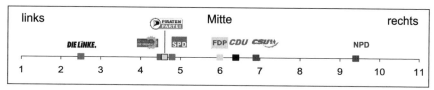

Quelle: Infratest dimap 2012a.

hier keine Aussage treffen. Die Unsicherheit über die Einordnung des neuen Akteurs ist auch darauf zurückzuführen, dass der Bevölkerung die inhaltlichen Positionen der Piraten nur zum Teil bekannt sind. In einer offenen Abfrage über die Zielvorstellungen der Piraten sieht sich knapp die Hälfte der Deutschen nicht in der Lage, auch nur ein Thema zu benennen (Institut für Demoskopie Allensbach 2011: 5). Ein ähnliches Bild zeigte sich vor den Wahlen zum Berliner Abgeordnetenhaus 2011 und zum Saarländischen Landtag 2012. Bei beiden Urnengängen nahmen nur knapp drei von zehn Wahlberechtigten für sich in Anspruch, Kenntnis von den programmatischen Inhalten der Piraten zu haben (Infratest dimap 2011a: 31, und Infratest dimap 2012b).

Tabelle 1   Links-Rechts-Einstufung der politischen Parteien

	Einstufung der Partei durch alle Befragten	Einstufung der Partei durch aktuelle Parteianhänger	Selbsteinstufung der Parteianhänger
Linke	2,5	2,1	3,0
Grüne	4,5	4,2	4,5
Piraten	4,6	5,2	5,1
SPD	4,8	4,7	4,9
Selbsteinstufung	5,2	–	–
FDP	6,0	–*	–*
CDU	6,4	6,1**	5,8**
CSU	6,9	6,8**	
NPD	9,4	–*	–*

* = Aufgrund zu geringer Fallzahlen ist keine Aussage möglich. ** = Einschätzung der CDU/CSU-Anhänger.
Quelle: Infratest dimap 2012a.

Für die Anhänger der Piraten ist die Zugehörigkeit der Partei zum linken Parteienspektrum weniger eindeutig. Aus ihrer Sicht tendieren die Piraten stärker zur politischen Mitte als von allen Befragten angegeben (+0,6). Den anderen Parteien des linken Spektrums dagegen werden von ihren jeweiligen Anhängern sämtlich linkere Orientierungen zugeschrieben (−0,1 bis −0,4). Die Einschätzung der Piraten-Sympathisanten verwundert nicht, versteht sich die Partei doch als Auffangbecken mehr oder weniger liberaler Wertevorstellungen jedweder gesinnungspolitischen Erdung. Die Selbsteinschätzung der Piratenanhänger ist daher nur zwangsläufig: Sie platzieren sich im linken Umfeld, tendieren aber ebenfalls zur Mitte (+0,5). Ähnlich dem Muster bei SPD und Grünen als den nahen politischen Nachbarn der Piraten ist die Einstufung der Partei durch ihre Anhänger und deren Selbsteinordnung weitgehend kongruent (5,2 zu 5,1). Während etwa die Anhänger der Linken eine große Distanz zwischen Partei- und Selbstwahrnehmung aufweisen, scheinen die Piratenanhänger in den Angeboten ihrer Partei eine passende politische Repräsentanz gefunden zu haben.

Aufschlussreich ist der Blick auf das Wahlverhalten derjenigen, die ihr Kreuz tatsächlich bei den Piraten machten. Das Splitting-Verhalten sowohl bei der Bundestagswahl als auch der Berliner Abgeordnetenhauswahl (im Saarland war nur eine Stimme zu vergeben) bestätigt die Zuordnung der Piraten zur politischen Linken. Bei beiden Abstimmungen vergaben Wähler, die mit ihrer Zweitstimme für die Piraten votierten, ihre Erststimme vornehmlich an Parteien des linken Spektrums. Die Präferenzrangfolgen waren jeweils identisch: Unter den politischen Wettbewerbern sprachen sich Piraten-Zweitstimmenwähler mit der Erststimme am ehesten für den Wahlkreiskandidaten der Grünen, dann für den der SPD und schließlich für den der Linkspartei aus (Infratest dimap 2009: S. 81 des Tabellenbands, und Infratest dimap 2011a: 47).

3 Parteienwettbewerb: Das politische Angebot

Trotz der ausstehenden Positionierung in vielen Themen wie der Euro- und Schuldenkrise oder der Verteidigungspolitik lassen sich die Piraten im Wettbewerb der politischen Parteien positionieren. Das kann beispielsweise über einen Abgleich zentraler Parteiforderungen geschehen, der rückblickend für die Bundestagswahl 2009 die größten thematischen Übereinstimmungen zwischen Piraten und Grünen hervorbringt, aber auch programmatische Schnittmengen der Piraten mit SPD und Linkspartei sowie in geringerem Maße der FDP aufdeckt. Auf Seiten der linken Parteifamilie ist vor allem die Forderung nach Einführung eines Mindestlohns das verbindende Element mit den Piraten (Bartels 2009: 191–220).

Zu einem ähnlichen Ergebnis führt der Abgleich der Parteipositionen anhand des Wahl-O-Mat, einem Instrument zur Aufdeckung von Kongruenzen zwischen den zur Wahl stehenden Parteien und der eigenen politischen Position. Für die Bundestagswahl und die Abgeordnetenhauswahl in Berlin findet sich die größte Programmharmonie zwischen Piraten und Grünen sowie zwischen Piraten und Linkspartei, bei der Landtagswahl im Saarland ist die inhaltliche Übereinstimmung zwischen Piraten und SPD am deutlichsten (Zolleis et al. 2010: 15, Faas 2012a und Faas 2012b). Bei den vergangenen Wahlen trat die Programmverwandtschaft zwischen den Piraten und den Parteien des linken Politikspektrums demnach offen zu Tage.

Ein weiteres, elaborierteres Standbein für die Evaluierung thematischer Ähnlichkeiten stellt eine Inhaltsanalyse der Wahlprogramme dar, die die Parteien im ideologisch-programmatischen Koordinatensystem verortet, das auf der sozioökonomischen Achse in links und rechts, auf der soziokulturellen Achse in progressiv-libertäre und konservativ-autoritäre Wertesysteme aufgeteilt ist. Auf Landesebene können die Piraten in Berlin hinsichtlich ihrer wirtschaftspolitischen Positionen eindeutig dem linken Lager zugeordnet werden, bei gesellschaftspolitischen Fragen tritt die Partei als progressiver politischer Akteur auf. (Debus 2011). Im Saarland bestätigt sich die programmatische Zuordnung der Piraten zum progressiv-libertären Wertesystem. Auf der ökonomischen Achse findet sich eine inhaltliche Nähe zu den bürgerlichen Parteien, die angesichts der Dominanz der Gesellschaftspolitik im Programm der saarländischen Piraten jedoch nicht überbewertet werden sollte (Debus 2012).

Entgegen der selbstverordneten Loslösung von Links-Rechts-Schemata zeigen die Ergebnisse, dass die Piraten im Politikraum Deutschlands eher im linken und deutlich im libertären Lager zu Hause sind. Dass sie deswegen eine parteipolitische Alternative zu den Angeboten von SPD, Grünen und Linkspartei darstellen, glaubt jedoch nur eine Minderheit der Deutschen (Infratest dimap 2011b: 17).

Literatur

Bartels, Henning (2009): Die Piratenpartei. Entstehung, Forderungen und Perspektiven der Bewegung. Berlin: Contumax.

Dietmar Dath (2011): Unter nichtgrünen Sozialiberadikalen, in: Frankfurter Allgemeine Zeitung vom 5. Dezember 2011.

Debus, Marc (2012): Schwarz-rote Signale bereits in den Wahlprogrammen?, 15. März, einsehbar unter http://blog.zeit.de/zweitstimme/2012/03/15/schwarz-rote-signale-bereits-in-den-wahlprogrammen-die-programmatische-positionierung-der-parteien-im-saarland-vor-der-landtagswahl-am-25-marz-2012/ (19.04.2012).

Debus, Marc (2011): Die programmatischen Ausrichtungen der Berliner Parteien zur Abgeordnetenhauswahl 2011: Deutliche Verschiebungen, 07. September, einsehbarr unter http://blog.zeit.de/zweitstimme/2011/09/07/die-programmatischen-ausrichtungen-der-berliner-parteien-zur-abgeordnetenhauswahl-2011-deutliche-verschiebungen/ (19.04.2012).

Faas, Thorsten (2012a): Unveröffentlichter Beitrag zum Kolloquium „Piratenpartei" der Friedrich-Ebert-Stiftung. Berlin, 08. Februar.

Faas, Thorsten (2012b): Saarland: Koalitionspolitik = Programm + Personen, 24. März, einsehbar unter http://blog.zeit.de/zweitstimme/2012/03/24/saarland-koalitionspolitik-programm-personen/ (18.04.2012).

Infratest dimap (2012a): ARD-DeutschlandTREND April, Berlin.

Infratest dimap (2012b): Wahlreport Landtagswahl Saarland 2012, Berlin.

Infratest dimap (2011a): Wahlreport Abgeordnetenhauswahl Berlin 2011, Berlin.

Infratest dimap (2011b): ARD-DeutschlandTREND Oktober, Berlin.

Infratest dimap (2009): Wahlreport Bundestagswahl 2009, Berlin.

Institut für Demoskopie Allensbach (2011): Die Chance der Piraten. Eine Dokumentation des Beitrags von Prof. Dr. Renate Köcher in der Frankfurter Allgemeinen Zeitung Nr. 291 vom 14. Dezember 2011. Allensbach.

Raab, Klaus (2011): Über die DNA der Piratenpartei, in: Schilbach, Friederike (Hrsg.): Die Piratenpartei. Alles klar zum Entern?, Berlin: Bloomsbury, S. 83–89.

Zolleis, Udo/Prokopf, Simon/Strauch, Fabian (2010): Die Piratenpartei. Hype oder Herausforderung für die deutsche Parteienlandschaft, München: Hans-Seidel-Stiftung.

Organisationsstruktur, Finanzen und Personal der Piratenpartei

Oskar Niedermayer

1 Einleitung

Parteien können ihren Erfolg im politischen Wettbewerb bis zu einem gewissen Grad selbst steuern, indem sie die ihnen zur Verfügung stehenden organisatorischen, finanziellen und personellen Ressourcen optimal einsetzen, die richtigen Strategien zur Wählermobilisierung anwenden und den Interessen bzw. Wertvorstellungen ihrer Wählerklientel entgegenkommende inhaltliche Politikangebote machen.[1] Im Folgenden soll analysiert werden, auf welche organisatorischen, finanziellen und personellen Ressourcen die Piratenpartei im Zeitablauf zurückgreifen konnte.

2 Die Entwicklung der Organisationsstruktur

„Das originäre Kommunikations-, Partizipations- und Organisationsverständnis der Piratenpartei beruht auf den Prinzipien der Transparenz, Inklusion und Entgrenzung, d. h. die Willensbildungs- und Entscheidungsprozesse sollen möglichst offen, mit möglichst breiter Beteiligung und nicht auf die Parteimitglieder beschränkt ablaufen" (Niedermayer 2010: 847 f.). Daher wird die Piratenpartei als die erste Parteiorganisation angesehen, die „organisatorisch Konsequenzen aus dem Niedergang etablierter Organisationen und dem Erfolg unkonventioneller Bündnisse" zieht, was ihre „besondere Stärke"[2] ausmacht und damit zu ihrem Erfolg beiträgt.

Hinsichtlich der Organisation von Entscheidungsprozessen sind einem solchen Organisationsverständnis jedoch durch die rechtlichen Bestimmungen zur

---

1 Vgl. hierzu auch das Einleitungskapitel des Verfassers.
2 Felix Neumann, Piratenpartei: Mehr als die Autofahrerpartei auf der Datenautobahn, http://carta.info/22886/piratenpartei-autofahrerpartei-auf-der-datenautobahn (12. 02. 2010).

innerparteilichen Organisation und zur Teilnahme am zwischenparteilichen Wettbewerb Grenzen gesetzt. So müssen inhaltliche und personelle Entscheidungen einschließlich der Beteiligungsanzeige an Wahlen laut Parteien- und Wahlgesetz durch eindeutig definierte Gremien und nach Verfahren mit einem eindeutigen Raum-Zeit-Bezug getroffen werden. Obwohl die Piraten in ihren gesamten Aktivitäten sehr stark netzfixiert sind, haben sie daher dem nach dem Parteien- und Wahlgesetz für eine Wahlteilnahme und damit für das Erreichen der ersten Karrierestufe notwendigen Territorialprinzip durch den schnellen Aufbau einer territorial gegliederten Parteiorganisation Rechnung getragen. Schon in der von der Gründungsversammlung verabschiedeten ersten Satzung wurde festgelegt, dass sich die Partei in Landesverbände gliedert, wobei es innerhalb der staatsrechtlichen Grenzen eines Landes nur einen Landesverband geben darf (§ 7, Abs. 1) und die weitere Untergliederung in Orts-, Kreis- und Bezirksverbände erfolgt (§ 7, Abs. 2).

Der erste Landesverband wurde wenige Monate nach der Gründungsversammlung der Bundespartei (10. September 2006 in Berlin) am 30. Dezember 2006 in Berlin gegründet.[3] Es folgten Bayern (6. 1. 2007), Hessen (16. 2. 2007), Nordrhein-Westfalen (9. 6. 2007), Niedersachsen (8. 7. 2007), Hamburg (21. 10. 2007), Baden-Württemberg (25. 11. 2007) und Schleswig-Holstein (16. 12. 2007), so dass die Partei schon Ende 2007 in der Hälfte der Bundesländer mit eigenen Landesverbänden vertreten war. Im Jahre 2008 wurden drei weitere Landesverbände gebildet: Rheinland-Pfalz (7. 6. 2008), Sachsen (8. 8. 2008) und Brandenburg (3. 10. 2008). Nach dem Achtungserfolg bei der Europawahl am 7. Juni 2009 kamen in schneller Folge die restlichen Landesverbände hinzu: Mecklenburg-Vorpommern (21. 6. 2009), Saarland (24. 6. 2009), Bremen (26. 6. 2009), Sachsen-Anhalt (27. 6. 2009) und Thüringen (28. 6. 2009). Somit verfügten die Piraten schon Mitte 2009 auf der Landesebene über eine flächendeckende territoriale Organisationsstruktur. Die weitere territoriale Gliederung nach Bezirksverbänden steckt jedoch noch in den Anfängen.

Vor Ort trifft man sich in den so genannten „Stammtischen", die als offline-Kommunikationsforen die online-Kommunikation innerhalb der Partei ergänzen. Neben der territorialen Gliederung existieren kleine Gruppen von Piraten (5–9 Mitglieder), so genannte Crews, die sich regelmäßig offline zu Diskussionen treffen, ohne formale Strukturen auskommen, aber auch keine formalen Kompetenzen haben. Anfang 2012 gab es in Berlin 41, in Nordrhein-Westfalen 28 und in Baden-Württemberg 5 Crews.

---

3 Vgl. http://wiki.piratenpartei.de/Landesverbände (03. 02. 2012).

Auch die Gliederung in die verschiedenen Organe der Partei folgt dem rechtlich vorgezeichneten Muster. Organe sind der Vorstand, der Bundesparteitag, das Bundesschiedsgericht und die Gründungsversammlung (§ 9).[4] Der Bundesvorstand setzt sich zusammen aus dem Vorsitzenden, dem stellvertretenden Vorsitzenden, dem Schatzmeister, dem politischen Geschäftsführer, dem Generalsekretär sowie 2 Beisitzern und ist somit vergleichsweise klein. Er vertritt die Partei nach innen und außen und führt die Geschäfte auf Grundlage der Beschlüsse der Parteiorgane. Der Bundesparteitag ist die Mitgliederversammlung auf Bundesebene, d. h. es wird in Anwendung der allgemeinen Organisationsprinzipien dem Vollversammlungs-, nicht dem Delegiertenprinzip gefolgt. Der Bundesparteitag tagt mindestens einmal jährlich (vgl. die Liste der bisherigen Bundesparteitage in Tabelle 1), die Einberufung erfolgt aufgrund Vorstandsbeschluss oder wenn ein Zehntel der Piraten es beantragen. Der Bundesparteitag nimmt den Tätigkeitsbericht des Bundesvorstandes entgegen, entscheidet daraufhin über seine Entlastung, wählt den Vorstand, beschließt über die Schiedsgerichts- und Finanzordnung, kann mit ⅔-Mehrheit die Satzung oder das Programm der Bundespartei ändern sowie mit ¾-Mehrheit die Auflösung der Partei beschließen. Stimmrecht haben auf dem Bundesparteitag nur Parteimitglieder und die Ausübung des

Tabelle 1   Bundesparteitage der Piraten 2006–2011

Parteitag	Datum	Ort
Gründungsversammlung	10.9.2006	Berlin
Bundesparteitag 2007	19./20.5.2007	Neukenroth
Bundesparteitag 2008.1	17./18.5.2008	Langenhagen
Bundesparteitag 2008.2	3./5.10.2008	Bielefeld
Bundesparteitag 2009.1	4./5.7.2009	Hamburg
Bundesparteitag 2010.1	15./16.5.2010	Bingen
Bundesparteitag 2011.1	14./15.5.2011	Heidenheim
Bundesparteitag 2011.2	3./4.12.2011	Offenbach

Quelle: http://wiki.piratenpartei.de/Bundesparteitag (1.2.2012).

---

4   Bezug genommen wird auf die zuletzt vom Bundesparteitag 2011.2 am 3./4. Dezember 2011 in Offenbach geänderte Fassung der Satzung, http://wiki.piratenpartei.de/wiki/images/d/de/Bundessatzung_12_2011.pdf (03.02.2012).

Stimmrechts ist nur möglich, wenn das Mitglied alle seine Mitgliedsbeiträge entrichtet hat.

Die Vorbereitung der vom Bundesparteitag letztlich zu treffenden inhaltlich-programmatischen Entscheidungen verläuft auf äußerst breiter Basis unter Nutzung der neuesten Kommunikationstechnologie[5]. Die Partei hat auf dem Bundesparteitag am 15./16. Mai 2010 in Bingen am Rhein die Einführung des elektronischen Diskussions- und Abstimmungssystems ‚LiquidFeedback' beschlossen und nach einer kontroversen Diskussion um Nutzungsbedingungen und Datenschutz, die tiefe Gräben in der Partei aufriss und zum Rücktritt eines Bundesvorstandmitglieds führte, Mitte August 2010 eingeführt. Mit LiquidFeedback werden bundesweit alle Mitglieder dauerhaft in die Entscheidungsprozesse der Partei eingebunden. Allerdings sind, den rechtlichen Erfordernissen entsprechend, „die in LiquidFeedback beschlossenen Anträge ... nicht bindend, sondern bilden lediglich das Meinungsbild der teilnehmenden Piraten ab"[6]. Als Ergebnis des innerparteilichen Willensbildungs- und Entscheidungsprozesses sollen Meinungsbilder auf breiter Grundlage entstehen, die „für die Entscheidungen der Parteitage und Vorstände eine qualifizierte Grundlage bilden".[7] Dieses basisdemokratische Selbstverständnis wird allerdings durch den Einzug der Piratenpartei in Parlamente mit den Spielregeln der parlamentarischen Demokratie kollidieren. Wenn sich zum ersten Mal eine Fraktion bei einer wichtigen politischen Entscheidung explizit gegen den erklärten Willen der Parteibasis stellt, wird die Partei für sich zu klären haben, welche Legitimationsbasis dann höher bewertet wird, die der gewählten Repräsentanten mit ihrem vom Grundgesetz abgesicherten freien Mandat oder die der Parteibasis.

Mitglied der Piratenpartei kann jeder Deutsche im Sinne des Grundgesetzes und jede Person mit Wohnsitz in Deutschland werden, die das 16. Lebensjahr vollendet hat und die Grundsätze sowie die Satzung der Piratenpartei Deutschland anerkennt (§ 2).[8] Im Gegensatz zu den anderen Parteien ist bei den Piraten

---

5 Zu den Kommunikations- und Willensbildungsprozessen vgl. ausführlicher den Beitrag von Christoph Bieber und Markus Lewitzki in diesem Band.

6 So der Antragstext in: Piratenpartei Deutschland, Bundesparteitag 2010. Sonstiger Antrag Nr. Z013: Bundesweiter Betrieb von LiquidFeedback, http://wiki.piratenpartei.de/Bundesparteitag_2010.1/Protokoll (05. 07. 2010).

7 Piraten starten Großversuch zu direkter Demokratie, 13. August 2010, http://www.piratenpartei-hamburg.de/artikel/2010-08-13/piraten-starten-gro%C3%9Fversuch-zu-direkter-demokratie (15. 08. 2010).

8 Das Mindestaltererfordernis ist somit so hoch wie bei der CDU, CSU und FDP. Die SPD und die Linkspartei erlauben eine Mitgliedschaft schon ab 14 Jahren, die Grünen haben gar keine Mindestalterregelung.

die gleichzeitige Mitgliedschaft bei einer anderen (mit ihr im Wettbewerb stehenden) Partei oder Wählergruppe nicht ausgeschlossen. Die Mitgliedschaft in einer Organisation oder Vereinigung, deren Zielsetzung den Zielen der Piratenpartei Deutschland widerspricht, ist jedoch nicht zulässig. Alle Piraten haben gleiches Stimmrecht. Seine Ausübung ist nur möglich, wenn der Pirat Mitglied eines Gebietsverbandes ist, seinen ersten Mitgliedsbeitrag nach Eintritt geleistet hat, sowie mit seinen Mitgliedsbeiträgen nicht mehr als drei Monate im Rückstand ist. D. h. aber auch, dass – im Gegensatz zu den anderen Parteien[9] – ein Mitglied nicht aus der Partei ausgeschlossen wird, wenn er längere Zeit seinen Mitgliedsbeitrag nicht zahlt.

Insgesamt lässt sich somit konstatieren, dass die Piratenpartei ihr originäres Organisationsverständnis so weit verwirklicht hat, wie es die rechtlichen Rahmenbedingungen des Parteienwettbewerbs zulassen. Damit unterscheiden sie sich immer noch genügend stark von den anderen Parteien, auch den Grünen, um die Organisationsstruktur als Erfolgsfaktor wirken zu lassen.

3   Die finanziellen Ressourcen

Die Aufrechterhaltung des laufenden Betriebs einer Partei, ihr hauptamtliches Personal, die politische Arbeit und vor allem die Durchführung von Wahlkämpfen kosten Geld. Daher ist die finanzielle Ausstattung eine wesentliche Ressource, die den Erfolg einer Partei mitbestimmt. Dies gilt auch für die Piraten. Zwar relativiert eine primäre Ausrichtung auf den kostengünstigen Online-Wahlkampf die Bedeutung der finanziellen Ressourcen für die Wahlerfolge der Partei, aber es ist nicht zu leugnen, dass ein weitgehender Verzicht auf ‚paid-media‘ und weitere kostenträchtige Wahlkampfmittel erheblich die Mobilisierung von Randwählern erschwert.

Trotz der großen Bedeutung der finanziellen Ressourcen sind die Piraten in den ersten Jahren nach Meinung von Bernd Schlömer, Piraten-Schatzmeister von Juli 2009 bis Mai 2011, „sehr leichtfertig mit ihren Finanzen umgegangen". Statt gut geführter Bücher fand der Schatzmeister „nur eine Kiste mit Zetteln vor".[10] Dies führte in der Folge zu Einnahmeverlusten, weil durch fehlende Belege nicht

---

9   Bei den anderen Parteien erlischt letztendlich die Mitgliedschaft, wenn verschiedene Maßnahmen, die das Mitglied zur Beitragszahlung veranlassen sollen, nichts fruchten.

10   Zit. n. Sonja Bechtold, Schatzmeister Schlömers Wettlauf gegen die Zeit, in: SPIEGEL online vom 30. Dezember 2009, http://www.spiegel.de/politik/deutschland/0,1518,druck-668849,00. html (18.01.2010).

ordnungsgemäß verbuchte Einnahmen nicht im Rechenschaftsbericht der Partei aufgeführt und daher auch nicht als Grundlage der Berechnung der staatlichen Teilfinanzierung verwendet werden konnten. Zudem wurden die Rechenschaftsberichte für 2006 bis 2008 erst Ende 2009 erstellt.

Die wichtigsten Einnahmequellen von Parteien sind die Mitgliedsbeiträge, die Mandatsträgerbeiträge, die Spenden von natürlichen und juristischen Personen und die Mittel aus der staatlichen Parteienfinanzierung.

Wie die Tabelle 2 zeigt, waren die Mitgliedsbeiträge im Gründungsjahr 2006 und auch noch 2007 die stärkste Einnahmequelle der Partei, gefolgt von den Spenden natürlicher Personen, die die Mitgliedsbeiträge 2008 übertrafen und im Europa- und Bundestagswahljahr 2009 noch deutlich stärker stiegen. Für das Jahr 2009 erhielten die Piraten zum ersten Mal öffentliche Finanzmittel.

In der auf der Gründungsversammlung am 10. September 2006 in Berlin beschlossenen Satzung wurde ein Mitgliedsbeitrag in Höhe von 20 € festgelegt. Durch Beschluss des Bundesparteitags 2008.2 am 3./5. Oktober 2008 in Bielefeld wurde der Beitrag auf 36 € erhöht und ist seither, d. h. bis Anfang 2012, gleich geblieben. Die Partei „empfiehlt ihren Mitgliedern zusätzlich zum festgelegten Mitgliedsbeitrag einen freiwilligen Mitgliedsbeitrag in Höhe von 1 % ihres Jahresnettoeinkommens" (§ 5 (3) der Satzung). Dabei wird jedoch betont: „Das Wort freiwillig nehmen wir dabei sehr ernst, es entsteht keinerlei sozialer Druck, wenn ein Pirat dieser Empfehlung nicht Folge leisten kann".[11] Zudem besteht die Möglichkeit einer Beitragsminderung in sozialen Härtefällen. Mitglieder, die ihren Beitrag nicht bezahlen, werden nicht aus der Partei geworfen, verlieren aber ihr Stimmrecht, wenn ihr Beitragsrückstand mehr als drei Monate beträgt (§ 4 Abs. 4).

Warum die Piratenpartei erst für das Jahr 2009 öffentliche Mittel erhielt, wird deutlich, wenn man sich die spezifische Ausgestaltung der öffentlichen Parteienfinanzierung in Deutschland vergegenwärtigt.

Die Teilfinanzierung von Parteien aus öffentlichen Mitteln gibt es in der Bundesrepublik Deutschland seit 1959. Die im Bundestag vertretenen Parteien erhielten zunächst jährliche Finanzmittel zur Erfüllung ihrer vielfältigen Aufgaben. Nachdem das Bundesverfassungsgericht diese Regelung 1966 für verfassungswidrig erklärt hatte, trat ab 1967 eine Wahlkampfkostenpauschale an ihre Stelle. Diese wurde jedoch 1994 wiederum durch eine allgemeine staatliche Teilfinanzierung der Parteien abgelöst, die seither jedes Jahr neu berechnet wird. Anspruch auf staatliche Mittel in einem bestimmten Jahr haben alle Parteien, die bei der letzten Bundestags- oder Europawahl mindestens 0,5 Prozent oder bei mindestens einer

---

11 http://wiki.piratenpartei.de/Mitglieder (03. 02. 2012).

Organisationsstruktur, Finanzen und Personal der Piratenpartei 87

Tabelle 2   Einnahmen und Ausgaben der Piraten 2006–2010 (gerundet)

	2006	2007	2008	2009	2010
Einnahmen					
Mitgliedsbeiträge	5 999	8 470	10 489	214 336	372 987
Mandatsträgerbeiträge und ähnliche regelmäßige Beiträge	0	0	0	0	0
Spenden von natürlichen Personen	1 262	5 299	14 554	349 246	204 820
Spenden von jurist. Personen	0	1 500	5 565	12 223	12 922
Einnahmen aus Unternehmenstät., Beteiligungen u. sonst. Vermögen	0	23	15	13	579
Sonstige Einnahmen[1]	0	270	3 511	12 454	48 677
Staatliche Mittel	0	0	0	31 505	585 162
Summe	7 262	15 552	34 134	619 777	1 225 148
Ausgaben					
Personalausgaben	0	0	0	0	137
Sachausgaben					
des laufenden Geschäftsbetriebs	5 865	18 099	29 413	128 155	198 964
für allgemeine politische Arbeit	100	4 907	8 364	65 304	283 978
für Wahlkämpfe	0	2 421	12 022	280 306	87 410
für die Vermögensverwaltung einschl. Zinsen u. sonst. Zinsen	0	2	1	15	2
sonstige Ausgaben	0	0	0	62	281
Summe	5 965	25 429	49 799	473 842	570 772
Überschuss/Defizit	1 297	−9 877	−15 665	145 935	654 376

1) Einnahmen aus Veranstaltungen, Vertrieb von Druckschriften und Veröffentlichungen und sonstiger mit Einnahmen verbundener Tätigkeit sowie sonstige Einnahmen.

Quellen: Deutscher Bundestag 2010a, 2010b, 2011a, 2011b; Rechenschaftsbericht der Piratenpartei 2010, http://wiki.piratenpartei.de/wiki/images/0/0e/Rechenschaftsbericht_ 2010_Bund.pdf (09. 02. 2012).

der letzten 16 Landtagswahlen mindestens 1 Prozent der abgegebenen Stimmen für ihre Liste erreicht haben. Alle Stimmen der letzten 18 Wahlen, in denen die Partei mindestens 0,5 Prozent (Bundesebene) oder 1 Prozent (Landesebene) erhalten hat, ergeben zusammengezählt das Wählerstimmenkonto der Partei. Für jede Stimme aus dem Wählerstimmenkonto gibt es einen staatlichen Zuschuss, und zwar für die ersten 4 Mill. Stimmen 0,85 Euro pro Stimme und für jede weitere Stimme 0,70 Euro (Wähleranteil). Zusätzlich erhalten die Parteien einen staatlichen Zuschuss für jeden Euro, den sie im vorangegangenen Jahr an Mitglieds- und Mandatsträgerbeiträgen sowie Spenden von natürlichen Personen (bis zu einer Höhe von 3 300 Euro) erhalten haben (Zuwendungsanteil). Allerdings müssen die Parteien einen Rechenschaftsbericht über ihre sämtlichen Einnahmen, Ausgaben und ihr Vermögen des Vorjahres bis zum 31.12. des Berechnungsjahres der staatlichen Finanzierung abgeben. Wenn nicht, verlieren sie für das Berechnungsjahr den Zuwendungsanteil, der Wähleranteil bleibt erhalten, wenn sie den Bericht bis Ende des nächsten Jahres einreichen.

Für die Summe der staatlichen Mittel für alle Parteien gibt es eine so genannte absolute Obergrenze pro Jahr, die nicht überschritten werden darf. Von 2002 bis 2010 waren es 133 Mill. Euro pro Jahr, für 2011 wurde die Summe auf 141,9 Mill. € und für 2012 auf 150,8 Mill. € erhöht. Wenn der errechnete Gesamtbetrag für alle Parteien die absolute Obergrenze überschreitet, werden die auf die einzelnen Parteien entfallenden Anteile anteilsmäßig entsprechend gekürzt. Wegen des aus der Verfassung abgeleiteten Verbots einer ‚überwiegenden' staatlichen Parteienfinanzierung, gibt es zudem eine pro Partei berechnete relative Obergrenze, nach der die staatlichen Mittel nicht höher sein dürfen als die von der Partei selbst erwirtschafteten und im Rechenschaftsbericht ausgewiesenen Eigeneinnahmen des Vorjahres. Wenn die Eigeneinnahmen geringer sind als die errechneten staatlichen Zuschüsse, wird die staatliche Finanzierung auf diesen Betrag begrenzt, die Parteien können somit nicht mehr an staatlichen Mitteln bekommen als sie selbst erwirtschaftete Einnahmen haben.

Im Jahre 2009 kamen zum ersten Mal öffentliche Mittel aus der staatlichen Parteienfinanzierung hinzu, da die Piraten zwar schon 2008 in Hessen und Hamburg an den Landtagswahlen teilgenommen, dort aber nur 0,3 bzw. 0,2 Prozent der Stimmen erhalten hatten.[12] Im Jahre 2009 hingegen, kamen sie bei der Europawahl auf 0,9 Prozent, bei der Landtagswahl in Sachsen auf 1,9 Prozent, bei der Bundestagswahl auf 2,0 Prozent und bei der Landtagswahl in Schleswig-Holstein

---

12 Zu den Wahlergebnissen der Piraten vgl. das Kapitel des Verfassers über die Piraten im parteipolitischen Wettbewerb.

Organisationsstruktur, Finanzen und Personal der Piratenpartei

auf 1,8 Prozent.[13] Damit hatten sie 2009 die Anspruchsberechtigung für die öffentliche Teilfinanzierung der Parteien erfüllt. Die Überwindung dieser Hürde bedeutet zwar nicht das Erreichen einer neuen Karrierestufe, aber sie schafft günstige Voraussetzungen dafür, weil sie der Partei dringend benötigte finanzielle Ressourcen zuführt. Nach der Anzahl der Wählerstimmen, die die Piratenpartei bis Ende 2009 bei der Bundestags- und Europawahl sowie den Landtagswahlen in Sachsen und Schleswig-Holstein erhielt (1 140 822 Stimmen) und der Höhe der berücksichtigungsfähigen Zuwendungen des Jahres 2008 (21 946,27 Euro) hätte die Partei Anspruch auf staatliche Mittel in Höhe von 840 554,51 Euro gehabt. Wegen Verbots einer überwiegenden staatlichen Parteienfinanzierung darf diese jedoch nicht höher sein als die von den Parteien selbst erwirtschafteten Einnahmen des Vorjahres. Da für das Jahr 2008 jedoch nur 31 504,68 € selbsterwirtschaftete Einnahmen festgestellt wurden[14], wurden die staatlichen Mittel auf diese Höhe begrenzt.

Im Jahre 2010 kamen die 121 046 Zweitstimmen der Landtagswahl in Nordrhein-Westfalen zum Wählerstimmenkonto der Piraten hinzu und der Zuwendungsanteil erhöhte sich von etwa mehr als 8 300 € auf über 177 700 €. Danach hätten ihr für 2010 insgesamt 1 041 946,36 € öffentliche Mittel zugestanden. Da jedoch die selbsterwirtschafteten Einnahmen wiederum deutlich geringer waren, beliefen sich die staatlichen Mittel auf 585 162,46 €. Neuere Zahlen stehen noch nicht zur Verfügung.

Bei den Ausgaben wird deutlich, dass der laufende Geschäftsbetrieb in den Anfangsjahren den Löwenanteil ausmachte. Die beiden bundesweiten Wahlkämpfe des Jahres 2009 schlugen sich dann in einer drastischen Ausgabensteigerung für diesen Posten nieder und 2010 war die allgemeine politische Arbeit der größte Posten. Deutlich wird auch, dass es bisher so gut wie keine Personalausgaben gab. Dies wird in Zukunft angesichts der explosionsartig gewachsenen außerparlamentarischen Parteiorganisation nicht so bleiben können. Mit anderen Worten: Die Führung der Partei und das Management ihres laufenden Geschäftsbetriebs allein durch ehrenamtliche Mitarbeit stößt an seine Grenzen.[15]

---

13 Die Piraten haben 2009 zusätzlich noch an der Landtagswahl in Hessen teilgenommen, dort jedoch nur 0,5 Prozent erzielt.

14 Im Rechenschaftsbericht der Piraten für 2008 sind geringfügig geringere Einnahmen ausgewiesen (vgl. Tabelle 1).

15 Dies wurde jetzt zum ersten Mal auch von einem Piraten-Funktionär in die Debatte gebracht: Der nordrhein-westfälische Spitzenkandidat Joachim Paul forderte, die Ehrenamtkultur im Bundesvorstand zu beenden und feste Gehälter einzuführen. Vgl. NRW-Spitzenkandidat fordert Gehalt

4   Mitglieder und Führungspersonal

Die dritte wichtige Ressource einer Partei im politischen Wettbewerb ist ihr Personal, d. h. die Mitglieder und die Führungspersönlichkeiten. In der Parteienforschung gibt es allerdings eine Diskussion darüber, ob Mitglieder für eine Partei heutzutage noch wichtig sind, oder ob die Parteien ihre Anstrengungen zur Gewinnung neuer Mitglieder aufgeben und sich zu Fraktions-, Medien-, Netzwerk- oder sonstigen neuen Parteiformen entwickeln und Wahlkämpfe mit Hilfe professioneller Berater als Medienkampagnen mit nur marginaler Einbeziehung der Mitglieder führen sollen.

Alle Parteien der Bundesrepublik halten jedoch am Ziel der Mitgliedergewinnung fest, da die Präsenz und Arbeit der Parteimitglieder in Wahlkampagnen nur begrenzt durch funktionale Äquivalente ersetzt werden kann und die Mitglieder auch außerhalb von Wahlkampfzeiten eine Reihe von unverzichtbaren Funktionen für die Parteien haben.[16] Mitglieder sind für Parteien zunächst einmal wichtig als Seismographen gesellschaftlicher Entwicklungen und Prozesse, damit die Parteien nicht das Gespür für die Interessen, Bedürfnisse, Wünsche und Sorgen der Bürgerinnen und Bürger verlieren. Über die Seismographenfunktion hinaus, fungieren Mitglieder als alltägliche Vermittler der Parteipositionen an andere Bürger im vorpolitischen Raum – sei es am Arbeitsplatz, im Internet, im Bekanntenkreis, in sonstigen sozialen Zusammenhängen oder in der Fülle von Vereinen und Verbänden –, wodurch sie auch zur Legitimation politischer Entscheidungen der Partei nach außen beitragen. Die Wirkungen nach außen werden in Wahlkampfzeiten noch viel wichtiger. Wenn die Wahlkampfführungen der Parteien ihre Mitglieder zur aktiven Kampagnenarbeit motivieren können, was nicht immer der Fall ist, steht ihnen ein Reservoir von freiwilligen, unbezahlten Helfern zur Verfügung, die als Multiplikatoren in die Gesellschaft hinein wirken und durch ihre Präsenz und Arbeit im Netz oder vor Ort auf vielfältige Weise zur Übermittlung der Wahlkampfbotschaften der Partei an die Bürgerinnen und Bürger beitragen. Zudem darf nicht vergessen werden, dass die Parteimitglieder in der Regel zu den Stammwählern der Parteien gehören. Auch innerparteilich ist eine genügend große Mitgliederbasis von großer Wichtigkeit. Die Mitglieder sind Ideengeber bei der Formulierung inhaltlicher Positionen, sie bilden das personelle Rückgrat der Partei, auf das bei der Besetzung von innerparteilichen Positionen und der Aus-

---

für Oberpiraten, in: Der Spiegel online vom 7. April 2012, http://www.spiegel.de/politik/deutschland/0,1518,826014,00.html (09. 04. 2012).

16   Zum Folgenden vgl. Niedermayer 2011: 30 f.

wahl von Bewerbern für öffentliche Wahlämter zurückgegriffen wird, sie tragen als Beitragszahler dazu bei, der Partei die notwendigen finanziellen Mittel zur Erfüllung ihrer Aufgaben zu beschaffen, sie stellen der Partei unentgeltlich Zeit und Arbeitskraft zur Verfügung und schließlich spielen sie bei der Gewinnung neuer Mitglieder eine zentrale Rolle.

Wie die Abbildung 1 zeigt, lassen sich bei der Mitgliederentwicklung der Piratenpartei vier Phasen unterscheiden.[17]

Die erste Phase von der Parteigründung Ende 2006 bis zum Frühjahr 2009 war durch eine sehr geringe Steigerungsrate der Mitgliedschaft geprägt. Dies änderte sich im Gefolge der Europa- und Bundestagswahl 2009, die in kurzer Zeit zu einem starken Mitgliederanstieg führten. Von Anfang 2010 bis zum Herbst 2011 stagnierte die Mitgliederzahl bei etwa 12 000. Die Abgeordnetenhauswahl von Berlin im September 2011 führte dann zu einem erneuten deutlichen Mitgliederanstieg auf über 19 000 Ende 2011. Anfang April 2012, nach dem erneuten

Abbildung 1   Mitgliederentwicklung der Piratenpartei seit 2006

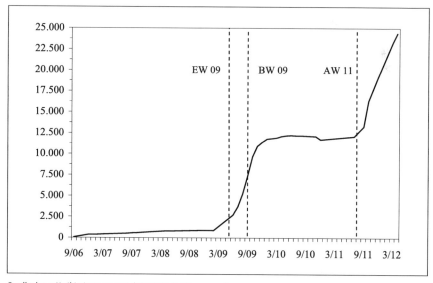

Quelle: http://wiki.piratenpartei.de/Mitglieder (09.4.2012).

---

17 Die Daten entstammen einem Auszug aus der Mitgliederdatenbank der Bundespartei, wobei der Datenstand der Bundespartei dem der einzelnen Landesverbände naturgemäß hinterherhinkt.

Erfolg bei der Landtagswahl im Saarland, hatten die Piraten über 24 000 Mitglieder. Die Partei verfügt damit bundesweit über eine Mitgliederbasis, die die ihr zugeschriebenen Funktionen durchaus erfüllen und damit zum Erfolg der Piraten beitragen kann.

Tabelle 3 verdeutlicht allerdings, dass die regionale Verteilung der Mitgliedschaft sehr unterschiedlich ist. Die absolute Piratenhochburg ist Berlin, mit weitem Abstand gefolgt vom Saarland, Bayern und den anderen beiden Stadtstaaten Hamburg und Bremen. Die geringste Mitgliederdichte findet sich – mit Ausnahme von Brandenburg – in den ostdeutschen Bundesländern. Es wird auch deutlich, dass in der Regel ein wesentlicher Unterschied zwischen der Zahl der registrierten und der Zahl der stimmberechtigten Mitglieder besteht. Dies kommt daher, dass Mitglieder, die ihren Beitrag längere Zeit nicht bezahlen, nicht aus der Par-

Tabelle 3   Mitglieder der Landesverbände, Anfang April 2012

Landesverband	registrierte Mitglieder	stimmberecht. Mitglieder	Mitglieder/ Mio. Einw.
Berlin	2 934	768	844
Hamburg	826	299	461
Saarland	440	?	433
Bayern	5 248	1 803	418
Bremen	270	156	409
Brandenburg	804	250	322
Niedersachsen	2178	749	275
Schleswig-Holstein	719	?	254
Baden-Württemberg	2 599	1 261	242
Nordrhein-Westfalen	4 120	2 329	231
Hessen	1 394	1 072	230
Rheinland-Pfalz	916	?	229
Thüringen	500	339	224
Mecklenburg-Vorpommern	348	130	212
Sachsen-Anhalt	425	188	183
Sachsen	625	160	151

Quelle: http://wiki.piratenpartei.de/Mitglieder (09. 04. 2012).

tei geworfen werden, aber ihre Stimmberechtigung verlieren (§ 4 Abs. 4 Bundessatzung). Da die anderen Parteien nicht so kulant sind und ein nach mehrfacher Aufforderung nicht beglichener Beitragsrückstand dort in der Regel zum Verlust der Mitgliedschaft führt, muss zum Vergleich des Mitgliederbestands der Piraten mit den anderen Parteien die Zahl der stimmberechtigten Mitglieder verwendet werden. Da aber noch nicht alle Landesverbände die Anzahl der stimmberechtigten Mitglieder separat aufführen, kann diese Zahl noch nicht genau ermittelt werden. Eine obere Abschätzung führt Anfang April 2012 zu etwa 11 600 Mitgliedern.

Wenn eine kleine Partei so viel Medienaufmerksamkeit erfährt und derart rasant wächst, wie die Piratenpartei, dann zieht sie auch die unterschiedlichsten Menschen an. Wie heterogen die Piratenmitgliedschaft von ihren inhaltlichen Orientierungen und Prioritäten her geworden ist, zeigt sich schon an der Zahl der Arbeitsgemeinschaften (Anfang 2012 waren es 138), in denen die unterschiedlichsten Themen mitunter sehr kontrovers diskutiert werden. Dass Mitglieder der FDP zu den Piraten wechseln[18] stellt kein Problem dar. In die Kritik gerieten die Piraten aber im Oktober 2011 wegen der „Laissez-faire-Haltung"[19] einiger Funktionäre gegenüber zwei ehemaligen NPD-Mitgliedern, die es bei den Piraten zum Kreisvorsitzenden und Landesvorstandsmitglied gebracht hatten. Zudem beschloss das Schiedsgericht des Landesverbands Rheinland-Pfalz Ende November 2011, das Mitglied Bodo Thiesen, gegen den der Piraten-Bundesvorstand schon vor über zwei Jahren wegen seiner relativierenden Äußerungen zum Holocaust einen Parteiausschluss angestrebt hatte, nicht aus der Partei auszuschließen. Es ist bekannt, dass junge Parteien immer auch Gefahr laufen, als Sammelbecken für Extreme, Fundamentalisten und Spinner zu fungieren. Umso wichtiger ist es jedoch, sich von solchen Mitgliedern möglichst schnell zu trennen, um nicht in der Öffentlichkeit Schaden zu nehmen.[20]

---

18 Vgl. Liberale wechseln zur Piratenpartei, in: Frankfurter Rundschau online, http://www.fr-online.de/politik/fdp-mitgliederschwund-liberale-wechseln-zur-piratenpartei,1472596,11370760. html (06.01.2012).

19 Juliane Ziegler, Unter brauner Flagge, in: stern.de vom 15. Oktober 2011, http://www. stern.de/politik/deutschland/aerger-in-der-piratenpartei-unter-brauner-flagge-1738939.html (25.10.2011). Auch der Bundesvorsitzende Sebastian Nerz geriet in die Medienkritik, als er im Zusammenhang mit den beiden Fällen von „Jugendsünden" sprach, die man „auch verzeihen" müsse. Zit. n. „Jugendsünden" – Nerz schützt Ex-NPD-Mitglieder, in: Hamburger Abendblatt online vom 14. Oktober 2011, http://www.abendblatt.de/politik/article/2060302/Jugendsuenden-Nerz-schuetzt-Ex-NPD-Mitglied.html (15.10.2011).

20 So verwehren z.B. die nordrhein-westfälischen Piraten ihrem als bekennenden Scientologen bekannten Mitglied inzwischen die Mitarbeit und haben mehreren anderen Scientologen die Mitgliedschaft verweigert. Vgl. Piratenpartei will Scientologen über Bord werfen, in: FOCUS online

Neben den Mitgliedern bildet das Führungspersonal einer Partei die zweite Personalressource. Betrachtet man das Führungspersonal unter dem Blickwinkel, welche seiner Eigenschaften zum Erfolg einer Partei beitragen, so sind dies nach traditioneller Auffassung zum einen parteiinterne strategische Führungsfähigkeiten und zum anderen Kommunikationsfähigkeiten nach außen, die über Medienaufmerksamkeit zur öffentlichen Bekanntheit und zu positiven Wählerorientierungen führen und damit vor allem zur Verbesserung der Wahlchancen einer Partei beitragen können.[21]

Genau diese Fähigkeiten sind es jedoch, die bei den Piraten aufgrund ihrer durch ihr basisdemokratisches Organisationsverständnis begründeten Vorliebe für unhierarchische Strukturen nicht sehr hoch im Kurs stehen, und daher beim Führungspersonal (vgl. Tabelle 4) auch eher skeptisch beurteilt werden.[22] Nachdem die politische Geschäftsführerin Marina Weisband, die „schöne Piratin"[23], die „das Gesicht der Piratenpartei"[24] geworden war, ihren Rückzug aus dem Vorstand angekündigt hatte und die Piraten damit nach Auffassung von Meinungsforschern „ihre einzige Politikerin mit Wiedererkennungseffekt"[25] verloren, sah sich der Pressesprecher Christopher Lang veranlasst, dieses Verständnis noch einmal deutlich zu machen: Er erinnerte an das Piraten-Credo „Themen statt Köpfe" und warf den Medien ein „Verweilen in den Denkstrukturen der Politik 1.0" vor. „Während in der Politik 1.0 Vorstände ... die Richtung einer Partei vorgeben, haben die Vorstände innerhalb der Piratenpartei lediglich eine verwaltende Rolle ohne selbstständige politische Gestaltung inne". Sie „stellen keine abzunickenden Leitanträge, sondern treten als Moderator und Motivator in Erscheinung. Oh, und

---

vom 16. November 2011, http://www.focus.de/politik/weitere-meldungen/als-mitglieder-unerwuenscht-piratenpartei-will-scientologen-ueber-bord-werfen_aid_685210.html (03.01.2012).

21 Im sozialpsychologischen Modell zur Erklärung des Wahlverhaltens spielen die Orientierungen der Wähler gegenüber den Spitzenkandidaten der Parteien als einer von zwei kurzfristigen Einflussfaktoren eine große Rolle.

22 So legte z.B. ein Teil der Piraten dem früheren Bundesvorsitzenden Jens Seipenbusch „seine Zielstrebigkeit als autoritäres Verhalten aus", Marie Katharina Wagner, Meuterei gegen die Schiffsoffiziere, in: FAZ.NET vom 22. Dezember 2009, http://www.faz.net/aktuell/politik/inland/piratenpartei-meuterei-gegen-die-schiffsoffiziere-1639191.html (18.01.2010).

23 Matthias Kluckert/Franz Solms-Laubach, „Die Piraten sind entzaubert", in: Bild online vom 26. Januar 2012, http://www.bild.de/politik/inland/piratenpartei/piraten-partei-am-abgrund-22300580.bild.html (04.02.2012).

24 Die Ober-Piratin verlässt die Kommandobrücke, in: stern.de vom 25. Januar 2012, http://www.stern.de/politik/deutschland/marina-weisband-die-oberpiratin-verlaesst-die-kommandobruecke-1778302.html (26.01.2012).

25 So Klaus-Peter Schöppner von TNS Emnid, zit. n. Matthias Kluckert/Franz Solms-Laubach, „Die Piraten sind entzaubert", in: Bild online vom 26. Januar 2012, http://www.bild.de/politik/inland/piratenpartei/piraten-partei-am-abgrund-22300580.bild.html (04.02.2012).

ganz nebenbei vertreten sie die Basis und deren Meinung gegenüber den Medien, staatlichen Stellen, NGOs und anderen Parteien."[26] Der Vorwurf seitens der Medien, die Partei sei „wie das Internet selbst: chaotisch und ungesteuert"[27], trifft sie also nicht. Allerdings kann die Diskrepanz zwischen diesem Selbstverständnis und der Führungsrolle, die seitens der Medien von Parteiführungskräften erwartet und von den anderen Parteien auch ausgefüllt wird, zu steigenden Irritationen führen, da eine Partei allein die traditionellen politischen Rollenerwartungen schwerlich ändern kann.

Bisher wurde in der Parteienforschung mit guten Gründen angenommen, dass eine Partei ohne ein strategisches Führungszentrum im politischen Wettbewerb deutliche Nachteile hat.[28] Bisher hat der Piratenpartei die Tatsache, dass sie kein „strategisches Entscheidungs- und Machtzentrum" (Zolleis/Prokopf/Strauch 2009: 22) hat, noch nicht gravierend geschadet. Ob man aber auch im Bundestagswahlkampf 2013, der von der Partei ohne einen eigenen bundesweiten Spitzen-

Tabelle 4   Das Führungspersonal der Piraten auf der Bundesebene

Wahl	Vorsitzende/r	Stellv. Vorsitzende/r	Schatzmeister/in	Polit. Geschäftsführer/in	Generalsekretär/in
10.09.2006	Christof Leng	Jens Seipenbusch	Peter Böhm	Jan Huwald	Stefan Lamprecht
20.05.2007	Jens Seipenbusch	Sven Riedel	Peter Böhm	Jan Huwald	Bastian Grundmann
18.05.2008	Dirk Hillbrecht	Jens Seipenbusch	Sebastian Schäfer	Bernhard Schillo	Hauke Kruppa
04.07.2009	Jens Seipenbusch	Andreas Popp	Bernd Schlömer		
15./16.05.2010	Jens Seipenbusch	Andreas Popp	Bernd Schlömer		
14./15.05.2011	Sebastian Nerz	Bernd Schlömer	Rene Brosig	Marina Weisband	Wilm Schumacher

Quelle: eigene Zusammenstellung.

---

26 Christopher Lang, Same procedure as last year? – Same procedure as every year!, in: Piratenpartei Deutschland vom 26. Januar 2012, http://www.piratenpartei.de/node/1550 (03.02.2912).
27 Tillmann Prüfer, Klar zum Kentern, in: ZEITmagazin vom 6. Mai 2010.
28 Zur Bedeutung der politischen Strategie vgl. z. B. Raschke/Tils 2008.

kandidaten geführt werden soll, weil man „eher auf den Schwarm als auf Köpfe"[29] setzt, ohne ein solches Zentrum optimal aufgestellt ist, ist fraglich, weil gerade im Wahlkampf z. B. oftmals strategische Entscheidungen unter hohem Zeitdruck getroffen werden müssen.

Zwei Piratenmitglieder sind bzw. waren in der Öffentlichkeit bekannt, ohne dass sie ein führendes Parteiamt innehatten. Angelika Beer, von 2002 bis 2004 Co-Bundesvorsitzende der Grünen und von 2004 bis 2009 Grünen-Mitglied des Europäischen Parlaments, verlies im März 2009, nachdem sie nicht mehr erneut auf einem aussichtsreichen Listenplatz aufgestellt worden war, „die Grünen nach 30 Jahren – unter Tränen, aber auch mit heftiger Kritik"[30] am Machtstreben der Partei. Ein halbes Jahr später unterstützte sie die Piraten bei der Bundestags- und Landtagswahl in Schleswig-Holstein, trat im November 2009 in die Partei ein und kandidiert dort für die Piraten bei der Landtagswahl im Mai 2012.

Viel mehr Medienaufmerksamkeit erhielt jedoch ein anderes Parteimitglied: Der Bundestagsabgeordnete Jörg Tauss, ehemaliges Vorstandsmitglied der SPD-Bundestagsfraktion und deren Obmann im Unterausschuss Neue Medien, trat am 20. Juni 2009 aus Protest gegen die nahezu geschlossene Zustimmung seiner Fraktion zum ‚Gesetz zur Bekämpfung der Kinderpornografie in Kommunikationsnetzen' (Zugangserschwerungsgesetz) in der zwei Tage vorher erfolgten Bundestagsabstimmung aus der SPD aus und wechselte zur Piratenpartei. Damit saß ein Mitglied der Piraten als fraktionsloser Abgeordneter das Vierteljahr bis zur Bundestagswahl 2009 im Bundestag. Dass dieser Übertritt der Piratenpartei große Medienaufmerksamkeit bescherte, lag aber primär an etwas anderem: Schon Anfang März 2009 hatte der Bundestag im Zuge von Ermittlungen der Staatsanwaltschaft wegen des Besitzes von Kinderpornographie die Immunität von Tauss aufgehoben und er war von allen seinen Parteiämtern zurückgetreten. Tauss bestritt die Vorwürfe und argumentierte, er habe als zuständiger Fachpolitiker in der Internet-Kinderpornographieszene recherchiert.

Die Piratenpartei hieß Jörg Tauss „in ihren Reihen herzlich willkommen", weil sie keinen Anlass sah, „an seiner Unschuld und moralischen Integrität zu zwei-

---

29 So der Bundesvorsitzende Sebastian Nerz, zit. n. Piraten verzichten zur Bundestagswahl auf Kapitän, in: stern.de vom 10. Januar 2012, http://www.stern.de/politik/deutschland/parteistrategie-piraten-verzichten-zur-bundestagswahl-auf-kapitaen-1772052.html (10. 01. 2012).

30 Gründungsmitglied verlässt Grüne unter Tränen, in: FOCUS online vom 28. März 2009, http://www.focus.de/politik/deutschland/angelika-beer-gruendungsmitglied-verlaesst-gruene-unter-traenen_aid_384972.html (30. 03. 2009).

feln", so lange „in dieser Sache gegen Herrn Tauss keine Verurteilung erfolgt".[31] Auch als klar wurde, dass die Staatsanwaltschaft eine Anklageerhebung gegen Tauss beabsichtigte, stand die Partei noch fest hinter ihm. Aaron Koenig, damaliger Beisitzer im Bundesvorstand, war der Meinung, „da versuchen Leute, mit Schmutz auf ihn zu werfen", und verortete die Chancen einer Verurteilung bei „null".[32] Als Jörg Tauss dann am 9. September wegen des Besitzes von Kinderpornographie tatsächlich angeklagt wurde, bezeichnete der Parteivorsitzende Jens Seipenbusch dies noch als „politisches Wahlkampfmanöver", ging jedoch mit der Aussage, im Falle einer Verurteilung würde die Partei die Sache „neu bewerten wollen"[33], vorsichtig auf Distanz.

Am 18. Mai 2010 wurde der Prozess gegen Tauss eröffnet und am 28. Mai wurde er wegen Besitz von Kinderpornographie zu 18 Monaten Haft auf Bewährung verurteilt. Trotz der Verurteilung scheute sich die Partei davor, einen Ausschluss von Jörg Tauss in die Wege zu leiten: Parteisprecher Simon Lange sagte „wir werden abwarten und keine Konsequenzen ziehen, bevor das Urteil rechtskräftig ist". Wolfgang Dudda, Beisitzer im Bundesvorstand, legte Jörg Tauss jedoch nahe, die Konsequenzen selbst zu ziehen: Die Partei vertraue darauf, „dass Jörg Tauss nun auch die richtige Entscheidung für sich und die Piratenpartei treffen wird, soweit es um seine weitere politische Zukunft geht".[34] Zwei Tage später, am 30. Mai 2010, tat dies Jörg Tauss und trat aus der Piratenpartei aus, weil die Partei „nicht durch eine ‚Tauss-Debatte' gelähmt werden"[35] solle. Dennoch engagierte er sich weiter für die Piraten und unterstützte sie in Landtagswahlkämpfen. In der Bundesgeschäftsstelle war diese Hilfe beim Wahlkampf zur Berliner Abgeordnetenhauswahl im September 2011 jedoch nicht gern gesehen: Sie erteilte Jörg Tauss Anfang September ein Hausverbot, das vom stellvertretenden Vorsitzenden Bernd Schlömer wie folgt begründet wurde: „Er wollte beraten, wir wollten

---

31 Piratenpartei Deutschland, Pressemitteilung vom 20. Juni 2009, Erster Pirat im Bundestag, http://www.piratenpartei.de/node/779 (20. 01. 2012).

32 Zit. n. Angelika Dehmel, Piratenpartei steht zu Tauss, in: stern.de vom 21. Juli 2009, http://www.stern.de/politik/deutschland/anklage-wegen-kinderpornos-piratenpartei-steht-zu-tauss-706868.html (06. 01. 2012).

33 Zit. n. Markus Decker, Abgeordneter wegen Kinderpornoverdacht angeklagt, in: Mitteldeutsche Zeitung online vom 9. September 2009, http://www.mz-web.de/artikel?id=1252474919332 (21. 01. 2012).

34 Zit. n. Piratenpartei hält an Tauss fest, in: FOCUS online vom 28. Mai 2010, http://www.focusde/politik/deutschland/bewaehrungsstrafe-piratenpartei-haelt-an-tauss-fest_aid_513285.html (31. 05. 2010).

35 Zit. n. Tauss tritt aus Piratenpartei aus, in: Süddeutsche.de vom 30. Mai, http://www.sueddeutsche.de/politik/nach-kinderpornografie-urteil-tauss-tritt-aus-piratenpartei-aus-11.951874 (20. 01. 2012).

die Beratungsleistung aber nicht in Anspruch nehmen".[36] Man befürchtete offenbar die negativen Wirkungen, die eine Thematisierung von Tauss' Engagement in den Medien auf den Piraten-Wahlkampf hätten haben können. Tauss wehrte sich Anfang Oktober 2011 gegen das Hausverbot überraschend mit einem Mitgliedsantrag, der vom Bezirksvorstand Karlsruhe mit der Begründung abgelehnt wurde, dass seine erneute Mitgliedschaft „dem Frieden und der Geschlossenheit der Partei" schaden würde.[37] Daraufhin brach in der Partei ein heftiger Streit aus, in dessen Verlauf „führende Politiker aus Landesverbänden der Piratenpartei" forderten, Tauss „eine zweite Chance in der Partei zu geben."[38] Zwar wurde das Hausverbot später aufgehoben, Tauss erklärte danach jedoch, „frühestens 2014", bewusst nach der Bundestagswahl 2013, wieder Parteimitglied werden zu wollen. Die Entscheidung über einen etwaigen Antrag wird dem dann zuständigen Vorstand der betroffenen Gliederung obliegen.[39]

Der Umgang der Piratenpartei mit der Affäre Tauss zeigt exemplarisch, dass die Offenheit in der Frage, wen man in die Partei aufnimmt, zwar „einer der großen Pluspunkte der Partei" ist, „aber auch eines ihrer großen Streitfelder".[40]

5 Fazit

Die Analyse hat gezeigt, dass die Piraten relativ schnell auf der Landesebene über eine flächendeckende territoriale Organisationsstruktur verfügten, die weitere territoriale Gliederung jedoch noch in den Anfängen steckt. Damit, wie auch mit der Gliederung in die verschiedenen Organe der Partei erfüllt man die parteien- und wahlrechtlichen Voraussetzungen für eine erfolgreiche Teilnahme am Parteienwettbewerb. Durch die konkrete Ausgestaltung der Rechten und Pflichten der Organe wurde das originäre, auf den Prinzipien der Transparenz, Inklusion und Entgrenzung beruhende Organisationsverständnis so weit verwirklicht, dass die Organisationsstruktur als Erfolgsfaktor wirksam sein kann. Allerdings

---

36 Zit. n. Hanna Hauck/Friedhelm Greis, Piraten lehnen Mitgliedsantrag von Jörg Tauss ab, in: WELT online vom 31. Oktober 2011, http://www.welt.de/politik/deutschland/article13689662/Piraten-lehnen-Mitgliedsantrag-von-Joerg-Tauss-ab.html (20.01.2012).

37 ebd.

38 Piratenpartei streitet über Umgang mit Jörg Tauss, in: SWR, Presseinformation REPORT MAINZ vom 1. November 2011, http://www.swr.de/report/presse/-/id=8815674/property=download/nid=1197424/w1shkn/piratenpartei-streitet-ueber-tauss.pdf (20.01.2012).

39 http://wiki.piratenpartei.de/Tauss (09.04.2012).

40 Annett Meiritz/Fabian Reinbold: Neue Piraten wirbeln Parteitag durcheinander, in: SPIEGEL online vom 4. Dezember 2011, http://www.spiegel.de/politik/deutschland/0,1518,801599,00.html (11.02.2012).

kann die Diskrepanz zwischen dem eigenen Selbstverständnis und den Regeln der Mediengesellschaft bzw. der parlamentarischen Demokratie in Zukunft zu vermehrten Problemen führen. Die finanzielle Basis der Partei ist, nach einer Reihe von Anfangsschwierigkeiten, jetzt so weit konsolidiert, dass sie weniger als früher einen Hemmfaktor für die allgemein politischen und Wahlkampfaktivitäten der Partei darstellt. Die Mitgliederbasis hat sich enorm verbreitert, was neben den positiven Wirkungen mitunter durch ungebetene Personen auch Probleme bereitet. In jüngster Vergangenheit zeigt sich auch, dass das Management einer so stark gewachsenen Parteiorganisation auf rein ehrenamtlicher Basis an seine Grenzen stößt. Die spannendste Frage für die nahe Zukunft – d. h. vor allem für die Bundestagswahl 2013 – ist, ob die Piraten mit ihrem spezifischen Verständnis von politischer Organisation und Führung den in den Denkstrukturen der „Politik 1.0" verhafteten anderen Parteien im Wettbewerb auf der Bundesebene tatsächlich Paroli bieten können.

Literatur

Deutscher Bundestag (2010a): Unterrichtung durch den Präsidenten des Deutschen Bundestages. Bekanntmachung von Rechenschaftsberichten politischer Parteien für das Jahr 2008 (2. Teil – Übrige anspruchsberechtigte Parteien). Drucksache 17/870 vom 1. 3. 2010.

Deutscher Bundestag (2010b): Festsetzung der staatlichen Mittel für das Jahr 2009, Stand 21. Januar 2010, http://www.bundestag.de/bundestag/parteienfinanzierung/festsetz_staatl_mittel/finanz_09.pdf (2. 3. 2010).

Deutscher Bundestag (2011a): Unterrichtung durch den Präsidenten des Deutschen Bundestages. Bekanntmachung von Rechenschaftsberichten politischer Parteien für das Jahr 2009 (2. Teil – Übrige anspruchsberechtigte Parteien). Drucksache 17/4801 vom 14. 3. 2011.

Deutscher Bundestag (2011b): Festsetzung der staatlichen Mittel für das Jahr 2010, Stand 21. Januar 2011, http://www.bundestag.de/bundestag/parteienfinanzierung/festsetz_staatl_mittel/finanz_10.pdf (28. 3. 2011).

Niedermayer, Oskar (2010): Erfolgsbedingungen neuer Parteien im Parteiensystem am Beispiel der Piratenpartei Deutschland, in: Zeitschrift für Parlamentsfragen, 41, S. 838–854.

Niedermayer, Oskar (2011): Auf welchen Wegen versuchen Parteien, neue Mitglieder zu gewinnen?, in: Frech, Siegfried/Juchler, Ingo (Hrsg.): Bürger auf Abwegen?. Schwalbach/Ts.: Wochenschau Verlag, S. 27–49.

Raschke, Joachim/Tils, Ralf (2008): Politische Strategie, in: Forschungsjournal NSB, 21, S. 11–24.

Zolleis, Udo/Prokopf, Simon/Strauch, Fabian (2009): Die Piratenpartei. Hype oder Herausforderung für die deutsche Parteienlandschaft?, aktuelle analysen, Nr. 55. München: Hanns-Seidel-Stiftung.

Das Kommunikationsmanagement der Piraten

Christoph Bieber/Markus Lewitzki

1 Einleitung

Die Piratenpartei ist eine überaus kommunikative Organisation – individuelle Mitglieder und Unterstützer, aber auch innerparteiliche Gruppen und Strömungen, flüchtige oder nachhaltige Arbeitszusammenhänge sowie formale Gremien nutzen die unterschiedlichsten Plattformen der Online- aber auch Techniken der Offline-Kommunikation, um sich zu beinahe jeder Tages- und Nachtzeit über Aktivitäten und Ereignisse im Umfeld der mit gut 25 000 Mitgliedern inzwischen sechstgrößten Partei in Deutschland zu äußern. Über Gehalt und Qualität dieser Beiträge wird oft und gerne gestritten, nicht nur unter Piraten. Die intensive Nutzung gerade der digitalen Plattformen haben den Piraten bereits im Bundestagswahlkampf 2009 so etwas wie die „Diskurshoheit im Netz" eingebracht, selbst wenn der elektorale Erfolg damals mit gerade einmal 2,0 Prozent eher bescheiden ausgefallen ist (vgl. Bieber 2010a). Seitdem hat sich vieles verändert: mit dem Einzug in das Berliner Abgeordnetenhaus im September 2011 begann die parlamentarische Karriere der Piratenpartei, gerade einmal fünf Jahre nach der formalen Gründung und zwei Jahre nach dem politischen Durchbruch im Kielwasser der „Zensursula"-Kampagne 2009. Im Frühjahr 2012 folgten mit dem Saarland, Schleswig-Holstein und Nordrhein-Westfalen drei weitere Wahlerfolge, begleitet von beinahe unheimlichen Umfragewerten bei der so genannten „Sonntagsfrage" mit regelmäßigen Resultaten im zweistelligen Bereich.

Angesichts der Fülle der parteibezogenen Kommunikationsangebote wundert es ein wenig, dass viele Beobachter den Piraten eine „inhaltliche Leere" vorhalten. Worüber reden und schreiben die Piraten also? Und auf welche Weise tun sie das? Inwiefern beeinflusst die Offenheit der fast immer von außen einsehbaren Kommunikation das Innenleben der Partei? Ist eine Unterscheidung zwischen Innen- und Außenkommunikation angesichts des umfassenden Transparenzanspruchs überhaupt produktiv? Und inwiefern unterscheidet sich die Piratenpartei von den anderen Parteien, die inzwischen sehr interessiert auf den Neuankömmling im Parteiensystem achten?

Der vorliegende Beitrag nimmt diese Fragen zum Anlass, um unterschiedliche kommunikative Praktiken im Umfeld der Piratenpartei zu skizzieren. Naheliegend wäre hier zwar eine systematische Ausdifferenzierung entlang der verschiedenen Kommunikationsformate und -techniken (z.B. Chat, Forum, Wiki, Etherpad, Twitter, Facebook etc.), doch die Vielzahl der eingesetzten Werkzeuge und die mitunter rasche Folge von Neuentwicklungen einzelner Angebote lässt ein solches Vorgehen an dieser Stelle nicht zielführend erscheinen.[1] Stattdessen sollen mehrere „Vektoren" herausgearbeitet werden, entlang derer sich Kommunikationsprozesse und -strategien beschreiben lassen. Dabei ist zu betonen, dass sich entlang der jeweiligen Charakteristika sowohl digitale wie auch analoge Beispiele finden.

Einleitend soll dazu die Frage diskutiert werden, inwiefern sich das *Transparenzgebot* der Piratenpartei auf Parteienkommunikation und -organisation auswirkt. Ist eine Trennung von interner und externer Parteienkommunikation überhaupt noch möglich, wenn nahezu sämtliche Kommunikationsprozesse der Parteiarbeit oder auch Diskussionen zwischen einzelnen Parteimitgliedern jederzeit offen einsehbar sind?

Ein zweites, mit dem Transparenzbegriff verknüpftes Merkmal ist der *offene, inklusive Charakter* der Kommunikationsprozesse und der daraus resultierende einfache Zugang zu innerparteilichen Aushandlungs- und Entscheidungsprozessen.

Zahlreiche Techniken der innerparteilichen Kommunikation basieren auf den via Internet realisierten Möglichkeiten zur Zusammenarbeit *(Online-Kollaboration)*, die mit dem „Piratenwiki" ein umfangreiches Dokumenten-Archiv und digitales Gedächtnis der Piratenpartei hervorgebracht haben.

Einen Kontrast zur auf Nachhaltigkeit zielenden Erstellung von Materialsammlungen liefert dagegen die beschleunigte *Kommunikation in Echtzeit*, die auf Plattformen wie Twitter und Facebook, aber auch in „Chats", die für die Kommunikation mit Vorstandsmitgliedern genutzt werden.

Die *Automatisierung* von Kommunikationsprozessen spielt für die Arbeit der Piratenpartei ebenfalls eine wichtige Rolle – dies geschieht etwa in der Einrichtung von Aggregatoren, die Informationsangebote aus dem Parteiumfeld bündeln, aber auch mit Blick auf die Plattform „LiquidFeedback", mit deren Hilfe Diskus-

---

1 Um einen ungefähren Eindruck von der Vielfalt der eingesetzten Kommunikationswerkzeuge in der Parteiarbeit zu erhalten, empfiehlt sich die Lektüre der Informationen für Neumitglieder unter http://wiki.piratenpartei.de/F%C3%BCr_Neupiraten.

sions- und Entscheidungsprozesse vorbereitet und perspektivisch auch umgesetzt werden sollen.

Schließlich übernimmt auch die *Nutzung populärkultureller Bezüge* wichtige Aufgaben für die Piraten, die durch die selbstreferenziellen Codes und Verweise ein für Außenstehende oftmals nicht oder nur schwer verständliches Kommunikationsverhalten zur Folge haben. Auf das Organisationsinnere gerichtet haben Pseudonyme, Selbstdarstellungen oder Meme jedoch eine identitätsstiftende und stabilisierende Wirkung für die sich gerade erst formierende Partei.

Notwendigerweise dominiert in diesem Beitrag eine deskriptive Perspektive – die Entwicklung des Untersuchungsgegenstandes ist von einer hohen Dynamik gekennzeichnet, die sich in den ersten Monaten des Jahres 2012 nochmals erhöht hat.[2] Auf den permanenten Zustrom von Neumitgliedern reagiert die Parteiorganisation vor allem auch durch ein Mehr an Kommunikation – die zahlreichen Online-Plattformen gewinnen an Bedeutung, da sie gerade für Einsteiger eine wichtige Anlaufstelle sind, um sich über die Arbeitsprozesse und Themen der zu informieren. Zugleich dokumentiert sich hier eine Kreativität, die sich in ganz unterschiedlichen Kommunikationsformaten und -stilen ausdrückt, die nachfolgend in einen Bezug zu den „klassischen" Positionen politikwissenschaftlicher Forschung gesetzt werden sollen.

2   Grundkonstellationen: Transparenz und Offenheit

Der Begriff der Transparenz gilt als ein Kernelement gleichermaßen von Politikinhalten und Politikstil der Piratenpartei – in der Debatte um die thematische Ausrichtung stellt Transparenz einen zentralen Ansatzpunkt für die Entwicklung programmatischer Positionen dar, auch für die Gestaltung der innerparteilichen Arbeit ist die Forderung nach Einsehbarkeit und Nachvollziehbarkeit möglichst aller Kommunikations- und Entscheidungsprozesse eine Prämisse des gemeinschaftlichen Handelns: „Die Piratenpartei steht für konsequente Demokratie, Offenheit und Transparenz." (Piratenpartei 2012: 13)[3] Dabei wird das in der

---

2   Ein deutliches Anzeichen hierfür sind neben dem noch vergleichsweise gut nachvollziehbaren Mitgliederzuwachs (vgl. http://wiki.piratenpartei.de/Mitglieder) auch das immense „Umfragehoch", das die Piraten bei einigen Meinungsforschungsinstituten bundesweit in Reichweite der Grünen gebracht hat (vgl. die Zusammenstellung verschiedener Umfragen unter http://www. wahlrecht.de/umfragen).

3   Dieses „Transparenzgebot" der Piratenpartei wird denn auch häufig kommentiert und kritisiert, vgl. z. B. Han 2012 oder Vogelmann 2012.

öffentlichen Debatte häufig als eine „alternativlose" Position wahrgenommene Transparenzgebot inzwischen auch unter Piraten längst kontrovers differenziert, beschleunigt vor allem auch durch die Erfahrungen parlamentarischer Arbeit in Berlin und dem Saarland. Hier hatte sich die „radikale Transparenz" etwa bei der jederzeit einsehbaren Fraktionsarbeit (vgl. piratenfraktion-berlin.de und piratenfraktion-saar.de) rasch kontraproduktiv ausgewirkt, da sich die Gruppe der Piraten im parlamentarischen Betrieb um strategische Handlungsoptionen gebracht hatte: die übrigen Fraktionen waren über die Stimmungen und Absichten der neuen Gruppierung vorab informiert und konnten ihr eigenes Verhalten entsprechend ausrichten. Auch wenn neu konstituierte Fraktionen in den Landtagen zunächst grundsätzlich diesem Transparenzgebot folgen, so dürften in Zukunft differenziertere Strategien zur Sichtbarmachung (partei-)politischer Arbeit wahrscheinlich sein.

Dennoch bleibt – ausgehend vom Online-Wahlkampf zur Bundestagswahl 2009 – die Kommunikation der Piratenpartei vom Ideal einer möglichst offenen und basisdemokratischen Struktur gekennzeichnet.[4] Während auf der Ebene der Fraktionen erste Einschränkungen zu beobachten sind, bleiben allgemeine Parteiarbeit, Wahlkampfaktivitäten, aber auch Landesmitgliederversammlungen und Bundesparteitage weithin sichtbar und transparent – technologisch realisiert wird die Nachvollziehbarkeit von Kommunikations- und Entscheidungsprozessen mit Hilfe unterschiedlicher Formen von Online-Kommunikation. Zentral ist dabei das „Piratenwiki", in dem sämtliche Arbeitsschritte und -resultate der Parteiarbeit niedergelegt sind (vgl. Abschnitt 3). Dadurch ist es zu einer wichtigeren Informationsquelle geworden als etwa die Partei-Homepage (www.piratenpartei.de), die üblicherweise im Zentrum der digitalen Kommunikationsaktivitäten parteipolitischer Akteure steht (vgl. Schweitzer 2010). Darüber hinaus haben die zahlreichen Websites, Blogs oder Profilseiten in Sozialen Netzwerken sowohl von lokalen Gliederungen wie auch von einzelnen Mitgliedern und Unterstützern einen bemerkenswerten Materialkorpus entstehen lassen – der Unterschied zu den etablierten Parteien besteht dabei weniger im Umfang, als in Vernetzung und Zugänglich-

---

4 Dokumentiert werden diese Ansprüche auch im Parteiprogramm: der erste Abschnitt des Parteiprogramms benennt unter der Überschrift „Mehr Demokratie wagen" nicht etwa einen thematischen, sondern eher einen prozessorientierten Fixpunkt, der neue Möglichkeiten digital unterstützter gesellschaftlicher Teilhabe skizziert und konkrete Modernisierungsvorschläge benennt (z. B. „Mehr Demokratie beim Wählen"). Auch die beiden Grundkonstellationen für die parteibezogene Kommunikation sind im Programm notiert, die Abschnitte „Transparenz des Staatswesens" und „Freier Zugang zu öffentlichen Inhalten" markieren Eckpunkte an der Schnittstelle zwischen thematischer Profilierung und organisationsinternem Anspruch.

keit des Materials. Die „offiziellen" Online-Angebote verweisen häufig auch auf private Web-Angebote einzelner Mitglieder und es existieren Aggregatoren, die automatische Materialsammlungen erstellen (vgl. Abschnitt 5).

Neben den formal-technischen Maßnahmen zur Sichtbarmachung von Informationsangeboten aus dem Parteiumfeld spielt die generelle Offenheit der Angebote bzw. deren einfache Zugänglichkeit eine große Rolle: anders als die Online-Präsenzen der Bundestagsparteien verzichten die Piraten auf „exklusive", multimedial angereicherte Websites, die von externen Agenturen entwickelt und umgesetzt werden. Anstelle von meist in den Parteizentralen angesiedelten „Online-Redaktionen", die für die inhaltliche Gestaltung der digitalen Parteienkommunikation verantwortlich sind, setzt die Piratenpartei sehr viel stärker auf die Vernetzung von Angeboten aus dem Mitglieder- und Unterstützerbereich (vgl. Bieber 2010a: 33 ff, 2010b).

Dadurch verschiebt sich auch der Maßstab für Effizienz und Bewertung der Online-Aktivitäten – die wesentliche Leistung im Bundestagswahljahr 2009 war nicht etwa der Achtungserfolg von 2,0 Prozent an der Urne, sondern eine nachhaltige Mitgliederbindung: durch „spielerische Unprofessionalität" und Offenheit hat die Piratenpartei einen starken Beteiligungsimpuls ausgelöst, dem insbesondere diejenigen folgen konnten, die sich mit den Kommunikationsbedingungen in digitalen, interaktiven Medienumgebungen auskennen. (vgl. Bieber 2010c) Schon damals hat die Piratenpartei von der Bereitstellung leicht zugänglicher und sehr inklusiver Angebote profitiert, auf der sich Neumitglieder und externe Unterstützer gleichermaßen betätigen konnten.

Neben der auf vielfältige Weise realisierten Sichtbarkeit der politischen Aktivitäten stellen demnach die geringen Zugangshürden einen wesentlichen Erfolgsfaktor dar: das Verfassen von Einträgen im Parteiwiki (vgl. Abschnitt 3), das Betreiben eines eigenen Blogs oder Podcasts, die Konversationen via Twitter oder die Kommunikation über das eigene Profil in Sozialen Netzwerken (vgl. hierzu Abschnitt 4) setzen an der „digitalen Alltagskommunikation" vieler Menschen an und verlängern diese in den politischen Raum. Während die partei-orientierte Kommunikation bei den etablierten Parteien bis auf wenige Ausnahmen an die formale Zugehörigkeit zur Organisation gebunden ist oder durch die Partei selbst professionell betrieben wird, setzt die Kommunikation der Piratenpartei auf eine möglichst breit angelegte Einbindung individueller Angebote.[5] Das Resultat ist

---

5 Diese Praxis korrespondiert auch mit der häufig diskutierten Verschränkung von privater mit politischer Kommunikation, ohne dass hier unmittelbar das „Ende der Privatsphäre" konstatiert bzw. die Debatte um „Post-Privacy" eröffnet werden muss. Vgl. hierzu einführend Heller 2011.

dabei ein nahezu undurchschaubares Durcheinander, dass den unmittelbar daran Beteiligten jedoch den Eindruck einer weitestgehend barrierefreien Teilhabe an innerparteilichen Kommunikations- und Entscheidungsprozessen ermöglicht.

Profitieren kann die Piratenpartei von einer solcherart offenen Kommunikationskultur auch bei Offline-Veranstaltungen wie etwa Bundesparteitagen. Durch die Nutzung von Moderationswerkzeugen erfolgt bereits im Vorfeld solcher Veranstaltungen eine Filterung des umfangreichen Antragskataloges, so dass in den Veranstaltungstagen produktive Grundsatzdiskussionen geführt werden, bei denen zahlreiche Parteimitglieder zu Wort kommen (vgl. hierzu ausführlicher Abschnitt 4).[6] Dies deutet an, dass Transparenzgebot und Forderungen nach freiem Zugang zu innerparteilichen Kommunikations- und Entscheidungsprozessen nicht allein mit Blick auf den digitalen Raum, sondern auch in „klassischen" Arbeitszusammenhängen Geltung erlangen können.

3 Kollaboration als Eckpfeiler der Parteiarbeit

Das gemeinsame Arbeiten an Texten wie Programmentwürfen, Positionspapieren oder Anträgen ist ein wichtiges Element der internen Kommunikations- und Arbeitsprozesse der Piraten. Diese gemeinsamen, kooperativen Tätigkeiten können als kollaboratives Arbeiten bezeichnet werden (vgl. Kuhlen 2007) und ein Großteil dieser Kommunikation läuft auf Basis verschiedener Werkzeuge im Netz. Sie bilden einen relevanten Bestandteil der binnenkommunikativen Struktur der Piratenpartei ab. Zu den wichtigsten Kollaborationswerkzeugen der Piratenpartei gehört dabei das Piratenwiki. Ein Wiki kann als webbasierte Software verstanden werden, die sie sich in erster Linie dadurch auszeichnet, dass sie die Möglichkeit bietet, Internetseiten, die man aufruft, nicht nur zu lesen, sondern sofort online im Internetbrowser zu bearbeiten. (vgl. Ebersbach/Glaser/Heigl 2008: 14 f) Das Konzept ist durch Wikipedia zur weltweiten Bekanntheit gelangt und hat sich als Kooperationswerkzeug in vielen Kontexten bewährt.

Die Piraten bezeichnen das Wiki als ihre „Informations- und Koordinationsplattform".[7] Neben dieser Arbeitsfunktion hat sich mit dem Wiki ein umfangreiches Parteiarchiv entwickelt, in dem der Werdegang von Diskussionen und

---

6 Einer der Verfasser des vorliegenden Beitrags hat als Beobachter am 2. Bundesparteitag der Piratenpartei am 3. und 4. Dezember 2011 in Offenbach teilgenommen. Die grundsätzliche Verzahnung von Online- und Offline-Kommunikation im Vorfeld stellt ein zentrales Charakteristikum der Parteitage der Piratenpartei dar. Vgl. dazu ausführlich Bieber/Lewitzki 2012.

7 Vgl. http://wiki.piratenpartei.de/Hauptseite.

Positionen der Piraten verzeichnet und abrufbar ist. Die Dimensionen des Piratenwikis sind beeindruckend: Mit etwa 160 000 Seiten und mehr als 22 000 angemeldeten Benutzern ist mit dem Wiki ein digitales Abbild der Parteiarbeit entstanden. Denn die Partei nutzt das Wiki für Informations-, Artikulations- und Organisationsprozesse – und damit für alle zentralen Bedarfe in der Kommunikationsstruktur einer Partei. Das Wiki ist letztlich das Speicher- und Rechenzentrum der Partei, in dem ein Großteil der Informationen gesammelt und verarbeitet wird.[8]

Dabei wird von den Piraten im Wiki zwischen Artikeln im Arbeits-/Prozessstatus und Ergebnisstatus unterschieden, was in Markierungen oberhalb der Einträge deutlich wird: Artikel können mit dem Baustein „offizielle Aussage der Piratenpartei Deutschland" markiert und gesperrt werden. Dies sind beispielsweise Parteitagsbeschlüsse. Andere Artikel hingegen (der wesentlich größere Teil) sind keine offizielle Aussage der Partei sondern beispielsweise Meinungsäußerungen und Ideen einzelner Piraten und auch diese können als solche markiert werden.[9] Den organisatorisch verbindlichen Entscheidungen über bestimmte parteipolitische Standpunkte wird somit in der Diskussionsplattform des Wiki eine technisch-kommunikative Entsprechung in Form von „offiziellen Aussagen" zur Seite gestellt. Die Partei bietet im Wiki somit einen praktisch unendlich großen Raum für die vielfältigen Gestaltungsansprüche der Piraten. Ideen fließen in Form von neuen Wikiseiten, die jeder in kürzester Zeit anlegen kann, oder Diskussionsbeiträgen ein – die Zugangshürde zum Mitmachen ist gering. Diese vor allem durch gruppenbasierte Kontrollprozesse und nicht durch administratives Durchgreifen gestaltete Diskussionsarena bietet also jeglichen Partizipationswünschen nötigen Freiraum und wird so zu einer der wichtigsten Triebfedern der Piratenaktivitäten.

Mit einem Blick auf die innerparteiliche Debatte über das Bedingungslose Grundeinkommen (BGE) lassen sich diese wichtigen Aktivitäten in beispielhafter Form skizzieren. Im Piratenwiki finden sich verschiedene Seiten zum BGE, welche die unterschiedlichen Nutzungsarten verdeutlichen: Die (derzeit offenbar inaktive) Arbeitsgruppe Bedingungsloses Grundeinkommen nutzt das Wiki auf ihrer eigenen Seite für die gemeinsame Arbeit und Diskussion sowie zur Archivierung.[10] Neben dieser Arbeitsfunktion für formelle und informelle Organisationseinheiten der Partei wird dem Wiki auch eine Informationsfunktion zuteil:

---

8 Für eine weitergehende Auseinandersetzung mit dem Wiki als Element der Binnenkommunikation vgl. Lewitzki 2010.
9 Vgl. https://wiki.piratenpartei.de/Piratenwiki:Vorlagen
10 Vgl. http://wiki.piratenpartei.de/AG_Bedingungsloses_Grundeinkommen

Auch sehr umfangreiche Diskussionen über das BGE lassen sich auf dafür erstellten Seiten auffinden.[11] Gerade für Neueinsteiger in die Debatte wurden wichtige Fragen und Antworten sowie unterschiedliche Wissenssammlungen zusammengefasst. [12] In einer rudimentären Umfrage zum Thema stimmten Piraten ab, ob das BGE in fixer oder variabler Höhe, nur mit gesicherter Finanzierung oder als ordnungspolitische Forderung oder in Kombination mit einem „einfachen Steuersystem" eingeführt werden solle.[13] Bei den Piraten sind auch die sogenannten „Antragsfabriken" im Wiki angesiedelt. Hierin werden parteitagsspezifisch Anträge zur Diskussion gestellt und somit Möglichkeiten geboten, Veränderungen an den Anträgen herbeizuführen, Stimmungsbilder einzuholen und Mehrheiten zu gewinnen. Auch die Frage nach der Grundeinkommens-Forderung findet sich wieder in Wiki-Antragsfabriken, wie zum Parteitag 2010.1.[14] Der auf dem Bundesparteitag 2011.2 erfolgreiche Antrag, mit dem der Einsatz der Piraten für ein Bedingungslosen Grundeinkommen im Bundestagswahlprogramm 2013 verankert wurde, ist allerdings in der zugehörigen Antragsfabrik nicht zu finden. Er speist sich aus dem Wortlaut eines im LiquidFeedback-System diskutierten Antrags und einer eigenen Ergänzung des Antragsstellers. Die derzeitige innerparteiliche Koexistenz von Kollaborations-Werkzeugen ist hier augenscheinlich. Die Strukturen der Piraten befinden sich in beständigen dynamischen Wandlungsprozessen, in denen Nutzungen und Bedeutungen einzelner Tools abgewogen und ausgehandelt werden.

Eine weitere kollaborative Arbeitsplattform sind die Etherpads, die in der Piratenpartei zur gemeinschaftlichen Entwicklung von Textdokumenten eingesetzt finden. Sie bieten diverse Vorteile für die gemeinsame, gleichzeitige Arbeit an Texten und die Genese eines Textes lässt sich durch sogenannte „Time Slider" auch im Nachhinein nachvollziehen. Damit sind Änderungen, Löschungen und Einfügungen auf einem Zeitstrahl ersichtlich.[15] Die Verwendungszwecke sind vielfältig: „Die Piratenpartei nutzt dieses Tool für viele ihrer Protokolle auf Parteitagen, Stammtischen, Vorstandssitzungen, Aktionen oder einfach nur um Ideen zu sammeln."[16] Auch die Arbeitsgemeinschaft Bedingungsloses Grundeinkom-

---

11 Vgl. http://wiki.piratenpartei.de/Diskussion:Bedingungsloses_Grundeinkommen
12 Vgl. http://wiki.piratenpartei.de/Bedingungsloses_Grundeinkommen/Fragen_und_Antworten; sowie http://wiki.piratenpartei.de/AG_Bedingungsloses_Grundeinkommen/Gesellschaftliche_Effekte
13 Vgl. https://wiki.piratenpartei.de/AG_Bedingungsloses_Grundeinkommen/Umfrage
14 Vgl. http://wiki.piratenpartei.de/Antragsfabrik/GE
15 https://oldenburg.piratenpad.de/Paddeln-20was-20das-20Zeug-20h-c3-a4lt?
16 https://wiki.piratenpartei.de/Piratenpad

Das Kommunikationsmanagement der Piraten 109

men hat ihre Protokolle im Piratenpad gesammelt.[17] Allerdings sind sie ein eher flüchtiges Element der Kollaboration, da eine zentrale Archivierung oder Verlinkung in anderen Kommunikationsplattformen nicht umsetzbar erscheint. Der Vektor Kollaboration ist somit durch eine weitgreifende und diffuse Vernetzung einzelner Werkzeuge und Verfahren gekennzeichnet, die in ihrer Gesamtheit das Bild einer lose verkoppelten und sich ausdifferenzierten Arbeitsstruktur ergeben.

4 Twitter, Facebook, „Dicker Engel"
Die Echtzeitkommunikation der Piraten

Spätestens seit dem Superwahljahr 2009 sieht sich auch die deutsche Politiklandschaft einer stetigen Beschleunigung und einem wachsenden Kommunikationsdruck ausgesetzt – ein Grund dafür ist die so genannte Echtzeitkommunikation, die sich vor allem durch Kurzmitteilungen bei Twitter, aber auch die wachsende Bedeutung von Statusmitteilungen innerhalb sozialer Netzwerke wie Facebook im Bereich der Politik etabliert hat (vgl. Bieber 2010a, Kunert/Schmidt 2010).

Da die Kommunikationsplattform Twitter als Echtzeit-Format in Deutschland über lange Zeit nur von sehr wenigen etablierten politischen Akteuren genutzt wurde (vgl. dazu ausführlich Bieber 2010a: 47–63), haben die Mitglieder der Piratenpartei dieses Terrain bereits im Bundestagswahlkampf 2009 erobern können. Wichtiger noch als die besondere Reichweitenstärke offizieller und individueller Twitter-Accounts[18] ist jedoch die „Alltagsdimension" der Nutzung dieser Kommunikationsplattform. Gerade weil viele Mitglieder und Unterstützer der Piratenpartei bei Twitter aktiv sind, werden hier die Nutzungsmöglichkeiten als soziales Netzwerk deutlich – während Twitter in den meisten Fällen als „Distributionskanal" wahrgenommen wird, dominiert im Umfeld der Piratenpartei der responsive, dialogische und nicht selten emotionale Austausch innerhalb der Parteigrenzen. Viele Mitglieder reagieren unmittelbar auf „Tweets" der Fraktionsmitglieder, wenn

---

17 https://wiki.piratenpartei.de/AG_Bedingungsloses_Grundeinkommen/Protokolle

18 Als Twitter-Account bezeichnet man das spezifische Profil eines persönlichen oder institutionellen Nutzers der Plattform, die das Verfassen und Versenden von maximal 140 Zeichen langen Botschaften ermöglicht. Das offizielle Profil der Piratenpartei unter dem Namen „@Piratenpartei" verzeichnete im April 2012 knapp 96 000 Abonnenten (sogenannte „Follower"), während das Angebot „@cdu_news" knapp 20 000 Follower zählte. Christopher Lauer, Mitglied der Piratenfraktion im Berliner Abgeordnetenhaus, erreicht mit seinem Twitter-Account „@schmidtlepp" 13 332 Follower, der parlamentarische Geschäftsführer der CDU/CSU-Fraktion im Bundestag, Peter Altmaier, hat dagegen nur knapp 9 626 Follower (Stand zum 15. April 2012).

diese etwa Mitteilungen aus Plenar- oder Ausschusssitzungen versenden. Auch während Parteitagen und Mitgliederversammlungen findet auf Twitter ein reger Austausch zwischen Teilnehmern vor Ort, aber auch außerhalb der Veranstaltungsräume statt.[19] Auf diese Weise erweitern sich die Kommunikationsbeziehungen innerhalb der Partei, da die vor Ort anwesenden Personen Rückkopplungen von der Parteibasis erhalten können bzw. selbst den unmittelbaren Austausch mit nicht Anwesenden suchen. Zugleich wirkt hier auch das „Transparenzgebot": die Inhalte der Twitter-Kommunikation sind öffentlich sichtbar und können daher nachvollzogen sowie unmittelbar kommentiert werden. Auf diese Weise entstehen neue Arenen parteipolitischer Kommunikation, die nicht selten die formalen Organisationsgrenzen überschreiten und Nicht-Mitglieder oder Vertreter anderer Parteien einschließen.[20]

Auch wenn diese hochgradig differenzierte kommunikative Vielfalt oft nicht produktiv in laufende Diskussionen eingebunden werden kann, so trägt die Nutzung einer gemeinsamen Plattform sowie die Verwendung spezifischer sprachlicher Codes zur Stärkung der Identität innerhalb einer lediglich abstrakt durch die Parteizugehörigkeit strukturierten Gruppe bei. Im Sinne von Jan Schmidts Unterscheidung zentraler Nutzungsmuster der Social Media-Nutzung leistet das „Twittern der Piraten" einen Beitrag zum kollektiven Identitätsmanagement einer Partei (vgl. Schmidt 2009 und 2012).

Neben Twitter lässt sich politische Echzeitkommunikation auch am Beispiel des sozialen Netzwerks Facebook beobachten, hier können die Piraten ebenfalls auf einen Vorsprung gegenüber den etablierten Parteien setzen, da viele Mitglieder und externe Unterstützer die Kommunikationsplattform nutzen und bereits über weit gefächerte Freundschaftsnetzwerke verfügen.[21] Die stetig stei-

---

19 Ein wichtiges Hilfsmittel sind hierbei die sogenannten „Hashtags", das sind kurze Zeichenfolgen, die durch das Rautensymbol „#" eingeleitet werden und meist mit einer knappen Abkürzung die Zugehörigkeit zu einer bestimmten Themen-Diskussion signalisieren. Typischerweise werden bei der Piratenpartei Landesparteitage mit dem Kürzel „#lpt" versehen, das um eine Abkürzung für ein Bundesland (z. B. „nrw", „by", „sh") ergänzt wird. Bundesparteitage werden dagegen mit einer zweistelligen Jahresangabe sowie die Kennziffern „1" oder „2" versehen (z. B. „#bpt112" für den Bundesparteitag 2011 in Offenbach, der der zweite des Jahres 2011 war).

20 Dieser Effekt lässt sich durchaus auch bei twitternden Politikerinnen und Politikern anderer Parteien beobachten. Dadurch entsteht bisweilen der Eindruck, dass Twitter eher als „brancheninterner Kommunikationsdienst", denn als Werkzeug zur Verbindung zwischen Politik und Bürger genutzt wird.

21 Umfangreiche empirische Studien zur Facebook-Nutzung von Parteimitgliedern im Vergleich liegen bislang noch nicht vor. Stichproben zeigen zwar, dass prominente Mitglieder der Bundestagsparteien große individuelle Reichweiten erzielen können (hohe Zahl von Freunden sowie hohe Abonnentenzahl bei sogenannten „Fan-Pages"), wichtiger für die horizontale Ausweitung

Das Kommunikationsmanagement der Piraten

genden Nutzerzahlen machen soziale Netzwerke zu immer wichtigeren Arenen politischer Kommunikation, was sich vor allem in der gesteigerten Wahlkampf-Aktivität äußert (vgl. Bieber 2010b: Netzwerke). Für die Piratenpartei fungiert Facebook auch als Diskursraum für eine Echtzeitkommunikation, da häufig Twitter-Nachrichten automatisch auch als Status-Update bei Facebook sichtbar werden (vgl. Abschnitt 5) und sich hier zusammenhängende Diskussionsstrukturen bilden können, die dann auch in anderen Zusammenhängen (Blog, Wiki, Website) fortgeführt werden. Insofern deutet sich hierbei auch die hohe Bedeutung einer vernetzten, plattformübergreifenden Kommunikation statt, die eher von erfahrenen Nutzergruppen realisiert werden kann. Entscheidend dürfte dabei auch die Durchmischung bzw. Verzahnung privater Kommunikationsgewohnheiten mit politischem Engagement sein, die zu einer als „authentisch" erfahrenen Form der Online-Nutzung führt.

Auch außerhalb tagespolitischer Debatten oder wahlkampfbezogener Aktivität in sozialen Netzwerken übernimmt digitale Echtzeitkommunikation wichtige Funktionen für die innerparteilichen Aktivitäten der Piratenpartei. So gilt das Voice-Chat-Format *Dicker Engel* als ein „virtueller Treffpunkt" zum Austausch unter Piraten:

> „Hier treffen sich der Bundesvorstand, die Landesvorstände, Piraten, Freunde und Interessierte. Es wird frei gesprochen, geredet, gestritten, getauscht, gelacht und getrunken. Alle sind gleich. (…) Der „Dicke Engel" ist der Ort, an dem man sich zwanglos, aber doch ernst in der Sache, engagiert. Er ist der Platz für freie und undogmatische Reflexion, für Diskurs und Vision."[22]

Typischer Weise finden dort inhaltsorientierte Diskussionen statt, das Forum wird aber auch für die Vorstellung von Kandidaten für Parteiämter genutzt. Wichtig ist an dieser Stelle der Versuch, zusätzlich zu den Arbeitstreffen auf der Ebene der lokalen Gliederungen einen standortübergreifenden Kommunikationsraum zu etablieren, der produktiv in die Arbeitsstrukturen der Partei eingebunden ist. Die Chats des „Dicken Engel" können dabei möglicherweise als Vorstufe für weitere Formen einer „virtuellen" ortsunabhängigen Parteiarbeit gelten: innerhalb der Piratenpartei wird schon länger diskutiert, ob statt der wenigen Parteitage

---

parteibezogener Kommunikation ist jedoch der Grad der „Facebook-Durchdringung" von Parteiorganisationen. Hier scheint die Piratenpartei aufgrund der Netzaffinität zahlreicher Mitglieder gegenüber den etablierten Parteien im Vorteil zu sein (vgl. Gurgel 2012).

22 Eine nähere Definition dieses technisch über eine sprachbasierte Chat-Umgebung realisierten Versammlungsortes findet sich im Piratenwiki unter http://wiki.piratenpartei.de/Dicker_Engel.

auf Landes- oder Bundesebene nicht auch „Online-Parteitage" realisierbar sind, um regelmäßig und ausführlich über programmatische Fragen diskutieren zu können.[23]

Die Erfahrungen mit verschiedenen Formaten der digitalen Echtzeitkommunikation strahlt auch auf die Organisation der „Face-to-Face"-Kommunikation der Piraten ab, für die es trotz der intensiven digitalen Kommunikationsströme zahlreiche Beispiele gibt. Offenheit und Zugang spiegeln sich in der Organisation und Durchführung von Mitgliederversammlungen und Bundesparteitagen wieder. Dieser egalitäre Ansatz erfuhr seine Fortsetzung in der offenen Organisation der Plenums-Debatten: auf der Tagesordnung standen nur wenige Reden prominenter Parteipolitiker, stattdessen wurden vor allem Antragstexte diskutiert, die bereits vorab in den Antragsfabriken oder mittels Etherpads entwickelt worden waren (vgl. hierzu auch Abschnitt 3). Im Parteitags-Plenum nutzten die Piraten ein frei zugängliches Saalmikrofon, an dem sich lange Rednerschlangen bildeten, die nach Anträgen auf Schließung der Rednerlisten begrenzt wurden. Zudem gab es rigide Redezeitvorgaben (zumeist 60 oder 90 Sekunden), die von den Mitgliedern zum überwiegenden Teil eingehalten wurden. Während der Wortbeiträge wurden die Sprecher gefilmt und das Videosignal über zwei Projektionen in den lediglich von der Versammlungsleitung genutzten Bühnenraum übertragen. Die daraus resultierende Kommunikationssituation spiegelt deutlich die flache Hierarchie der Parteistrukturen und eine egalitäre, inklusive Diskussionskultur wider.[24]

---

23 Formal scheint diese Möglichkeit gegeben, zumindest sieht eine Expertise der Wissenschaftlichen Dienste des Deutschen Bundestages keine grundsätzlichen Bedenken gegen die Durchführung von Online-Parteitagen (vgl. Robbe/Tsesis 2011). Dabei sind diese Überlegungen keineswegs neu: bereits im Jahr 2001 hatten die Grünen einen „Virtuellen Landesparteitag" durchgeführt, der allerdings nur randständig in den innerparteilichen Arbeitsprozess eingebunden war (vgl. Bieber 2010: 33 ff). Die aktuelle Expertise hat auch innerhalb der Piratenpartei zu ersten Reaktionen geführt, vgl. den Blogeintrag von Monika Belz (Referentin für Kommunikation und Kooperation bei der Berliner Piratenfraktion) unter http://loreenasworte.wordpress.com/2011/12/18/115/.

24 Bereits dieses räumliche Setting weist deutliche Unterschiede zu den deutlich hierarchischer strukturierten Parteitagen der etablierten Parteien auf. Die Bühne ist dort zumeist dem Parteivorstand vorbehalten, Reden prominenter Partei- und Fachpolitiker bestimmen die Agenda, die Rolle der Delegierten ist häufig auf die Beteiligung an Abstimmungen beschränkt. Das grundsätzliche Organisationsmuster findet sich auch bei Mitgliederversammlungen auf Landesebene wieder.

5 Hyperlinks, Etherpads, LiquidFeedback
Technisierung und Automatisierung der Kommunikation

Technisierung und Automatisierung gehören zu jenen Grundelementen der On-line-Kommunikation, die bereits in die Struktur der Benutzeroberflächen einge-schrieben sind. Gewissermaßen als Ur-Form einer solch automatisierten, durch software-basierte Regeln festgelegten Kommunikation kann etwa die Nutzung von Hyperlinks verstanden werden, die als zentrale Struktur der Vernetzung in-nerhalb und zwischen Online-Dokumenten fungieren. Die Nutzung dieser tech-nisch angelegten Verweisstruktur ist keineswegs eine Selbstverständlichkeit, selbst viele Online-Nachrichtenanbieter setzen keine oder nur wenige Hyperlinks auf externe Websites mit weiterführenden Informationen oder Quellenmaterialien.[25] Neben den Hyperlinks als technisches Vernetzungsinstrument im World Wide Web haben sich inzwischen in den Sozialen Netzwerken eigenständige Formen von Verweis und Vernetzung etabliert: für den Bereich der Twitter-Kommunika-tion wären hier die sogenannten „@-Replies" zu nennen, bei denen andere Twit-ter-Nutzer direkt adressiert werden können. Innerhalb von Facebook übernimmt die „Gefällt mir"-Schaltfläche die Funktion der einfachen Verbindung zwischen Inhalten und/oder Personen. Auch wenn Hyperlink, @-Reply und „Gefällt mir!" nur sehr einfache Formen der Vernetzung im digitalen Kommunikationsraum darstellen, so unterscheidet sich die Nutzung dieser Techniken deutlich von der Anwendung in etablierten Parteien. Wichtig ist an dieser Stelle der Hinweis auf den „selbstverständlichen" Umgang der Piraten damit – sie weisen dem sozia-len Aspekt der „Social Media" ein größeres Gewicht zu als andere Parteien und ermutigen zum Teilen von Informationen und eben auch Verweisen auf andere Nutzer, während bei den etablierten Parteien noch immer ein Modus der Online-Kommunikation zu beobachten ist, der an den Umgang mit elektronischen Mas-senmedien alter Prägung erinnert.[26]

---

25 Im Vorfeld der Bundestagswahl 2009 und der Landtagswahl in Nordrhein-Westfalen 2010 hatte eine Untersuchung der Verweisstrukturen von Partei-Websites ergeben, dass die Piraten weit stärker als andere Parteien offene, horizontale Vernetzungen einsetzen und so den „Kollabora-tionscharakter der Partei" unterstreichen (vgl. Lietz 2010).

26 Sichtbar wird diese veränderte Haltung etwa in den zahlreichen Handreichungen und Anleitun-gen für Neulinge, die den intensiven Einsatz der unterschiedlichen Formen der Online-Kommu-nikation empfehlen und auch auf die zahlreichen Angebote im „Piraten-Universum" aufmerksam machen. Vgl. dazu das Informationsangebot „Für Neupiraten" unter http://wiki.piratenpartei.de/F%C3%BCr_Neupiraten.

Als Automatisierung lässt sich eine Übertragung von Aufgaben und Tätigkeiten auf Maschinen beschreiben oder die Zusammenfassung von wiederkehrenden Funktionen zu Makros oder Programmfunktionen.[27] Auch in der Piratenpartei lassen sich derartige Prozesse einer computerisierten Auslagerung von Arbeitsschritten ausmachen, welche die Kommunikationsplattformen der Piratenpartei mitprägt. Diese Automatisierungen führen in organisatorischer Hinsicht außerdem dazu, dass Computerkenntnisse und -fähigkeiten zu einer relevanten Einflussvariable für parteiinterne Entscheidungsprozesse werden könnten: Personen mit Programmierkenntnissen wären im Vorteil gegenüber weniger computeraffinen Mitgliedern, welche die teils komplexen technischen Systeme nicht so einfach verstehen und für sich nutzen können. Doch welche Automatisierungsprozesse sind nunmehr in der Piratenpartei im Einzelnen zu beobachten?

Das prominenteste Beteiligungswerkzeug der Piraten und in diesem Zusammenhang besonders relevant ist *LiquidFeedback*, mit dessen Hilfe nicht nur Meinungsbilder erhoben und Entscheidungen vorbereitet werden können, sondern zugleich internetbasierte Abstimmungen realisiert werden. Dabei handelt es sich um die innovative Modellierung eines *delegate voting*, das eine flexible Weitergabe und Häufung von Stimmen im Rahmen eines kollektiven Diskussionsprozesses erlauben soll.[28] Diese Form der kollektiven Meinungs- und Willensbildung ist nicht unumstritten, kommt bisher bei den Piraten lediglich fallweise zur Anwendung und steht teilweise noch in Konkurrenz zu anderen Plattformen. Dennoch ist die Idee einer „flüssigen Demokratie" besonders eng mit dem basisdemokratischen Anspruch und dem technologischen Innovationswillen der Piratenpartei verkoppelt.[29] Letztlich stellt LiquidFeedback ein formalisiertes und (teil-)automatisiertes System von Abstimmungsprozessen dar. Die Verrechnung der Stimmen und das Durchlaufen der verschiedenen Phasen des Abstimmungsprozesses erfolgen automatisiert. Es wird so beispielsweise errechnet und angezeigt, welche Vorschläge

---

27 Vgl. https://de.wikipedia.org/wiki/Automatisierung
28 Eine ausführliche demokratietheoretische Einordnung des Konzeptes der *Liquid Democracy* würde den Rahmen des Beitrags sprengen, ausführlich setzt sich damit Jabbusch auseinander (Anmerkung 1). Im Folgenden soll lediglich knapp auf die Funktionsweise und die Nähe zu anderen partizipatorischen Elementen der Parteibinnenkommunikation eingegangen werden. Eine Übersicht zur Nutzung von *Liquid Democracy*-Elementen bei der Piratenpartei findet sich unter http://wiki.piratenpartei.de/Liquid_Democracy.
29 Ein wichtiger Grund dafür ist auch die Nutzung des Konzeptes im Rahmen der Enquete-Kommission „Internet und Digitale Gesellschaft", die als die wichtigste Plattform für Debatten zum Thema Netzpolitik gilt. Der Einsatz einer *Liquid Democracy*-Software auf der begleitenden Website www.enquetebeteiligung.de hat zugleich für eine breitere öffentliche Wahrnehmung des Konzeptes gesorgt und auf die Debatte innerhalb der Piratenpartei zurückgewirkt.

Mehrheiten erhalten haben. Auch dem System der Delegation wohnen Elemente von Automatisierung inne: Wenn ein Nutzer mit delegierten Stimmen sein Votum zu einer Frage abgibt, werden automatisch die auf ihn delegierten Stimmen mitgezählt. Im FAQ zu LiquidFeedback wird dahingehend formuliert, „dass die Delegationen bei LiquidFeedback weniger den Stimmabgaben bei einer Wahl von Repräsentaten entsprechen, als dass sie eine Möglichkeit sind, das eigene Stimmverhalten automatisiert dem anderer anzupassen."[30] Außerdem wird die eigene Delegation automatisch ausgesetzt, wenn das System wieder eine Beteiligung oder eine Interessensbekundung im Thema feststellt. Doch sind auch andere automatische Funktionen möglich: Personen, die beispielsweise grundsätzlich gegen das Fassen von Beschlüssen in einem bestimmten Themenbereich sind, können die Funktion „Auto-Ablehnen" aktivieren. Diese bewirkt, dass im betreffenden Themenbereich sämtliche Abstimmungen automatisch abgelehnt werden, es sei denn, der Benutzer stimmt selbst ab oder hat eine Delegation zu einem bestimmten Thema geschaltet. Das System nimmt außerdem weitere Vorgaben und Begrenzungen vor: So greift bei Überschreitung einer bestimmten Anzahl von Initiativen ein Limit, das zu einer „Drosselung" der möglichen Einreichungen führt. Außerdem wird ein Nutzer, der unter dem Punkt „Anregungen" Änderungsvorschläge formuliert, automatisch zum Unterstützer. Auch Löschungen soll das System automatisch vornehmen:

> „Teilnehmerbezogene Abstimmungsdaten (Stimmabgaben, Unterstützungen, Delegationen, Bewertung von Anregungen) werden automatisch gelöscht, nachdem 4 reguläre Bundesparteitage nach Abschluss des Themas abgehalten wurden. Durch diese Aufbewahrungsdauer wird sichergestellt, dass die Ergebnisse nachvollziehbar sind und das System somit gegen Manipulationen geschützt ist."[31]

Die Automatisierung von LiquidFeedback wird beispielsweise im Vergleich einer der zentralen Nutzungsarten deutlich: Bei der Abstimmung über Anträge werden auch die sogenannten „Antragsfabriken" verwendet, welche in geringerer Form automatisiert waren.[32] Dort ist aber der Schutz gegen bestimmte missbräuchliche Nutzungen geringer, die Übersicht zu Diskussionen schlechter und eine effektive Bearbeitung der Anträge durch Initiativen weniger überzeugend. Dahingehend

---

30 Vgl. https://wiki.piratenpartei.de/LiquidFeedback/FAQ
31 Vgl. https://wiki.piratenpartei.de/LiquidFeedback/FAQ
32 Vgl. Jabbusch (2011: 92): „Mit Hilfe der Seite der Antragsfabrik konnten Nutzer halbautomatisch Wiki-Seiten erzeugen. Für jeden neu eingereichten Antrag erzeugte die Antragsfabrik eine neue Wiki-Seite und pflegte einen Link in die Übersichtsseite ein."

stellt der Einsatz von LiquidFeedback eine klare Verbesserung dar, die aber eben mit einer vermehrten Automation und einer höheren Komplexität der dahinter stehenden Prozesse einhergeht. Man könnte LiquidFeedback letztlich also begründet als Schritt hin zur Automatisierung innerparteilicher Abstimmungsprozesse bezeichnen. Den zwar an Traditionen und Gepflogenheiten reichen, aber an Automatisierungen naturgemäß armen Prozessen der Abstimmung in Ortsverbänden und sonstigen Parteigliederungen der etablierten Parteien wird damit eine neue digitalisierte Variante von Abstimmungsprozessen zur Seite gestellt.

Auch in anderen Zusammenhängen verwendet die Piratenpartei Automatisierungen. Der *Piratenplanet* (http://planet.piratenpartei.de) ist eine durch einen Aggregator gebündelte Ausgabe verschiedener Piratenblogs. Weiterhin gibt es noch Aggregatoren für offizielle Parteiblogs und für private Blogs der Mitglieder. Interessierte können die hier aggregierten Listen abonnieren und bekommen somit einen Rundumblick auf die in der Piratensphäre relevanten Blogs und die dortigen Debatten. Der *Piratenmond* (http://piraten-mond.de) ist ähnlich gelagert und stellt eine Sammlung von RSS- (News-) Feeds rund um die Piratenpartei dar. Die Aufgaben der Aggregation von Informationen werden in diesen Zusammenfassung also übertragen von individuellen auf computerisierte Auswahlprozesse.

Ein weiteres Beispiel für Automatisierungen sind die sogenannten Bots. Diese Computerprogramme werden im Wiki der Piratenpartei in vielfältigen Formen eingesetzt. „Bots sind userseitig laufende Programme, welche diverse monotone Arbeiten im Piratenwiki per API automatisch machen."[33] Auch hier kann ein kurzer Blick auf das Bedingungslose Grundeinkommen deutlich machen, zu welchen Zwecken diese Form der Automation von Wissensprozessen existiert und eingesetzt wird. Johannes Ponader – Sozialpirat und Antragssteller des erfolgreichen BGE-Antrags auf dem Parteitag – hat den „BGEBot" erzeugt, der Aufgaben für den „BGE-Finanzierungsrechner"[34] ausführen soll:

> „Der Bot dokumentiert durchgeführte Berechnungsszenarien im Wiki und greift für die Durchführung von neuen Berechnungen auf im Wiki gesammelte volkswirtschaftliche Daten zu. Der Bot arbeitet dabei lediglich mit Unterseiten im Bereich Bedingungsloses Grundeinkommen/Sachliche Informationen zu wichtigen Fragen/ Finanzierungsrechner. Auf andere Bereiche des Wiki greift er nicht zu."[35]

---

33 Vgl. hierzu sowie im folgenden die technische Beschreibung unter http://wiki.piratenpartei.de/Bot.

34 Vgl. http://wiki.piratenpartei.de/Bedingungsloses_Grundeinkommen/Sachliche_Informationen_zu_wichtigen_Fragen/Finanzierungsrechner

35 Vgl. https://wiki.piratenpartei.de/Benutzer:BGEBot

Andere Bots sorgen für die Eintragung von Sitzungsterminen in Kalendern, erledigen Wartungs- und Aufräumarbeiten oder kümmern sich um alle Anfragen, die andere Nutzer an den Betreiber des Bots richten. Solche Automatisierungseinheiten erledigen also wiederkehrende Aufgaben, bei denen dadurch eine Entlastung von Parteimitgliedern und eine Erhöhung der Durchsatzleistung erreicht werden kann. Durch solche und andere Technik- und Automatisierungsmechanismen interpretiert und gestaltet die Piratenpartei interne Arbeitsabläufe und Verfahren der Organisationsarbeit neu. Dies kann als zentrale Konstruktionslinie der Parteiorganisation betrachtet werden und beeinflusst die Effizienz bestimmter Arbeitsschritte, aber auch die je unterschiedlichen Anforderungsprofile für Mitglieder und Interessierte.

6 Nerds, Ponys und der #Roflcopter: Populärkulturelle Bezüge in der Parteikommunikation

Wenngleich das Bild des Nerds als gesellschaftlicher Außenseiter insbesondere in jugendkulturellen Zusammenhängen bereits seit den 1950er in den USA entstanden ist (vgl. Mertens 2012), wird es besonders in Deutschland vor allem mit Computernutzern assoziiert:

> „Der klassische Nerd trägt Kopfhörer, während er sich tief über seine Computertastatur beugt und gedankenlos mit der linken Hand nach einem kalten Stück Pizza greift. […] Nerds sind meist männliche junge Leute, die schon im Alter von vier Jahren damit beginnen, Spielzeugautos, Radios und Computer zu zerlegen und ganz anderes wieder zusammenzubauen."[36] (Schirrmacher 2009)

Tatsächlich finden sich bei einer näheren Untersuchung der innerparteilichen Kommunikationskultur durchaus zahlreiche Berührungspunkte: so verwendet etwa Joachim Paul, Spitzenkandidat auf der nordrhein-westfälischen Landesliste, als Twitter-Nutzer den Namen „@nick_haflinger". Dies ist zugleich der Name der Hauptfigur im Science Fiction-Roman „Der Schockwellenreiter" von John Brunner. Der Text ist 1975 erschienen und thematisiert die (staatliche) Nutzung von Informations- und Überwachungstechnologien, „Nick Haflinger" steht dabei für die Figur des computer-affinen Widerstandskämpfers.

---

36 Frank Schirrmacher, Frank, Die Revolution der Piraten, in: Frankfurter Allgemeine Sonntagszeitung vom 20. September 2009.

Aufgrund der großen Bedeutung der Netzwerk-gebundenen Kommunikation spielen die Selbstdarstellungen der Partei-Mitglieder eine wichtige Rolle für die innerparteiliche Arbeit. Demzufolge wird die Einrichtung eines eigenen Benutzerkontos als Startpunkt für die weitere Partei-Aktivität empfohlen:

> Zunächst einmal sollte man sich einen Account im Wiki besorgen. Voraussetzung ist eine E-Mail-Adresse und ein Zugang zum WWW. Mit diesem Account erhält man das Recht, an diesen Seiten mitzuarbeiten. Eine Mitgliedschaft in der Partei ist dazu nicht nötig, die wird erst gebraucht, wenn man in der Partei Stimmrecht erhalten will.[37]

Dieser „Initiationsritus" erinnert an den Einstieg in die „großen" sozialen Netzwerke wie Facebook und Twitter, die ebenfalls mit dem Anlegen eigener Profilseiten beginnen. Damit wird nach boyd/Ellison ein zentrales Merkmal sozialer Netzwerke erfüllt, in deren Zentrum das öffentliche oder halb-öffentliche Profil steht, entlang dessen sich die weitere Kommunikation mit anderen Nutzern gestaltet (vgl. boyd/Ellison 2007). Durch die hohe Bedeutung des Piratenwiki für die parteiinterne Kommunikation (vgl. Abschnitt 3) erlangt auch die Gestaltung des eigenen „Namensraumes" besondere Wichtigkeit. Die Verknüpfung mit Figuren aus der Computer- oder Populärkultur kann dabei als Versuch einer „Selbstauskunft" gelesen werden, die zugleich die Zugehörigkeit zu einem von vielen Parteimitgliedern geteilten kulturellen Verweisraums dokumentiert (vgl. Siri/ Villa 2012).[38]

Neben der Verwendung von Zitaten im Bereich der Namensgebung spielen auch andere Verweise auf Elemente der Populärkultur eine Rolle bei der innerparteilichen Kommunikation. Mit den – vor allem jedoch medial zugeschriebenen – Nerd-Merkmalen setzen sich zahlreiche Piraten inzwischen eher ironisch auseinander, zumal der Kern der „Nerdhaftigkeit" zumindest bisher in öffentlichen Debatten noch kaum eine Rolle spielt. Nach Mertens (2012) liegt dieser Kern in den „stereotypen Ausgrenzungsmechanismen (…), die dem Nerd-Komplex seit seiner Erfindung in vor-computeriellen Zeiten zugrunde liegen." Eine Folge dieser Ausgrenzungen aus anderen (jugend-)kulturellen Szenen waren spe-

---

37 So lautet die einführende Erläuterung in den Hinweisen für „Neupiraten" im Piratenwiki unter http://wiki.piratenpartei.de/F%C3%BCr_Neupiraten#Wie_bekomme_ich_Kontakt_zu_Piraten_ in_meiner_Umgebung.3F

38 Zugleich findet sich im Umgang mit Pseudonymen auch eine Verbindung zu einem politisch relevanten Thema, nämlich der „digitalen Kommunikations- und Bewegungsfreiheit" im Internet, die auch die Nutzung von Pseudo- bzw. Autonymen (im Sinne von selbst-zugewiesenen, aber eindeutig und konsequent verwendeten Namensbezeichnungen) einschließt.

Das Kommunikationsmanagement der Piraten

zifische kommunikative Codes, die auch im Umfeld der Piratenpartei häufig sichtbar werden. Die intensive Nutzung „randständiger" Kommunikationsplattformen wie Twitter, vor allem aber der gezielte Einsatz von Memen[39] als „Störsignale" in einer oft gleichförmig gewordenen Massenkommunikation im Internet, kann zu einer Abschottung der Parteienkommunikation führen, da die Zusammenhänge und Anspielungen für Außenstehende unverständlich bleiben.[40]

Bisweilen werden Meme sogar Bestandteil ganz praktischer Parteiarbeit, wie das Beispiel der „Ponytime" illustriert. In Gremiensitzungen, die gerade durch besonders kontroverse Debatten ins Stocken geraten, kann durch einen Geschäftsordnungsantrag „Ponytime" herbeigeführt werden: dabei wird für einen begrenzten Zeitraum ein Ausschnitt aus der Zeichentrickserie „My little Pony: Friendship is Magic" eingespielt, um die Diskussion in ruhigere Bahnen zu lenken. Für Außenstehende erscheint ein solches Vorgehen zunächst vollkommen unverständlich, da die sachorientierte Diskussion einer politischen Gremiensitzung nicht mit dem gemeinschaftlichen Anschauen einer Kinderserie vereinbar erscheint. Aus einer soziologischen Perspektive ergeben sich jedoch andere Deutungsmuster:

> Sachlogisch ist es jedoch aus zwei Gründen. *Erstens, um zu verstehen, dass ‚der Nerd' nicht männlich und schon gar nicht zwingend an und für sich maskulinistisch ist – sich virtuell mit niedlichen Bildern zu umgeben vice versa nicht ‚weiblich' – sondern eine mimetische Kultur mit ganz eigenen sozialen Praxen des Umgangs.* So ist Freundlichkeit und Kooperativität, bzw. (N)etikette, sehr oft Thema in den Diskussionen zwischen den Pirat_innen und auch oft Grund für Konflikte mit Außenstehenden, die Aufforderungen ‚kooperativer', ‚freundlicher' oder ‚offener' zu diskutieren, nicht aufnehmen. (Siri/Villa 2012, Hervorhebung im Original)

Dass der Umgang mit einer derartigen Bild- und Symbolsprache auch produktiv in Kampagnen integriert werden kann, zeigt sich beispielhaft an einem Entwurf für den nordrhein-westfälischen Landtagswahlkampf: in einer visuellen

---

39 Zur präziseren Klärung des Begriffs vgl. den entsprechenden Wikipedia-Eintrag, der in der deutschsprachigen Version unter „Internet-Phänomen" notiert ist: http://de.wikipedia.org/wiki/Internet-Ph%C3%A4nomen (in der englischsprachigen Version ist der Begriff des „Internet-Meme" gebräuchlich).

40 Jüngere Beispiele für den Einsatz von Memen in der Kommunikation der Piratenpartei sind etwa der Ausdruck „die Kresse halten" in einer Rede von Christopher Lauer im Berliner Abgeordnetenhaus oder die massenhafte Nutzung der Hashtags „#roflcopter #gtfo" im Zusammenhang mit einer Anfrage an die Berliner Landtagsfraktion (vgl. Hoffmann 2012).

Anspielung auf das Landeswappen wurde das Westfalenpferd als Wappentier von einem Pony abgelöst.[41] Auch die übrigen Elemente des Wappens (Wellenbalken, Lippische Rose) wurden grafisch modifiziert und angepasst – dadurch ist eine Neuinterpretation des Landeswappens ganz im Zeichen der Piraten entstanden, inklusive Twitter-geeignetem Kürzel „lptnrw2012".

7 Politische Produktionsgemeinschaften: Parteien in der digitalen Mediendemokratie

Angesichts des hochgradig ausdifferenzierten Feldes der digitalen Parteienkommunikation durch die Piratenpartei fällt eine präzise Analyse schwer, zu divers sind die verschiedenen Entwicklungslinien, die sich entlang der beschriebenen Phänomene skizzieren lassen. Dennoch deuten die zuvor beschriebenen kommunikativen Praktiken darauf hin, dass unter dem organisatorischen Dach der Piratenpartei innovative Prozesse politischer Kommunikation und Produktion erprobt werden, die zur Etablierung eines neuen politischen Akteurs haben beitragen können.

Ein Schlüssel zu Verständnis und Einordnung der Kommunikation der Piratenpartei ist die Entstehung und beständige Erweiterung neuer medialer Produktionsgemeinschaften, als deren Fundamente die Plattformen des „Web 2.0" bzw. der sozialen Medien fungieren. Durch die große Bedeutung sozialer Netzwerke und die Übernahme ähnlicher Strukturen für die eigene Organisationsstruktur begünstigt die Piratenpartei ein aktives Mediennutzungsverhalten ihrer Mitglieder, das sich intensiv mit den Möglichkeiten des digitalen, interaktiven Kommunikationsraums auseinandersetzt. So führt die Empfehlung zum Anlegen eines Benutzerprofils unmittelbar zur Bereitstellung personenbezogener Informationen, die in vielen Fällen der Ausgangspunkt für die weitere Vernetzung innerhalb der Parteistrukturen (in „Crews", „Squads" oder Arbeitsgruppen) ist. Diese Form der aktiven Medienaneignung lässt sich als individuelles „Identitäts-„ bzw. „Beziehungsmanagement" verstehen. Mit diesen Begriffen hat Schmidt (2009, 2012) Orientierungsprozesse beschrieben, die für die Kommunikation in sozialen Medien charakteristisch sind.[42] Wenngleich die Nutzung digitaler Medien keine

---

41 Die Grafik-Datei ist einsehbar unter http://www.suddengrey.de/2012/03/23/ponykratie (zuletzt aufgerufen am 16. 4. 2012).

42 Ein drittes Element markiert dabei das „Informationsmanagement" als Bereich zur Selektion und Verbreitung von Daten, Informationen und Wissen. Vgl. zur Entwicklung dieser Systematik ausführlich Schmidt 2009.

zwingende Vorbedingung für „Neupiraten" ist, so erleichtern die niedrigen Zugangsbeschränkungen für die digitale Parteiarbeit den Einstieg in die „politische Produktionsgemeinschaft" der Piraten. In den vielfältigen Konstellationen der digital gestützten Kooperation scheint dabei das Konzept des „Produsage" bzw. der „Produtzung" auf, das Bruns zunächst am Beispiel offener, auf Kooperation und Kollaboration angelegter Online-Plattformen im Bereich des Bürgerjournalismus und der Open Source-Bewegung entwickelt hat (vgl. ausführlich Bruns 2008). Als Begriffsdefinition fasst Bruns zusammen:

> „Produtzung lässt sich daher also allgemein als eine Form der kollaborativen Inhaltserschaffung definieren, die von den Nutzern, die als Produtzer auftreten, gesteuert wird, oder an der diese zumindest entscheidend beteiligt sind." (Bruns 2010: 69)

Zur weiteren Modellierung unterscheidet Bruns vier Merkmale von „Produsage", die sich auch bei der Piratenpartei wiederfinden lassen: Offenheit, wandelbare Heterarchien, fortlaufende Prozesse sowie das Wechselspiel von gemeinschaftlichem Eigentum und individuellem Verdienst. Im Wissen darum, dass allein aus den Potenzialen der digitalen Kommunikation längst noch keine Transformation in politische Energie folgt, skizziert Bruns vorsichtig einen Wandel der Rahmenbedingungen, der als notwendige Vorbedingung erscheint:

> „(D)ort, wo Respekt und Vertrauen in herkömmlichen Journalismus und konventionelle Politik schwinden (...), ist es möglich, dass die Entstehung eines Netzwerks von thematisch spezialisierten Politikprodutzungsgemeinschaften, und von gemeinschaftlich organisierten Modellen öffentlicher Beratung und politischer Bildung, forciert stattfindet, falls diese als vielversprechende Alternativen zu bestehenden Ansätzen erkannt werden." (Bruns 2010: 83)

Im Gefolge der „Zensursula"-Kampagne von 2009, die erst zur Entstehung der Parteiorganisation in ihrer heutigen Gestalt geführt hat, hat sich die politische Produktionsgemeinschaft der Piraten von einer monothematischen Bewegung mit deutlichem Protestcharakter zu einer relativ stabilen Parteiorganisation entwickelt, die als Impulsgeber für politisches System und Parteienkonkurrenz fungiert. Ein wesentlicher Grund für diesen Erfolg ist der besondere Bezug von „Kommunikation als Partizipation" (vgl. Bieber 2012), also die Realisierung gesellschaftlicher Teilhabe innerhalb von Parteistrukturen, die sich maßgeblich auf den Einsatz offener und transparenter Kommunikationsformate in digitalen, interaktiven Medien gründet.

Dabei ist bislang zumindest eines schon deutlich geworden: Die Piratenpartei nimmt in der deutschen Parteienlandschaft die Position des „digitalen Eingeborenen" ein, der wie selbstverständlich die Gegebenheiten der Online-Kommunikation nutzt und die im Alltag gewonnenen Erfahrungen und Einsichten in die politische Kommunikation innerhalb einer sich gerade erst formierenden Parteiorganisation einbringt. Daraus resultieren ganz offenbar neue Praktiken politischer Kommunikation und Organisation, die sich insbesondere von den klassischen Abläufen und Ritualen der konventionellen Mitgliederparteien abgrenzen. Dabei entwickelt die Piratenpartei jedoch nicht etwa ein völlig neues Modell der Parteiorganisation, sondern setzt den allmählichen Wandel der „Parteien in der Mediendemokratie" (vgl. von Alemann/Marschall 2002) fort – nun allerdings unter den Bedingungen digitaler, interaktiver Medien und vernetzter Öffentlichkeiten.

Literatur

Alemann, Ulrich von/Marschall, Stefan (2002): Parteien in der Mediendemokratie – Medien in der Parteiendemokratie. In: dies. (Hg.): Parteien in der Mediendemokratie. Wiesbaden: Westdeutscher Verlag. S. 15–41.

Bieber, Christoph (2010a): politik digital. Online zum Wähler. Salzhemmendorf: Blumenkamp Verlag.

Bieber, Christoph (2010b): Der Online-Wahlkampf zur Bundestagswahl. In: Schweitzer, Eva/Albrecht, Steffen (Hg.): Die Rolle des Internet bei der Bundestagswahl 2009. Wiesbaden. S. 69–95.

Bieber, Christoph (2010c): Der Wahlkampf als Onlinespiel. Die Piratenpartei als Innovationsträgerin im Bundestagswahlkampf 2009, in: Eifert, Martin/Hoffmann-Riehm, Wolfgang (Hg.): Innovation, Recht, öffentliche Kommunikation. Baden-Baden: Nomos. S. 233–254.

Bieber, Christoph (2012): Die Piratenpartei als neue Akteurin im Parteiensystem. In: Aus Politik und Zeitgeschichte. Nr. 7/2012. S. 27–33.

Bieber, Christoph/Lewitzki, Markus (2012): Die Piratenpartei – Organisieren ohne Organisation? In: Zeitschrift für Politikwissenschaft. Sonderheft „Willensbildungs- und Entscheidungsprozesse in den deutschen Parteien". (i. E.)

boyd, d. m./Ellison, N. B. (2007): Social network sites: Definition, history, and scholarship. In: Journal of Computer-Mediated Communication, Jg. 13 (Nr. 1), article 11. Online unter http://jcmc.indiana.edu/vol13/issue1/boyd.ellison.html (16. 4. 2012.

Bruns, Axel (2008): Blogs, Wikipedia, Second Life, and Beyond. From Production to Produsage. New York: Peter Lang.

Bruns, Axel (2010): Produtzung. Von medialer zu politischer Partizipation. In: Bieber, C./ Eifert, M./Groß, T./Lamla, J. (Hg.): Soziale Netze in der digitalen Welt. Frankfurt. S. 65–85.

Ebersbach, Anja/Glaser, Markus/Heigl, Richard: Social Web. Konstanz: UVK.

Gurgel, Pia (2012): Politik im World Wide Web: Ort der unbegrenzten Möglichkeiten oder große Flaute? Politiker und Parteien zwischen On- und Offline-Wahlkampf – Analyse am Beispiel der Wahlkämpfe zur Bundestagswahl 2009, den Landtagswahlen 2011 sowie ein perspektivischer Ausblick auf Basis von Experteninterviews. Hamburg, Bachelor-Arbeit.

Han, Byung-Chul (2012): Transparent ist nur das Tote. In: Die Zeit, Nr. 3/2012 (12.1.2012). Online unter http://www.zeit.de/2012/03/Transparenzgesellschaft.

Heller, Christian (2011): Post-Privacy. Prima leben ohne Privatsphäre. München: Beck

Hoffmann, Maren (2012): Roflcopter im Politkampf. In: Manager Magazin. 13.4.2012. Online unter http://www.manager-magazin.de/politik/deutschland/0,2828,827361,00.html (16.04.2012).

Jabbusch, Sebastian (2011): Liquid Democracy in der Piratenpartei. Eine neue Chance für innerparteiliche Demokratie im 21. Jahrhundert? Greifswald: Magisterarbeit.

Kuhlen, Rainer (2007): Potenziale einer politischen Kollaborationskultur. In: Leggewie, Claus (Hg.): Von der Politik- zur Gesellschaftsberatung. Neue Wege öffentlicher Konsultation. Frankfurt: Campus. S. 199–222.

Kunert, Jessica/Schmidt, Jan-Hinrik (2011): Hub, Fine-Tuner oder Business as Usual? Social Network Sites und die Bundestagswahl 2009. In: Schweitzer, Eva Johanna/Steffen Albrecht (Hrsg.): Das Internet im Wahlkampf. Analysen zur Bundestagswahl 2009. Wiesbaden: VS Verlag für Sozialwissenschaften. S. 226–243.

Lewitzki, Markus (2010): Das Internet in Parteiform: Wie segelt die Piratenpartei? Erschienen in: Regierungsforschung.de, Parteien- und Wahlforschung. Online verfügbar unter: http://www.regierungsforschung.de/dx/public/article.html?id=96M

Lietz, Haiko (2010): Piratenpartei größte Partei im Web. In: Telepolis, 3.5.2010. Online unter http://www.heise.de/tp/artikel/32/32555/1.html (16.04.2012).

Mertens, Mathias (2012): Nerds – Computer – Politik. Die kulturgeschichtliche Erklärung eines Syllogismus. In: Bieber, Christoph/Leggewie, Claus (Hrsg.): Unter Piraten. Erkundungen einer neuen politischen Arena. Bielefeld: Transcript. S. 53–65.

Piratenpartei Deutschland (2012): Grundsatzprogramm, http://www.piratenpartei.de/wp-content/uploads/2012/02/Grundsatzprogramm-Piratenpartei.pdf.

Robbe, Patrizia/Tsesis, Alexandra (2011): Online-Parteitage. Berlin: Deutscher Bundestag, Wissenschaftliche Dienste, Ausarbeitung WD 3 – 3000 – 327/11.

Schmidt, Jan (2009): Das neue Netz. Merkmale, Praktiken und Folgen des Web 2.0. Konstanz: UVK.

Schmidt, Jan-Hinrik (2012): Persönliche Öffentlichkeiten und politische Kommunikation im Social Web. In: Ziegler, Béatrice/Wälti, Nicole (Hrsg.): Wahl-Probleme der Demokratie. Zürich/Basel/Genf: Schulthess. S. 137–147.

Schweitzer, Eva (2010): Mediatisierung im Online-Wahlkampf: Befunde einer vergleichenden Inhaltsanalyse deutscher Partei-Websites zu den Wahljahren 2002–2009. In: dies./Albrecht, Steffen (Hg.): Das Internet im Wahlkampf. Analysen zur Bundestagswahl 2009. Wiesbaden: VS Verlag für Sozialwissenschaften. S. 267–296.

Siri, Jasmin/Villa, Paula-Irene (2012): Piraten – Fehlanzeige Gender? In: Bieber, Christoph/Leggewie, Claus (Hrsg.): Unter Piraten. Erkundungen einer neuen politischen Arena. Bielefeld: Transcript. S. 145–171.

Vogelmann, Frieder (2012): Der Traum der Transparenz. In: Bieber, Christoph/Leggewie, Claus (Hrsg.): Unter Piraten. Erkundungen einer neuen politischen Arena. Bielefeld: Transcript. S. 101–111.

Ein Blick nach Innen: Das Selbstverständnis der Piraten

Tobias Neumann

1 Vom Selbstverständnis in der Piratenpartei

Seit der Wahl zum Abgeordnetenhaus in Berlin am 18. September 2011, bei der die Piratenpartei 8,9 Prozent der Wählerstimmen (15 Mandate) erhielt und erstmalig in ein Landesparlament einzog[1], erlebt die Partei einen zweiten großen Mitgliederanstieg mit bisher ungefähr 8 000 neuen Mitgliedern.[2] Ende Februar 2012 zählt sie insgesamt 20 418 Mitglieder[3] und ist damit die siebtgrößte Partei in Deutschland.

Auch wenn die Piratenpartei zunehmend bekannter wird und Wahlergebnisse wie in Berlin für eine hohe Medienaufmerksamkeit sorgen (on- wie offline), so ist über die Partei außer ihren offiziellen Statements und ihrer politischen Programmatik nur recht wenig über ihr *Innenleben* bekannt. Um mehr darüber zu erfahren, habe ich Anfang 2011 eine breit angelegte Untersuchung zur Entwicklung und zum Selbstverständnis in der Piratenpartei[4] durchgeführt. Ich schickte per E-Mail einen digitalen Fragebogen an alle Parteimitglieder (damals rund 12 000) mit 66 Fragen zu fünf Themengebieten. Aus der Analyse der knapp 2 700 Rückläufer, was damals in etwa einem Viertel der Partei entsprach, werde ich besonders markante Ergebnisse aus den verschiedenen Aspekten der Umfrage hervorheben.

---

1 Informationen über die Fraktion und die Abgeordneten der Berliner Piraten erhält man über deren Homepage unter: http://www.piratenfraktion-berlin.de/ (22. 03. 2012).

2 Dies ähnelt der Mitgliederentwicklung in der zweiten Jahreshälfte in 2009, als die Mitgliederzahl der damals zunächst noch recht unbekannten Partei innerhalb von sechs Monaten (Juni bis Jahresende) von knapp 1 500 Mitgliedern auf in etwa 12 000 anstieg (vgl. Neumann 2011: S. 23). Dieser Trend konnte allerdings in den Jahren 2010 und 2011 nicht aufrechterhalten werden. Die Mitgliederzahl stieg zwar weiterhin stetig an, aber noch nicht überaus signifikant.

3 Piratenpartei Deutschland (2012a), Mitgliederentwicklung: http://wiki.piratenpartei.de/Mitglieder (Abruf 19. 02. 2012).

4 Die Ergebnisse der Untersuchung können kostenfrei unter dem Link http://www.freidenken. eu/2011/11/662/abgerufen werden (Creative Commons BY-SA 3.0 Lizenz).

Die fünf Themengebiete enthielten Fragen zum Engagement der Mitglieder, zur programmatischen Entwicklung, zur innerparteilichen Demokratie, Kommunikation und Partizipation sowie Fragen zum Demokratieverständnis und zu statistischen Daten. Diese Aspekte erschienen mir charakteristisch und sinnvoll, um Aussagen über das Selbstverständnis der Piratenpartei treffen zu können, die als Annäherung zu verstehen sind. Da ich meine Untersuchung Anfang 2011 durchgeführt habe und somit die Wahl in Berlin noch nicht berücksichtigt werden konnte, sollen die damaligen Ergebnisse im Lichte der aktuellen Entwicklungen im letzten Abschnitt reflektiert werden. Meine Darstellung folgt den Themenbereichen des Fragebogens und schließt mit einer Schlussbetrachtung.

1.1 Zum Engagement in der Piratenpartei

Das Engagement der Parteimitglieder ist ein wichtiger Indikator, um herauszufinden, aus welchen Motiven sich Menschen der Piratenpartei angeschlossen haben und wie viel ihrer Zeit sie bereit sind zu investieren. Daher war es mir ein wichtiges Anliegen, vor allem auch die eher passiven Parteimitglieder zu erreichen, da deren Meinungen und Einstellungen bisher eine eher unbekannte Größe innerhalb wie außerhalb der Partei dargestellten. Dieses Ziel wurde erreicht und lässt sich durch die Teilnahme von 1 598 Parteimitgliedern, die sich selbst als eher passiv oder passiv eingestuft haben, belegen. Obwohl sich also mehrheitlich passive Mitglieder an der Befragung beteiligt haben (60,4 Prozent), konnte auch eine hohe Beteiligung der aktiven Mitglieder verzeichnet werden (23,2 Prozent ≙ 614 Teilnehmer), der Rest entfiel auf die nicht konstant aktiven Mitglieder der Gruppe teils/teils mit 16,4 Prozent, was 433 Teilnehmer entspricht (vgl. Neumann 2011: S. 105 f.)

Dass 70,4 Prozent der Teilnehmer über digitale Wege zur Piratenpartei gefunden und 54 Prozent ihren ersten Kontakt mit der Partei virtuell hergestellt haben, ist dabei sicher keine Überraschung (vgl. ebenda: S. 92 ff.). Dagegen entsprechen die Gründe für den Parteieintritt nicht ganz dem Eindruck, den man durch das Bild der Piratenpartei in der allgemeinen öffentlichen Rezeption und Darstellung gewinnen könnte – in der sie vorwiegend als sogenannte „Internet- oder Netzpartei" gilt. Es lag also zunächst die Vermutung nahe, dass die vorwiegenden Beweggründe für einen Parteieintritt im Bereich der Netzpolitik, der Debatte um das Zugangserschwerungsgesetz 2009 (die sogenannte *Zensursula*-Debatte[5]) und

---

5 Dieser Begriff hatte sich im Rahmen der Debatte um das Zugangserschwerungsgesetz 2009 gebildet und ist eine Mischform aus dem Vornamen der damaligen Bundesministerin für Familie,

Ähnlichen liegen würden. Tatsächlich aber sind die entscheidenden Beitrittsgründe die Unzufriedenheit mit der Politik der etablierten Parteien (82 Prozent), die Verteidigung und Stärkung der Bürgerrechte (76,7 Prozent) und die Debatte um die Vorratsdatenspeicherung (62,9 Prozent). Netzpolitik wurde erst an fünfter Stelle mit 57,4 Prozent genannt. Unzufriedenheit und Bürgerrechte stellten also bisher die größte Motivation dar, in die Piratenpartei einzutreten (vgl. ebenda: S. 92 f und 101).

Im Zusammenhang mit den Mitgliedsbeitritten und dem innerparteilichen Engagement muss aber vor allem ein Ergebnis hervorgehoben werden: Ein Großteil der Mitglieder (69 Prozent) war vor dem Eintritt in die Piratenpartei politisch inaktiv. Seit ihrem Parteieintritt aber wenden 54 Prozent dieser Befragten mindestens eine Stunde pro Woche für inhaltliche, organisatorische oder kommunikative Parteiarbeit auf. Das heißt, die Piratenpartei hat es geschafft, viele Menschen politisch zu aktivieren, die möglicherweise vorher keine politische Heimat für sich finden konnten (vgl. ebenda: S. 104 ff).

Die Gründe dafür liegen neben den politischen Themen sicherlich auch in dem umfangreichen Partizipationsangebot der Partei, die sich selbst als *Mitmachpartei* versteht. Dieses Angebot ist allerdings nur schwer zu überschauen. Darüber hinaus ist aber eine Partizipation an der politischen Arbeit der Piratenpartei auf allen Ebenen bis heute auch ohne Parteimitgliedschaft möglich, lediglich bei offiziellen Abstimmungen dürfen sie nicht mitstimmen und Bewerbungen auf interne Parteiämter sind ebenfalls nicht möglich.

Ämter in der Partei übernehmen der Umfrage zufolge dabei hauptsächlich die Mitglieder, die sich selbst als aktiv einstuften (42 Prozent der Gruppe der Aktiven). Die weniger aktiven Mitglieder übernehmen aber immerhin auch zu 11,4 Prozent Ämter in der Partei. Dies ist insofern interessant, als die Aufnahme eines Amtes in fast jedem Fall einen enormen Zeitaufwand mit sich bringt. Ob dies nun bedeutet, dass sich diese Mitglieder nur stärker in die Partei einbringen, wenn sie ein Amt innehaben, konnte ich aus den vorliegenden Daten nicht schließen (vgl. ebenda: S. 110).

Das Selbstverständnis der Piratenpartei, eine Mitmachpartei zu sein, kann ich also bestätigen. Es gibt ein breites Angebot an Partizipationsmöglichkeiten, welches zwar schwer zu überschauen, aber dafür leicht zugänglich ist. Meiner Einschätzung nach würde schon eine Verminderung der Einstiegshürden auf dem

---

Senioren, Frauen und Jugend Ursula von der Leyen und dem Wort Zensur. Diese hatte sich nachdrücklich im Rahmen des Wahlkampfes zur Bundestagswahl für das Gesetz eingesetzt und dafür massive Kritik von der Piratenpartei, Opferschutz- und IT-Verbänden und weiteren erhalten.

Weg in das Parteileben für neue Mitglieder sowie eine Vereinfachung der Parteistrukturen einen positiven Effekt auf die Mitmachquote in der Partei haben können. Die Ergebnisse zeigen, dass der Anspruch der Piraten an sich selbst als Mitmachpartei ein wesentlicher Faktor für die Erfolgschancen der Piratenpartei ist. Zum einen beeinflusst er das Engagement innerhalb der Partei wesentlich, zum anderen dient das umfangreiche Partizipationsangebot der Partei, das jedem leicht zugänglich ist, nach außen hin als attraktives Markenzeichen.

1.2 Wie sieht die Piratenpartei ihre eigene politische und programmatische Entwicklung?

Wenn man die Piraten nach der programmatischen Entwicklung innerhalb ihrer Partei fragt, ergibt sich ein mehrheitlich eher zufriedenes Bild – es gibt aber auch viele Aspekte mit Potenzial für Verbesserungen. Diese Auffassung teilten auch knapp 38 Prozent der Teilnehmer, die der Ansicht waren, dass bisher zu wenig programmatische Entwicklung innerhalb der Piratenpartei stattgefunden hat (vgl. Neumann 2011: S. 123). Um diese unterschiedlichen Sichtweisen unter den Mitgliedern erklären zu können, muss zunächst gezeigt werden, wie die Piratenpartei ihr Programm eigentlich gestaltet.

Politisch-programmatische Arbeit die auch die Möglichkeit hat, in das Grundsatzprogramm der Piratenpartei aufgenommen zu werden, findet auf Bundesparteitagen statt. Daneben gibt es für die untergliederten Landes-, Bezirks- und Kreisverbände analoge Veranstaltungen, welche auf das entsprechende politische Programm der jeweiligen Verbandsebenen Einfluss nehmen. Diese Möglichkeiten, sich in die Partei einzubringen, werden aber tatsächlich nur von 20 Prozent der Mitglieder *oft* oder *sehr oft* genutzt. Knapp 60 Prozent der Mitglieder gaben damals sogar an, selten oder nie an solchen Veranstaltungen teilzunehmen (vgl. ebenda: S. 114 f). Beim sogenannten *programmatischen Bundesparteitag* im November 2010 in Chemnitz, an dem die Partei sich zum Ziel gesetzt hatte, ihr Parteiprogramm zu erweitern und bei dem für diesen Zweck auf Personalwahlen verzichtet wurde, fanden sich „nur" 560 Piraten ein, was damals 4,6 Prozent der Parteimitglieder entsprach. Allerdings nahm die Beteiligung an den beiden folgenden Bundesparteitagen wieder zu (Heidenheim 2011: 783 Mitglieder[6]; Of-

---

6 Ole Reißmann, Piraten wählen Vernunft, in: Spiegel-Online vom 14. 05. 2012, http://www.spiegel. de/netzwelt/netzpolitik/0,1518,762614,00.html (01. 03. 2012).

fenbach 2011: rund 1300 Mitglieder[7]). Um größeren Mitgliederzahlen gerecht zu werden, aber auch um die Beteiligung weiter zu erhöhen, diskutiert die Piratenpartei seit längerem Konzepte wie beispielsweise den *dezentralen Parteitag*[8].

Die Ausrichtung des Parteiprogramms betreffend, waren sich zwei Drittel der Befragten einig, dass das bisherige *Kernthemenprogramm* zu einem *Vollprogramm*[9] erweitert werden soll. Allerdings soll diese Erweiterung nicht kurzfristig, sondern mittel- bis langfristig stattfinden. Bei der Frage nach den wichtigsten programmatischen Schwerpunkten wurden mehrheitlich Parteithemen wie *Transparenz des Staatswesens* (94,8 Prozent), *Freier Zugang zu öffentlichen Inhalten* (92,8 Prozent), *Privatsphäre und Datenschutz* (90,4 Prozent), *Informationsfreiheitsgesetze* (90,4 Prozent) und *Bildung* (86,5 Prozent) genannt. Weiterhin wurden im Bereich mit über 80 Prozent der Nennungen noch *Mehr Demokratie wagen* (86,5 Prozent) und *Freie demokratisch kontrollierte technische Infrastruktur* (84 Prozent) genannt. Es zeigt sich, dass die Mitglieder die Kernthemen der Piratenpartei als am wichtigsten empfinden, wenn auch die Reform des Urheberrechts (75,8 Prozent) und des Patentwesens (69,5 Prozent) im Verhältnis zu den oben genannten eher etwas geringer ausgefallen sind.

Als am wenigsten wichtig wurden die thematischen Schwerpunkte *Geschlechter- und Familienpolitik* (33,6 Prozent), *Umwelt* (57,9 Prozent), *Recht* (62,1 Prozent) oder die Forderung nach einem *Recht auf sichere Existenz und gesellschaftliche Teilhabe* (63,6 Prozent) empfunden (vgl. ebenda: S. 124 f.). Auch hier wird offensichtlich, dass die klassischen Themen der Piratenpartei durchgängig wichtiger bewertet wurden, als neuere Programmbestandteile.

---

7   Bundesparteitag in Offenbach, Piraten ringen mit der Realpolitik, in: tagesschau.de vom 03. 12. 2011, http://www.tagesschau.de/inland/piratenpartei182.html (01. 03. 2012).

8   Die Idee ist hier, beispielsweise den Bundesparteitag gleichzeitig in mehreren Städten (zum Beispiel eine im Norden, Süden, Westen und Osten Deutschlands) auszurichten und diese Veranstaltungen digital zu vernetzen. So könnten per Livestream Fragen und Antworten der Anwesenden, Anträge, Ergebnisse von Wahlen usw. zwischen den Örtlichkeiten in Echtzeit übertragen bzw. synchronisiert werden. Möglicherweise könnte dies die Beteiligung an Parteitagen erhöhen und gleichzeitig längerfristig den (Reise- und Kosten-) Aufwand der Mitglieder minimieren. Bisher liegen allerdings noch keine konkreten Konzepte für einen solchen Versuch vor, auch ist die rechtliche Dimension eines solchen Experiments noch nicht geklärt. Neuere Ideen sind beispielsweise die *ständige Mitgliederversammlung* oder das sogenannte *„ELWS"*-Verfahren, die beide im LiquidFeedback-System der Piratenpartei eingesehen werden können: LiquidFeedback (2012a): Ständige Mitgliederversammlung, https://lqfb.piratenpartei.de/pp/initiative/show/2557. html (01. 03. 2012). LiquidFeedback (2012b): ELWS-Verfahren für den BPT 2012.1 nutzen, https:// lqfb. piratenpartei .de/pp/initiative/show/2420.html (22. 03. 2012).

9   Darunter versteht sich die Erweiterung des Parteiprogramms über die Kernthemen wie Netzpolitik, Urheberrecht, Transparenz und weitere hinaus, um Themen wie Familienpolitik, Wirtschaftspolitik, Umweltpolitik und andere.

Neben der Frage, wie wichtig einzelne Themenbereiche sind, habe ich auch danach gefragt, welche Themen bisher zu wenig entwickelt wurden. *Bildungs- und Umweltpolitik* wurden dabei am häufigsten genannt, obwohl der Programmpunkt *Bildung* als einer der fünf wichtigsten Punkte des Parteiprogramms gesehen wurde. Mittlerweile (im März 2012) umfasst dieser thematische Schwerpunkt aber sieben Unterpunkte und ist damit der umfangreichste im politischen Programm der Piraten geworden. Die beiden Themen *Umwelt* sowie *Geschlechter- und Familienpolitik,* wurden mittlerweile ebenfalls erweitert und sind nun mit je vier einzelnen Unterpunkten enthalten.[10] In diesem Zusammenhang habe ich auch danach gefragt, welche Themen die Piratenpartei in ihr Parteiprogramm noch aufnehmen sollte. Die drei am häufigsten genannten Themenbereiche sind in ihrer Nennungsreihenfolge Wirtschaftspolitik, Finanz- und Steuerpolitik und Verkehrspolitik (vgl. ebenda: S. 128). Nachdem nun die wesentlichen Ergebnisse zur Einschätzung der Teilnehmer zur programmatischen Entwicklung der Piratenpartei vorgestellt wurden, wende ich mich der konkreten programmatischen Arbeit innerhalb der Partei zu.

Die Frage nach dem Internet ist in diesem Zusammenhang genauso obligatorisch wie ihr Ergebnis eigentlich „selbstverständlich" ist. Denn 91,8 Prozent der Teilnehmer sehen im Internet einen Schlüsselfaktor für eine erfolgreiche programmatische Arbeit. Auch wenn sich das weltweite Netz bei der politischen Arbeit innerhalb der Piratenpartei bewährt hat, zeigen die Ergebnisse der offenen Fragen, dass mehr persönliche Arbeitstreffen gewünscht werden. Oft wird daran die Hoffnung geknüpft, dass es auf diesem Wege zu weniger kommunikativen Missverständnissen und zwischenmenschlichen Konflikten kommt (vgl. ebenda: S. 129 f).

Unabhängig von den zahlreichen Möglichkeiten des Internets und den damit verbundenen Arbeits- und Hilfsmitteln nimmt die Piratenpartei eine entspannte Position ein, wenn es um Formalien und Regularien geht. Der Grad der Formalisierung bei der politisch-programmatischen Arbeit wird eher *durchschnittlich* und daher weder zu stark noch zu schwach empfunden. Demnach gibt es genug Regularien, um eine gewisse Qualität bei Anträgen sicherzustellen, welche aber nicht ausufernd sind, so dass sie das Einreichen von Anträgen nicht behindern. 36 Prozent der Teilnehmer hatten dabei die Option *weiß nicht* gewählt. In Verbindung mit der Selbsteinschätzung des Engagements innerhalb der Partei ergibt sich, dass diese Option hauptsächlich von eher passiven Mitgliedern gewählt

---

10 Piratenpartei Deutschland (2012b), Parteiprogramm: http://wiki.piratenpartei.de/Parteiprogramm (Abruf 05. 03. 2012).

wurde. Dies überrascht nicht, da Anträge meistens von aktiven Mitgliedern eingebracht werden (vgl. ebenda: S. 129 f und 137 ff).

Abgesehen von den formellen Hürden hatte ich den Teilnehmern eine Auswahl von Antwortmöglichkeiten vorgelegt, die Störquellen für die programmatische Arbeit anführten und bei denen eine Mehrfachnennung möglich war. Im Ergebnis zeigte sich, dass *Zeitmangel* das größte Hindernis für eine aktive Teilnahme an der Parteiarbeit darstellt (47,4 Prozent). Aber auch ein *mangelnder Informationsstand* der Beteiligten (40,4 Prozent) und ein *unsachliches Diskussionsklima*[11] (38,2 Prozent) sind Faktoren, die die programmatische Arbeit in der Piratenpartei vorrangig erschweren. Mangelnde Kompromissbereitschaft wurde nicht ganz so häufig genannt (30,2 Prozent), stellt aber in jedem Fall auch ein Problem dar. Anzunehmen ist, dass ein zu geringer Informationsstand oftmals eine Folge mangelnder Zeit ist, genauso wie ein unsachliches Diskussionsklima durch mangelnde Kompromissbereitschaft geprägt sein kann, wobei sich dies auch gegenseitig beeinflussen kann. Möglicherweise könnte also eine Verminderung des Aufwands durch eine zeitsparende Strukturierung der Prozesse positiv auf die anderen Faktoren einwirken. Überhaupt müssen sich die Strukturen erst noch der gestiegenen Mitgliederzahl anpassen, sie werden aber kontinuierlich erweitert. Dies führt auch dazu, dass die Kommunikationswege und -werkzeuge zurzeit noch schwer zu überschauen sind, was bei den Antworten auf die offenen Fragen ebenfalls als ein Problem genannt wurde. Kurz: Es fehlen einheitliche Arbeits- und Kommunikationsstrukturen. Darüber hinaus wünschen sich die Mitglieder eine bessere interne Informationspolitik und eine engere Vernetzung der Arbeitsgemeinschaften untereinander und nach außen (vgl. ebenda: S. 131 ff). Um eine Verbesserung der Strukturen bemüht sich auch *Gefion Thürmer*, amtierende Beisitzerin im Bundesvorstand der Piratenpartei, die in ihrem Blog ihre bisherige Strategie zur Verbesserung der Strukturen darstellt (Thürmer 2012).

Trotz der genannten Erschwernisse gaben aber die meisten Parteimitglieder (61,2 Prozent) an, dass sie sich unkompliziert an der programmatischen Arbeit innerhalb der Partei beteiligen können. *Sehr oft* oder *oft* partizipieren daran aber insgesamt „nur" 41,8 Prozent der Teilnehmer. Dabei beschäftigen sich mit der *selbstständigen Erstellung* von konkreten Anträgen hauptsächlich die aktiven (43,4 Prozent), immerhin aber auch noch 20 Prozent der weniger aktiven Mitglie-

---

11 Interessanterweise ergab eine direkte Frage zur Sachlichkeit und Emotionalität der Diskussionskultur aber ein recht ausgeglichenes Bild. Die meisten Nennungen entfielen auf die Antwortoption *teils/teils* mit einer leichten Tendenz zur Option *eher sachlich*. Die Kultur der Diskussionen wird also sehr unterschiedlich von den Befragten empfunden (vgl. Neumann: S. 133 f).

der. Bei der Frage nach der *Mitarbeit* bei Anträgen steigt die Beteiligung aber bei allen Teilnehmern deutlich an. Dabei haben besonders die aktiven Mitglieder das Gefühl, durch ihre programmatische Arbeit einen starken Einfluss auf die politischen Entscheidungen in der Partei nehmen zu können.[12] Am häufigsten findet diese Arbeit dabei online im Wiki der Piratenpartei, per E-Mail oder aber bei lokalen Treffen statt (vgl. ebenda: S. 137 ff).

Zum politisch-programmatischen Selbstverständnis der Piratenpartei kann also gesagt werden, dass die Partei ihren Mitgliedern viel Freiraum zur Ausgestaltung und Vermittlung ihrer politischen Ideen gewährt, und dass diese Beiträge auch gefragt sind.[13] Viele Mitglieder wünschen sich aber für die Umsetzung ihrer Ideen klarere und effizientere Strukturen – gerade auch weil ein Mangel an Zeit das Hauptproblem bei der programmatischen Arbeit darstellt. Zentral ist nach wie vor das Internet, das eine Schlüsselfunktion für die programmatische Arbeit der Partei einnimmt. Allerdings sehen viele Mitglieder noch einen Verbesserungsbedarf bei der Diskussionskultur. In diesem Zusammenhang wurden bei den Ergebnissen der offenen Fragen auch oft Diskussionsregeln und eine Moderation der Debatten auf den verschiedenen Kommunikationskanälen gewünscht.

Obwohl sich die Piratenpartei immer noch zu großen Teilen in einer Transformationsphase auf dem Weg zu einer strukturellen und organisatorischen Anpassung an die 2009 und erneut in 2011/12 stark angestiegene Mitgliederzahl befindet, hat sie trotz dieses komplizierten zeit- und arbeitsaufwendigen Prozesses parallel wichtige Weichen für ihre Zukunft gestellt und Grundsatzproblematiken wie die Frage nach der Ausrichtung und Erweiterung des politischen Programms oder der Einstellung gegenüber einem bedingungslosen Grundeinkommen[14] bewältigt, welche hier als Beispiele zu verstehen sind. Dies hat die Partei ohne große Mitgliederverluste erreicht und dabei auch ein Stück mehr an Stabilität und Pro-

---

12 21,9 Prozent der Teilnehmer die sich selbst als aktiv eingeschätzt haben, sind sich sicher, dass sie Einfluss auf politische Entscheidungen in ihrer Partei ausüben und 38,1 Prozent sind sich eher, aber nicht hundertprozentig sicher. Das heißt, dass 60 Prozent der aktiven Mitglieder von ihrer Einflussnahme überzeugt sind (vgl. Neumann 2011: S. 140 f).

13 Nicht zuletzt ist die Diskussion um und die Implementierung von *LiquidFeedback* (http://liquidfeedback.org/), einer Internet-Plattform zur Meinungsbildung, zur Generierung von Meinungsbildern sowie Konsensfindung und zur Ausarbeitung von Antragsvorlagen ein gutes Beispiel dafür.

14 Um das Thema gab es in der Partei eine umfangreiche Debatte, die sich dann auch auf dem Bundesparteitag in Offenbach 2011 widerspiegelte, an dem ein Programmantrag für ein bedingungsloses Grundeinkommen diskutiert wurde. Siehe dazu: Piraten sprechen sich für bedingungsloses Grundeinkommen und Mindestlohn aus, auf: Piratenpartei.de vom 03. 12. 2011, http://www.piratenpartei.de/2011/12/03/bge/ (22. 03. 2012).

fessionalität gewonnen. Sie ist also in einer Lage, in der sie politisch agieren kann, und sie wird stetig bekannter und für Wähler zunehmend interessanter. Das gute Ergebnis beispielsweise bei der Kommunalwahl in Hessen und der überraschend erfolgreiche Einzug in das Berliner Abgeordnetenhaus[15] sowie die positiven Umfragewerte der Sonntagsfragen[16] zur Bundestagswahl, bei denen die Piratenpartei im Februar und März durchschnittlich auf 6,8 Prozent der Stimmen kam[17], können hier als ein Beleg dienen. Was die politische und programmatische Arbeit insgesamt betrifft, kann der Piratenpartei also neben den organisatorischen und strukturellen Veränderungen auch Offenheit gegenüber den Ideen ihrer Mitglieder und ein großer Gestaltungsspielraum attestiert werden. Dabei dürften sich gerade die beiden letztgenannten Aspekte positiv auf die Erfolgschancen der Piratenpartei auswirken, weil Offenheit und Entfaltungsfreiheit dazu führten, dass das politische Programm der Piratenpartei erweitert wurde und so neue Themenfelder Einzug in das Parteiprogramm erhielten, die Interesse bei potenziellen Wählern auslösen könnten. Das gilt insbesondere für Interessierte, die bisher noch das ein oder andere Thema in der Piratenpartei vermisst oder als vernachlässigt angesehen haben.

1.3 Innerparteiliche Demokratie, Kommunikation und Partizipation

Um herauszufinden, wie es um die Partizipationsmöglichkeiten, die Mitbestimmung und die Kommunikation innerhalb der Partei bestellt ist, habe ich den Befragten eine Auswahl entsprechender Fragen gestellt. Dabei zeigte sich, dass die Parteimitglieder mit den konkreten Mitbestimmungsmöglichkeiten auf Bundes-, Landes- oder Kommunalebene überwiegend zufrieden sind. Die größte Zufriedenheit entfiel dabei auf die Landesebene (64,7 Prozent) knapp gefolgt von der Kommunalebene (63,1 Prozent). Das größte Potenzial für Verbesserungen liegt daher mit 51,3 Prozent Zufriedenheit bei der Bundesebene (vgl. Neumann 2011:

---

15 Der Einzug in das Berliner Abgeordnetenhaus kann als ein Schlüsselmoment auf dem Weg der Piratenpartei betrachtet werden, da es der Piratenpartei in Berlin zum ersten Mal gelungen ist in ein Landesparlament einzuziehen. Vormals war sie bundesweit „nur" auf kommunaler Ebene vertreten.

16 Bei der sogenannten *Sonntagsfrage* wird in der Wahl- und Meinungsforschung nach der Wahlabsicht gefragt, wenn am jeweiligen Sonntag Bundestagswahl wäre. Sie wird seit 1949 in Deutschland regelmäßig erhoben.

17 Wahlumfrage.de (2012): 6 aktuelle Wahlumfragen im Vergleich – Bundestag, in: Wahlumfrage.de vom 10. 03. 2012, http://www.wahlumfrage.de/?p=5780 (10. 03. 2012).

S. 144 ff).[18] Weiterhin wurden auch die Einflussmöglichkeiten der Basis auf die Entscheidungen innerhalb der Partei positiv beurteilt – 62,3 Prozent bewerteten sie als *gut* oder *eher gut*. Allerdings gibt es auch Faktoren, die die Einflussnahme des Einzelnen innerhalb der Partei verbessern könnten. Eine aktive Teilnahme am Parteileben (76,1 Prozent) scheint dabei genauso wie die intensive Pflege von innerparteilichen Beziehungen (48,7 Prozent) und die Nutzung von Liquid Feedback (34 Prozent) förderlich für eine Einflussnahme zu sein, die Ausübung eines Vorstandsamtes wurde überraschenderweise erst an vierter Stelle genannt. Die innerparteiliche Hierarchie wird in diesem Zusammenhang mehrheitlich als *durchschnittlich* bis *schwach* empfunden. Dabei gaben rund 18 Prozent der Teilnehmer an, dies nicht beurteilen zu können und 15,1 Prozent nahmen eine *eher starke* bis *starke* Hierarchie wahr. Da hier nach einer Gesamteinschätzung gefragt wurde, ist es durchaus möglich, dass sich für die einzelnen Verbandsebenen ein abweichendes Bild ergeben könnte (vgl. ebenda: S. 149 ff).

Eng verbunden mit der Ausprägung von Hierarchien ist auch die einer Partei zugrunde liegende Organisationsstruktur. Die Piratenpartei setzt dabei auf zwei verschiedene Konzepte, für die sich die Landesverbände frei entscheiden dürfen. Wesentlich verbreitet ist bisher das *klassische Modell*, wonach auf den verschiedenen Ebenen (Bund, Land, Bezirk, Kreis, Ort) jeweils ein Vorstand aktiv ist und in denen die politische Willensbildung auf Parteitagen stattfindet. Daneben gibt es das *Crewkonzept*[19], welches beispielsweise von den Piraten in Berlin bevorzugt wird. Bei diesem Konzept schließen sich die Piraten in sich selbst organisierende lokale Gruppen zusammen, deren Ziele soziale Vernetzung, Konsensfindung und eine Weitergabe von Wissen an neue Parteimitglieder sind. Auch wenn das klassische Modell in den meisten Verbänden der Piratenpartei etabliert ist, so ergab die konkrete Nachfrage, welches der beiden Konzepte die Parteimitglieder für geeigneter halten, ein Bild das alles andere als eindeutig ist. 40,9 Prozent entschieden sich für das klassische Organisationsmodell, 31,7 Prozent für das Crewkonzept und 27,4 Prozent gaben an dies nicht zu wissen. Auch wenn damit das erstgenannte Konzept mit knapp 10 Prozent eine höhere Zustimmung findet, kann angenommen werden, dass die Piratenpartei auch künftig weiter nach neuen Organisationsmodellen Ausschau halten wird (vgl. ebenda: S. 153 f).

Abseits von formalen und organisatorischen Aspekten interessierte mich vor allem eine tragende Säule, die aus meiner Sicht wesentlich das Fundament der

---

18 Gruppierte Werte der Antwortmöglichkeiten „zufrieden" und „eher zufrieden".
19 Informationen über das Crewkonzept finden sich beispielsweise hier: http://wiki.piratenpartei. de/Berlin/Crewkonzept (08. 03. 2012).

Piratenpartei stützt – die Rede ist von der gemeinsamen Identität der Parteimitglieder. Es geht also um die verbindenden Elemente innerhalb der Partei, welche für die Frage nach dem Selbstverständnis der Piratenpartei zentral sind. Die Parteimitglieder nannten dabei vor allem *gemeinsame Ideale* (71 Prozent), die *Abkehr vom Stil der etablierten Parteien* (66,6 Prozent) und die *Begeisterung für moderne Technologien* (61,9 Prozent). *Programmatische Übereinstimmungen* (30,6 Prozent) waren den Teilnehmern der Befragung nur halb so wichtig wie die drei oben genannten. 8,1 Prozent waren außerdem der Ansicht, dass es keine gemeinsame Identität innerhalb der Piratenpartei gibt (vgl. ebenda: S. 156).[20]

Aus meiner Sicht sind die drei meistgenannten Elemente untrennbar miteinander verbunden. In ihnen findet das politische Ziel der Piraten seinen Ausdruck. Es geht darum, der sogenannten „etablierten Politik" etwas *Neues* entgegenzusetzen. Eine pluralistische Masse von Änderungs- und Erneuerungswillen sind hier Antrieb eines Modernisierungswillens der *„Klarmachen zum Ändern!"* fordert – und das immer lauter.

Dabei wäre es aber falsch anzunehmen, dass der Piratenpartei nicht bewusst wäre, dass lebotse Technik allein die bestehenden Verhältnisse nicht verändern kann. Dies können nur Menschen mit Ideen und Handlungswillen. Technik ist den Piraten also lediglich ein Mittel zum Zweck, freilich aber eines, das sie lieben und welches ihnen neue und teilweise bisher ungeahnte Möglichkeiten und Wege eröffnet, Politik zu gestalten und die Gesellschaft zu verändern. Es muss aber auch erwähnt werden, dass die Piraten in der Nutzung von Informationstechnologien zur Organisation ihrer Partei und zur demokratischen Findung ihres politischen Willens den bisher im Bundestag vertretenen Parteien ein gutes Stück weit voraus sind.

Die Piraten begreifen sich selbst und ihre politische Herangehensweise zwar schon als Alternative zum bisherigen politischen Angebot, allerdings wollen sie im Kern nicht einfach nur Bestehendes *verändern*, sondern von vornherein *neu* und *anders* sein – dies allerdings im Rahmen des gängigen Parteienreglements, denn die Piratenpartei ist ja gerade nicht die „freie" neue soziale Bewegung der digitalen Ureinwohner, sondern der parteigewordene Arm dieser Bewegung. Beide haben allerdings den Wunsch Veränderungen in die Gesellschaft hineinzutragen, sie zu verankern und dauerhaft durch das eigene Handeln abzusichern.

Die permanente innere Unruhe in der Piratenpartei ist bei dieser gesamten Betrachtung gleichzeitig Stolperstein und Innovationsmotor. Auf der einen Seite wird sie vom Pluralismus innerhalb der Partei ständig in Gang gehalten und er-

---

20 Mehrfachnennung war möglich.

schwert so oftmals die Diskussion und die programmatische Arbeit innerhalb der Partei. Auf der anderen Seite sorgen das umfangreiche Beteiligungsangebot und das vielfältige Engagement der Mitglieder für einen mehr oder minder konstanten Input auf allen Ebenen, der die Piratenpartei organisatorisch und programmatisch voranbringt. Darüber hinaus stellen die gemeinsamen Ideale eine Orientierungsebene dar, auf der sich die Parteimitglieder relativ sicher bewegen können. Auch hatten sie bisher sicherlich bedeutenden Anteil an der Bewahrung der Stabilität innerhalb der Partei. Interessant ist in diesem Zusammenhang auch, dass die Frage, ob sich die anfänglichen Erwartungen, die die Parteimitglieder bei Eintritt in die Partei gestellt haben, im Ergebnis nur von knapp weniger als der Hälfte der Teilnehmer als erfüllt angesehen werden. Für ein Drittel haben sich die Erwartungen nur teilweise und für ein Fünftel bisher noch nicht erfüllt. Die weitere Entwicklung in diesem Bereich wird wohl von der Ausdifferenzierung der Partei auf allen Ebenen abhängen (vgl. ebenda: S. 156 ff).

Über die allgemeine Zusammenarbeit in der Piratenpartei wird weitgehend Zufriedenheit geäußert (48 Prozent), wenn auch der Anteil derjenigen groß ist, die der Ansicht sind, dass dies von der jeweiligen Situation abhängt (38,4 Prozent) – 13,5 sind *eher unzufrieden* oder *unzufrieden*. Interne Hilfe bei der Parteiarbeit erhalten die Mitglieder *relativ schnell* bis *schnell* (45,2 Prozent), allerdings wird die Unterstützung bei öffentlichkeitswirksameren Projekten als schneller empfunden. Knapp 20 Prozent der Teilnehmer gab dabei an, eher langsam oder nur langsam Unterstützung zu erhalten und 5,6 Prozent beklagen gar keine Unterstützung zu erhalten (vgl. ebenda: S. 160 ff). Das öffentlichkeitswirksame Unternehmungen schneller unterstützt werden, lässt sich zum Teil dadurch erklären, dass die Anerkennung für die geleistete Arbeit einen nicht unwesentlichen Faktor ausmacht. Menschen, die einen Großteil ihrer Freizeit aufwenden, um für die Piratenpartei zu arbeiten, aber selten oder kaum Anerkennung, Dank oder Zuspruch für ihre Arbeit finden, werden in vielen Fällen vermutlich über kurz oder lang ihre Aktivität vermindern oder aber sogar einstellen. Wichtig ist, dass die Piratenpartei versucht, ihr Potenzial richtig auszuschöpfen. Bisher ist sie dabei zwar auf einem guten Weg, dennoch sollte nicht darüber hinweg gesehen werden, dass 5,6 ihrer Mitglieder angegeben haben keine Unterstützung bei ihrer Arbeit für die Partei zu bekommen. Denkbar ist, dass es wegen der Vielzahl der Arbeitsgruppen und Projekte schwer ist, die Übersicht zu behalten, und dass so manche Vorhaben nicht die nötige Aufmerksamkeit erfahren. Hier muss die Piratenpartei vorliegende Probleme identifizieren und Lösungen entwickeln.

Aber nicht nur bei Projekten fällt es den Piraten schwer, die Übersicht zu behalten. Besonders die Entscheidungen innerhalb der Piratenpartei sind nach

Meinung der Mitglieder schwer zu überschauen. Zusammengefasst gaben 55 Prozent an, dass es (eher) schwierig ist, den Überblick zu behalten. In diesem Zusammenhang ist interessant, wie zufrieden die Parteimitglieder mit der politischen Arbeit der Piraten insgesamt sind. Die Ergebnisse brachten hervor, dass „nur" die Hälfte (51,4 Prozent) der Mitglieder *eher zufrieden* oder *zufrieden* war (vgl. ebenda: S. 167 f). Bezieht man diese Frage aber auf das politische Wirken der Piratenpartei, muss daran erinnert werden, dass die Partei viel Zeit und Energie in den Aufbau ihrer Organisation und Strukturen investiert hat. Dies ließ für die politische Arbeit nur wenig Raum. Mit jeder weiteren Festigung der Strukturen und der Organisation wird künftig mehr Zeit für politische Arbeit verfügbar sein. Allerdings setzt dies auch genügend Personal voraus, das die Vorhaben der Partei umsetzen kann. Gerade deshalb ist also ein weiterer Anstieg der Mitgliederzahlen wichtig für die Piratenpartei. Der Einzug der Piraten in das Berliner Abgeordnetenhaus in dessen Folge knapp 8 000 Mitgliedsbeitritte zu verzeichnen waren, kommt also gerade recht, um die Arbeitskraft der Piratenpartei stärken zu können.

In der Gesamtbetrachtung der drei Aspekte innerparteiliche Demokratie, Kommunikation und Partizipation lässt sich festhalten, dass die Piratenpartei vieles von dem einhält, was sie verspricht. Sie wirbt mit einem umfangreichen Mitmachangebot, mit dem die Mitglieder überwiegend zufrieden sind. Auch scheint der Einfluss, den der Einzelne auf die Partei nehmen kann, in gutem Maße möglich zu sein, wenn auch gewisse Faktoren die Einflussnahme noch verstärken könnten. Hierarchien werden mehrheitlich eher als *durchschnittlich* bis *schwach* wahrgenommen und stellen somit kaum ein Hindernis für das Engagement innerhalb der Partei dar. Dies ist ein Umstand, wenn nicht sogar ein Wunsch, von dem man in anderen Parteien träumt. Dass die Piratenpartei mit diesem Modell gute Erfolgschancen hat, versteht sich fast von selbst.

Aber auch der Transport der gemeinsamen Ideale der Parteimitglieder durch den Einsatz moderner Technologien hat in der Politik für Aufmerksamkeit gesorgt, und das nicht nur in Deutschland. Nie zuvor hat eine Partei in der Bundesrepublik das Internet in dieser Bandbreite für die Kommunikation ihrer politischen Ziele genutzt, geschweige denn für ihre tägliche politische Arbeit. Dass der Weg durch das globale Netz, welcher für die meisten Piraten der ganz normale Way of Life ist, eine richtige Entscheidung war, hat die Partei, wie ich meine, längst bewiesen. Nicht nur viele Nichtwähler konnten mobilisiert werden, sondern auch politisch inaktive Menschen sind nun in der Piratenpartei aktiv geworden. Den bisherigen Weg sollten die Piraten also vorerst nicht verlassen, wollen sie ihre Erfolgschancen nicht gefährden.

Auch wenn sich bei vielen Parteimitgliedern die anfänglichen Erwartungen, die sie bei Eintritt in die Partei hatten, noch nicht erfüllt haben und nur knapp die Hälfte der Mitglieder 2011 mit der politischen Arbeit der Piratenpartei insgesamt zufrieden war, scheint dies die Bereitschaft, sich für die Partei einzusetzen, kaum zu verringern. Wie sich zeigt, erhalten Projekte wegen mangelnder Übersichtlichkeit aber teilweise zu wenig Unterstützung. Auch über Entscheidungen innerhalb der Partei ist es nicht immer leicht, die Übersicht zu behalten. Beides sind aber eher strukturelle Probleme, die durch geschickte Organisation gelöst werden können. Um Lösungen für diese Problematik zu finden, bemüht man sich auf allen Ebenen der Partei. Hierfür werden beispielsweise Tagungen organisiert (z. B. die „Marina"[21] in Kassel), bei denen sich die Piraten gemeinsame Strategien entwickeln.

Eigentlich macht die Piratenpartei also schon vieles richtig, wenn auch mehr aus einer Art Intuition, Spontaneität und Flexibilität, und nicht indem sie einer komplexen Strategie folgt. Vielleicht ist aber gerade das ihr Erfolgsrezept.

1.4 Was denken die Piraten über Demokratie an sich?

Neben den gemeinsamen Idealen und der politischen und programmatischen Arbeit hat das Demokratieverständnis der Mitglieder eine grundlegende Bedeutung. Dies auch gerade, weil die gemeinsamen Ideale und ihre Umsetzung in demokratischer Form sich nicht gleichen müssen. Ich erhebe hier nicht den Anspruch, das Demokratieverständnis der Piratenpartei vollständig erfasst zu haben. Es handelt sich vielmehr um eine Beschreibung der einzelnen Orientierungen der Parteimitglieder, die an der Befragung teilgenommen haben. Es ist eine *Annäherung* an das Demokratieverständnis innerhalb der Piratenpartei.

Bei der Frage danach welche Demokratieform die Piraten für am besten geeignet halten, um den Willen eines Volkes umzusetzen, gaben 57,8 Prozent *plebiszitäre Demokratie* an. Am zweithäufigsten wurde *direkte Demokratie* mit 33,7 Prozent genannt und *repräsentative Demokratie* wurde nur von 8,7 Prozent der Mitglieder bevorzugt. Dieses Ergebnis überrascht zunächst, da die Piratenpartei von den Medien aber auch in ihrer Selbstdarstellung häufig in Verbindung mit direkter Demokratie gebracht wird (vgl. Neumann: S. 180 f).

Tatsächlich aber präferieren zwei Drittel ihrer Mitglieder plebiszitäre Demokratie. Die Piratenpartei ist also durchaus für eine Wahrnehmung der Interessen

---

21 Informationen zu dieser Veranstaltung finden sich auf: http://piraten-marina.de/.

durch Repräsentanten, allerdings nur unter der Bedingung eines Angebots vielseitiger Mitbestimmungsmöglichkeiten direkter Demokratie. Dabei sind die Parteimitglieder auch eindeutig davon überzeugt (84,7 Prozent Zustimmung), dass eine Stärkung direkter Demokratie das Vertrauen in das politische System in Deutschland wieder herstellen beziehungsweise verbessern kann (vgl. ebenda: S. 181 f).

Bei der Frage, welche Demokratieform am besten geeignet ist, um Mehrheitsverhältnisse zu organisieren, konnte zwischen *Konsensdemokratie* und *Mehrheitsdemokratie* gewählt werden. Zwei Drittel (64,8 Prozent) erachteten dabei erstere als die geeignetere Form, ein Drittel (35,2 Prozent) entschied sich für die zweite Wahlmöglichkeit. Dies ist ein naheliegendes Ergebnis, da die Piratenpartei oft betont, dass sie ihre Entscheidungen allein von den Standpunkten wissenschaftlicher Erkenntnisse abhängig macht und nicht von machtpolitischen Interessen. Dies bedingt dann aber auch von vornherein die Einbeziehung externer Experten und Organisationen in den Diskussions- beziehungsweise Arbeitsprozess, wie es bei der Konsensdemokratie nach „schweizer Art" der Fall ist (vgl. ebenda: S. 183 f).

Was die politische Strömung angeht, der die Piratenpartei am ehesten zuzuordnen ist, sind sich die Mitglieder zwar nicht einig, aber dennoch entfallen zwei Drittel der Nennungen (60,7 Prozent) auf die Antwortmöglichkeit *Liberalismus*. Weiterhin gaben 17 Prozent an, dass die Partei keiner politischen Strömung angehört. Danach wurde *Sozialismus* mit 15,5 Prozent, *weiß nicht* mit 4,8 Prozent und *Konservatismus* mit 2,1 Prozent genannt (vgl. ebenda: S. 185 f). Der Einschätzung, dass die Piratenpartei keiner politischen Strömung zuzuordnen, beziehungsweise frei von derartigen Einflüssen ist, kann ich nicht zustimmen. Denn es ist ja gerade die Piratenpartei, die schon oft betont hat, dass vieles, was in die Gesellschaft hineingetragen wird, kopiert, verändert, vermischt und geteilt wird. Meiner Meinung nach gilt dies ebenfalls für die politischen Ideen und Grundsätze, denen die Piratenpartei selbst folgt. Diese Standpunkte sind meistens langfristige Errungenschaften von Gesellschaften, welche erstritten, erkämpft und verteidigt wurden und die sich über viele Jahrhunderte hin entwickelt, verschiedenartig geprägt und etabliert haben. Diese langfristigen Prozesse und Entwicklungen haben es erst möglich gemacht, dass neue Abspaltungen und Formen entstehen konnten, die letztlich auf die eine oder andere Weise Einfluss auf das politische Programm der Piratenpartei hatten.[22] Davon auszugehen, die Piratenpartei sei frei von diesen

---

22 Abgesehen davon tragen Mitglieder die zuvor in anderen Parteien aktiv waren oder es parallel noch sind – da die Piratenpartei eine weitere Parteimitgliedschaft nicht verbietet – durchaus Ideen in die Piratenpartei hinein, die aus dem jeweiligen Portfolio anderer Parteien stammen könnten.

Entwicklungen, kann daher nicht schlüssig festgestellt werden. Es ist aber denkbar, dass sich in der Wahl dieser Antwortoption der Anspruch der Mitglieder wiederspiegelt, neue Wege zu gehen, die sich vom Althergebrachten wesentlich unterscheiden sollen.

Weiterhin finden sich im politischen Programm und auch im Wahlprogramm[23] der Piratenpartei für die Bundestagswahl 2013 mittlerweile einige Forderungen, die sich nicht ohne weiteres mit den Grundsätzen einer liberalen Politik vereinbaren lassen. Als Beispiele lassen sich die Forderung nach einem *Recht auf sichere Existenz und gesellschaftliche Teilhabe* und damit in Verbindung auf ein *bedingungsloses Grundeinkommen* sowie auf einen gesetzlichen *Mindestlohn* anführen. Es überrascht also nicht, wenn sich bei der Frage nach der Einordnung im politischen Spektrum dann im Ergebnis eine *Links-Mitte-Kombination* zu Tage tritt, wobei in etwa doppelt so viele Nennungen auf Links entfielen (30,7 Prozent) als auf Mitte (16,3 Prozent). Knapp über 50 Prozent sind aber der Überzeugung, dass sich die Piratenpartei nicht in das politische Spektrum einordnen lässt (vgl. ebenda: S. 186 f). Auch dies ist ein naheliegendes Ergebnis, da sich die Partei, wie gerade erwähnt, als *anders* als die etablierten Parteien (und auch darüber hinaus) begreift und sich deswegen auch sicherlich keinem Spektrum unterwerfen will, welches nur die bisherigen Ausrichtungen der mehr oder weniger etablierten Parteien abbildet. Darin zeigt sich ein Aspekt des Selbstverständnisses der Piratenpartei, nämlich der Wille, die gemeinsamen politischen Ziele erreichen zu wollen, ohne dabei in die Fußstapfen etablierter Vorläufer zu treten und deren Kurs letztendlich doch noch unwillentlich einzuschlagen.

Es ist genau dieses tief in der Piratenpartei verankerte Selbstverständnis, mit dem ein Großteil ihrer Erfolgschancen verbunden ist. Dies liegt darin begründet, dass er zugleich Ursprung und Entität, also zentraler Ausgangspunkt all ihrer politischen Arbeit ist. Aus ihm ergibt sich der ungeschriebene Kodex des politischen Stils der Piratenpartei. Und gerade die sich daraus ergebende Art und Weise, an Politik heranzugehen und sie zu leben, ist das, was die Piratenpartei für viele Menschen interessant macht. Wenn die Piraten sich nicht beirren lassen und ihren Kurs beibehalten, sehe ich aus dieser Perspektive weiterhin gute Chancen für die Newcomer.

---

23 Einsehbar unter: http://wiki.piratenpartei.de/Bundestagswahl_2013/Wahlprogramm (14. 03. 2012).

Ein Blick nach Innen: Das Selbstverständnis der Piraten

1.5 Die Sozialstruktur der Mitgflieder

Um die Vorstellung der Ergebnisse meiner Untersuchung abzuschließen, gebe ich hier noch eine kurze Zusammenfassung der Daten zur Sozialstruktur aus dem letzten Teil des Fragebogens, der den Parteimitgliedern Anfang 2011 vorgelegt wurde. Demnach war der Großteil der Teilnehmer männlichen Geschlechts (91,3 Prozent ≙ 1 992 Piraten), es haben aber auch knapp neun Prozent (190 Piraten) weibliche Parteimitglieder teilgenommen. Die am stärksten vertretenen Altersgruppen lagen dabei zwischen 20 und 34 Jahren mit insgesamt 61,9 Prozent. Danach folgten die Altersgruppen zwischen 34 und 44 Jahren mit knapp über 10 Prozent. Alle weiteren Gruppen lagen darunter und besonders im Bereich 45 bis 60 Jahre sinken die Teilnehmerzahlen deutlich ab (60 Jahre und älter bei 1,1 Prozent). Das in den Medien oft hervorgehobene junge Durchschnittsalter in der Piratenpartei (im Vergleich mit den im Bundestag vertretenen Parteien) zeichnet sich also auch in den Ergebnissen der Befragung ab. Selbst die Mitglieder von Bündnis 90/Die Grünen als nächstjüngste Partei sind im Schnitt 17 Jahre älter. (vgl. Neumann 2011: S. 190 f).

Der Bildungshintergrund der Piratenpartei weist mehrheitlich auf ein akademisches Umfeld hin. Mehr als die Hälfte der Parteimitglieder hat entweder ein (Fach-)Abitur (40,5 Prozent) oder aber einen akademischen Abschluss (36,8 Prozent). Mittlere Reife oder Vergleichbares haben knapp 20 Prozent. Einen Volksoder Hauptschulabschluss haben noch 2,5 Prozent und ein Prozent der Teilnehmer gab an, einen Abschluss zu haben, der bei den Antwortmöglichkeiten nicht zur Auswahl stand. Zum Zeitpunkt meiner Befragung (März-April 2011) gingen 25,3 Prozent der Mitglieder einem Studium nach, 5,4 Prozent befanden sich in einer Berufsausbildung, 3,4 Prozent gingen zur Schule, 4,3 Prozent gingen einer anderen Ausbildungsform nach und 61,5 keiner. Das heißt, Anfang 2011 waren ein Viertel der Parteimitglieder Studenten und im Verhältnis ging nur jeder zwanzigste einer Berufsausbildung nach. Auch dieses Ergebnis unterstreicht nochmal den oben genannten akademischen Bildungshintergrund (vgl. ebenda: S. 192 ff).

Die Frage nach der Erwerbstätigkeit ergab, dass 66,1 Prozent der Mitglieder zum damaligen Zeitpunkt voll berufstätig waren. Was belegt, dass der deutlich größte Teil der Parteimitglieder sich in der Piratenpartei neben der Ausübung einer beruflichen Vollzeittätigkeit engagierte. 17,9 Prozent gaben an, teilweise berufstätig zu sein, denkbar ist, dass hier ein nicht unerheblicher Teil auf die Studierenden in der Piratenpartei entfällt. Eine Analyse nur derjenigen, die angegeben haben, zurzeit einem Studium nachzugehen, ergab, verglichen mit dem Umfang der Erwerbstätigkeit, dass die meisten dieser Mitglieder tatsächlich auf diese Kategorie entfallen. Nicht berufstätig wurde allerdings am zweithäufigsten von diesen Mitgliedern angegeben. Im Ruhestand befinden sich lediglich 1,3 Prozent der Parteimitglieder (vgl. ebenda: S. 194).

Neben der Erwerbstätigkeit fragte ich auch nach dem damit verbundenen Beschäftigungsverhältnissen. Dabei gaben 63,1 Prozent an, Arbeitnehmer zu sein. Im Verhältnis mit dem Ergebnis zum Umfang der Erwerbstätigkeit (voll berufstätig: 66,1 Prozent) zeigt sich, dass die meisten Mitglieder der Partei also vollberufstätige Arbeitnehmer sind, die neben ihrem Beruf in der Piratenpartei aktiv sind und dabei auch ehrenamtliche Ämter bekleiden und etwaige andere Verantwortung übernehmen. Als selbstständig berufstätig ordneten sich 10,8 Prozent und freiberuflich 8 Prozent ein. Zwei Prozent der Mitglieder sind Arbeitgeber und 16,1 Prozent stehen zurzeit in keinem Beschäftigungsverhältnis, wobei sich diese Antwortoption, wie oben schon angedeutet, zu weiten Teilen aus den Studierenden der Partei speist (vgl. ebenda: S. 195). Weitere Fragen zur Person der Teilnehmer wurden nicht gestellt.

Festhalten lässt sich, dass die Piratenpartei besonders in der Altersgruppe zwischen 20 und 34 Jahren erfolgreich ist, vor allem bei Menschen männlichen Geschlechts, mit oft akademischem Bildungshintergrund. Deswegen kann man aber nicht gleich von einer „Studentenpartei" sprechen, denn zwei Drittel der Mitglieder sind in Vollzeit berufstätige Arbeitnehmer. Wenn die Piratenpartei ihre programmatische Palette weiteren politischen Bereichen öffnet, wie in den vergangenen beiden Jahren geschehen, ist es wahrscheinlich, wenn nicht sogar absehbar, dass gerade auch ältere Menschen beginnen könnten, die Partei stärker wahrzunehmen. Dieses Interesse könnte dann durchaus in Wahlbereitschaft umschlagen, wenn die entsprechenden politischen Themenbereiche bearbeitet werden. Bei den jüngeren Wählergruppen hat sie also bereits relativ gute Erfolgschancen, bei den älteren Generationen muss sich die Piratenpartei aber noch ins Zeug legen.

1.6   Berlin, Saarland – und dann?

Mein Ziel war es, einen Eindruck vom Innenleben der Piratenpartei zu vermitteln und zu analysieren. Zu diesem Zweck wurden verschiedene Themenbereiche meines Fragebogens, mit dem ich Anfang 2011 die Piratenpartei untersucht habe, beleuchtet und jeweils in kurzen Zwischenfazits auf ihre Wirkung im Blick auf die Erfolgschancen der Partei hingewiesen. Die Ergebnisse meiner Befragung stellen dabei den Stand der Piratenpartei bis zur Wahl in Berlin dar. Allerdings ist in der kurzen Zeit, die vielleicht einer politischen Ewigkeit gleicht, viel geschehen.

Die Piratenpartei hat mittlerweile eine Medien- und Öffentlichkeitswahrnehmung wie noch nie zuvor. Diese wirkt sich deutlich auf ihre Mitgliedszahlen aus, die im Anschluss an den Einzug ins Abgeordnetenhaus um gut 8 000 neue Mitglieder angestiegen sind. Ein Ende dieses positiven Trends ist vor allem angesichts der zwei noch ausstehenden Landtagswahlen in Schleswig-Holstein (06. 05. 2012) und Nordrhein-Westfalen (13. 05. 2012) noch nicht in Sicht. Bei der Landtagswahl im Saarland am 25. März gelang es den Piraten nach Berlin zum zweiten Mal in einen Landtag einzuziehen. Bemerkenswert ist, dass die Piraten mit rund 7,4 Prozent mehr Wähler an sich binden konnten, also die Bündnis 90/Die Grünen (5 Prozent).[24]

Sollte es den Piraten gelingen auch noch in Schleswig-Holstein und Nordrhein-Westfalen in die Landesparlamente einzuziehen, ist davon auszugehen, dass sich der oben genannte Trend weiter verstärken wird. Welche Auswirkungen dies auf die Piratenpartei haben wird, lässt sich wenn vielleicht 2013 auch noch der Sprung in den Bundestag gelingt, nur schwer voraussagen. Vor allem was ihr Selbstverständnis betrifft, könnte mittel- bis langfristig ein starker innerer Wandel die Folge sein. Naheliegend ist es, dass die Mitgliederzahlen der Partei weiterhin in gutem Maße ansteigen würden, vielleicht steht der Piratenpartei aber auch eine dritte große Mitgliederwelle bevor. Unter diesem Aspekt halte ich es für gut möglich, dass die Piratenpartei der 30 000-Mitgliedermarke nähert rückt oder sie vielleicht sogar übersteigt – zumindest bis Ende 2012.

Sollte die Piratenpartei aber tatsächlich bei beiden Landtagswahlen und der Bundestagswahl scheitern, könnte dies einen starken Dämpfer für die Hoffnungen der Parteimitglieder auf künftige Erfolgschancen bedeuten. Darüber hinaus würde eine solche Entwicklung sicherlich auch negativen Einfluss auf die Mitgliederentwicklung haben. Nicht auszuschließen ist, dass bei manchen Mitgliedern ein gewisser Grad an Resignation zu beobachten sein wird auf der anderen Seite könnte es aber auch Ansporn zu noch härterer Arbeit sein. Da die Piraten aber in sehr kurzer Zeit (für politische Verhältnisse) sehr erfolgreich waren, halte ich es für möglich, dass sich Wahlschlappen als weniger problematisch für die Partei erweisen könnten, als dies vielleicht bei den anderen, bereits in den Parlamenten vertretenen Parteien der Fall wäre – mit Ausnahme der FDP aufgrund ihrer aktuell angeschlagenen Lage. Der Ausgang der vor der Bundestagswahl 2013 stattfindenden Landtagswahlen könnte einen deutlichen Hinweis auf die Chancen der Piratenpartei bei der Bundestagswahl haben. Letztendlich zeigen aber Erhe-

---

24 Ergebnis der Landtagswahl im Saarland, in: Saarbrücker Zeitung Online vom 25. 03. 2012, http://www.saarbruecker-zeitung.de/saarlandwahl2012/ (Abruf 25. 03. 2012).

bungen wie beispielsweise die Sonntagsfrage einen Trend auf, der die Piraten seit Monaten nicht in Gefahr sieht, an der Fünf-Prozent-Hürde zu scheitern. Dabei schwankten die Werte in Februar und März 2012 zwischen neun und fünf Prozent.[25] Während also der orangefarbene Balken sich langsam in den Diagrammen der großen Meinungsumfrageinstitute etabliert, erscheint das Gelb der FDP scheinbar nur noch aus „Gewohnheit", denn die Höchstwerte der liberalen Partei liegen seit September 2011 nur noch zwischen drei und fünf Prozent – wohlgemerkt bei der Sonntagsfrage. Bei der Wahl im Saarland, Ende März, rutschten die Liberalen gar auf 1,2 Prozent ab.[26]

Wichtig ist dabei zu erkennen, dass es im Moment noch nicht die parlamentarische Arbeit der Piratenpartei ist, die die Partei so interessant macht. Vielmehr ist es ihr Selbstverständnis und ihr daraus resultierendes Alleinstellungsmerkmal unter den vielen Konkurrenten auf der politischen Bühne. Um erfolgreich zu sein, muss aber auch das „Handwerkliche" stimmen. Konkret heißt dies, dass Probleme, die in den vorangehenden Abschnitten genannt wurden, gelöst werden müssen. Aber auch auf den künftigen Parteivorstand, dessen Wahl im April gespannt entgegen gefiebert wird, kommt sicher eine Zeit sehr harter Arbeit zu. Weiterhin ist zu nahezu sicher, dass auch dieser Vorstand von vornherein lernen muss, mit einer hohen Medienaufmerksamkeit umzugehen.

Der amtierende Bundesvorstand, wie nun bekannt ist, wird nicht vollständig für eine zweite Amtszeit kandidieren[27], Bewerber sind längst bekannt und seit Wochen im Wiki der Piratenpartei gelistet.[28] Aller Wahrscheinlichkeit nach werden *Wilm Schumacher* und *Marina Weisband* nicht mehr zur Verfügung stehen. Schatzmeister *Rene Brosig* überlässt es der Versammlung ihn zu rufen, beziehungsweise zu nominieren. Was Frau Weisbands sogenannten „Rückzug" aus der Partei betrifft, so beschrieben ihn die Medien als großen Verlust für die Piratenpartei. Weisband selbst widerspricht dem aber in ihrem Blog und verweist darauf,

---

25 Informationen zu den Ergebnissen der verschiedenen Umfrageinstitute zur Sonntagsfrage finden sich unter Politik-Kommunikation.de (2012): Wenn am nächsten Sonntag gewählt würde ..., http://www.politik-kommunikation.de/wahlen/sonntagsfrage/ (22.03.2012).

26 FDP holt schlechtestes Ergebnis in Westdeutschland, in: Welt Online vom 25.03.2012, http://www.welt.de/politik/wahl/saarland-wahl/article13945781/FDP-holt-schlechtestes-Ergebnis-in-Westdeutschland.html (Abruf 25.03.2012).

27 Eine genaue Anführung der Gründe für oder gegen eine erneute Kandidatur der Bundesvorstandsmitglieder ist unter folgender Quelle abrufbar: Piratenpartei Deutschland (2012c): Wer nicht erneut für den BuVo kandidiert und warum, http://vorstand.piratenpartei.de/2012/01/25/wer-nicht-erneut-fur-den-buvo-kandidiert-und-warum/ (22.03.2012).

28 Die Liste der Kandidaten kann unter https://wiki.piratenpartei.de/Bundesparteitag_2012.1/Kandidaten eingesehen werden (Abruf 22.03.2012).

Ein Blick nach Innen: Das Selbstverständnis der Piraten

dass das Einzige, was sie bei ihrem Ausscheiden aus dem Vorstandsamt verliere, „nur" das Recht sei, an den Abstimmungen des Bundesvorstands mit abstimmen zu dürfen – ansonsten bliebe alles gleich. Auch gab sie hinsichtlich des gestiegenen Anspruchs an die Piratenpartei auf Taz.de zu bedenken, dass die Partei für das hohe Interesse, welches ihr entgegengebracht wird, noch nicht ausgelegt sei. Weiterhin habe sich seit der Wahl in Berlin alles sehr verändert. Der Arbeitsaufwand habe sich mittlerweile verachtfacht, wohingegen adäquate Arbeitsstrukturen und Mittel nicht gleichermaßen mitgewachsen seien (vgl. Weisband 2012 und Valin 2012).

Über die konkrete Lage in Berlin reflektiert Christopher Lauer, der wohl bekannteste Abgeordnete der Berliner Piraten neben Andreas Baum, auf die Piratenpartei insgesamt und schreibt nachdenklich seinem Blog am 18. März:

> „Warum bin ich nachdenklich? Weil wir hier in Berlin seit einem halben Jahr mit Realpolitik konfrontiert sind und ich mir deswegen immer wieder dieselben Fragen stelle. Einige sind eher global, andere sind sehr kleinteilig. Im Kern dreht sich aber alles um die Frage, was wir als Partei in Deutschland verändern wollen und welche Prinzipien dieser Veränderung zu Grunde liegen sollen. Wir reden viel über Transparenz und Bürgerbeteiligung. Was es für uns konkret bedeutet haben wir nicht definiert. Wir reden über „Themen statt Köpfe" und Basisdemokratie. Was das konkret bedeuten soll haben wir ebenfalls nicht definiert. Wir wollen nicht so werden wie „die Anderen" haben aber noch gar nicht klar, was wir an „den Anderen" gut oder schlecht finden. Alles in Allem: Wir hantieren parteiintern wie extern mit allerhand Vokabular herum, das vielleicht griffig, aber oft einfach nicht definiert ist. Das kann meiner Meinung nach eine Gefahr für uns werden. Wenn es uns nicht gelingt die Dinge, über die wir die ganze Zeit sprechen zu definieren, dann werden sie uns im Parlament auf die Füße fallen, dann werden andere sie für uns definieren und im Zweifelsfall ihre Definition gegen uns verwenden (Lauer 2012)."

Meiner Meinung nach wird hier das Verhältnis zwischen dem Selbstverständnis der Piratenpartei und der Realpolitik treffend auf den Punkt gebracht. Die gemeinsamen Ideale und damit verbundenen Visionen müssen durch gründliche und ausdauernde Arbeit definiert, entwickelt, eingebracht und verteidigt werden. Eine zutreffende Einschätzung der ersten Piratenfraktion auf Landesebene bietet auch tagesspiegel.de, der in einigen Punkten (nur 10 Tage vor Lauers Blogartikel) zu einer ähnlichen Einschätzung wie Lauer kommt, nur das er seine Kritik konkreter abbildet und wie folgt verdeutlicht:

„Bisher ist das der Fraktion vor allem bei ihren Kernthemen geglückt: Transparenz, Netzpolitik, Datenschutz. Die Piraten haben eine breite Debatte zur Funkzellenauswertung angestoßen, bei der die Polizei Handydaten zu Fahndungszwecken auswertet. Sie stellten eine Anfrage zur Überwachungssoftware an Schulen und machten öffentlich, dass Berlin sich einen sogenannten Staatstrojaner anschaffen will, eine hoch umstrittene Software zur Online-Durchsuchung von Rechnern. In anderen Themenfeldern hat sich die Fraktion noch nicht profiliert. Ein inhaltlich breites Angebot fehlt bisher. „Mal sehen, was übrig bleibt, wenn sich der Hype um die Piraten legt", sagt ein Linker skeptisch. Eine Grüne sagt, man könne die Piraten nicht ernst nehmen. Und aus der Koalition hört man, dass die Piraten einfach viel zu wenig inhaltlich vorlegen würden. Die Wähler scheinen sich daran nicht zu stören: In Umfragen haben die Piraten noch einmal merklich zugelegt. […] Die Piraten hatten einen holprigen Start. Inzwischen fallen sie schon öfter mit Inhalten auf, bleiben aber auf ihre Kernthemen beschränkt (Beikler/Christmann 2012)."

Manche der Berliner Wähler, die der Partei zu ihrem Einzug verholfen haben, dachten oder hofften vielleicht, dass die Fraktion der Piraten etwas „aggressiver" vorgehen würde, teilweise macht es aber den Eindruck, sie seien unter die parlamentarischen Räder gekommen und auch ein Stück weit durch die ersten Erfahrungen in der Realpolitik resigniert. Aus meiner Sicht sind die berühmten ersten hundert Tage unterschiedlich für Parlamentsneulinge und -profis zu beurteilen. Meiner Ansicht nach musste die Berliner Fraktion die meiste Zeit zunächst in ihren Aufbau und ihre Organisation investieren und konnte unter anderem deswegen noch nicht ihr volles Potenzial ausschöpfen. Fraktionen die schon lange im Landtag vertreten sind, verfügen bereits über etablierte Strukturen und haben zusätzlich einen Wissens- und Erfahrungsvorsprung, der von den Berliner Piraten durch nichts kompensiert werden kann. Aufgrund aber der genannten anstehenden beiden Landtagswahlen werden sie aber schon in wenigen Monaten auch nicht mehr die Einzigen sein, auf die man schauen wird, wenn es um die Realpolitik der Piratenpartei geht. Für diese eventuell neuen Fraktionen sollte es dann von größter Wichtigkeit sein, dass sie von den Erfahrungen ihrer Berliner Kollegen lernen und profitieren. Ein funktionierendes Netzwerk zwischen den Fraktionen ist zwar keine grundlegende Bedingung für eine gelingende Parlamentsarbeit, wohl aber für einen leichteren Einstieg in das Parlamentsleben. Ohne eine solche Vernetzung werden zwangsläufig Synergieeffekte verloren gehen und Fehler möglicherweise zwei Mal gemacht werden.

Ich denke, dass die Piratenpartei ihr politisches Programm dringend weiter konkretisieren und ausdifferenzieren muss. Zum einen, um als Ganzes auf einem solideren Fundament zu stehen und zum anderen auch, um ihre Abgeordneten thematisch zu unterstützten. Damit ist vornehmlich nicht eine Erweiterung um komplett neue Themenbereiche, sondern vielmehr die genaue Überarbeitung und Erweiterung der schon bestehenden Inhalte gemeint. Konkrete, auf den Programmpunkten basierende Definitionen sind eher Mangelware und meiner Meinung nach nicht die alleinige Aufgabe der Abgeordneten. Für sie wäre es auch von Vorteil, wenn sie sich auf eine Reihe gut durchdachter Definitionen stützen könnten. Daneben verleiht es der Politik der Piraten auch eine tiefere und genauere Verankerung in den schon bearbeiteten Themengebieten. Die Abgeordneten selbst müssen vor allem beweisen, dass sie die politischen Standpunkte der Partei sorgfältig nach außen hin vertreten und verteidigen können. Meiner Beobachtung nach machen die Berliner Piraten dabei bisher einen selbstbewussten Eindruck. Anstatt sich auf ihrem Neulings-Status auszuruhen, gehen sie, wo es möglich ist, in die Konfrontation. Das Handwerkszeug der anderen Parlamentarier müssen sich die Piraten aber erst noch aneignen.

Abseits vom politischen Handwerk bleibe ich bei der Einschätzung aus meiner Untersuchung in 2011: Das Selbstverständnis der Piratenpartei speist sich aus einer Philosophie des *Andersseins*. Dazu gehört ein starker Drang nach Freiheit in jeder Hinsicht. Allerdings hat die Piratenpartei auch dafür noch keine feste Definition anzubieten. Was sie letztendlich also unter dem Begriff Freiheit versteht, bleibt außer einer abstrakten Forderung nach Freiheit selbst bisher verborgen. Ich denke, es geht dabei besonders um die Freiheit, anders sein zu *können*. Es geht darum, auf neuen Pfaden Politik zu gestalten, ohne sich dabei in der Replikation des Gewohnten zu verlieren. So wollen die Piraten etwas Neues formen, eine neue Form der Politik. Dabei ist die Piratenpartei schon längst kein Experiment mehr, sondern auf dem Weg, sich Schritt für Schritt zu etablieren. Berlin scheint dabei „nur" der Anfang gewesen zu sein, wenn auch ein historischer, wie es auch der aktuelle Bundesvorsitzende *Sebastian Nerz* ebenfalls einschätzt.[29] Nicht zuletzt deswegen haben viele Parteimitglieder die Hoffnung, mit der Piratenpartei etwas bewegen zu können. Wie die Ergebnisse der Untersuchung außerdem zeigen, herrscht in der Piratenpartei immer noch Aufbruchsstimmung. Ein starker Antrieb für die Mitglieder, ihre Ziele weiterhin mit Nachdruck zu verfolgen, vor allem nach den Erfolgen in Berlin und dem Saarland sowie vielleicht auch bald in Schleswig-Holstein und Nordrhein-Westfalen.

---

29 Wowereit siegt, Piraten triumphieren, FDP verschwindet, in: Welt Online vom 18.09.2011, http://www.welt.de/politik/wahl/berlin-wahl/article13612074/Wowereit-siegt-Piraten-triumphieren-FDP-verschwindet.html (22.03.2012).

Den Traum von der Freiheit, Politik anders gestalten zu können, zu realisieren, ist also nach wie vor das, was das Selbstverständnis der Piratenpartei im Wesentlichen ausmacht. Alles weitere hängt von seiner Lebendigkeit ab und gestaltet sich durch sie aus. Wie frei diejenigen denken, die anders sein wollen, wird letztendlich die Veränderungskraft der Piratenpartei bestimmen – daran hat sich nichts geändert.

Literatur

Beikler, Sabine/Christmann, Karin (2012): Piraten im Parlament: Politik für Anfänger, in: tagesspiegel.de vom 08. 03. 2012, http://www.tagesspiegel.de/berlin/landes politik/100-tage-bilanz-der-landespolitik-piraten-im-parlament-politik-fuer-anfaenger/6299614.html (22. 03. 2012).

Lauer, Christopher (2012): Definitionsmacht Baby!, in: www.christopherlauer.de vom 18. 03. 2012, http://www.christopherlauer.de/2012/03/18/definitionsmacht-baby/ (18. 03. 2012).

LiquidFeedback (2012a): Ständige Mitgliederversammlung, https://lqfb.piratenpartei.de/ pp/initiative/show/2557.html (01. 03. 2012).

LiquidFeedback (2012b): ELWS-Verfahren für den BPT 2012.1 nutzen, https://lqfb. piraten partei .de/pp/initiative/show/2420.html (22. 03. 2012).

Neumann, Tobias (2011): Die Piratenpartei Deutschland – Entwicklung und Selbstverständnis. Berlin: Contumax-Verlag.

Piratenpartei Deutschland (2012a): Mitgliederentwicklung, http://wiki.piratenpartei.de/ Mitglieder (19. 02. 2012).

Piratenpartei Deutschland (2012b): Parteiprogramm, http://wiki.piratenpartei.de/Parteiprogramm (05. 03. 2012).

Piratenpartei Deutschland (2012c): Wer nicht erneut für den BuVo kandidiert und warum, http://vorstand.piratenpartei.de/2012/01/25/wer-nicht-erneut-fur-den-buvo-kandidiert-und-warum/ (22. 03. 2012).

Politik-Kommunikation.de (2012): Wenn am nächsten Sonntag gewählt würde ..., http:// www.politik-kommunikation.de/wahlen/sonntagsfrage/ (22. 03. 2012).

Reißmann, Ole (2011): Piraten wählen Vernunft, in: Spiegel-Online vom 14. 05. 2011, http:// www.spiegel.de/netzwelt/netzpolitik/0,1518,762614,00.html (01. 03. 20 12).

Thürmer, Gefion (2012): Noch einmal BuVo, in: Gefinition vom 25. Januar 2012, http:// www.gefiont .de/2012_01_01_archive.html (05. 03. 2012).

Valin, Frédéric (2012): Erschöpfung bei den Shooting Star, in: Taz.de vom 28. 02. 2012, http://www.taz.de/!88639/

Wahlumfrage.de (2012): 6 aktuelle Wahlumfragen im Vergleich – Bundestag, in: Wahlumfrage.de vom 10. 03. 2012, http://www.wahlumfrage.de/?p=5780 (10. 03. 2012).

Weisband, Marina (2012): Der Tag, an dem nichts wirklich passiert ist. http://www. marinaslied .de/?p=693 (22. 03. 2012).

Die Piratenpartei und die Genderproblematik

Manuela S. Kulick

1   Einleitung

Der wohl bekannteste lebende deutsche Pirat und für viele das Gesicht der sonst so männerdominierten Piratenpartei, ist eine Frau: Marina Weisband. Die im Mai 2011 zur politischen Geschäftsführerin der Piratenpartei gewählte Weisband ist für das Bild der Piraten in der Öffentlichkeit prägend. Dabei bewertet sie ihre Darstellung in den Medien selber durchaus kritisch:

> „Seien wir ehrlich. Meine Medienpräsenz besteht zu 80 % aus Fotos, Kommentaren über meine Frisur, meine Kleidung, meine Hobbies, meine Art. Hach, wie hübsch und hach, wie erfrischend, heißt es da immer. Ja, ich bin für die Öffentlichkeit gerade eine angenehme Gestalt – jung, engagiert, weiblich. Aber wofür ich engagiert bin, warum ich in meinem Alter eine unentgeltliche 60-Stunden-Woche arbeite, was für eine Idee es ist, hinter der wir stehen, danach fragt man bestenfalls oberflächlich."[1]

In ihrem Blog analysiert Marina Weisband weiterhin, warum in der Piratenpartei so wenige Frauen vertreten sind. Dies liegt ihrer Ansicht darin begründet, dass sich in der Politik generell wenige Frauen engagieren. Und auch an der Art und Weise, wie die Medien über Frauen in der Politik berichten. Politikerinnen werden auf ihre Rolle als Frau reduziert. Erst wenn sie in der Politik versagen, wird auf ihre politischen Inhalte eingegangen. Dieses Verhalten der Medien wertet Weisband als Sexismus: „Ich bin in der Piratenpartei nie Sexismus begegnet. Ich habe nicht an Sexismus geglaubt. Aber das hier ist er."[2]

Auf ihre privaten Blogbeiträge erhält Weisband schnell über 150 Kommentare, aber auch auf Twitter ist sie sehr aktiv. Dort hat sie, im Vergleich zu dem Bun-

---

1   Eintrag aus dem Blog Marina Weisbands vom 12.12.2011, http://www.marinaslied.de/?p=675 (31.03.2012).
2   Ebenda.

desvorsitzendem der Piraten, Sebastian Nerz, mit deutlichem Abstand mehr Follower: 23 899 folgen der Piratin, „nur" 6 060 dem Bundesvorsitzendem. Marina Weisband hat also eine gewisse Reichweite.

Das Internet stellt für die Piraten die wichtigste Kommunikationsplattform dar: in Blogs, Twitter und Forenbeiträge kann jeder – unabhängig ob Mitglied der Piraten, Sympathisant oder auch Gegner – seine Meinung zu aktuellen Themen mitteilen. So auch zu dem seit der Gründung 2006 immer wiederkehrendem Thema: der Genderdebatte. Die Piraten selbst sehen zwei Gründe für diese Diskussion, die auch von den Medien immer wieder aufgegriffen werden. Zum einen wird der offensichtlich geringe Frauenanteil in der Partei angeführt, zum anderen eine fehlende Frauenquote bei der Besetzung von Parteiämtern.

Der genaue Frauenanteil ist in der Piratenpartei unbekannt. Anders als bei anderen Parteien in Deutschland wird beim Eintritt in die Partei das Geschlecht nicht erhoben. Dieses Vorgehen kann als kohärent gewertet werden, da die Piraten in ihrer offiziellen Position Geschlechterzuschreibungen ablehnen[3] (Hauck 2012). Pirat – so die offizielle Position – ist nun einmal Pirat: ganz gleich ob weiblich oder männlich. Umso mehr erstaunt es, dass laut einer aktuellen Umfrage des Kegelklubs nur 6 Prozent der Piraten die Partei als absolut „post-gender" ansehen.[4]

In diesem Betrag wird die Genderdebatte innerhalb der Piratenpartei nachgezeichnet und aufgezeigt, wie diese von den Mitgliedern wahrgenommen und geführt wird.

2 Repräsentation der Frauen unter den Piraten

2.1 Parteimitglieder und Wähler

Um Aussagen zu der Repräsentation der Frauen unter den Piraten treffen zu können, wäre es wünschenswert, den Anteil der Frauen an den Mitgliedern der Piratenpartei zu kennen. Da dieser aber nicht bekannt ist, kann er nur geschätzt werden. In diversen Blogs und Foren der Partei wird der Anteil zwischen 5 und 15 Prozent vermutet. Eine Umfrage von Neumann weist in dieselbe Richtung. Dort

---

3 Vgl. Mirjam Hauck, Geschlechterdebatte im Netz. Hat die Piratenpartei recht?, in: Süddeutsche Zeitung online vom 10. Januar 2012, http://www.sueddeutsche.de/digital/geschlechterdebatte-wie-ich-versuchte-die-postgender-these-der-piraten-zu-widerlegen-1.1253306 (31. 03. 2012).

4 Bei dem Kegelklub handelt es sich um ein loses Netzwerk innerhalb der Piratenpartei, welches sich mit der Genderpolitik in der Piratenpartei beschäftigt. Auf die genannte Umfrage des Kegelklubs wird unter Punkt 4 noch detaillierter eingegangen.

Die Piratenpartei und die Genderproblematik

wurden mithilfe eines Online-Fragebogens 2 237 Mitglieder der Piraten befragt, von denen 8,5 Prozent angaben weiblichen Geschlechts zu sein. 89 Prozent der Teilnehmer waren männlichen Geschlechts und 2,5 Prozent verweigerten die Aussage (Neumann 2011: 190).

Es ist zwar wenig überraschend, dass Frauen weniger stark unter den Mitgliedern der Piraten vertreten sind als Männer – dafür spricht das bekannte niedrigere politische Interesse von Frauen und das daraus resultierende geringere Engagement in den traditionelle Strukturen der Politik (Keil/Holtz-Bacha 2008: 242) – dass der geringe Anteil der Frauen aber nicht nur auf dieses bekannte Argument zurückzuführen ist, zeigt ein Vergleich mit den Frauenanteilen in anderen Parteien. Wird von einem geschätzten Frauenanteil von 8,5 Prozent unter den Mitgliedern der Piraten ausgegangen, liegt dieser immer noch deutlich unter dem Anteil der weiblichen Parteimitglieder anderer etablierten Parteien in Deutschland (siehe dazu auch Tabelle 1). Der Frauenanteil der Parteien des linken Lagers lässt sich zwischen 30 und 40 Prozent verordnen. Bei den Parteien des bürgerlichen Lagers ist dieser zwar deutlich niedriger, liegt aber immer noch deutlich höher als bei den Piraten.

Neben dem Anteil der weiblichen Mitglieder ist auch ein Blick auf die Wählerstruktur von Interesse. Werden die Piraten nur von Männern gewählt? Zur Verfügung stehen Daten der Landtagswahl in Berlin (September 2011) sowie der saarländischen Landtagswahl (März 2012). Unabhängig davon, ob der Blick ins Saarland oder nach Berlin geht, bei keiner anderen der hier aufgeführten Parteien ist der Unterschied zwischen den männlichen und weiblichen Wählern so groß wie bei der Piratenpartei. In Berlin beträgt dieser 23 Prozent, im Saarland mit 21 Prozent nur geringfügig weniger. Das heißt, knapp zwei Drittel der Piratenwähler sind männlich. Im Umkehrschluss bedeutet dies, dass nur jeder Dritte Wähler der Piraten in Berlin und dem Saarland eine Frau ist. Es zeigt sich aber auch, dass die Piratenpartei prozentual deutlich mehr weibliche Wähler gewinnen konnte, als sie weibliche Mitglieder hat.

Auch wenn bei den anderen Parteien das Verhältnis zwischen den männlichen und weiblichen Wählern prinzipiell ausgewogener ist als bei der Piratenpartei, zeigen sich auch dort Unterschiede. Als Beispiel seien die Grünen angeführt, die bei der Landtagswahl im Saarland 17 Prozent mehr weibliche als männliche Wähler für sich gewinnen konnten. Und auch bei der Berliner FDP lässt sich mit 15 Prozent Differenz ein deutlicher Unterschied zugunsten der Männer feststellen.

Interessant ist auch das Verhältnis zwischen den weiblichen Parteimitgliedern und den weiblichen Wählern. Alle Parteien haben prozentual mehr weibliche Wähler als weibliche Parteimitglieder, was aufgrund des traditionell geringeren

152 Manuela S. Kulick

Tabelle 1   Anteil der weiblichen Parteimitglieder und Wähler

	Anteil weiblicher Parteimitglieder	Anteil Wähler Berlin (9/2011)		Anteil Wähler Saarland (3/2012)	
		m	w	m	w
CDU	25,6	48	49	44	50
SPD	31,3	43	53	45	48
FDP	22,8	55	40	48	45
Grüne	37,1	42	55	39	56
Linke	37,3	48	48	52	41
Piraten	~ 8,5	60	37	58	37

Quelle: Parteimitglieder (Niedermayer 2011: 373) außer Piraten (Neumann 2011: 190), die Wähleranteile für die Wahlen in Berlin und im Saarland wurden freundlicherweise von Infratest dimap zur Verfügung gestellt und entstammen der Wahltagsbefragung für die ARD. Fehlende Werte zu 100 sind durch Personen bedingt, die die Angabe zum Geschlecht verweigerten.

Engagements von Frauen in der Politik wenig überrascht. Zwar ist auch bei diesem Vergleich der weiblichen Parteimitglieder und weiblichen Wählern die Differenz bei der Piratenpartei am höchsten (27 Prozent in beiden Bundesländern), allerdings gestaltet sich das Bild bei den anderen Parteien (mit Ausnahme der Linken) nicht grundsätzlich anders. So hat beispielsweise die CDU bei den Mitgliedern nur einen Frauenanteil von 25,6 Prozent, bei den Wahlen in Berlin waren aber 49 Prozent und im Saarland 50 Prozent ihrer Wähler Frauen. Auch dort zeigt sich also – wie bei den Piraten – ein klarer Unterschied zwischen dem Anteil der weiblichen Parteimitglieder und dem der weiblichen Wähler.

2.2   Politische Ämter

Während der Frauenanteil unter den Mitgliedern der Piraten nur geschätzt werden kann, ist dieser für die politischen Ämter bekannt. Im Bundesvorstand sind die Frauen im Vergleich zu ihrer Parteimitgliedschaft leicht überproportional vertreten. Unter den sieben Mitgliedern finden sich zwei Frauen, was einem Anteil von 14 Prozent entspricht. Auf Ebene der Landesverbände ist das Bild durchmischter, insgesamt sind aber 13 Prozent der Vorstandsmitglieder weiblich. Es zeigt sich

Die Piratenpartei und die Genderproblematik 153

aber auch, dass einige Vorstände ausschließlich mit männlichen Mitgliedern besetzt sind, so beispielsweise in Sachsen oder Schleswig-Holstein. Nun kann ein Anteil von circa 13 Prozent weiblicher Vorstandsmitglieder sowohl positiv als auch negativ bewertet werden. Werden diese 13 Prozent in Bezug zu dem Anteil der Gesamtbevölkerung (50,9 Prozent der deutschen Bevölkerung sind weiblichen Geschlechts) gesetzt, ist dieser dramatisch niedrig. Vergleicht man ihn aber mit dem Anteil der weiblichen Piratenmitglieder (nach Neumann 8,5 Prozent), ist dies durchaus positiv zu beurteilen. Der Anteil der weiblichen Vorstandsmitglieder repräsentiert demnach ziemlich gut den Anteil der weiblichen Parteimitglieder.

Tabelle 2 Anteil weiblicher Piraten in den Landesvorständen

Land	Anzahl Vorstand (m&w)	Vorsitzender	stellvert. Vorsitzender	weiterer Vorstand
Baden-Württemberg	7	–	1	–
Bayern	7	–	–	1
Berlin	5	–	1	1
Brandenburg	7	–	1	–
Bremen	7	–	–	1
Hamburg	7	1	–	–
Hessen	5	–	–	1
Mecklenburg-Vorpommern	5	–	–	–
Niedersachsen	6	–	–	1
Nordrhein-Westfalen	7	–	–	1
Rheinland-Pfalz	7	–	–	–
Saarland	7	1	–	–
Sachsen	5	–	–	–
Sachsen-Anhalt	6	–	–	–
Schleswig-Holstein	7	–	–	–
Thüringen	5	–	–	2

Es handelt sich um absolute Zahlen.

* Quelle: Piratenpartei, http://wiki.piratenpartei.de/Vorst%C3%A4nde [31. 03. 2012]

154   Manuela S. Kulick

Unabhängig von der Besetzung der politischen Ämter innerhalb der Piratenpartei, lässt sich festhalten, dass Frauen sowohl als Parteimitglieder, als auch bei der Ämtervergabe insgesamt weniger stark vertreten sind als ihre männlichen Kollegen. Dies wird allerdings von großen Teilen der Bevölkerung nicht als problematisch wahrgenommen, wie aus einer Untersuchung zur Bundestagswahl 2005 hervorging (Westle 2009: 160 f.).[5]

3 Genderdebatte bei den Piraten

Das Thema Gender gibt bei den Piraten immer wieder Anstoß zur Diskussion. Dies mag darin begründet liegen, dass sich die Piratenpartei als Netzpartei gründete und zunächst hauptsächlich Männer Mitglied wurden. Von Beginn an waren Frauen in der Piratenpartei unterrepräsentiert. Dies ist für viele Piraten kein größeres Problem, wie Blogs und Forenbeiträge entnommen werden kann.

Die Diskussionen zu den verschiedenen Genderfragen werden dabei sowohl von weiblichen als auch von männlichen Piraten angestoßen und werden in den meisten Fällen auf einer sachlichen Ebene geführt. Dabei darf nicht der Fehler begangen werden zu vermuten, alle weiblichen bzw. alle männlichen Piraten vertreten dieselbe Meinung. Welche Position ein Pirat einnimmt, ist weniger vom eigenen Geschlecht als vielmehr von der Einstellung zum Geschlecht abhängig.

3.1   Diskussion über die Satzung: Pirat vs. Piratin

In der aktuellen Satzung unter §1, 5 steht „Die in der Piratenpartei Deutschland organisierten Mitglieder werden geschlechtsneutral als Piraten bezeichnet." Die geschlechtsneutrale Bezeichnung „Pirat" in der Satzung wurde am 10. September 2006 während der Gründungsversammlung von der Mehrheit beschlossen.[6]

Schon vor der Gründungsversammlung 2006 wurde über die Bezeichnung der Mitglieder diskutiert. Cisco-enable schlug bereits am 6. August 2006 vor, in dem damaligen Entwurf der Satzung „Piraten und Piratinnen" der Einfachheit [sic] halber durch „PiratInnen" ersetzen." Dieser Vorschlag wurde nicht umge-

---

5   Die Untersuchung kommt zu dem Ergebnis, dass sich ein Großteil der Deutschen auch keine höhere Repräsentativität von Frauen in politischen Führungsrollen wünscht. Begründen lässt sich dieses Ergebnis unter anderem mit der Auffassung, dass es keine relevanten Unterschiede in den Kompetenzen der Geschlechter in Bezug auf die Politik gibt.
6   Gründungsprotokoll der Piraten, S. 4 (Mitgliederbezeichnung).

setzt. Am 8. Juli 2009 wurde die Benennung der weiblichen Piraten in der Satzung wieder thematisiert. Dieses Mal übte Ritinardo in seinem Blog Kritik:

> „[...] Die Piratenpartei hat nun aber das Gegenteil gemacht: Von einem Wort, zu dem es bereits eine weibliche Form gibt, haben sie diese per Satzungsbeschluss entfernt. Hierbei handelt es sich also um eine bewusste Sprachmanipulation. [...]."[7]

Dieser externe Blogbeitrag war Auslöser für eine hauptsächlich innerparteilich geführte Debatte zwischen 2009 und 2011, in deren Verlauf knapp 600 Beiträge verfasst wurden. Die Medien verfolgten diese Diskussion jedoch nur marginal.

Auch wenn der Auslöser für die Debatte die Benennung der weiblichen Mitglieder als „Pirat" war, so wurden in der Diskussion etliche weitere Punkte, wie unter anderem ein Forum nur für Frauen (und im Gegenzug dann auch ein Forum nur für Männer) und Diskriminierung von Frauen angesprochen. Zusammenfassen lassen sich die verschiedenen Beiträge unter der Überschrift „Frauen in der Piratenpartei". Zu einer Lösung, im Sinne einer Satzungsänderung was die Benennung der weiblichen Piraten angeht, oder ein Positionspapier, führte die Diskussion jedoch nicht. Weiterhin werden alle Mitglieder – unabhängig von ihrem Geschlecht – in der Satzung als „Pirat" geführt. In der Forendiskussion war die Mehrheit der Teilnehmer für die Beibehaltung des Begriffes „Pirat" unabhängig vom Geschlecht. Auch wenn das Foren allen Mitgliedern (und auch Nichtmitgliedern) der Piratenpartei offen steht, stellt sich natürlich trotzdem die Frage, in wie weit die dort geäußerten Meinungen die Meinung aller Piraten widerspiegeln. Es ist anzunehmen, dass die Mehrheit der Piraten keinen Handlungsbedarf sah und sieht die Satzung hinsichtlich der Benennung weiblicher Mitglieder zu ändern. Zum einen gab es bislang keine Änderungen der Satzung oder Anträge darauf, zum anderen würde sich eine solche Änderung auch nur bedingt mit der Einstellung der Piratenpartei zum Geschlecht allgemein vereinbaren lassen. Die Piraten bezeichnen sich häufig als post-gender und möchten dementsprechend nicht als „Mann" oder „Frau", sondern vielmehr als „Mensch" wahrgenommen werden.

---

7 Siehe dazu: http://ritinardo.wordpress.com/2009/07/08/und-es-gibt-sie-doch-piratinnen/ (31.03. 2012).

3.2 Frauenquote bei den schwedischen und deutschen Piraten

Das „Fundament für die Piratenbewegung goss" der Amerikaner John Perry Barlow (Häusler 2011: 19), die erste Piratenpartei wurde aber am 1. Januar 2006 in Schweden gegründet. Kurz darauf gegründeten sich Piratenparteien über ganz Europa, wobei die größten Wahlerfolge vorerst in Schweden sichtbar wurden (Erlingsson/Persson 2011: 121).

Die schwedischen Piraten sind den deutschen von ihrer Mitgliederstruktur her nicht unähnlich: weibliche Mitglieder sind eher rar, hauptsächlich finden sich in der schwedischen Piratenpartei „young people, males, students and persons living in cities" (Erlingsson/Persson 2011: 122) wider – nicht unähnlich der deutschen Piratenanhängerschaft. Bedingt durch vergleichsweise wenige weibliche Mitglieder, sind auch nur weniger der Ämter mit Frauen besetzt. Das führte sowohl bei den schwedischen als auch den deutschen Piraten zu Diskussionen über die Einführung einer Frauenquote.

Die schwedische Piratenpartei führte 2010 zur Wahl des Riksdag nach langen Diskussionen eine Frauenquote von 30 Prozent ein. Begründet wurde dieser Schritt von der Vorsitzenden der schwedischen Piraten Anna Troberg[8] mit „wir wollen im Wahlkampf nicht über Geschlecht reden, sondern über unsere Politik".

Die Problematik einer Frauenquote von 30 Prozent bei einem deutlich geringen Anteil von weiblichen Mitgliedern lässt sich gut am schwedischen Beispiel verdeutlichen. Für die Wahl zum schwedischen Riksdag standen 82 Listenplätze zur Verfügung, auf die sich insgesamt 227 Piraten, davon 33 Frauen (14 Prozent), bewarben. Aufgrund der Frauenquote konkurrierten die 33 Frauen um 26 Plätze, die 197 männlichen Piraten um 56.

Auch in der deutschen Piratenpartei kommt immer wieder die Frage nach einer Frauenquote auf. Während in Deutschland für die Wirtschaft noch diskutiert wird, in wie fern eine Frauenquote eingeführt werden soll, haben die etablierten deutschen Parteien – mit Ausnahme der FDP[9] – diesen Schritt bereits

---

8   Bis 2009 war sie stellvertretende Vorsitzende und löste zum 1. Januar 2011 Rick Falkvinge ab. „Piratpartiets ledare avgår", in Sydsvenskan vom 1. Januar 2011, http://www.sydsvenskan.se/sverige/piratpartiets-ledare-avgar/ (31.03.2012).

9   Der Bundesvorstand der FPD hat im Februar 2011, aufbauend u. a. auf dem Frauenförderplan von 1987, das Programm „Neue Chancen für Frauen – Potenziale erschließen, Fairness erreichen" beschlossen. Ziel ist es dabei, einen Anteil von 30 Prozent Frauen in Mitgliedschaft und unter den Funktions- und Mandatsträgern zu erreichen. Dabei setzten sie „auf den Ausbau formaler Chancengleichheit statt starrer Quotierungen". Siehe dazu die Pressemitteilung der FPD vom 08.02.2011, http://www.liberale.de/Pressemitteilungen/1984c/index.html?id=14989 (31.03.2012).

Die Piratenpartei und die Genderproblematik

157

vollzogen. Als erste Partei führten die Grünen 1986 eine Quote von 50 Prozent ein, als letzte – und heftig umstritten – die CSU 2010. Die Frauenquote der CSU von 40 Prozent gilt zudem nur auf Landes- und Bezirksebene. Die Orts- und Kreisverbände sind von der Quotenregelung ausgeschlossen – der Widerstand war dort am größten. Für die Frauenquote setzten sich, neben Horst Seehofer, vor allem die älteren weiblichen Mitglieder der CSU, die auch ohne Frauenquote ein (hohes) politisches Amt erreicht hatten, ein. Sie begründeten dies damit, dass die Stellung der Frauen innerhalb der CSU im Zeitverlauf „einfach nicht besser geworden sei"[10].

Bei den Parteien mit Quote zeigt sich, dass die Frauen in Führungspositionen im Vergleich zu ihrem Anteil in der Mitgliederschaft teilweise stark überrepräsentiert sind. Besonders deutlich wird diese bei der CSU, wo der Anteil der weiblichen Mitglieder bei nur 19,2 Prozent liegt.

Auch wenn die Piraten derzeit keine Frauenquote haben, sind sie doch die einzige Partei, bei der der durchschnittliche Anteil der weiblichen Führungskräfte dem der weiblichen Parteimitglieder entspricht.

Die Einführung einer Frauenquote wird derzeit von der Mehrzahl der Piraten abgelehnt. Zwischen Dezember 2009 und Januar 2010 entstanden insgesamt 289 Kommentare zu der eingeführten Quotenregelung in Schweden, wobei der

Tabelle 3 Anteil der weiblichen Parteimitglieder und Wähler

	Anteil weiblicher Parteimitglieder*	Frauenquote in Prozent
CDU	25,6	33
CSU	19,1	40
SPD	31,3	40
FDP	22,8	–
Grüne	37,1	50
Linke	37,3	50
Piraten	~ 8,5	–

Quelle: Parteimitglieder siehe Tabelle 1, Quotenregelung Satzung der einzelnen Parteien.

---

10 Katja Auer, CSU beschließt Frauenquote. Schwer umkämpft bis ins Ziel, in: Süddeutsche Zeitung vom 29. Oktober 2010.

grundlegende Tenor der Diskussion sich klar gegen eine Frauenquote aussprach. Zwei Kommentare sollen hier beispielhaft genannt werden:

> **Männlicher Pirat:** „Wenn wir annehmen, dass Männer und Frauen im Durchschnitt gleich begabt und kompetent sind und sich die Verteilung dieser Eigenschaft nach Gauss verhält, dann ist klar, das bei einem Mitgliedsanteil von 13 Prozent und einem Mandatsträgeranteil von 30 Prozent, die Frauen in dieser Position im Durchschnitt weniger kompetent sein werden. [...] Da mich unsere Sache an sich interessiert und ich nicht in die Piratenpartei eingetreten bin, um Frauenförderung zu betreiben, bin ich gegen jede Form von Quotierung."

> **Weiblicher Pirat:** „Ich bin grundsätzlich gegen eine Quotenregelung, da die nur dazu führt, dass Kanditatur [sic] nach Quote aber nicht nach Leistung beurteilt wird, frei nach dem Motto: „Na ja wir müssen jetzt noch eine oder mehrere Frauen dazu nehmen, um die Quote zu erfüllen, egal, ob sie geeignet sind oder nicht." Ich glaube nicht, dass dies im Interesse der Frauen liegt, die sich engagieren, und die Piraten mit ihrer Leistung von der Kanditatur [sic] überzeugen wollen.
> In welchem Bereich auch immer, das ist für jede Frau ein Schlag ins Gesicht, die sich durch Leistung und Engagement auszeichnet, diese Form der Bevorzugung brauchen Frauen nicht mehr da gibt es für mich nur eine Forderung: Frauenquoten abschaffen – überall ohne Ausnahme."

Auch die Umfrage des Kegelklubs kam zu dem Ergebnis, dass eine Frauenquote von den deutschen Piraten abgelehnt werden würde. Insgesamt sprachen sich 89 Prozent der Männer aber auch 73 Prozent der Frauen gegen eine Quote aus. Wird der Anteil der weiblichen Vorstandsmitglieder in Bezug zu dem Anteil der weiblichen Mitglieder gesetzt wird, stellt sich auch die Frage, ob eine Quote in der Piratenpartei wirklich notwendig ist.

3.3 Der Begriff „post-gender"

Eine immer wieder bei Diskussionen um die Position der Piratenpartei in Bezug auf Geschlechterthemen auftauchender Vokabel ist der Begriff „post-gender". Post-gender meint eine Gesellschaftsordnung, in der das Geschlecht nicht mehr relevant ist und sich die Kategorie „letztendlich auflösen soll" (Lang 2006: 223). So verstehen die Piraten unter post-gender auch treffend den „Zustand nach der Überwindung der Geschlechtsunterschiede". In ihrem Grundsatzprogramm ist

Die Piratenpartei und die Genderproblematik 159

die „freie Selbstbestimmung von geschlechtlicher und sexueller Identität bzw. Orientierung" aufgeführt. Dementsprechend lehnen sie die Diskriminierung aufgrund des Geschlechts ab und fordern, dass „Gesellschaftsstrukturen, die sich aus Geschlechterrollenbildern ergeben, […] überwunden werden"[11] müssen. Daraus leiten die Piraten drei konkrete Forderungen ab:

- Keine Erfassung des Merkmals „Geschlecht" durch staatliche Behörden,
- Abschaffung des Zwangs zum geschlechtseindeutigen Vornamen und
- Ablehnung von geschlechtszuordnenden Operationen bei Kindern, wenn deren Selbstbestimmung dadurch eingeschränkt wird.

Verfolgt man die Diskussionen zum Thema post-gender bei den Piraten, werden diese häufig mit der Frage nach einer Frauenquote, Sexismus und Diskriminierung von Frauen verbunden. Ein Beitrag von Nebbsen (September 2009) soll dies verdeutlichen:

„Eine ‚Piratinnenquote' für Kandidaten oder Frauen-AGs sind für mich persönlich übrigens die Spitze des Sexismus. Denn genau durch eine Einrichtung solcher Dinge wird eben ausgedrückt, dass eine Ungleichheit zwischen den Geschlechtern zu herrschen scheint. Die Piratenpartei hat dank der basisdemokratischen Ausrichtung perfekte Voraussetzungen für eine wie du ja schon schreibst ‚selbstverständliche Gleichberechtigung'."[12]

Dabei sehen dies nicht alle Piratinnen (aber auch Piraten) wie Nebbsen. Einige fordern eine Frauenquote oder Frauen-AGs, wie zum Beispiel die Initiative „Piratinnen" (siehe auch 3.4):

„Wir möchten Frauen ansprechen, die sich innerhalb der Partei benachteiligt fühlen – und Frauen, denen es nicht so geht, die aber die Position der anderen ernst nehmen. Insbesondere möchten wir auch Anlaufstelle für Frauen sein, die sich für Netzpolitik und andere Piratenthemen interessieren, sich aber bisher nicht engagiert haben, weil

---

11 Entnommen aus dem Grundsatzprogramm der Piratenpartei, nachzulesen im Parteiwiki: http://wiki.piratenpartei.de/Parteiprogramm (31.03.2012).

12 Siehe http://www.mela.de/archives/1085-Die-Piratenpartei-und-das-Genderding.html (31.03.2012).

sie sich als Frauen bei uns diskriminiert fühlen. Wir wollen einen Kommunikationsraum schaffen, in dem solche Schwierigkeiten artikuliert werden können."[13]

Neben den Verfechtern der post-gender Einstellung finden sich unter den Piraten aber auch Vertreter, die zumindest der Umsetzung der post-gender Gedanken kritisch gegenüberstehen.

Dies wird auch an den Ergebnissen der Kegelklub-Umfrage deutlich. Auf die Frage, nach der eigenen post-gender Einschätzung antwortete knapp ein Viertel der Befragten sie seien nicht post-gender und halten es auch für nicht erstrebenswert (11,8 Prozent) bzw. halten es für unrealistisch (12,5 Prozent). Die Mehrheit der Befragten, sieht sich selber aber als post-gender an oder aber versucht es zumindest zu sein. Die Abbildung 1 verdeutlicht die Verteilung und nimmt auch die Antworten auf die Frage, in wie weit die Piratenpartei post-gender sei auf.

Abbildung 1 Post-gender: Ego und Piratenpartei

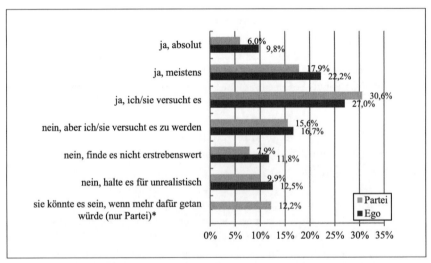

* Die Antwortmöglichkeit „sie könnte es sein, wenn mehr dafür getan würde" wurde nur bei der Frage, inwiefern die Piratenpartei post-gender sei, gegeben, bei der eigenen post-gender Einschätzung nicht.

Quelle: Umfrage des Kegelklubs, eigene Berechnungen.

---

13 Hierbei handelt es sich um die Begründung für die Erstellung einer Mailingliste nur für Frauen, nachzulesen im Piratenwiki unter: http://wiki.piratenpartei.de/Piratinnen (31. 03. 2012).

Die Piratenpartei und die Genderproblematik 161

Sowohl für die Partei, als auch bei der eigenen Einschätzung wird die post-gender Einstellung von der Mehrzahl der Befragten positiv bewertet. Auf die Partei bezogen hält es nur knapp ein Fünftel der Piraten für nicht erstrebenswert bzw. unrealistisch wenn sich diese post-gender ausrichtet.

3.4 Piratinnen – Klarmachen zum Gendern

Am 27.02.2010 veröffentlichte die Piratin Lena Simon eine Pressemitteilung mit dem Titel „Klar machen zum Gendern". In dieser privaten Pressemitteilung kündigte sie die Gründung eines neuen Netzwerkes innerhalb der Piratenpartei an. Dieses Netzwerk trägt den die Namen „Piratinnen" und hat sich zum Ziel gesetzt, „zu einem besseren Verständnis von Zielen, Wünschen und Nöten der Frauen in einer überwiegend von Männern dominierten Piratenpartei beizutragen" (Pressemitteilung).[14] Die Hauptaktion des neuen Netzwerkes sollte in der Einrichtung einer Mailingliste nur für Frauen bestehen. Die Pressemitteilung löste einen Sturm der Entrüstung (nicht nur der männlichen Piraten) aus, woraus eine sehr emotional geführte Diskussion entstand.

Als erster (formaler) Kritikpunkt wurde die Art der Bekanntmachung angeführt. Daneben drehte sich die Diskussion in der Hauptsache aber um die Frage, ob eine Mailingliste nur für Frauen notwendig oder auch nur wünschenswert sei.

> „Ich kann das nicht nachvollziehen? Warum brauchen Piraten weiblichen Geschlechts ein eigenes Medium? Warum soll hier entgegen unserer Satzung nach geschlechtlichen Kriterien ein Teil der Mitglieder ausgeschlossen werden? Ich sage ganz ehrlich: Ich lehne das ab, nicht weil ich männlichen Geschlechts bin, sondern weil ich Pirat bin und jede Differenzierung nach Geschlecht, Rasse, Glaube, sexueller Präferenz ablehne. 100 % Gleichberechtigung – und aus diesem Grund muss ich das hier klar ablehnen." (Piratenwiki, WolfgangP)

Ein weiterer Kritikpunkt bezog sich auf die von den Piraten immer wieder geforderte Transparenz, die durch eine Mailingliste ausschließlich für Frauen nicht gegeben sei. Zumindest Leserechte wurden für alle Piraten gefordert.

Schließlich wurde von etlichen, insbesondere weiblichen Piraten, der Name „Piratinnen" kritisiert. Das Argument war, dass durch den Namen Außenstehenden vermittelt würde, alle weiblichen Piraten wären durch dieses Netzwerk ver-

---

14 Siehe Piratenwiki: http://wiki.piratenpartei.de/Piratinnen/Pressemitteilungen (31.03.2012).

bunden. Dies ist aber nicht der Fall. Vielmehr sprachen auch sich etliche weibliche Piraten vehement gegen eine Mailingliste nur für Frauen aus:

> „Ich empfinde es als fatal und falsch sich als Frauen so auszugliedern und abzugrenzen. Hierdurch diskriminieren die Frauen sich selbst in dem sie nicht dazu in der Lage sind Dinge genau gleich/öffentlich zu klären und zu besprechen wie Männer es tun. Ich wehre mich als Frau vehement gegen diese selbstherbeigeführte Diskriminierung. NACHTRAG: Weiterhin empfinde ich es diskriminierend eine Mailingliste einzurichten die ausschließlich weiblichen Personen vorbehalten ist." (Piratenwiki, Janine)

Die Initiatorin musste sich – mit wenigen Mitstreiterinnen – in der knapp zwei Wochen andauernden Diskussion sowohl gegen sachliche Argumente, aber je länger die Diskussion andauerte, auch vermehrt gegen persönliche Angriffe zur Wehr setzen. Dies betraf insbesondere das immer wiederkehrende Argument, dass die Piratenpartei „post-gender" sei, es demnach keine Unterscheidung zwischen den Geschlechtern bedürfe. Dies sieht ein Mitglied der Initiative „Piratinnen" allerdings anders:

> „Also, ganz ehrlich. Ich lehne es ab, mich als „geschlechtsneutral" zu bezeichnen. Schließlich sind sowohl biologisches als auch soziales Geschlecht lebensbeeinflussende Faktoren. Diese zu negieren, bedeutet entscheidende Lebensbereiche zu negieren." (Piratenwiki, Piratenweib)

Die an der Diskussion beteiligten Piraten lassen sich auf drei Gruppen aufteilen: Befürworter der Aktion, Neutrale und Gegner. Dabei machen die Gegner mit 72,2 Prozent den größten Anteil aus, aber mit 22,9 Prozent sprach sich immerhin auch knapp ein Viertel der Diskussionsteilnehmer für eine Mailingliste nur für Frauen aus (die restlichen 4,9 Prozent waren in ihren Ansichten neutral).

Die zweiwöchige hitzige Diskussion wurde auch von den Medien aufgegriffen. Beispielsweise berichteten unter anderem die taz und der Spiegel Online über den Vorstoß von Lena Simon.[15] Neben der allgemeinen Darstellung der Problematik ergriff aber insbesondere die taz deutlich Position für die Gründerinnen der Initiative Piratinnen.

---

15 Vgl. Meuterei der Piratinnen, in: Die Tageszeitung online vom 4. März 2010, http://www.taz.de/!49250/ (31.03.2012) und Piratenmänner fürchten Ausgrenzung, in: Der Spiegel Online vom 1. März 2010, http://www.spiegel.de/netzwelt/netzpolitik/0,1518,680985,00.html (31.03.2012).

Als Ergebnis der Debatte wurde die Mailingliste „Klarmachen-zum-gendern" gegründet, auf der ausschließlich Frauen (wenn sie die entsprechenden Aufnahmekriterien erfüllen)[16] zugelassen sind. Wie viele Mitglieder diese Mailingliste hat, ist nicht bekannt. Nur sechs Piratinnen bekennen sich offen zu ihrer Mitgliedschaft, laut ihrer Angabe „hat [die Mailingliste jedoch] noch viel mehr Mitglieder".

Zum Ende der Diskussion wurde von einigen Mitgliedern eine offizielle Stellungnahme der Partei gefordert. Diese Forderung wurde allerdings nicht weiter verfolgt. Die Initiatorin Lena Simon wurde von „oberste Ebene kritisiert, durch die PR-Abteilung reduziert und zuletzt durch den LV Berlin verwarnt"[17] (Gathmann/Naumann 2011). Auch gab es Forderungen von verschiedenen Piraten nach einem Parteiausschlussverfahren, was aber nicht umgesetzt wurde.

Aufgrund der kontrovers geführten Debatte haben sich scheinbar einige weibliche Piraten auf der Mailingliste angemeldet. Ihren Blog-Einträgen kann entnommen werden, dass sie diese Erfahrung nicht als positiv bewerten, wie ein kurzer Ausschnitt aus einem Beitrag von Piraten-Jinx verdeutlichen soll:

> „Es waren turbulente Zeiten mit Lena, den Piratinnen, den angeblichen Schutzräumen und der Liste, und für mich sind sie – Goth sei dank – vorbei. Es war schon anstrengend, diese unzähligen Wall of Texts zu lesen, diese endlosen Statements, Berichte, was weiß ich nicht alles – zu verfolgen. Ich bin nach all dem zu dem Schluss gekommen, dass die Piratenpartei vielleicht eine Genderdebatte braucht, aber nicht so, nicht auf diesem Wege und auch nicht mit diesen Argumenten. Ich habe mich wirklich bemüht, abseits der Bezeichnungsdebatte [...] eine allgemeine Problematik zu entdecken, die vertretungswürdig ist, und ich bin gescheitert."[18]

Abschließend lässt sich sagen, dass nach einer hitzigen und emotional geführten Debatte zwar eine Mailingliste nur für Frauen eingerichtet wurde, die Debatte zum jetzigen Zeitpunkt aber ruht.

---

16 Diese können der Seite „Vorschlag zu Aufnahmekriterien für die Mailingliste Piratinnen" nachgelesen werden, unter: http://wiki.piratenpartei.de/Diskussion:Piratinnen/Meinungsbild (31.3. 2012).

17 Florian Gathmann/Annelie Naumann, Jung, dynamisch – frauenfeindlich?, in: Der Spiegel online vom 21. September 2011, http://www.spiegel.de/politik/deutschland/0,1518,787586,00.html (30.3.2012)..

18 Nachzulesen unter http://piratenfrau.net/?p=226 (31.03.2012).

3.5   Brandbrief der Jungen Piraten

Eine Diskussion wurde dagegen durch den Vorwurf der Jungen Piraten (Nachwuchsorganisation der PIRATEN) entfacht, die Anfang April 2012 Mitgliedern ihrer Partei Sexismus und Rassismus vorwarfen: „Immer wieder fallen Mitglieder der Partei durch rassistische, sexistische, aber auch anderweitig diskriminierende Aussagen oder Verhaltensweisen auf".[19]

Der offene Brief wurde nach der Veröffentlichung am 6. April 2012 von den Mitgliedern der Piratenpartei engagiert diskutiert. Innerhalb weniger Tage wurden 257 Kommentare zu diesem veröffentlicht. Dabei nimmt der überwiegende Anteil der Schreiber den offenen Brief positiv wahr – auch wenn nicht zwingend alle bereits sexistische oder rassistische Erfahrungen in der Piratenpartei wahrgenommen haben.

> „Also bei uns im Kreis ist das Thema Frauen überhaupt kein Thema! Wir sind ein komplett gemsichter [sic] Stammtisch und jeder bringt sich so ein wie er kann, und zusammen! gehen wir es dann an. Ohne Vorurteile. Wir sind einfach nur ein Team!"[20]

Neben vielen positiven Reaktionen, gab es aber auch Piraten, die Kritik an dem Brief der Nachwuchsorganisation äußerten:

> „Diese generellen und allgemein gehaltenen Vorwürfe kann ich schon bei unserer gleichgeschalteten Presse nicht ausstehen […]. Bestimmte Einstellungen und Ideen von vornherein abzublocken, aus welchen Gründen auch immer, halte ich für das (bisher) große Manko in Deutschland und die Ursache der extremen Politikverdrossenheit.
>
> In diesem Sinne: Macht nicht den Fehler und laßt [sig] Euch in die Denkschemata der Etablierten drücken – das wäre der Anfang vom Ende der Piraten!"[21]

Im Anschluss an den offenen Brief wurde auch im Forum der jungen Piraten in verschiedenen Threads weiter über das Thema diskutiert. So fanden beispielsweise

---

19   Der gesamte Brief kann unter http://www.junge-piraten.de/2012/04/06/offener-brief-der-jungen-piraten-an-die-piratenpartei/ (14.04.2012) nachgelesen werden.

20   Kommentar von „Bianca", nachzulesen unter http://www.junge-piraten.de/2012/04/06/offener-brief-der-jungen-piraten-an-die-piratenpartei/ (14.04.2012).

21   Kommentar von Störtebeker, nachzulesen unter unter http://www.junge-piraten.de/2012/04/06/offener-brief-der-jungen-piraten-an-die-piratenpartei/ (14.04.2012).

Diskussionen statt, wie das Problem mit den Vorständen und Mitglieder erarbeitet werden könne.

Aber nicht nur innerhalb der Partei stießen die jungen Piraten auf Resonanz, auch einige Medien nahmen den offenen Brief zum Anlass, über die Piraten zu schreiben. Während in der Onlineausgabe der Süddeutschen Zeitung über die Vorwürfe recht wertneutral berichtet wurde, entkräftigte der Spiegel die Vorwürfe der jungen Piraten durch das Einbringen von Zitaten des Bundesvorsitzenden Sebastian Nerz ein wenig. So streitet Nerz die genannten Probleme zwar nicht ab, relativiert sie aber, indem er sie als „sehr vereinfacht und sehr einseitig" bezeichnet und auf bereits umgesetzte Verfahren verweist. Demnach ist es Piraten, die sich diskriminierend äußern nicht mehr möglich „bestimmte Ämter innerhalb der Partei auszuüben".[22]

Sowohl bei der Diskussion innerhalb der Partei, als auch in der Berichterstattung durch die Medien wird das Spannungsfeld deutlich, in welchem sich die Piratenpartei befindet. Auf der einen Seite wird Basisdemokratie großgeschrieben und jeder darf und soll seine Meinung sagen dürfen. Auf der anderen Seite schreibt die Piratenpartei in ihrem Parteiprogramm „Gemeinsam gegen Rassismus", so dass diskriminierende Äußerungen nicht zum Selbstbild der Piraten passen. Dieses Spannungsfeld gilt es für die Piraten zu lösen.

4   Umfrage des Kegelklubs

Bei dem Kegelklub handelt es sich um ein loses Netzwerk innerhalb der Piratenpartei, welches sich mit der Genderpolitik in der Piratenpartei beschäftigt. Die Mitglieder des Kegelklubs eint die Überzeugung, dass

> „sich der Einsatz für eine sexmismusfreie Gesellschaft, in der jeder Mensch die Identifikationshoheit über die eigene Identität hat und sich gern von Rollenzwängen frei entfalten kann, lohnt und auch notwendig ist – in der Welt, in Deutschland, in der Piratenpartei und im eigenen Kopf."[23]

---

22   Zit. n. Annett Meiritz/Oliver Trenkamp, Diskriminierungs-Debatte. Piratenchef wehrt sich gegen Sexismus-Vorwürfe, in: Der Spiegel online vom 7. April 2012, http://www.spiegel.de/politik/deutschland/0,1518,826299,00.html (14.04.212).
23   Nachzulesen unter http://kegelklub.net/blog/about/ (31.03.2012).

Kritisiert von der Presse, aber auch von eigenen Mitgliedern, hat der Kegelklub eine Umfrage unter den Mitgliedern durchgeführt um der Genderdebatte eine sachlichere Richtung zu geben. Dabei wurden 1 247 Personen befragt. Der Kegelklub sieht die Umfrage dabei als repräsentativ an. Zwar haben sich nur rund 7 Prozent der Mitglieder beteiligt, aber es konnte ein „ausgewogenes, repräsentatives Verhältnis der Landesverbände, des Alters, Eintritt, etc." (Auswertung der Kegelklubumfrage[24]) erreicht werden. In der Auswertung spricht der Kegelklub aber auch mögliche Probleme der Umfrage bzw. Erhebung an, dazu zählen:

- Teilnehmer der Umfrage sind wahrscheinlich an Genderthemen überdurchschnittlich interessiert,
- Frauen dürften überrepräsentiert sein,[25]
- bei den Teilnehmern dürfte es sich eher um aktive Mitglieder handeln und
- Mehrfachteilnahme war technisch möglich (die Autoren der Auswertung gehen allerdings davon aus, dass es nicht zu Mehrfachteilnahmen gekommen ist).

In einem ersten Schritt werden nun die Ergebnisse des Kegelklubs kurz vorgestellt. Anschließend werden eigene Analysen mit den Daten des Kegelklubs vorgenommen. Diese sind aufgrund des Transparenzprinzips der Piratenpartei frei verfügbar. Aufgrund dessen wurden nicht nur die Ergebnisse, sondern auch die (anonymisierten) Originaldaten Interessierten zur Verfügung gestellt.[26]

4.1 Ergebnisse der Umfrage des Kegelklubs

Der Kegelklub kommt bei seiner Auswertung der Umfrage zu acht Ergebnissen, die hier kurz wiedergegeben werden sollen:[27]

---

24 Die Ergebnisse können frei heruntergeladen werden: http://kegelklub.net/blog/wp-content/uploads/2012/03/120310-Kegelklub-Auswertung.pdf (31. 03. 2012).

25 Von den Teilnehmern gaben 17,2 Prozent an, weiblichen Geschlechts zu sein. Da der genaue Prozentsatz über die weiblichen Mitglieder nicht bekannt ist, kann zwar angenommen werden, dass die Frauen überrepräsentiert sind, in welchem Masse ist aber nur zu schätzen.

26 Die Daten können im Excelformat heruntergeladen werden (http://kegelklub.net/blog/wp-content/uploads/2012/03/kegelklub_Umfragedaten.zip (31. 03. 2012). Für die hier folgenden Auswertungen wurden die Daten codiert und in Stata übertragen.

27 Die Punkte wurden der Auswertung der Kegelklubumfrage (S. 3) entnommen und teilweise gekürzt.

Die Piratenpartei und die Genderproblematik 167

- signifikante Unterschiede zwischen den Geschlechtern[28]
- Selbstbild der männlichen Parteimitglieder ist näher am „typischen Piraten" als das der Frauen
- Frauen häufiger durch Diskussionskultur demotiviert
- Unterschiedliche Motivationen für Männern und Frauen für ein Amt zu kandidieren
- geringerer Geschlechterbezug in der Piratenpartei als in der Gesellschaft, Männer empfinden generell starkere Gleichberechtigung als Frauen
- Frauen nehmen mehr sexistische Kommentare wahr als Männer, auf diese wird häufig nicht reagiert
- Alle Teilnehmer sind mehrheitlich gegen eine Geschlechterquote
- Genderdebatte wird als wichtig und mehrheitlich erwünscht wahrgenommen

Als ein weiteres Ergebnis wird weiterhin festgehalten, das „Geschlecht" als Bewertungskategorie in der Gesellschaft noch wichtig ist und „kreative Lösungen für eine geschlechtergerechte Politik" gefunden werden müssen.

Auf den Seiten des Kegelklubs hat sich bislang keine kontroverse Diskussion zu den Ergebnissen der Kegelklub-Umfrage ergeben, aber auch in den verschiedenen Foren der Piraten fand nur bedingt eine Diskussion statt. So schreibt der Nutzer „posbi" einen Tag nach der Veröffentlichung der Umfrageerbnisse:

> „Das Thema scheint hier niemanden zu interessieren. Dann mach ich das „wichtig"-Flag wieder weg und lass den Thread langsam nach unten entschwinden.
> *schnüff*"

Insgesamt kamen unter dem Thread „Sexismus" in Bezug auf die Umfrage des Kegelklubs in knapp zwei Wochen nur 66 Beiträge zustande.

Von der Presse wurde die Umfrage wahrgenommen und es erschienen auch einige Artikel (insbesondere im Internet) zu der Umfrage. Dabei wurden die Ergebnisse sachlich wiedergegeben, eine breite öffentliche Diskussion hat sich aber nicht ergeben.

Die Piraten, die in der Vergangenheit gerne und viel über Gender, Quoten, etc. in ihren Foren diskutiert haben, nahmen die Ergebnisse der Umfrage nicht zum

---

28 In dem Zusammenhang verweist der Kegelklub darauf, dass die biologischen Geschlechter gemeint sind. In der Umfrage wurde sowohl nach der Zuordnung des biologischen als auch des wahrgenommenen Geschlechts gefragt. Die Überschneidungen sind dabei aber relativ hoch (Männer 84,8 Prozent, Frauen 78,5 Prozent), siehe dazu auch unter 4.2.

Anlass, diese Diskussion wieder aufflammen zu lassen. Zwar waren die Ergebnisse nur wenig überraschend, dass sie von den sonst so diskussionsfreudigen Piraten aber dermaßen wenig kommentiert wurden, ist doch etwas überraschend.

4.2 Post-gender Gruppen

Der Kegelklub hat bei seiner Präsentation der Ergebnisse die verschiedenen Stellungsnahmen getrennt nach Geschlecht dargestellt. Die teilweise nur kleinen Unterschiede in den prozentualen Zahlen können aber nur bedingt etwas über Zusammenhänge aussagen. Es stellt sich somit die Frage, ob es einen signifikanten Zusammenhang zwischen dem Geschlecht und der Gleichberechtigung in der Gesellschaft bzw. innerhalb der Piratenpartei und der Wahrnehmung als Mensch, Frau oder Mann gibt und wie hoch dieser ist?

Insgesamt haben von den 1 247 befragten Piraten, 1 146 eine Angabe zu ihrem biologischen Geschlecht gemacht, davon gaben 214 Personen (18,7 Prozent) an weiblichen und 932 Personen (81,3 Prozent) männlich Geschlechts zu sein.

Bei einem Vergleich der Mittelwerte in Bezug auf die Einschätzung der allgemeinen Gleichberechtigung zeigt sich ein signifikanter Unterschied zwischen den männlichen und weiblichen Befragten. Die Frauen beurteilen die allgemeine Gleichberechtigung im Mittel mit 3,35 (Standabweichung 1,21) etwas schlechter als die befragten Männer (Mittel 2,91, Standardabweichung 1,17).[29] Dementsprechend ist auch der – wenn auch nur leichte – Zusammenhang zwischen Geschlecht und wahrgenommener allgemeiner Gleichberechtigung nicht überraschend (Cramer's $V = 0{,}17$, $p < 0{,}001$).

Die Gleichberechtigung zwischen Männern und Frauen wird innerhalb der Piratenpartei deutlich positiver wahrgenommen, als die allgemeine Gleichberechtigung. Allerdings zeigt sich auch ein deutlich größerer Unterschied bei der Einschätzung zwischen den befragten Männern und Frauen, der sich auch in dem berechneten Zusammenhangsmaß widerspiegelt (Cramer's $V = 0{,}24$, $p < 0{,}001$). Während 94,4 Prozent der befragten Männer die Gleichberechtigung innerhalb der Piratenpartei positiv bewerteten, trifft dies nur auf 79,5 Prozent der weiblichen Befragten zu. Das heißt, ein Fünftel der befragten Frauen bewertet den Grad der Gleichberechtigung in der Piratenpartei eher negativ.

---

29 Die Frage lautete „Findest du, Frauen und Männer sind in der Piratenpartei gleichberechtigt? Die Antwortskala umfasste die Kategorien von 1 „vollständig gleichberechtigt" bis 6 „nicht gleichberechtigt".

Die Piratenpartei und die Genderproblematik   169

Ausgehend von dem post-gender Ansatz, dass das Geschlecht unwichtig ist, fragten die Initiatoren auch nach dem Eindruck der Piraten, wie ihr Geschlecht im Alltag wahrgenommen würde. Werden sie als Mensch oder als Mann/Frau wahrgenommen.[30] Auch hier ist ein Unterschied zwischen den Männern und Frauen festzustellen. Während knapp zwei Drittel der Männer sich eher als Mensch wahrgenommen fühlen, kann dem nur knapp die Hälfte (45,8 Prozent) der befragten Frauen zustimmen. Demensprechend hat über die Hälfte der befragten Frauen den Eindruck als Frau wahrgenommen zu werden, während der Anteil der Männer, die als Mann wahrgenommen werden nur bei einem Drittel liegt. Entsprechend lässt sich auch ein leichter signifikanter Zusammenhang nachweisen (Cramer's V=0,16, p<0,001).

Für die drei betrachten Punkte zeigt sich also ein – wenn auch nur leichter – Zusammenhang mit dem biologischen Geschlecht. Entsprechend der nach außen kommunizierten Ansicht der Piratenpartei beinhaltet die Umfrage aber nicht nur die Abfrage nach dem biologischen, sondern auch nach dem wahrgenommenen Geschlecht. Wie nicht anders zu erwarten, gibt es etliche Überschneidungen, aber auch einige Unterschiede zwischen den beiden Variablen, wie Tabelle 4 verdeutlicht.

Tabelle 4   Biologisches vs. wahrgenommenes Geschlecht (in Prozent)

| | | Biologisches Geschlecht | | |
		weiblich	männlich	Sonstiges/kA
wahrgenommenes Geschlecht	sehr männlich	0,93	35,09	5,94
	eher männlich	1,87	49,68	18,81
	männlich und weiblich	8,41	5,58	2,97
	weder männlich noch weiblich	4,21	2,68	7,92
	eher weiblich	48,13	0,97	6,93
	sehr weiblich	30,37	0,11	0,99
	transsexuelles Eichhörnchen	2,80	2,58	18,81
	Sonstiges	3,27	3,33	37,62

Quelle: Eigene Berechnungen.

---

30   Die Abfrage erfolgte auf einer sechsstufigen Skala, wobei 1 „immer als Mensch" und 6 „immer als Frau/Mann" bedeutete.

Die Piraten argumentieren, dass das Geschlecht eigentlich nicht mehr so wichtig sein sollte und jeder – egal ob Mann, Frau oder transsexuelles Eichhörnchen als Mensch wahrgenommen werden sollte.[31] Dass die befragten Piraten dies nicht alle so wahrnehmen, konnte bereits gezeigt werden.[32] Es stellt sich aber die Frage, ob – aufgrund der Einstellung der Piraten zum Thema post-gender – die Unterscheidung zwischen Männern und Frauen sinnvoll ist, oder ob der Vergleich nicht zwischen den verschiedenen „post-gender" Stufen erfolgen sollte.

Für die folgenden Analysen werden die befragten Piraten daher in drei Gruppen eingeteilt: Personen in der ersten Gruppe bezeichnen sich selber als post-gender (32,0 Prozent). In der zweiten Gruppe finden sich die Personen wider, die sich selber nicht unbedingt als post-gender bezeichnen würden, aber versuchen nach dieser Haltung zu leben. Mit 43,7 Prozent ist diese Gruppe die größte. Der dritten Gruppe wurde knapp ein Viertel der Befragten zugeordnet. Sie lehnen die post-gender Einstellung ab bzw. halten diese für unrealistisch.

Werden nun die Antworten zur allgemeinen Gleichberechtigung zwischen den drei Gruppen verglichen, so zeigt sich, dass Befragte aus der ersten Gruppe sich durchschnittlich gleichberechtigter fühlen, als Personen in den anderen beiden Gruppen. Interessant ist allerdings, dass sich (bei einem Vergleich der Mittelwerte) Personen aus Gruppe zwei weniger gleichberechtigt fühlen (Mittel 3,21) als Personen der dritten Gruppe (Mittel 2,99). In der geringeren Wahrnehmung der Gleichberechtigung mag aber auch der Grund für den Versuch „post-gender" zu leben liegen.

Die Gleichberechtigung innerhalb der Piratenpartei wird von den Piraten in Gruppe eins sehr positiv (im Mittel 1,49) wahrgenommen. Die Einschätzung der anderen beiden Gruppen ist wie erwartet etwas weniger positiv, allerdings liegen sie im Mittel sehr eng beieinander (Mittel 2,08 und 2,11). Ein solches Ergebnis war zu erwarten. Personen, die dem Geschlecht keine entscheidende Rolle zuweisen (Gruppe 1) und diese Einstellung in der Piratenpartei wahrnehmen, werden sich kaum über mangelnde Gleichberechtigung beklagen.

Ähnlich präsentiert sich das Bild bei der Frage, in wie fern die Befragten als Mensch bzw. Mann/Frau wahrgenommen werden. Personen aus der ersten Gruppe geben im Vergleich zu den beiden anderen Gruppen deutlich häufiger an als „Mensch" wahrgenommen zu werden. Zwischen den anderen beiden Gruppen

---

31 Die transsexuellen Eichhörnchen unter den Piraten verstehen sich als Gruppe „bunt gemischter Menschen aller Geschlechter". http://www.utele.eu/blog/nachdenkliches/transsexuelle-eichhornchen-unter-den-piraten-post-gender (31.03.2012).
32 Siehe dazu Abbildung 1.

ist in Bezug auf diese Frage im Mittel kein Unterschied festzustellen. Der Unterschied zwischen den Personen der Gruppen 2 und 3 liegt dabei in der gewünschten Wahrnehmung. Während die Piraten der zweiten Gruppe die post-gender Einstellung positiv bewerten und den Versuch unternehmen diese zu leben, wird dies von den Personen der dritten Gruppe abgelehnt.

Wie bereits ausgeführt, stellt eine häufig diskutierte Frage innerhalb der Piratenpartei die Frauenquote dar. Legt man die Studie des Kegelklubs zu Grunde, spricht sich der überwiegende Teil (86,6 Prozent) aller Piraten gegen eine Frauenquote aus. In Tabelle 5 werden aber auch deutliche Unterschiede zwischen den drei Gruppen sichtbar. Während sich aus der ersten Gruppe nur 2 Prozent für eine Frauenquote aussprechen, liegt der Anteil in der dritten Gruppe mit 11,2 Prozent deutlich höher. Aufgrund ihrer post-gender Einstellung ist die Befürwortung einer Frauenquote durchaus verständlich. Der Anteil für eine Frauenquote liegt in der zweiten Gruppe nur knapp über dem der ersten Gruppe, was nicht überrascht, da sich in dieser Gruppe Personen sammeln, die sich „post-gender" als Ziel gesetzt haben. Auffällig ist auch der mit 10 Prozent relativ hohe Anteil der Unentschlossenen in den Gruppen 2 und 3. Gerade bei Personen der zweiten Gruppe, lässt sich vermuten, dass einige Personen, auch wenn sie prinzipiell für die Umsetzung des post-gender Ansatzes sind, den derzeitigen geringe Frauenanteil sehen und diesen mit einer Quote anheben wollen.

Wie anhand der Verteilung in der Tabelle 5 vermutet werden kann, zeigt sich zwischen der Einstellung zu einer Frauenquote und der post-gender Position ein schwacher aber signifikanter Zusammenhang (Cramer's V = 0,13, p < 0,01).

Die Genderdebatte wird dagegen deutlich unterschiedlicher von den Befragten innerhalb der drei Gruppen wahrgenommen. Mit Abstand am wichtigsten wird diese von den Personen der zweiten Gruppe (knapp zwei Drittel) empfunden. Jeder zweite Befragte der anderen beiden Gruppen hält die Genderdebatte für unwichtig bzw. absolut unwichtig. Erwähnenswert ist auch der verhältnismäßig hohe Anteil an Personen, die zu der Debatte keine Meinung haben, obwohl sie

Tabelle 5   Frauenquote nach post-gender Position (in Prozent)

	Post-gender	Versuch post-gender	nicht post-gender
Für Frauenquote	2,0	3,7	11,2
Gegen Frauenquote	93,0	86,4	78,6
Unentschlossen	5,0	9,9	10,2

Quelle: Umfrage des Kegelklubs, eigene Berechnungen.

Abbildung 2   Wichtigkeit der Genderdebatte

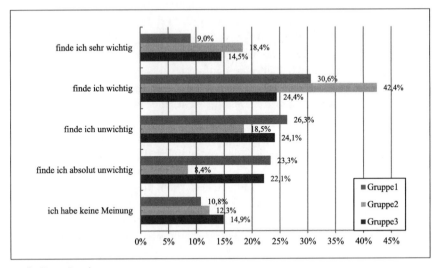

Quelle: Eigene Berechnungen.

in regelmäßigen Abständen mit unterschiedlichen Schwerpunkten immer wieder geführt wird.

Anhand der vom Kegelklub erhobenen Daten können sowohl unterschiedliche Einstellung zwischen Männern und Frauen als auch zwischen den drei gebildeten post-gender Gruppen aufgezeigt werden. Personen, die sich selber als post-gender bezeichnen, sind mit der Gleichberechtigung innerhalb der Gesellschaft als auch in der Piratenpartei deutlich zufriedener als Personen, die bislang nur den Versuch unternehmen, post-gender zu leben. Ein Unterschied zeigt sich auch bei der Frauenquote und der Wichtigkeit der Genderdebatte. Aber auch wenn Unterschiede aufgezeigt werden konnten – natürlich sind nicht alle Piraten in ihren Einstellungen gleich – zeigt sich im Ganzen aber doch ein recht einheitliches Bild der Piraten.

5   Fazit

Der vorliegende Beitrag hatte das Ziel, die bei den Piraten geführte Genderdebatte nachzuzeichnen. Dabei wurde auf Beiträge in Blogs und Foren der Piratenpartei und ihrer Mitglieder zurückgegriffen.

Während die Umfrage des Kegelklubs den Eindruck vermittelt, die Unterschiede innerhalb der Piratenpartei seien häufig nur geringer Natur, weisen die untersuchten Beiträge im Internet zumindest teilweise in eine andere Richtung. Zu den einzelnen Gender Unterthemen gibt es vielfältige Meinungen, die mit sachlichen Argumenten begründet vorgetragen und diskutiert werden. Wenn auch in manchen Medien so dargestellt, kann der Eindruck nicht bestätigt werden, dass die männlichen Piraten auf den weiblichen Piraten herumhacken oder anderweitig „fertig machen". Damit soll nicht gesagt werden, dass nicht – insbesondere bei den teilweise sehr emotional geführten Debatten – unfreundliche oder in Einzelfällen auch unpassende Beiträge gepostet werden. Dies kann aber nicht auf „Männer" gegen „Frauen" reduziert werden. Vielmehr konnten in der Hauptsache zwei Einstellungen beobachtet werden. Erstens: Frauen und Männer, die die Einstellung „post-gender" leben. Dies sind Personen, die wissen, dass es in der Gesellschaft keine vollständige Gleichberechtigung gibt, die sich aber nicht auf das Geschlecht reduzieren lassen wollen. Personen der zweiten Gruppe begrüßen zwar das Konzept „post-gender", sehen es aber als ein zukünftiges vielleicht erstrebenswertes Konzept an. Aus diesen verschiedenen Grundeinstellungen resultieren naturbedingt unterschiedliche Lösungswege für die meist gleichen Probleme. Teilweise werden aber auch Probleme (wie bspw. Diskriminierung) nicht von allen Piraten als Problem wahrgenommen.

Die Genderdebatte wird die Piratenpartei in der nächsten Zeit sicher weiter beschäftigen. Die Umfrage des Kegelklubs stellt jedoch einen ersten Schritt dar, die emotionalen Diskussionen mit Daten zu belegen. Auch der Vorstoß der Jungen Piraten kann positiv bewertet werden. Erst wenn ein Problem als solches erkannt wird – auch wenn es noch nicht bei allen Piraten angekommen ist –, kann an einer Lösung gearbeitet werden.

Die Entwicklung des Frauenanteils unter den Mitglieder und Wählern hängt sicher auch von der Besetzung der Themen ab. Unabhängig von dem prozentualen Anteil der weiblichen Mitglieder ergibt sich jedoch im Gesamtbild, dass Frauen auch zum jetzigen Zeitpunkt von den männlichen Piraten nicht nur geduldet, sondern akzeptiert werden.

> „Ich bin als ITler gewohnt, dass Frauen zwar ungewöhnlich sind, aber voll akzeptiert werden. Genau dasselbe finde ich bei den Piraten vor." (Aussage eines Piraten in der Kegelklubumfrage)

Literatur

Erlingsson, Gissur Ó./Persson, Mikael (2011): The Swedish Pirate Party and the 2009 European Parliament Election: Protest or Issue Voting?, in: Politics, 31, S. 121–128.

Häusler, Marin (2011): Die Piratenpartei. Freiheit, die wir meinen. Berlin: Scorpio Verlag.

Keil, Annette/Holtz-Bacha, Christina (2008): Zielgruppe Frauen – ob und wie die großen Parteien um Frauen werben, in: Holtz-Bacha, Christina (Hrsg): Frauen, Politik und Medien. Wiesbaden: VS Verlag für Sozialwissenschaften, S. 235–265.

Lang, Claudia (2006): Intersexualität. Menschen zwischen den Geschlechtern. Frankfurt/Main: Campus.

Neumann, Tobias (2011): Die Piratenpartei Deutschland. Entwicklung und Selbstverständnis. Berlin: Contumax-Verlag.

Niedermayer, Oskar (2011): Parteimitgliedschaften im Jahre 2010, in: Zeitschrift für Parlamentsfragen, 42, S. 365–383.

N. N. (2012): Brandbrief der Jugendorganisation. Junge Piraten beklagen Rassismus und Sexismus in der Partei, in: Süddeutsche.de: http://www.sueddeutsche.de/politik/brandbrief-der-jugendorganisation-junge-piraten-beklagen-rassismus-und-sexismus-in-der-partei-1.1327826 [14.04.2012]

Westle, Bettina (2009): Immer noch in der Steinzeit? Gesellschaftliche und politische Gender-Orientierungen, in: Kühnel, Steffen/Niedermayer, Oskar/Westle, Bettina (Hrsg.): Wähler in Deutschland. Sozialer und politischer Wandel, Gender und Wahlverhalten. Wiesbaden: VS Verlag für Sozialwissenschaften, S. 137–165.

Plattformneutralität. Zur Programmatik der Piratenpartei

Felix Neumann

1   Partei ohne Inhalte?

Einer der verlässlichsten Kritikpunkte an der Piratenpartei ist ihr tatsächlicher oder angeblicher Mangel an Inhalten. In Verbindung mit einem basisdemokratischen Verständnis, das Funktionärinnen und Funktionäre im wesentlichen auf Organisation, Verwaltung sowie inhaltlich auf die Kommunikation und Umsetzung der Beschlusslage reduziert, sind Medienauftritte von Piraten oft geprägt von der Weigerung, über die Beschlusslage hinaus Position zu beziehen.

Dadurch entsteht der Eindruck, die Piratenpartei wäre grundsätzlich ohne Inhalte, jedenfalls ohne Inhalte, die über „Freiheit im Netz" hinausgingen. Naturgemäß kann eine junge Partei nicht auf dieselbe Geschichte an Positionen zurückgreifen wie eine länger bestehende; es gibt weder wissenschaftliche Referent_innen noch der Partei vordenkende Stiftungen. Der wahrgenommene Mangel an Positionen hat aber auch einen in der Struktur der Partei selbst angelegten Grund.

Angetreten ist die Piratenpartei, inspiriert durch ihre schwedische Mutterpartei, als eine klassische *Single-issue*-Partei. Hat sich die schwedische *Piratpartiet* um die Konfliktlinie Urheberrecht gebildet, ist der Gründungsmythos der deutschen Piratenpartei die Debatte um Netzsperren unter dem Schlagwort „Zensursula" um die Europawahl 2009. Der Hintergrund der ersten Erfolge der Piratenpartei ist die Unzufriedenheit mit der Bearbeitung ihrer Kernthemen aus dem Bereich der Netzpolitik durch die etablierten Parteien.

In dieser Schwerpunktsetzung ist der Protestcharakter der Piratenpartei bereits angelegt. Dieser Protest beschränkt sich aber nicht nur auf die inhaltliche Ebene von Politik, sondern wird ausgeweitet auf eine grundsätzlich kritische Haltung gegenüber hergebrachten Formen der Politik. Die Piratenpartei hat es geschafft, Menschen für ein Parteiengagement zu mobilisieren, die zuvor nicht politisch aktiv waren und ihre politische Sozialisierung erst durch die netzpoliti-sche Szene erfahren haben ohne aktive Erfahrungen mit der Parteipolitik.

Daraus entsteht ein gewisses fundamentaloppositionelles Moment gegenüber den wahrgenommenen Defiziten des parteipolitischen Systems. Dem Mangel an programmatischer Klarheit und Stringenz auf inhaltlicher Ebene steht eine klare Vorstellung entgegen, wie das System politische Partizipation ermöglichen soll: Transparenz und Basisorientierung, Kompetenz und Pragmatismus als Leitideale.

2   Das Grundsatzprogramm

Eine umfassende Analyse der Programmatik der Piratenpartei ist auf dem hier zur Verfügung stehenden Raum nicht zu leisten.[1] Stattdessen soll anhand des Grund-satzprogramms die programmatische Ausrichtung der Piratenpartei deutlich ge-macht werden.

Das Grundsatzprogramm der Piratenpartei ist ein über die Jahre mit der Be-schlusslage gewachsenes Dokument. Wie im bewusst kompakt gehaltenen Pro-gramm der schwedischen *Piratpartiet* findet sich im Programm der deutschen Piratenpartei eine Beschränkung auf Kernthemen, die allerdings in der Praxis eine weniger starke Bindungswirkung entfaltet hat.[2]

Das Programm der Piratenpartei hat weniger einen deklaratorischen Charak-ter. Sein Ziel ist nicht die Formulierung einer kohärenten Ideologie, die als Basis für Detailfragen dient. Es werden stattdessen konkrete Politikfelder und -Vorha-ben benannt. Es passt zum pragmatischen Duktus der Partei, dass die Präambel, die das folgende Programm ideologisch unterfüttert, mit unter einer Druckseite sehr knapp gehalten ist, während der Rest des zur Zeit 24 Seiten umfassenden Programms Grundsätze für einzelne Politikfeld sowie (teils sehr) konkrete Vor-haben benennt.

---

1   Für eine ausführliche vergleichende Analyse ausgewählter Wahlprogramme von 2009 und 2010 vgl. Neumann 2011a: 58–88.

2   Eine Konfliktlinie in der Piratenpartei, die besonders in der ersten Boomphase um 2009 ver-handelt wurde, ist der Konflikt zwischen „Kernis" und „Vollis", also Vertreter_innen eines auf die Kernkompetenzen beschränkten Programms und eines Vollprogramms. Spätestens mit dem Erfolg des Berliner Landesverbands, der innerparteilich als mehrheitlich Vollprogramm-orien-tiert gilt und dies auch in Wahlprogrammen deutlich macht, dürfte der Konflikt zugunsten der „Vollis" entschieden sein, zumal eine parlamentarische Vertretung eine Beschränkung allein auf die Kernthemen immer schwieriger zu verwirklichen macht. In der Gegenbewegung dazu for-miert sich um den ehemaligen Bundesvorsitzenden Jens Seipenbusch eine Gruppe, die eine pro-grammatische Verdichtung um die Kernkompetenzen stärker anmahnt. (Vgl. Henzler 2012.)

Die Präambel des Parteiprogramms zeichnet in teils alarmistischen Tönen eine sehr dunkle Sicht auf die Gesellschaft. Die Informationsgesellschaft wird an der Schwelle zu einer „totalen und totalitären, globalen Überwachungsgesellschaft" gesehen, die „Digitale Revolution" macht eine Neubewertung jeglicher politischer Rahmenbedingungen notwendig:

> „Die Globalisierung des Wissens und der Kultur der Menschheit durch Digitalisierung und Vernetzung stellt deren bisherige rechtliche, wirtschaftliche und soziale Rahmenbedingungen ausnahmslos auf den Prüfstand."

Dieser pessimistischen Gesellschaftsanalyse wird eine ideale Gesellschaft gegenübergestellt, für die informationelle Selbstbestimmung, freier Zugang zu Wissen und Kultur und die Wahrung der Privatsphäre zentral seien. Angestrebt wird eine „demokratische, sozial gerechte, freiheitlich selbstbestimmte, globale Ordnung". (In früheren Fassungen wurde auf den Aspekt der sozialen Gerechtigkeit nicht weiter eingegangen; erst 2010 wurde der kurze Abschnitt „Recht auf sichere Existenz und gesellschaftliche Teilhabe" ergänzt.)

Explizit grenzt sich die Piratenpartei davon ab, im politischen Spektrum verortet zu werden.[3] Diese Weigerung wird strategisch begründet. Die Piratenpartei möchte im gesamten politischen Spektrum wählbar sein:

> „Die Piratenpartei will sich auf die im Programm genannten Themen konzentrieren, da wir nur so die Möglichkeit sehen, diese wichtigen Forderungen in Zukunft durchzusetzen. Gleichzeitig glauben wir, dass diese Themen für Bürger aus dem gesamten traditionellen politischen Spektrum unterstützenswert sind, und dass eine Positionierung in diesem Spektrum uns in unserem gemeinsamen Streben nach Wahrung der Privatsphäre und Freiheit für Wissen und Kultur hinderlich sein würde."

Die Präambel gehört zur ältesten Schicht des Parteiprogramms und ist noch sichtlich vom Vorbild der schwedischen Mutterpartei geprägt. Die praktischen Auswirkungen dieser Formulierungen sind mit der Zeit immer schwächer geworden. Die Formulierung des ersten zitierten Satzes mag auch eine Begründung dafür sein, dass teilweise ungewöhnlich eng umrissene Vorhaben, die eher in einem

---

3 Diese Selbsteinschätzung ähnelt der Anfangsgeschichte der Grünen, als „nicht links, nicht rechts, sondern vorne" ein oft verwendetes Schlagwort war. Vgl. dazu Abendroth 1983.

Wahlprogramm zu erwarten wären, ins Parteiprogramm aufgenommen wurden.[4] Die politische Praxis in der Partei hat aber gezeigt, dass diese Selbstbeschreibung keine allzu große Auswirkung auf die weitere Programmatik etwa der Landesverbände hat;[5] parteiinterne Meinungsumfragen ergeben auch eine deutliche Mehrheit für eine Erweiterung des Programms über die Kernthemen hinaus, wie Neumann 2011b: 119 gezeigt hat.

Das Programm ist in 19 Hauptabschnitte unterschiedlicher Detailtiefe gegliedert. Die unterschiedliche Detailtiefe und teilweise überraschende Systematik (unterschiedliche Abschnitte für Drogen- und Suchtpolitik, konkrete, eng umgrenzte Punkte wie Abschaffung des Kammerzwangs, während die komplette Sozialpolitik auf einer halben, nicht weiter unterteilten Seite abgehandelt wird) liegt am offenen Prozess: Zugrunde liegt nicht die ordnende, systematisierende Arbeit einer Programmkommission, die einen in sich geschlossenen Text produziert, der – wie in anderen Parteien – für einige Jahre bestehen bleiben kann und als solches eine eigene, definierende Größe bildet (wie am prominentesten das Godesberger Programm der SPD, das Ahlener Programm der CDU und die Freiburger Thesen der FDP). Das Verständnis der Piratenpartei ähnelt eher dem der inkrementellen Erweiterung von Software-Programmen nachempfundenen Wiki-Prinzip einer ständigen Verbesserung; das Parteiprogramm der Piraten ist insofern ein lebendiges Dokument, das den Erfordernissen und jeweiligen politischen Mehrheiten der Bundesparteitage angepasst werden kann – freilich um den Preis einer gewissen Beliebigkeit, die verstärkt wird durch das basisdemokratische Prinzip der Mitgliederversammlung als Bundesparteitag, das keine repräsentativen Beschlüsse durch ein Delegationssystem erzeugt, sondern eine Momentaufnahme der Mehrheitsverhältnisse unter den Anwesenden.[6]

Die bisweilen zufällig angeordneten Abschnitte lassen sich in drei große Gruppen systematisieren bei teilweise fließenden Übergängen: Netzpolitik, Demokratiepolitik sowie Gesellschafts- und Sozialpolitik.

---

4   Der politische Redaktionsprozess erinnert hier etwa an die schweizerische Praxis, mit der Bundesverfassung eigentlich unvereinbare Gesetzesvorhaben vermittels eines Volksentscheides in die Verfassung selbst aufzunehmen, wie etwa das Minarettverbot, das klar der in der Bundesverfassung niedergelegten Religionsfreiheit widerspricht und daher nur durch eine ergänzende Verfassungsbestimmung gesetztes Recht werden kann.

5   Vgl. dazu etwa die Wahlprogramme in den Landesverbänden Nordrhein-Westfalen und Berlin. Die Bundessatzung kennt zwar Grundsätze der Partei, regelt aber die Befugnisse der Landesverbände bewusst kaum.

6   Positiv formuliert: Die Parteitage der Piratenpartei erfüllen nicht nur eine bloß formale legitimatorische Funktion zur Inkraftsetzung vorher informell ausgehandelter Kompromisse, sondern sind tatsächlich um demokratische Entscheidungen ringende Gremien.

2.1 Netzpolitik

Fünf Abschnitte befassen sich mit dem Thema Netzpolitik. Die Abschnitte dieses Teils gehören zu den ältesten Teilen des Programms (wurden aber teilweise auf späteren Parteitagen noch ergänzt) und formulieren die Positionen der wahrgenommenen Kernkompetenz der Piratenpartei aus. Gerade der Bereich des Immaterialgüterrechts ist dabei komplexer als es bisweilen in der Außenwahrnehmung dargestellt wird. Ziel ist keineswegs die Abschaffung des Urheberrechts, sondern eine Anpassung an die durch den Wegfall von Transaktionskosten für Vervielfältigung und Kommunikation geprägte neuen gesellschaftlichen Gegebenheiten sowie ein „Ausgleich zwischen Ansprüchen der Urheber und der Öffentlichkeit".

Kopierbarkeit wird als „natürliche" Eigenschaft von Immaterialgütern angesehen; damit wendet sich die Partei gegen die Verwendung des Begriffs „geistiges Eigentum", der als falsche Analogie aufgefasst wird (der Begriff selbst wird nur einmal distanzierend auf S. 6 verwendet). Das bestehende Urheberrecht wird als eine Gefahr für die gesellschaftliche Entwicklung bezeichnet: Durch ein striktes Urheberrecht bestehe die Gefahr, dass Wissen zukünftigen Generationen nicht mehr zur Verfügung stehe. Ein Ziel ist daher die „Rückführung von Werken in den öffentlichen Raum":

> „Die Rückführung von Werken in den öffentlichen Raum ist daher nicht nur berechtigt, sondern im Sinne der Nachhaltigkeit der menschlichen Schöpfungsfähigkeiten von essentieller Wichtigkeit."

Eine Maßnahme, um diese Rückführung zu erreichen, ist etwa eine Verkürzung von Schutzfristen im Urheberrecht. Die verwendete Argumentation zielt darauf ab, einen fehlenden Ausgleich zwischen den als berechtigt anerkannten wirtschaftlichen Verwertungsansprüchen und der Öffentlichkeit festzustellen, der herzustellen sei. Dabei wird eine Art Sozialpflichtigkeit geistigen Eigentums (ohne freilich diese Begriffe zu verwenden) angemahnt; da Werke nicht isoliert bestehen, auf der Vorarbeit und den Ideen anderer und der gesamten Kultur bestehen und damit die Kultur insgesamt auf die Verfügbarkeit von Werken angewiesen ist, sei dieser Ausgleich „im Sinne der Nachhaltigkeit der menschlichen Schöpfungsfähigkeiten von essentieller Wichtigkeit". Auf alternative Geschäftsmodelle, die ein neues Urheberrecht nötig machen würden, geht das Programm nicht ein und beschränkt sich darauf, dass Kultur gefördert werden solle. In welcher Form und durch wen geht nicht aus dem Programm hervor.

Konkreter wird das Programm im Bereich der Infrastruktur. Infrastruktur solle „demokratisch kontrolliert" werden, wie es in der Überschrift heißt. Diese demokratische Kontrolle wird im folgenden nur teilweise erläutert; zunächst werden dezentrale Systeme und eine umfassende informationelle Selbstbestimmung eingefordert. Der Begriff „demokratisch" scheint in bezug auf Infrastruktur nicht im Sinne einer politischen Verwaltung durch gewählte Organe verstanden zu werden, sondern bezieht sich auf Rahmenbedingungen, die sicherzustellen sind. Maßnahmen hierzu sind die Forderung nach „offenen Standards" (das sind öffentlich dokumentierte und kostenfrei verwendbare Datenformate), „Freier Software" (Software, „die von allen uneingeschränkt benutzt, untersucht, verbreitet und verändert werden kann"), die Abschaffung von Software-Patenten und Digital-rights-management-Software (Kopierschutzsysteme).

Der Bereich Privatsphäre und Datenschutz geht als Leitbild von „Würde und Freiheit" aus und entwickelt die Notwendigkeit der Privatsphäre aus der neueren deutschen Geschichte und den Erfahrungen des Dritten Reichs und der DDR. Einschränkungen des Rechts auf Privatsphäre sollen nur unter parlamentarischer Kontrolle möglich sein, das Briefgeheimnis soll zu einem allgemeinen Kommunikationsgeheimnis ausgeweitet werden und die Vorratsdatenspeicherung abgeschafft werden. Informationelle Selbstbestimmung soll durch eine Stärkung unabhängiger Datenschutzstellen und ein Einsichtsrecht in privatwirtschaftlich gespeicherte Daten verstärkt werden, Biometrie und zentrale Datenbanken werden abgelehnt.

Patente werden als „staatlich garantierte privatwirtschaftliche Monopole" gesehen, die den Fortschritt behindern. Als Ziele benannt werden der Abbau von Monopolen und eine „Öffnung der Märkte" – eine tiefergehende wirtschaftliche Positionierung wird nicht ausgeführt. Explizit eingegangen wird auf Trivial- und Softwarepatente sowie Bio- und Pharmapatente, die besonders gegen den Geist einer Informationsgesellschaft gerichtet seien, „weil sie gemeine Güter ohne Gegenleistung und ohne Not privatisieren".

Mit ihren netzpolitischen Positionen zeigt sich die Piratenpartei in der Tradition des deutschen netzpolitischen Diskurses. (Vgl. Neumann 2011a: 39–41.) Nicht abgebildet und auch innerhalb der Partei umstritten sind neuere Entwicklungen, die gerade im Bereich Privatsphäre und Datenschutz langjährige Konsense aufbrechen und diese Themen neu interpretieren. (Vgl. etwa Heller 2011.)

2.2 Demokratiepolitik

Ebenfalls zu den früh besetzten Kernthemen zu zählen ist die Demokratie-, Rechts- und Staatspolitik. Zum Verständnis der Piratenpartei sind diese Abschnitte sogar besonders wichtig: Auf der Ebene der *policy* wird sie zwar primär mit netzpolitischen Themen verbunden, ihre jüngeren Erfolge hängen aber auch zusammen mit der Artikulierung weit verbreiteter Kritik an der Ausgestaltung des demokratischen Staatswesens. Mit ihrem Fokus auf Transparenz und „echte" Beteiligung fügt sich die Piratenpartei ein in den von Crouch 2008 am prägnantesten umschriebenen Post-democracy-Diskurs. Die zugeschriebene Inhaltsleere der Piratenpartei hängt in weiten Teilen damit zusammen, dass keine gefestigte Ideologie Grundlage der Programmatik ist, sondern eine Unzufriedenheit mit Repräsentations- und Legitimationsdefiziten. Die Piratenpartei agiert daher als systemkritische Partei, deren Programmatik in weiten Teilen auf die *polity*, auf politische Strukturen und Institutionen abzielt. Damit ist sie weniger eine inhaltliche Koalition als vielmehr eine demokratische Plattform, die die Bedingung der Möglichkeit politischen, demokratischen Agierens neu verhandeln will.

Im Abschnitt „Transparenz des Staatswesens" wird das Staatsverständnis der Partei deutlich: Er beschäftigt sich insbesondere mit dem Bereich Verwaltung, die als gekennzeichnet durch eine enorme Ansammlung von Wissen und Information beschrieben wird. Diese Fülle an einfach auszuwertenden Informationen mache eine transparente Kontrolle der Verwaltung möglich. Angestrebt werde ein Übergang vom „Prinzip der Geheimhaltung" zum „Prinzip der Öffentlichkeit" durch umfassende Informationsfreiheitsgesetze, deren Reichweite nur durch die Persönlichkeitsrechte Dritter zu beschränken sei. Das Staatsverständnis der Piratenpartei wird dabei so gefasst:

> „Die Abkehr vom „Prinzip der Geheimhaltung", der Verwaltungs- und Politikvorstellung eines überkommenen Staatsbegriffs, und die Betonung des „Prinzips der Öffentlichkeit", das einen mündigen Bürger in den Mittelpunkt staatlichen Handelns und Gestaltens stellt, schafft nach der festen Überzeugung der Piratenpartei die unabdingbaren Voraussetzungen für eine moderne Wissensgesellschaft in einer freiheitlichen und demokratischen Ordnung."

Ebenso aus dem Staatsverständnis lässt sich die Position zu Open Access begründen: Öffentlich finanzierte Werke sollen der Allgemeinheit kostenlos zur Verfügung stehen; angeführt werden wissenschaftliche Texte und im staatlichen Auftrag programmierte Software.

Auch die Position zu Infrastrukturmonopolen ist ein Ausfluss des Staatsverständnisses: „Freie Kommunikation ist die Grundlage jeder funktionierenden Demokratie". Um eine derartige freie Kommunikation zu gewährleisten, sollen dezentrale Systeme gefördert werden; bestehende Monopole sollen zerschlagen werden. Einen eigenen Abschnitt erhält das Thema elektromagnetisches Spektrum, für das die Möglichkeit einer „breiten, zivilen, demokratischen Nutzung" gefordert wird. Auf den ersten Blick überraschend wirkt, dass dem Bereich Inhaltsfilterung nur ein relativ kurzer Abschnitt gewidmet wird; der zentrale Konflikt um Inhaltsfilterung fand erst zwei Jahre nach der Parteigründung statt (Vgl. Neumann 2011a: 41). Angesichts von Präzedenzfällen in anderen Ländern war aber die Ablehnung von Inhaltsfilterung und die Forderung nach Netzneutralität bereits vorher Forderung der Piratenpartei.

Whistleblowing wird in einem eigenen Abschnitt behandelt. Whistleblowing, also der absichtliche Geheimnisverrat zur Aufdeckung von Unrecht, wird als „Form der Zivilcourage" gesehen und soll besser geschützt werden.

Zwei Abschnitte fallen durch ihre Knappheit auf: Der allgemein „Recht" überschriebene, der sich mit dem Problem des „fliegenden Gerichtsstands" bei das Internet betreffenden Rechtsstreitigkeiten befasst (die Partei strebt eine Verbesserung der Rechtssicherheit durch die Festlegung eines einheitlichen Gerichtsstands an), und die Forderung nach einer Abschaffung der „Zwangsmitgliedschaft in Kammern und Verbänden (ausgenommen Rechtsanwalts-, Notar- und Ärztekammern)", der nicht mehr als die Überschrift beinhaltet und ohne weitere Begründung auskommt.

2.3 Gesellschafts- und Sozialpolitik

Die gesellschafts- und sozialpolitischen Abschnitte gehören zu den jüngeren Schichten des Programms. Für die Einordnung der Piratenpartei ins politische Spektrum sind diese Abschnitte besonders interessant: Stand das restliche, ältere Programm noch unter der in der Präambel festgehaltenen Prämisse, möglichst große Anschlussfähigkeit durch Konzentration aufs Kernprogramm zu erzeugen, so wird dieser Anspruch mit der Formulierung gesellschafts- und sozialpolitischer Ziele de facto aufgegeben, auch wenn die Formulierung der Präambel bestehen bleibt.

Die erste Programmerweiterung war die Aufnahme der Bildungspolitik 2009. Diese Erweiterung wirkt folgerichtig: Die Piratenpartei ist insofern ein postmaterielle Partei, als dass sie sich primär mit nicht-materiellen Gütern beschäftigt und ins Zentrum ihrer Programmatik weniger die Verteilungsgerechtigkeit als die Chancengleichheit stellt.

Gefordert wird ein Recht auf freien Zugang zu Bildung, Bildungsgebühren werden abgelehnt, Bildung als individueller Prozess gesehen, Bildungseinrichtungen sollen umfassende Mitbestimmungsrechte haben.

Soziale Teilhabe wird erstmals mit dem Abschnitt über ein „Recht auf sichere Existenz und gesellschaftliche Teilhabe" auch in Hinblick auf materielle Teilhabe ins Parteiprogramm aufgenommen. In der Formulierung klingen Sympathien für ein bedingungsloses Grundeinkommen durch, dieser Begriff wird aber nicht explizit verwendet. Ziel sozialpolitischen Handelns soll sozioökonomische Teilhabe bei Erhaltung wirtschaftlicher Freiheit (die einzige Erwähnung der Marktwirtschaft) sein. Die Piratenpartei grenzt sich ab von „wirtschaftsfördernde[n] Maßnahmen mit dem Ziel der Schaffung von Arbeitsplätzen" und „staatlich finanzierte[n] Arbeitsplätze[n]", was als „Umweg" beschrieben wird. Über Konzepte zur Umsetzung schweigt das Programm.

Grundlage der Geschlechter- und Familienpolitik ist ein „Prinzip der freien Selbstbestimmung über Angelegenheiten des persönlichen Lebens". Geschlechterrollen und sexuelle Identität soll nicht von außen bestimmt werden, sondern frei gewählt werden können; der Staat hat dazu einen Rahmen zu setzen, der keine Vorentscheidungen etwa über zulässige und unzulässige Beziehungs- und Familienmodelle festlegt und seine familienpolitischen Maßnahmen an der Selbstbestimmung des Einzelnen ausrichtet (Ehegattensplitting wird abgelehnt, ein Rechtsanspruch auf Betreuungsangebote festgelegt). Die Positionen sind getragen vom Ideal der Chancengleichheit; ein geschlechterpolitischer „Normalzustand" oder ein natürliches „Ideal" wird abgelehnt, stattdessen sollen „Gesellschaftsstrukturen, die sich aus Geschlechterrollenbildern ergeben" „überwunden werden". Über diese Zielvorstellung hinaus kommt eine aktive Gleichstellungspolitik (auch in den Strukturen der Partei) nicht vor.

Die Umweltpolitik der Piratenpartei ist knapp gehalten und baut im wesentlichen auf dem Begriff der Nachhaltigkeit auf; konkrete Vorhaben über Schlagworte hinaus werden nicht benannt.

Der Abschnitt „Für die Vielfalt in der Gesellschaft" zeichnet eine ähnlich pluralismusfreundliche Haltung wie der Abschnitt zur Geschlechterpolitik. Migration, auch aus wirtschaftlicher Motivation heraus, wird grundsätzlich positiv gesehen, Freizügigkeit und Toleranz werden als Ideale benannt und Migration explizit als Bereicherung bezeichnet. In diesem Abschnitt wird auch das Staats-

Kirchen-Verhältnis verhandelt. Leitbild der Piratenpartei ist die Gewährleistung der Religionsfreiheit durch eine Stärkung der weltanschaulichen Neutralität des Staates und eine Abschaffung rechtlicher Privilegien für organisierte Religionsgemeinschaften. Damit ist die staatskirchenrechtliche Position der Piratenpartei eher in der Tradition des französischen oder amerikanischen Laizismus zu verorten als in der deutschen Tradition einer Kooperation von Staat und Kirche.

Erstaunlich ausführlich wird das Thema Drogenpolitik behandelt. Gleich zwei Abschnitte, „Drogenpolitik" und „Suchtpolitik", gibt es dazu. Tenor ist auch hier der Fokus auf Selbstbestimmung anstelle von staatlichem Paternalismus.

In der Gesamtschau offenbart sich die Piratenpartei mit ihren gesellschaftspolitischen Positionen als eine linksliberale Partei. Durchgängig zieht sich das Ideal des selbstbestimmten Menschen durch die Programmatik, das mit großer Konsequenz in den einzelnen Politikfeldern durchbuchstabiert wird. Keine Rolle spielen vorgebliche „natürliche" Gegebenheiten, gesellschaftliche Zwänge und Traditionen. Leitbild ist eine möglichst umfassende Maximierung der Entfaltungsmöglichkeiten des Einzelnen.

2.4 Wirtschaftspolitik

Die große Leerstelle des Programms ist die Wirtschaftspolitik. Der Verzicht, dieses Politikfeld auszuführen, trägt zum selbstgesteckten Ziel der Überwindung hergebrachter politischer Positionierungen im Links-Rechts-Spektrum bei – die Leerstelle kann von den Mitgliedern mit der eigenen wirtschaftspolitischen Position ausgefüllt werden. In Hinblick auf die restliche Programmatik sind verschiedene Lesarten denkbar. Die Fokussierung auf Chancengerechtigkeit anstelle von Ergebnisgerechtigkeit lässt eine klassisch liberale Deutung zu; die Formulierungen im Abschnitt „Recht auf sichere Existenz und gesellschaftliche Teilhabe" sind auch aus einer linken, sozialdemokratischen Perspektive interpretierbar, wobei klassisch sozialdemokratisch-keynesianische Beschäftigungspolitik abgelehnt wird. Eine weitere denkbare Interpretation dieses Fehlens ist die grundsätzliche Übereinstimmung mit den Grundlagen der sozialen Marktwirtschaft und des deutschen Wirtschaftssystems. In der Gesamtschau ist das Programm – trotz der alarmistischen Präambel und der Betonung der Disruptivität des Netzes in seinen Auswirkungen auf die Gesellschaft – nicht revolutionär oder grundsätzlich systemkritisch ausgerichtet. Die wirtschaftspolitische Verfassung scheint kein drängendes Problem zu sein, das einer grundsätzlichen Neubetrachtung bedarf, nur im Detail sind Änderungen einzelner Teilsysteme in den Augen der Piratenpartei notwendig.[7]

Es ist zu erwarten, dass diese Leerstelle im Zuge der Etablierung der Partei und der Einbindung ins parlamentarische System gefüllt wird. In Wahlprogrammen der Länder werden bereits wirtschaftspolitische Forderungen gestellt, und es gibt einige parteiinterne Arbeitsgruppen, die sich mit Wirtschaftspolitik befassen. Das Fehlen eines wirtschaftspolitischen Teils im Parteiprogramm ist gleichzeitig eine gute Illustration der Arbeitsweise und des Politikverständnisses der Piratenpartei:

> „[D]ie größte Schwäche der Piraten [ist] gleichzeitig ihre größte Stärke [...], der bottom-up Ansatz der inhaltlichen Arbeit. Inhalte zu finden wird dadurch schwer gemacht, weil viele (vielleicht zu viele) heterogene Interessen am Aufbau der Partei mitwirken."[8]

3 Fazit

Mit einer dezidierten Orientierung an politischer Partizipation, einer vorgeblich nicht-ideologischen Herangehensweise und einer Orientierung an der Selbstverwirklichung des Individuums im Gegensatz zu einer Orientierung an Ungleichheiten (exemplarisch daran zu erkennen, dass Bildung das zweite offizielle Thema der Partei geworden ist, aber auch am Umgang mit Gleichstellungsfragen) scheint die Piratenpartei in die Reihe von politischen Praktiken des „Dritten Wegs" einzuordnen sein.

Die Kritik Roland Sturms an Third-Way-Philosophien eignet sich (mit Ausnahme des Bezugs auf die Mitte, dafür aber mit einer Ablehnung, „rechts" oder „links" zu sein) auch sehr gut, um die Piratenpartei zu charakterisieren:

---

7 Damit passt sich die Piratenpartei durchaus ins etablierte Parteiensystem ein, in dem – mit Ausnahme der Linkspartei – ein breiter Konsens über die grundsätzliche Anerkennung des marktwirtschaftlichen Systems bei gleichzeitiger Notwendigkeit sozialen Ausgleichs und steuernder und ordnender Staatstätigkeit herrscht, der nicht hinterfragt wird und bestenfalls in der jeweiligen programmatischen Rhetorik verschieden akzentuiert wird. Aus dieser Perspektive wirkt das Fehlen einer ausformulierten wirtschaftspolitischen Position pragmatisch und realistisch.
8 Elsner 2012. Dirk Elsner erläutert in diesem Artikel ausführlich die Arbeitsweise der Piratenpartei anhand des festgestellten Mangels einer wirtschaftspolitischen Position.

„Erstens, in der Regel stellen sie die Alternativen der alten Politik in einem besonders düsteren Licht dar, nicht nur, um die eigene Entscheidung möglichst vorteilhaft erscheinen zu lassen, sondern auch, um einen argumentativen Freiraum für die eigene Sichtweise der Dinge zu schaffen. Zweitens unterliegen sie dem Drang, den eigenen Argumentationsort als „politische Mitte" zu definieren, nicht zuletzt in der Annahme, dass – wie immer auch ihre eigenen Vorstellungen beschaffen sein mögen – der zentrale Ort jeglicher politischer Auseinandersetzung die imaginäre „Mitte" zu sein hat. Und drittens schließlich stellen die Verfechter eines Dritten Weges die von ihnen abgelehnten Alternativen unter Ideologieverdacht, von dem sie sich selbst flugs freisprechen." (Sturm 2001: 3.)

Aus den Inhalten des Parteiprogramms wird die grundsätzliche Orientierung der Piratenpartei deutlich: Im eigentlichen Sinn netzpolitische Themen sind prominent vertreten, eingebettet in ein partizipatives Demokratie- und Staatsverständnis. Auch die Positionen in der Sozialpolitik, der Geschlechterpolitik und den Überlegungen zu Drogenpolitik und Staatskirchenrecht lassen sich systematisieren. Zugrunde liegt die Idee der „Plattformneutralität", ein Begriff, den die Piratenpartei selbst in ihrer Programmatik nicht verwendet und der von Michael Seemann in die Debatte eingeführt wurde:

„Die Piraten verstehen die öffentlichen Institutionen als Plattformen, die Teilhabe ermöglichen. Und auf jede dieser Plattformen fordern sie diskriminierungsfreien Zugang für alle, weil sie im Internet erfahren haben, dass sich nur so Wissen und Ideen – und damit auch Menschen – frei entfalten können.

Die Plattformneutralität steckt als abstraktes Konzept hinter allen Forderungen der Piraten, denn sie steckt tief in dem Denken eines jeden Netzbewohners. Die Plattformneutralität ist somit ein abstraktes Konzept, wie es die ‚Nachhaltigkeit' für die Grünen ist. Es ist ein völlig eigenständiger Politikansatz aus dem sich für fast jeden Politikbereich Lösungen generieren lassen." (Seemann 2011)

Der eigene Anspruch an Politik ist ein ideologiefreies, pragmatisches und gemeinwohlorientiertes Herangehen[9] mit Transparenz, Beteiligung und Freiheit als zen-

---

9   Dieser Anspruch zeigt aber auch einen populistischen Aspekt einer Parteienkritik, die verkennt, daß eine Funktion der Parteien gerade ist, Interessen zu aggregieren: „[Der] Ruf nach Gemeinwohl und Überparteilichkeit klingt verdächtig nach der Sehnsucht nach überparteilichen Parteien, die keine Interessen, sondern nur das Gemeinwohl kennen. Insofern erinnert viel von dieser Kritik fatal an die Position des Konservativismus zum Ende der Weimarer Republik mit seiner Abneigung gegen die Parteien des ‚Systems'". (von Alemann 1996: 4).

tralen Werten. Freilich bleibt der Begriff Freiheit dabei unbestimmt, sofern es sich nicht um Freie Software und Freie Lizenzen handelt. In der Tendenz scheint aber einerseits ein negativer Freiheitsbegriff (Freiheit von Überwachung und Kontrolle), im Bereich Bildung, Sozialpolitik und Partizipation ein positiver (Freiheit, durch Bildung Teilhabechancen zu erreichen; bedingungslose Sicherung der materiellen Grundlagen) benutzt zu werden. Inhaltlich lehnt sich die Piratenpartei, sofern sie von ihren Kernthemen abweicht, eng an die Grünen an, wobei sie sich unterscheidet durch eine geringere Technikskepsis und eine dezidiert andere Schwerpunktsetzung im Bereich der Geschlechterpolitik.

Für junge Parteien ist es nicht ungewöhnlich, dass sie noch eine große ideologische Spannbreite haben (wie in der Frühphase der Grünen, als die Richtungsentscheidung zwischen K-Gruppen und dem konservativen Flügel um Herbert Gruhl noch nicht entschieden war); der Aspekt der Plattformneutralität und der Charakter einer demokratischen Plattform lassen es aber auch möglich erscheinen, dass die Partei weiterhin ideologisch divers bleibt, auch wenn die Sozialpolitik eine klare Schlagseite aufweist. Damit wäre die Piratenpartei eine Partei der Postmoderne par excellence: An die Stelle ideologischer Gewissheiten tritt eine Pluralität der Wahrheitsansprüche, die verbindende Klammer ist weniger der konkrete Inhalt als die Übereinstimmung darin, dass anstelle klarer politischer Heilsvorstellungen Politik den Möglichkeitsraum möglichst großer Pluralität offen halten muss.

Die – auch programmatische – Stärke der Piratenpartei ist es, Symptome der Politikverdrossenheit zu artikulieren, Auswege auszuprobieren und so zu einer Erneuerung des Parteiensystems beizutragen. Als derartige Protestpartei trägt die Piratenpartei mit ihrer jungen Wählerschaft die Anfragen ins parlamentarische System, die zum Bedeutungsverlust der etablierten Parteien und zu den Pathologien von Großorganisationen überhaupt führen. Für die weitere Entwicklung ist genau das aber auch ein Risiko: Es wird sich noch zeigen müssen, ob sie eine kohärente Ideologie und Programmatik ausbilden kann und will und dafür ein relevantes Wählerpotential mobilisieren kann, oder ob eine Orientierung an *polity*-Fragen und die Betonung von demokratischer Teilhabe ohne eine grundsätzliche ideologische Ausrichtung auf Dauer ihren Wählern genug sein wird.

Literatur

Abendroth, Wolfgang (Hrsg.) (1983): Nicht links – nicht rechts? Über die Zukunft der Grünen. Hamburg: Vsa Verlag.

Alemann, Ulrich von (1996): Die Parteien in den Wechsel-Jahren? Zum Wandel des deutschen Parteiensystems, in: Aus Politik und Zeitgeschichte B6, S. 3–8.

Crouch, Colin (2008): Postdemokratie. Frankfurt am Main: Suhrkamp.

Elsner, Dirk, Auf der Suche nach dem wirtschaftspolitischen Kern der Piraten, http://carta.info/42844/auf-der-suche-nach-dem-wirtschaftspolitischen-kern-der-piraten/ (16. 4. 2012).

Heller, Christian (2011): Post Privacy. Prima leben ohne Privatsphäre. München: Beck.

Henzler, Claudia, „Gruppe 42" will Piratenpartei reformieren, in: Süddeutsche Zeitung online vom 19. Februar 2012, http://www.sueddeutsche.de/politik/kritik-von-ur-parteimitgliedern-gruppe-will-piratenpartei-reformieren-1.1288253 (16. 04. 2012).

Neumann, Felix (2011a): Die Piratenpartei. Entstehung und Perspektive. http://fxneumann.de/2011/10/08/die-piratenpartei-entstehung-und-perspektive/ (16. 04. 2012).

Neumann, Tobias (2011b): Die Piratenpartei Deutschland. Entwicklung und Selbstverständnis. Berlin: Contumax.

Piratenpartei, Grundsatzprogramm der Piratenpartei Deutschland, http://wiki.piratenpartei.de/Parteiprogramm (16. 04. 2012).

Seemann, Michael, Das politische Denken der Piraten, in: ctrl+verlust vom 6. Oktober 2011, http://www.ctrl-verlust.net/das-politische-denken-der-piraten/ (16. 04. 2012).

Sturm, Roland (2001): Der Dritte Weg – Königsweg zwischen allen Ideologien oder selbst unter Ideologieverdacht?, in: Aus Politik und Zeitgeschichte B16-17, S. 16–17.

Die Piratenpartei in der ideologisch-programmatischen Parteienkonstellation Deutschlands: Das Füllen einer Lücke?

Marc Debus und Thorsten Faas

> „Die wichtigsten Beschlüsse des Piraten-Parteitags:
> Umwelt: 00010000111000110010101010000000
> Arbeit & Soziales: 111100000111000000001100000111001
> Verteidigung: 000000000000000000000000000000000001
> Außenpolitik: 11111111111111111111111111111101"
> *(http://www.titanic-magazin.de/rss.4616, 5. Dezember 2011)*

1   Einleitung

Das deutsche Parteiensystem ist trotz eines tendenziell zunehmenden Anteils parteiungebundener Wähler (vgl. Arzheimer 2006; Schmitt-Beck et al. 2006) und einem Rückgang der sozialstrukturellen Kerngruppen der etablierten Parteien CDU/CSU, SPD, FDP und Bündnis 90/Die Grünen im Zeitverlauf erstaunlich stabil geblieben, gerade im Vergleich zu den anderen Demokratien Europas. Lediglich durch die deutsche Wiedervereinigung und die sozialpolitischen Reformmaßnahmen der rot-grünen Bundesregierung von 2003 bis 2005 kam es zu einer langfristigen Erweiterung des deutschen Parteiensystems um die PDS bzw. die „Linke" (vgl. Niedermayer 2011). Diese Stabilität könnte – wenn sich der durch die Wahl zum Berliner Abgeordnetenhaus vom Oktober 2011 gesetzte Trend, der jüngst im Saarland, in Schleswig-Holstein und Nordrhein-Westfalen seine Fortsetzung fand – bei den kommenden Wahlen zu Landesparlamenten und auch zum 18. Deutschen Bundestag schwinden: Die Piratenpartei erreicht in Umfragen aktuelle Werte um zehn Prozent (vgl. die Zusammenstellung aktueller Umfragen bei www.wahlrecht.de, 9. Mai 2012). Ein Einzug der Piraten in weitere Landtage oder den Bundestag erscheint damit nicht unwahrscheinlich und würde die Muster des deutschen Parteienwettbewerbs sowie der Koalitions- und Regierungsbildung zumindest kurzfristig, potenziell auch nachhaltig verändern.

Vor dem Hintergrund dieser jüngsten Erfolge der Piratenpartei wollen wir im Folgenden der Frage nachgehen, ob und (wenn ja) inwiefern die Piraten in ideologisch-programmatischer Hinsicht eine „Lücke" im deutschen Parteiensystem ausfüllen können und ob die Piratenpartei mit ihrer inhaltlichen Ausrichtung auf Akzeptanz in der Wählerschaft stoßen.

Zur Beantwortung dieser Fragestellungen gehen wir wie folgt vor: Zunächst geben wir einen kurzen Überblick zu den theoretischen Ansätzen, die Aufschluss über die den deutschen Parteienwettbewerb strukturierende Konfliktstruktur und die Positionierung der Parteien auf den relevanten Politikdimensionen geben. In diesem Zusammenhang diskutieren wir mit Rückgriff auf Theorien des Wahlverhaltens, die vor allem inhaltliche Distanzen zwischen parteipolitischen Akteuren hervorheben, warum es sich – insbesondere für eine neue Partei – lohnen würde, einen bislang nicht besetzten Teil des Politikraums einzunehmen. Im Anschluss daran beantworten wir unsere Fragestellungen vor allem unter Rückgriff auf computergestützte Inhaltsanalysen der bislang von den Piraten vorliegenden Wahl- und Grundsatzprogramme sowie den programmatischen Dokumenten der fünf weiteren, das deutsche Parteiensystem maßgeblich strukturierenden parteipolitischen Kräften. In Ergänzung dazu nehmen wir eine Analyse der programmatischen Statements von Union, SPD, Grünen, FDP, der Linken und der Piratenpartei zu den Bundestags- und Europaparlamentswahlen 2009 sowie den Landtagswahlen in Nordrhein-Westfalen (2010), Baden-Württemberg, Berlin, Bremen, Hamburg, Rheinland-Pfalz (je 2011) sowie im Saarland (2012) vor, um die Haltung der genannten Parteien zu mehr Partizipation und Transparenz im politischen System zu ermitteln, was zentrale Politikziele der Piraten sind. In einem abschließenden Teil greifen wir schließlich auf Befragungsdaten zurück, um ermitteln zu können, inwiefern die programmatische Positionierung der Piraten auf Akzeptanz beim Elektorat stößt.

Die Ergebnisse zeigen insgesamt, dass sich die Piraten mit ihrer Programmatik in einem Teil des Politikraums platziert haben, der bislang von keiner anderen parlamentarisch vertretenen Partei in Deutschland besetzt ist. Zugleich zeigt sich eine relativ große Schnittmenge mit Grünen, Linken und der SPD. Zudem umfassen inhaltliche Zielvorstellungen der Piraten Forderungen nach Reformen des politischen Systems der Bundesrepublik mit seiner „superrepräsentativ" ausgestalteten Struktur.

Schließlich zeigen die Analysen von Umfragedaten, dass auch die Akzeptanz bzw. Sympathie gegenüber der Piratenpartei einhergeht mit dem Grad an Zustimmung, die den Parteien des *linken* ideologischen Spektrums entgegengebracht wird: Je sympathischer Wählern die Linken, die Grünen oder auch die SPD sind, desto eher werden sie auch die Piratenpartei positiv bewerten. Zugleich zeigt sich auch hier, dass gerade ein wahrgenommener Reformbedarf des politischen Systems (in Form einer Erweiterung der direkten Demokratie) dem Ansehen der Piraten förderlich ist.

Diese Ergebnisse deuten in der Zusammenschau darauf hin, dass die Piraten eher als eine ideologisch-programmatisch „linke" Partei betrachtet werden müssen, auch wenn es gerade im Politikfeld Wirtschaft und Soziales Schwankungen in den inhaltlichen Positionen der Piratenpartei gibt. In der Schlussbetrachtung fassen wir die gewonnenen Erkenntnisse zusammen und werfen Fragen für die künftige Forschung zu „neuen" Parteien generell und zur Piratenpartei im Besonderen – gerade hinsichtlich ihrer Einbindung in die momentan im Fluss befindlichen Koalitionsbildungsmuster in Deutschland – auf.

2 Grundlagen und Muster des Parteienwettbewerbs in Deutschland

Zu den Hauptfunktionen von Parteien in modernen Demokratien zählen die Aggregation von Interessen sowie die Repräsentation der Zielvorstellungen verschiedener gesellschaftlicher Gruppen (Aldrich 1995; Powell 2004). Daher müssen parteipolitische Akteure auf Veränderungen in den Präferenzen der Wählerschaft reagieren. So führte die Etablierung der Grünen innerhalb des deutschen Parteiensystems dazu, dass CDU/CSU, SPD und FDP verstärkt umweltschutzpolitische Themen aufgriffen und dementsprechende Zielvorstellungen formulierten. Eine ähnliche Entwicklung findet momentan statt: Da das Internet, seine Verbreitung und seine vielfache wie vielfältige Nutzung sehr stark innen-, rechts- und gesellschaftspolitische Aspekte sowie Fragen zur Struktur und Zugänglichkeit der politischen Institutionen in Deutschland aufwerfen, kommt es zur Nachfrage nach programmatisch-inhaltlichen Standpunkten, die die Rolle des Individuums stärken und die Einflussmöglichkeiten des Staates zurückdrängen wollen (vgl. etwa Korte 2012).

Diese Perspektive schließt an räumliche Modelle des Parteienwettbewerbs und der Koalitionsbildung einerseits und des individuellen Wahlverhaltens andererseits an, die vor allem auf die Arbeit von Downs (1957; vgl. Laver und Schofield 1998; Hinich und Munger 1997; Grofman 2004) zurückgehen. Die grundlegende Annahme ist, dass sich Wähler für die Partei oder den Kandidaten entscheiden, deren inhaltliche Position auf einer allgemeinen Links-Rechts-Dimension der jeweils eigenen am nächsten kommt, so dass der Nutzenverlust, der sich im Falle eines Wahlsiegs und damit einer Regierungsbeteiligung der entsprechenden Partei aus der von ihr implementierten Politik ergibt, aus Sicht eines Wählers möglichst gering gehalten wird (vgl. auch Adams et al. 2005). Zahlreiche Studien, die das Wahlverhalten in Deutschland oder auch in Länder vergleichender Perspektive analysieren, zeigen, dass inhaltlich-programmatische Distanzen einen signifikanten Einfluss auf das Wahlverhalten – auch unter Kontrolle weiterer, theoretisch hergeleiteter Variablen – ausüben (vgl. Roller 1998; Thurner 2000; Adams et al. 2005; Debus 2007, 2012). Gleiches gilt für Prozesse der Regierungsbildung: Auch hier kommt den ideologischen Distanzen zwischen den am Prozess der Koalitionsbildung beteiligten Parteien sowohl aus theoretischem Blickwinkel als auch aus empirischer Sicht eine Schlüsselrolle zu (Axelrod 1970; De Swaan 1973; Laver und Shepsle 1996; Martin und Stevenson 2001): Je ähnlicher sich die programmatische Ausrichtung der Parteien oder ihrer Repräsentanten auf einer durch ideologische Gegensätze geprägten Links-Rechts-Dimension ist, desto wahrscheinlicher ist es, dass die entsprechenden Parteien und ihre Abgeordneten im legislativen Prozess zusammenarbeiten und/oder langfristig stabile Koalitionsregierungen bilden (Laver und Schofield 1998; Müller 2009; Martin und Vanberg 2004, 2011; Bräuninger und Debus 2009).

Allerdings beschreiben eindimensionale Politikräume, wie sie von Downs (1957) und vielen empirischen, auf dem räumlichen Modell politischen Entscheidens basierenden Studien angewandt werden, nur unzureichend die Muster des Parteienwettbewerbs in vielen modernen Demokratien (Laver und Hunt 1992; Warwick 2002, 2006; Benoit und Laver 2006). Aus politisch-soziologischen Studien wissen wir, dass in der Regel mehr als eine soziale Konfliktlinie („cleavage") die Muster des Parteienwettbewerbs wie auch des Wahlverhaltens beeinflusst (Lipset und Rokkan 1967; Pappi und Shikano 2002; Pappi 2009: 195). Neben dem sozioökonomisch determinierten Gegensatz zwischen Arbeitnehmern und Kapitaleignern ist dies in vielen europäischen Ländern der Konflikt zwischen säkular-liberalen Auffassungen einerseits und klerikal-konservativen Positionen in gesellschaftspolitischen Fragen andererseits (Gallagher, Laver und Mair 2006: 263–306). Dies gilt auch für die Situation in Deutschland. Daher ist es zur Analyse der programmatischen Position der Piratenpartei in der ideologischen Parteienkonstellation Deutschlands notwendig, mindestens diese Politikdimensionen, die die beiden zentralen Konfliktlinien repräsentieren, zu berücksichtigen.

Zudem erscheint es vor dem Hintergrund der Entwicklung des deutschen Parteiensystems seit der Wiedervereinigung 1990 notwendig, auch eine dritte Konfliktlinie in die Überlegungen einzubeziehen, die die Systemimmanenz der jeweiligen Parteien reflektiert. So argumentiert Niedermayer (2008, 2010), dass sich in Folge der Wiedervereinigung in Form eines „DDR-Erbes" eine Interessenlage in der deutschen Wählerschaft gebildet hat, die das politische System der Bundesrepublik und ihre Grundlagen zumindest partiell in Frage stellt. Diese Wählergruppe und ihre Auffassungen werden von der PDS bzw. der „Linken" repräsentiert, die daher von den „etablierten" Parteien – CDU/CSU, SPD, FDP und Bündnis 90/Die Grünen – in den alten Bundesländern nahezu vollständig, in Ostdeutschland teilweise aus dem Regierungsbildungsprozess ausgeschlossen ist (vgl. auch Decker 2009). Sowohl Analysen von Regierungsbildungsprozessen im deutschen Mehrebenensystem als auch Untersuchungen des Wahlverhaltens bei Bundes- und Landtagswahlen zeigen, dass neben unterschiedlichen wirtschafts- und sozialpolitischen Positionen von Wählern und Parteien sowohl das Wahlverhalten als auch die Bildung von und das Handeln in Koalitionsregierungen von Unterschieden in der Gesellschafts- und Umweltpolitik sowie der Einstellung gegenüber den Grundstrukturen des politischen System Deutschlands geprägt sind (vgl. Jun 1994; Thurner 2000; Debus 2007; Bräuninger und Debus 2008, 2012; Pappi et al. 2009; Kropp 2010; Seher und Pappi 2011).

Was implizieren die mehrdimensionale Struktur des deutschen Parteienwettbewerbs und die auf ideologisch-programmatischen Distanzen aufbauenden Modelle von Wahlverhalten und Parteienwettbewerb für die Erfolgschancen neuer Parteien? Wenn die Entscheidungsfindung der Wähler nicht nur von deren sozialer Gruppenzugehörigkeit, einer subjektiven Parteinähe, der retrospektiven Evaluation der wirtschaftlichen Lage und den Eigenschaften von Kandidaten beeinflusst wird, sondern auch von den politikfeldspezifischen programmatischen Positionen der Parteien abhängt (vgl. die Beiträge in Falter und Schoen 2005 sowie in Schmitt-Beck 2012), dann sollten sich neu etablierende Parteien darum bemühen, einen Platz im Politikraum zu besetzen, der noch nicht von den etablierten Parteien eingenommen wurde (vgl. etwa Laver 2005; Laver und Sergenti 2012). Dies würde – unter der Voraussetzung, dass sich in diesem Teil des Politikraums eine hinreichende Menge an Wählern verortet – die Chance erhöhen, den Stimmenanteil bei Wahlen zu maximieren.

Aufgrund ihrer inhaltlichen Aussagen ist davon auszugehen, dass die Piratenpartei auf der innen-, rechts- und gesellschaftspolitischen Politikdimension eine sehr libertäre, die individuellen Freiheiten betonende Haltung vertritt und zudem zum momentanen, auf den Prinzipien der repräsentativen Demokratie aufbauenden politischen System Deutschlands skeptische, reformorientierte Positionen einnimmt, die in Forderungen nach einem Mehr an Transparenz und Öffnung des Systems münden. Hinsichtlich der Gegensätze in wirtschafts- und sozialpolitischen Fragen ist – zumindest bis zum Bundesparteitag vom November 2011 – eine eher moderate programmatische Positionierung zu erwarten (siehe hierzu den Beitrag von Niedermayer in diesem Band). Inwiefern eine tiefgreifende Analyse der programmatischen Dokumente der Piratenpartei eine derartige Charakterisierung bestätigt und ob von Seiten der Wähler überhaupt „Bedarf" am programmatischen Profil der Piraten besteht, untersuchen wir in den folgenden beiden Abschnitten.

3 Die Angebotsseite: Die programmatische Ausrichtung der Piratenpartei

3.1 Computergestützte Inhaltsanalysen programmatischer Dokumente

Zur Beantwortung unserer Fragestellung werden Daten zu den Policy-Positionen aller etablierten Parteien sowie der Piratenpartei als neuem Element im deutschen Parteiensystem benötigt. Die Bestimmung der programmatischen Positionen der deutschen Parteien und hier insbesondere neu gegründeter parteipolitischer Akteure ist mit größeren Hürden verbunden. So liegt zwar eine Fortschreibung des vielfach zur Messung der programmatischen Schwerpunkte und Positionen von Parteien verwendeten CMP-Datensatzes vor, jedoch werden dabei die Piraten und andere, kleinere Parteien sowie die Grundsatzprogramme der Parteien nicht berücksichtigt.[1] Diese Option scheidet daher im hiesigen Kontext aus. Statt dessen wird vor allem auf das inzwischen vielfach erfolgreich angewandte, rein computergestützte „Wordscores"-Verfahren (Laver, Benoit und Garry 2003; Lowe 2008; vgl. Klemmensen, Hobolt und Hansen 2007) zur Messung der in Wahl- und Grundsatzprogrammen enthaltenen Policy-Positionen zurückgegriffen. Das Verfahren geht von der Beobachtung aus, dass die Wortwahl politischer Akteure in ihren programmatischen Dokumenten oder Reden nicht nach dem Zufallsprinzip erfolgt. Vielmehr wird angenommen, dass man allein aufgrund der relativen Worthäufigkeit eines Dokuments auf dessen programmatische Position valide und reliabel schließen kann.

Einem auf der Grundlage dieses Verfahrens bereits erstellten Datensatz, der die Positionen der deutschen Bundes- und Landesparteien seit Januar 1990 umfasst (Bräuninger und Debus 2008, 2012), wurden die bislang von der Piratenpartei verfassten programmatischen Dokumente für Land- und Bundestagswahlen sowie die Grundsatzprogramme hinzugefügt. Somit ist es möglich, die programmatische Ausrichtung der Piratenpartei – zunächst auf den beiden Makropolitik-

---

1   Siehe http://www.wzb.eu/zkd/dsl/download-marpor.en.htm, 9. Mai 2012

dimensionen Wirtschaft und Gesellschaft, die sich aus dem *cleavage*-Ansatz von Lipset und Rokkan (1967) ergeben – seit ihrem ersten Antreten bei Wahlen in Deutschland zu ermitteln.

Abbildung 1 präsentiert die ermittelten programmatischen Positionen der fünf seit 1990 im Bundestag vertretenen deutschen Parteien auf der Grundlage aller Wahlprogramme, die sie zu Parlamentswahlen auf Bundes- und Landesebene vorgelegt haben. Zudem sind die geschätzten Positionen der Piratenpartei auf der Basis ihrer Grundsatz- und Wahlprogramme abgetragen.

Es wird zunächst deutlich, dass sich – trotz der Berücksichtigung mehrerer Ebenen des politischen Systems – die Parteien grundsätzlich an den Stellen des Politikraums platzieren, wo sie die Parteienforschung auch erwarten würde (vgl. etwa Pappi 2009; Niedermayer 2011): So steht die Union wirtschaftspolitisch leicht rechts der Mitte, wohingegen sie in der Gesellschaftspolitik deutlich konservative Positionen besetzt. Die FDP ist die wirtschaftsliberalste Partei auf der sozioökono-

Abbildung 1 Programmatische Positionen von Union, SPD, FDP, Bündnis 90/ Die Grünen, PDS/Die Linke und der Piratenpartei in der Wirtschafts- und Gesellschaftspolitik im Zeitraum von 1990 bis 2012

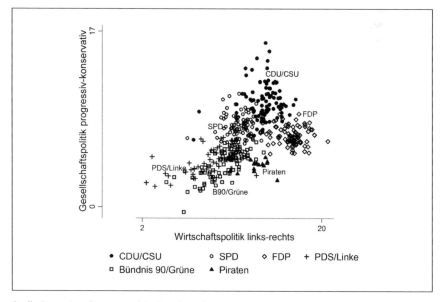

Quelle: Eigene Berechnungen auf der Grundlage des Datensatzes von Bräuninger und Debus (2012).

mischen Dimension, jedoch gesellschaftspolitisch moderat-progressiv ausgerichtet. Die Sozialdemokraten platzieren sich auf Bundes- und Landesebene tendenziell mit moderat-linken Positionen in der Wirtschafts- und Sozialpolitik und sind in gesellschaftspolitischen Fragen der inhaltlichen Ausrichtung der Liberalen sehr ähnlich. Bündnis 90/Die Grünen und die PDS bzw. die Linke überlappen sich in ihrer inhaltlichen Ausrichtung recht stark: Beide Parteien stehen – allerdings mit einer recht großen Spannweite in wirtschafts- und sozialpolitischen Fragen – links der Mitte auf der sozioökonomischen Politikdimension und nehmen explizit progressive Positionen in der Innen-, Rechts- und Gesellschaftspolitik ein.

Die programmatischen Dokumente der Piratenpartei beinhalten gemäß dieser Analyse zwar ähnlich progressive gesellschaftspolitische Ziele wie jene der PDS bzw. der Linken und der Grünen, weisen jedoch eine deutlich moderatere, wenn auch stark variierende Position im wirtschafts- und sozialpolitischen Politikfeld auf (siehe hierzu auch Faas und Debus 2012), so dass offenbar – zumindest gemäß dieser Analyse der Grundsatz- und Wahlprogramme – eine klare Differenzierung zwischen den Piraten einerseits und Bündnisgrünen sowie den Linken andererseits in sozioökonomischen Fragen vorliegt. Damit platzieren sich die Piraten – selbst mit ihrem Grundsatzprogramm von Herbst 2011, das vielfach als wirtschaftspolitisch „links" beschrieben worden ist – in einem bislang von den fünf zentralen parteipolitischen Akteuren im politischen System Deutschlands kaum besetzten Teil des Politikraums.

Letzteres mag – unter anderem – ihren Erfolg bei Wahlen und Umfragen erklären: Für gesellschaftspolitisch progressiv ausgerichtete Wähler, die zugleich über zentristische Einstellungen in der Wirtschafts- und Sozialpolitik verfügen oder aber diesem Politikfeld geringe Bedeutung beimessen, stellt die Piratenpartei eine Alternative zur wirtschaftsliberalen FDP und den mäßig bis stark staatsinterventionistisch ausgerichteten Grünen und der Linken dar. Der Logik des Distanz-Modells von Downs (1957) folgend könnten somit die Wahlerfolge der Piratenpartei Resultat ihrer programmatischen Positionierung sein, da ihre Position gesellschaftspolitisch sehr progressiv, jedoch wirtschaftspolitisch moderat ausgerichteten Wählern mitunter näher kommt als die Politikziele der drei kleineren, parlamentarisch vertretenen Parteien – Liberale, Grüne und Linke.

Differenziert man zwischen den Wahlprogrammen der Landes- und Bundesparteien und betrachtet die Entwicklung der programmatischen Ausrichtung der Parteien im Zeitverlauf, dann ergeben sich bei den Piraten weder in wirtschafts- noch in gesellschaftspolitischen Fragen größere Verschiebungen im Zeitverlauf (vgl. Abbildungen 2 und 3, siehe auch Faas und Debus 2012). Hingegen haben sich insbesondere die wirtschaftspolitischen Positionen der Bündnisgrünen auf Bun-

Abbildung 2 Wirtschafts- und sozialpolitische Positionen von Union, SPD, FDP, Bündnis 90/Die Grünen, PDS/Linke und der Piratenpartei im Zeitverlauf

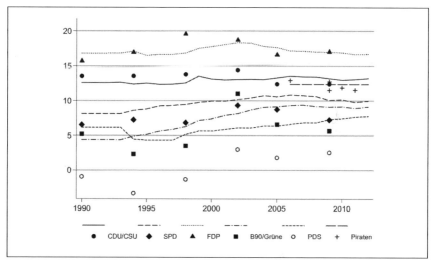

Quelle: Eigene Berechnungen auf der Grundlage des Datensatzes von Bräuninger und Debus (2012).

Anmerkung: Linien repräsentieren den gleitenden Mittelwert der Positionen der Landesparteien, wohingegen die freistehenden Symbole für die Positionen der Bundesparteien zu den jeweiligen Bundestagswahlen stehen.

des- wie Landesebene sowie – in geringerem Ausmaß – diejenigen von SPD und PDS/Linke in Richtung moderaterer inhaltlicher Ausrichtungen entwickelt, wobei die Bundesparteien von Sozialdemokraten und Bündnis 90/Die Grünen seit der Bundestagswahl 2005 wieder verstärkt staatsinterventionistische Positionen einnehmen. Bei Fokussierung auf die sozioökonomische Dimension wäre die Piratenpartei – zumindest auf der Grundlage der mit „Wordscores" vorgenommenen Schätzungen – aufgrund der geringen inhaltlichen Distanz ein möglicher Koalitionspartner der Sozialdemokraten, aber auch der Union.[2]

---

2 Anzumerken ist an dieser Stelle, dass diese Daten zu den programmatischen Positionen der Parteien keine Informationen über die parteispezifische Salienz der Politikdimensionen beinhalten. So kann es sein, dass die Piratenpartei wirtschaftspolitisch moderat ausgerichtet ist, diesem Politikfeld im Vergleich zu anderen jedoch nur eine geringe Bedeutung zuweist, so dass die inhaltlichen Unterschiede in anderen Politikfeldern von größerer Bedeutung für Wahlverhalten und Parteienwettbewerb sein können.

Abbildung 3   Gesellschaftspolitische Positionen von Union, SPD, FDP, Bündnis 90/Die Grünen, PDS/Linke und der Piratenpartei im Zeitverlauf

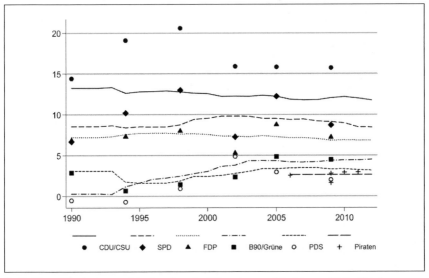

Quelle: Eigene Berechnungen auf der Grundlage des Datensatzes von Bräuninger und Debus (2012).

Anmerkung: Linien repräsentieren den gleitenden Mittelwert der Positionen der Landesparteien, wohingegen die freistehenden Symbole für die Positionen der Bundesparteien zu den jeweiligen Bundestagswahlen stehen.

Auch in der Gesellschaftspolitik variiert die Piratenpartei ihre explizit progressive, auf fortschrittlich-libertäre Politikinhalte ausgerichtete Positionierung im Zeitverlauf kaum. Größere Verschiebungen gibt es hier bei der Union auf Bundesebene, die seit der Bundestagswahl 2002 einen programmatischen Wandel hin zu moderat-konservativen gesellschaftspolitischen Positionen vorgenommen hat. Die PDS/Linke sowie insbesondere die Grünen haben ihre in den 1990er Jahren noch explizit progressiven Positionen im Zeitverlauf leicht abgeschwächt, wohingegen sich bei SPD und vor allem der FDP auf Bundeslandebene kaum Verschiebungen im Zeitverlauf ergeben. Demnach sind die Piraten die Partei mit den libertärsten Positionen in der Innen-, Rechts- und Gesellschaftspolitik und konkurrieren damit vor allem mit Bündnis 90/Die Grünen sowie der Linken um Wähler, die sich vor allem aufgrund der inhaltlichen Aussagen der Parteien zu diesem Themengebiet für eine Partei und ihre Kandidaten entscheiden.

3.2 Inhaltliche Positionen der Parteien gemäß des Wahlomaten

Wie wir oben diskutiert haben, ist für eine adäquate Analyse des Parteiensystems und des Parteienwettbewerbs in Deutschland gerade unter Einschluss der Piraten eine dritte Dimension erforderlich, die die Positionen der Parteien zum politischen System der repräsentativen Demokratie der Bundesrepublik (und dem diesbezüglich in Teilen der Bevölkerung wahrgenommenen Reformbedarf) widerspiegelt. Die Extraktion der Haltungen der relevanten Parteien auf dieser Konfliktlinie ist jedoch mit dem „Wordscores"-Verfahren nur schwer zu bestimmen, da für diese Dimension nicht die notwendigen Referenzwerte vorliegen (vgl. hierzu Bräuninger und Debus 2012: 41–50).

Um dennoch zu ermitteln, wie die Haltung der parlamentarisch vertretenen Parteien und insbesondere der Piraten zum Status quo des politischen Systems in Deutschland ist, müssen daher andere Verfahren angewandt werden, die spezifischere Analysen der programmatischen Positionierung erlauben. Eine Möglichkeit bieten Übereinstimmungsmengen, die sich anhand der codierten Positionen der Parteien im Wahlomat (siehe www.wahlomat.de) ergeben und die bereits an anderer Stelle herangezogen wurden, um die Positionen von Parteien in der Bundesrepublik zu ermitteln (vgl. Faas und Debus 2012).

Der Wahlomat eröffnet grundsätzlich zwei Analysemöglichkeiten. Zunächst kann man die Positionierungen der interessierenden Parteien zu den jeweils 38 Thesen, die bei den Wahlomaten aus Anlass der verschiedenen Wahlen als Grundlage dienen, heranziehen, um deren Programmatik in Relation zueinander zu setzen. Auf der Grundlage der Angaben der Parteien zu den präsentierten 38 Thesen in jeder Wahlomat-Auflage lässt sich nämlich für jede Wahl und jedes Paar von Parteien die programmatische Übereinstimmung bestimmen. So betrachtet, positionieren sich die Piraten auf der linken Seite des politischen Spektrums (vgl. Faas und Debus 2012): Es zeigen sich insgesamt große Übereinstimmungen mit Grünen, Linken und – mit kleineren Abstrichen – der SPD. Deutlich geringere Gemeinsamkeiten hinsichtlich der programmatischen Politikangebote – wenn über alle Politikfelder hinweg verglichen wird – zeigen sich dagegen mit der FDP und insbesondere den Unionsparteien.

Gerade letzteres könnte damit zusammenhängen, dass die Piratenpartei – im Gegensatz zu Union und Liberalen – für Änderungen der Grundordnung des politischen System Deutschlands plädiert und dies auch in ihren programmatischen Dokumenten akzentuiert. Inwieweit das tatsächlich der Fall ist, kann man mit Hilfe des Wahlomat direkt prüfen. Als zweite Analysemöglichkeit können themenspezifisch bestimmte Aussagen identifiziert und analysiert werden, um so die Positionen der Piraten direkt zu bestimmen.

In dieser Logik kann man all jene Aussagen betrachten, die sich explizit auf die institutionellen Eigenschaften des politischen Systems (unter besonderer Berücksichtigung der Aspekte Partizipation und Transparenz) beziehen, um so die themenspezifischen Parteipositionen zu ermitteln. Zieht man dazu die Versionen des Wahlomaten aus den Jahren 2009 bis 2012 heran[3], so lassen sich insgesamt 27 Thesen finden, die zu der einschlägigen Dimension passen: In acht Auflagen des Wahlomaten werden die Parteien nach ihrer Position zu einem Wahlalter von 16 (statt 18) Jahren gefragt; sieben Mal ist eine These zum Wahlrecht für Nicht-Deutsche bei Kommunalwahlen Teil des Wahlomat gewesen. Ebenfalls sieben Mal ging es um die Ausweitung direktdemokratischer Verfahren (auf verschiedenen Ebenen des politischen Systems), vier Mal um ein Verbot von Unternehmensspenden an politische Parteien. In Baden-Württemberg schließlich wurde noch die These „In den Aufsichtsgremien der öffentlich-rechtlichen Medien sollen keine Mitglieder der Landesregierung mehr vertreten sein" präsentiert.[4]

Zu jeder These positionieren sich die Parteien entweder zustimmend (+1), ablehnend (−1) oder neutral (0). Für die folgende Analyse haben wir alle einschlägigen Thesen so umcodiert, dass hohe Werte stets die Forderung nach mehr Partizipation und Transparenz anzeigen. Sowohl über alle 27 Thesen hinweg als auch getrennt nach spezifischen Teilaspekten liefert Abbildung 4 die Positionierungen der betrachteten Parteien.

In der Gesamtschau weist das deutsche Parteiensystem bezogen auf diese Politikdimension ein breites Spektrum auf: Die Union steht Änderungen der institutionellen Architektur des Systems sehr kritisch gegenüber. Mit einem Gesamtmittelwert von −0,89 ist sie sehr nahe am negativen Ende der Skala. Für die FDP resultiert ebenfalls ein negativer Mittelwert, auch wenn ihre Position insgesamt moderater und differenzierter ist. Auf der positiven Seite und damit aufgeschlossener gegenüber Reformen des politischen Systems stehen SPD und Grüne;

---

3 Konkret werden die Wahlomaten zur Europa- und Bundestagswahl 2009 sowie den Landtagswahlen in Nordrhein-Westfalen (2010), Baden-Württemberg, Berlin, Bremen, Hamburg, Rheinland-Pfalz (je 2011) sowie im Saarland und Schleswig-Holstein (2012) einbezogen. Es hat nicht zu jeder Landtagswahl in diesem Zeitraum auch eine Auflage des Wahlomaten gegeben.

4 Zudem gibt es zwei Globalthesen, nämlich bei der Auflage zur Bundestagswahl 2009 „Die Demokratie, die wir in der Bundesrepublik haben, ist die beste Staatsform", außerdem zur Europawahl 2009 „Die parlamentarische Demokratie ist die beste Regierungsform". Beide Thesen wurden unisono von allen hier betrachteten Parteien – also auch den Piraten – mit „Ja" beantwortet, was letztlich zeigt, dass es – natürlich – auch den Piraten „nur" um eine Reform des bestehenden Systems geht.

Die Piratenpartei in der ideologisch-programmatischen Parteienkonstellation Deutschlands 201

Abbildung 4   Positionen der Union, SPD, FDP, Bündnis 90/Die Grünen, PDS/ Linke und der Piratenpartei zu Partizipation und Transparenz im Wahlomat

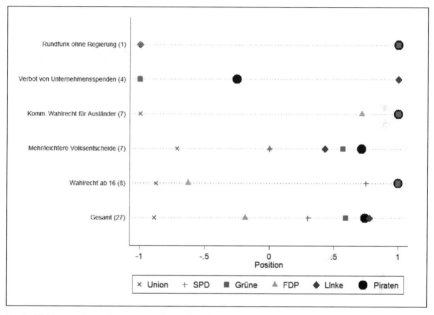

Quelle: Wahlomat, eigene Zusammenstellung; die Zahlen in Klammern geben die Anzahl der zugrundeliegenden Abfragen/Wahlomaten an.

um den diesbezüglichen Spitzenplatz rangeln Piraten und – mit winzigem Vorsprung – die Linke.

Wirft man einen Blick auf Teilaspekte, so ergeben sich bemerkenswerte Unterschiede, sowohl bezogen auf die einzelnen Themen als auch auf die einzelnen Parteien. Dies gilt zwar weniger für die Union, deren konservative Position bei der Einzelbetrachtung ihre Fortsetzung findet.[5] Für die FDP ergibt sich ein Bild, wonach sie zwar dem kommunalen Wahlrecht für Ausländer aufgeschlossen, der Absenkung des Wahlalters aber skeptisch gegenübersteht. Sie lehnt ein Verbot

---

5   Einzig in Schleswig-Holstein ist die CDU gegen die Abschaffung der Direktwahl der dortigen Bürgermeister; in Rheinland-Pfalz steht sie dem Absenken des Wahlalters auf 16 Jahre neutral gegenüber.

von Unternehmensspenden ab. Ambivalent ist ihre Position im Bereich direktdemokratischer Verfahren (versinnbildlicht in einem Mittelwert von exakt Null): Volksentscheide auf Bundes- und europäischer Ebene begrüßt sie, während sie einer Direktwahl des EU-Kommissionspräsidenten ebenso skeptisch gegenübersteht wie der Absenkung der Hürden bei Volksentscheiden (letzteres enthalten im Wahlomat zur Abgeordnetenhauswahl in Berlin). Für die SPD ergibt sich – mit einer Ausnahme – ein sehr ähnliches Bild: Im Gegensatz zu den Liberalen steht die SPD einem Absenken des Wahlalters positiv gegenüber.

Auch eint Grüne, Linke und Piraten das einhellige Eintreten für eine Absenkung des Wahlalters ebenso wie die Forderung nach einer Ausweitung des Wahlrechts bei Kommunalwahlen auf Ausländer. Unterschiede gibt es dagegen bei diesen drei Parteien bei den anderen drei Bereichen: Einer Ausweitung und Erleichterung von Volksentscheiden stehen die drei Parteien zwar ebenfalls grundsätzlich positiv gegenüber. Allerdings gibt es zugleich bei allen drei Parteien Abweichungen: Die Linken lehnen eine Direktwahl des EU-Kommissionspräsidenten ebenso ab wie Abstimmungen über die Aufnahme weiterer Länder in die EU. Dies gilt ebenfalls für die Grünen (auch wenn sie der Direktwahl des Kommissionspräsidenten zumindest „neutral" gegenüberstehen).

Auch für die Piraten ergibt sich keineswegs der perfekte Mittelwert von 1,0. Vielmehr zeigt sich bei ihnen eine bemerkenswerte Abweichung: Der in Hamburg präsentierten These „Für Bürgerentscheide auf Bezirksebene soll eine Mindestbeteiligung (‚Quorum') eingeführt werden" stellen sie sich *zustimmend* gegenüber – und begründen dies (wie der Wahlomat ebenfalls dokumentiert) wie folgt: „Die Politik der Bezirke sollte nicht durch die Partikularinteressen durchsetzungsfähiger Kleingruppen bestimmt werden, sondern auf der Basis stabiler Mehrheiten erfolgen. Um dies zu gewährleisten ist es nach Auffassung der Piratenpartei unabdingbar, dass eine Mindestzahl von betroffenen Bürgerinnen und Bürgern zu anliegenden Bürgerentscheiden ihre Meinung kundtut". Vor dem Hintergrund der aktuellen Diskussion zu direkter Demokratie, in deren Kontext Quoren häufig als Verfahrenshürden (und damit sehr kritisch) gesehen werden, ist dies eine geradezu konservative Position.

Unterschiede zwischen Grünen, Linken und Piraten ergeben sich auch bei den verbleibenden beiden Teilaspekten: Was den öffentlich-rechtlichen Rundfunk betrifft, unterstützen Grüne und Piraten die Position, dass Regierungsvertreter hier nichts verloren haben – die Linke sieht das anders. Bezogen auf Unternehmensspenden an Parteien ergeben sich ebenfalls Unterschiede: Die Linken sind durchweg für ein Verbot solcher Spenden, die Grünen durchweg bei allen Wahlen gegen ein Verbot.

Eine ambivalente Position zur Spendenthematik nehmen die Piraten ein: Im Saarland und in Rheinland-Pfalz haben sie sich gegen ein Verbot solcher Spenden ausgesprochen, die Piraten in Nordrhein-Westfalen 2010 haben sich neutral positioniert, die Piraten in Baden-Württemberg haben dagegen ein Verbot explizit unterstützt. Dies mag Ausdruck der Programm- und Entscheidungsfindungsprozesse der Piraten sein (siehe hierzu Faas und Debus 2012), die zu mehr Varianz in der Programmatik führen können. Es mag aber auch Ausdruck der Tatsache sein, dass das Format des Wahlomaten die Parteien mitunter zwingt, eine eigentlich differenziertere Position zu einem „Ja" oder einem „Nein" zu verdichten.

Bemerkenswert sind an dieser Stelle die Begründungen, die die Piraten verschiedener Länder für ihre unterschiedlichen Positionen geliefert haben: Die Saar-Piraten etwa begründen ihre Unterstützung von Unternehmensspenden damit, dass „Parteien (…) in unterschiedlichem Maße auf Spenden angewiesen (sind). Insbesondere die Piratenpartei besitzt nur geringe finanzielle Mittel. Um jedoch Lobbyismus vorzubeugen, haben wir uns dazu verpflichtet, Spenden schon lange vor Erreichen der gesetzlichen Grenzen zu veröffentlichen." Die rheinland-pfälzischen Piraten erläutern ihre Skepsis gegenüber einem Verbot mit Praktikabilitätserwägungen: „Ein Verbot kann durch Privatspenden der Eigentümer ausgehebelt werden. Zur Bekämpfung von Korruption setzen wir auf Transparenz. Die politische Arbeit wird in Deutschland stark von Lobbyinteressen gesteuert. Unternehmensvertreter nehmen unbemerkt Einfluss auf Politiker und arbeiten sogar an Gesetzen mit. Abhängigkeiten zwischen Unternehmen und Politikern müssen aufgedeckt werden. Abgeordnete sollen ihre Nebentätigkeiten und die gegebenenfalls daraus resultierenden Einkünfte veröffentlichen."

Dagegen kommen die Piraten in Baden-Württemberg mit dem Verweis auf Transparenz zu dem Schluss, dass ein Verbot sinnvoll ist: „Damit der Bürger seiner Kontrollpflicht dem Staat gegenüber nachkommen kann, muss dieser offen und transparent aufgestellt sein. Die Demokratie wird gestärkt, wenn mehr Mitwirkungsmöglichkeiten und Einblicke in die Abläufe von Politik und Verwaltung gewährt werden. Dazu gehören auch die großen Parteispenden, bei denen oft der Verdacht des Lobbyismus im Raum steht." Geeint sind die Piraten demnach an dieser Stelle in ihrem Wunsch nach Transparenz, kommen aber auf der Instrumentenebene mit Blick auf Unternehmensspenden für Parteien zu unterschiedlichen Schlüssen.

Insgesamt zeigt sich jedenfalls, dass sich die Piraten auch auf dieser dritten Dimension im Umfeld linker Parteien bewegen, an vielen Stellen allerdings (noch) pointiertere Positionen als Linke, Grüne oder die SPD einnehmen. Schließlich zeigt ein Vergleich der „Wordscores"- mit den Wahlomat-Analysen, dass große

Übereinstimmungen in den Relationen der Parteipositionen zueinander zwischen der zweiten und dritten hier betrachteten Dimension existieren. Es erscheint damit durchaus wahrscheinlich, dass die hier getrennt betrachtete Systemdimension durch die breitere gesellschaftspolitische Dimension absorbiert werden kann.

4   Die Nachfrageseite: Wahrnehmung der Piratenpartei aus Wählersicht

Die Analyse der Angebotsseite hat gezeigt, dass die Piraten in einer günstigen Position sind: Auf der sozioökonomischen Dimension nehmen sie – durchaus exklusiv – eine mittige Position ein; auf den anderen Dimensionen konkurrieren sie mit anderen linken Parteien, schaffen es aber zugleich, sich durch pointierte Positionen (gerade auf der Systemdimension) abzuheben. Abschließend möchten wir nun noch einen kurzen Blick auf den Wählermarkt werfen, um zu prüfen, wie der Parteienwettbewerb unter Einschluss der Piratenpartei wählerseitig wahrgenommen wird.

Wir greifen dazu auf eine repräsentative Umfrage in Baden-Württemberg mit 1000 Befragten ab 18 Jahren zurück, die im November und Dezember 2011 durchgeführt wurde. Darin wurden die Befragten unter anderem nach der Bewertung der Parteien in Baden-Württemberg[6] gefragt: „Was halten Sie – einmal ganz allgemein gesprochen – von den politischen Parteien hier in Baden-Württemberg?" Die Befragten sollten diese Parteien – berücksichtigt wurden CDU, SPD, Grüne, FDP, Linke und Piraten – auf einem Thermometer zwischen −5 und +5 einstufen.

Wir wollen im Folgenden zwei Fragen nachgehen und damit unsere Analyse des Angebots spiegeln: In einem ersten Schritt werden wir prüfen, wie die Piraten relativ zu anderen Parteien bewertet werden, ehe wir im zweiten Schritt einem möglicherweise besonderen Stellenwert der wahrgenommenen Notwendigkeit von Demokratiereformen für die Bewertung der Piraten nachgehen.

Um die Position der Piraten relativ zu anderen Parteien aus Wählersicht erkennen zu können, berechnen wir für jedes Paar von Parteien (und ihre Bewertungen durch die Wähler) einen einfachen Korrelationskoeffizienten. Ein Koeffizient von

---

6   Sowohl mit Blick auf die Befragten als auch die bewerteten Objekte (Parteien) ist dieser Teil der Analyse also auf Baden-Württemberg begrenzt. Wir glauben dennoch, dass sich durch die verwendete Umfrage ein auch über die Ländergrenzen hinweg interessanter Blick auf den Wählermarkt ergibt.

Die Piratenpartei in der ideologisch-programmatischen Parteienkonstellation Deutschlands

−1 zwischen der Bewertung der Piraten und der Bewertung einer anderen Partei würde demnach bedeuten, dass Befragte immer dann die Piraten sehr gut einstufen, wenn sie die andere Partei sehr schlecht einstufen und umgekehrt. Ein Koeffizient von +1 dagegen würde auf Gleichklang hindeuten: Piraten werden immer dann gut (oder schlecht) bewertet, wenn auch die jeweils andere Partei gut (oder schlecht) bewertet wird. Tabelle 1 liefert die entsprechenden Befunde.

Tabelle 1   Wahrnehmung der Piraten in Relation zu anderen Parteien auf dem Wählermarkt in Baden-Württemberg (Korrelationskoeffizienten der Symapthieskalometer)

CDU	FDP	SPD	Grüne	Linke
−0,12	0,07	0,16	0,17	0,48

Quelle: Repräsentative Telefonbefragung bei 1000 Baden-Württembergern, November/Dezember 2011.

Dabei ergibt sich ein Bild, das jenem sehr ähnelt, das zuvor für das politische Angebot resultierte. Die größten Unterschiede in den Parteibewertungen gibt es zwischen Union und Piraten, gefolgt von der FDP. Größere Übereinstimmungen resultieren dagegen für die SPD, die Grünen und vor allem die Linken. Hier erreicht der Korrelationskoeffizient einen Wert von beachtlichen r=0,48. Es gilt also: Die Piraten gehören auch aus Wählersicht zum linken Spektrum. Insbesondere gilt: Wer die Linke positiv oder negativ bewertet, der bewertet auch die Piraten positiv oder negativ.

Die große Übereinstimmung in den Augen der Wähler zwischen Piraten und Linken hatte sich oben in den Wahlomat-Analysen mit Blick auf den wahrgenommenen Reformbedarf des politischen Systems schon angedeutet. In der Zustimmung zu direktdemokratischen Ideen könnte demnach eine Ursache für diese wahrgenommenen Gemeinsamkeiten bestehen. Alternativ wäre Protest gegenüber den etablierten Parteien etwas, das die Linke und die Piraten in den Augen (und Köpfen) der Wähler verbindet. Generell stellt sich damit die Frage nach den Hintergründen der Bewertung, welcher wir nun mit einem abschließenden Modell nachgehen wollen: Wer findet die Piraten gut? Wer findet sie schlecht? Welche Muster ergeben sich diesbezüglich?

Als erklärende Variablen berücksichtigen wir zunächst Alter und Geschlecht (die sich an Wahlabenden wiederholt als einflussreiche Faktoren der Piratenwahl herausgestellt haben) sowie die formale Bildung der Befragten.[7] Die These, die Piraten seien eine *single issue*-Partei (nämlich bezogen auf das Thema „Internet"), berücksichtigen wir, indem wir ein Maß für die Internetnutzung der Befragten in die Analysen einbeziehen.[8] Einstellungen zur Demokratie schließlich fließen auf zweierlei Weise in das Modell ein: In Form einer allgemeinen Zufriedenheit mit der Demokratie und in Form von Einstellungen zu direktdemokratischen Verfahren. Während ersteres möglichen Protest abbilden soll, zielt letzteres spezifischer in Richtung möglicher Reformen der Demokratie durch direktdemokratische Erweiterungen.[9] Für das Regressionsmodell haben wir alle erklärenden Variablen einheitlich auf einen Wertebereich von 0 bis 1 skaliert, um die Größenordnung der Einflussfaktoren untereinander vergleichen zu können. Die abhängige Variable ist das bereits oben verwendete, elfstufige Sympathieskalometer für die Piraten von −5 bis +5.

Abbildung 5 zeigt die Ergebnisse des Modells – und bestätigt dabei viele der formulierten Erwartungen: Männer ebenso wie formal Hochgebildete bewerten die Piraten etwas positiver im Vergleich zu Frauen bzw. Personen ohne Abitur. Allerdings bleiben die Effekte dieser beiden Variablen in ihrer Größenordnung bescheiden, insbesondere im Vergleich zum Effekt, der für das Alter resultiert: Zwischen den jüngsten und ältesten Befragten ergeben sich Unterschiede, die im Mittel beachtliche zwei Skalenpunkte betragen. Die Piraten sind also auch aus dieser Warte betrachtet ein junges Phänomen.

Wenn wir von dieser sozialstrukturellen auf eine inhaltliche Ebene wechseln, zeigen sich ebenso bemerkenswerte Effekte wie Nicht-Effekte. Die Zeiten, in

---

7   Wir stellen dabei Personen, die das Abitur haben (oder anstreben), alle anderen Personen gegenüber.

8   Wir haben uns dabei für ein Maß entschieden, dass die Internetnutzung in dichotomer Weise abbildet: Personen, die das Internet an mindestens drei Tagen in der Woche nutzen, stellen wir Personen gegenüber, die das Internet entweder gar nicht oder aber an maximal zwei Tagen nutzen. Der genaue Wortlaut der verwendeten Frage lautet: „Kommen wir nun zu einem anderen Thema. Nutzen Sie privat oder beruflich das Internet? [Falls ja:] Und an wie vielen Tagen etwa haben Sie in der vergangenen Woche das Internet privat oder beruflich genutzt?".

9   In allen Fällen greifen wir dabei auf Zustimmungsitems zurück. Die allgemeine Zufriedenheit mit der Demokratie wird durch die Frage „Mit dem Funktionieren der Demokratie in Baden-Württemberg bin ich sehr unzufrieden" abgebildet, die mit gedrehter Codierung in die Analysen eingeht (so dass hohe Werte auch hohe Zufriedenheit signalisieren). Die Idee direktdemokratischer Elemente wird über zwei Zustimmungsitems einbezogen: „Volksabstimmungen sind ein gutes Mittel, um wichtige politische Fragen zu entscheiden" sowie „Über Wahlen hinaus sollten die Bürger an möglichst vielen politischen Entscheidungen direkt beteiligt werden". Aus den Antworten auf diese beiden Fragen wurde per Mittelwertbildung ein Index berechnet. Als Antwortmöglichkeiten standen in allen Fällen fünfstufige Skalen zur Verfügung.

Abbildung 5 Hintergründe der Bewertung der Piratenpartei
(lineares Regressionsmodell)

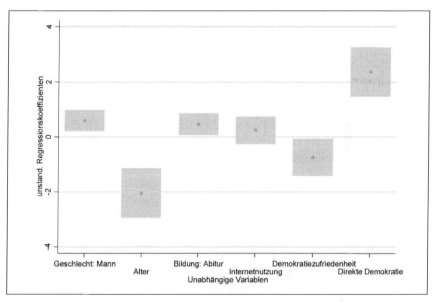

Quelle: Repräsentative Telefonbefragung bei 1000 Baden-Württembergern, November/Dezember 2011.

denen Internetnutzung als solche etwas mit dem Ansehen und Erfolg der Piraten zu tun hatte, sind offenkundig passé. Es ergibt sich nämlich keinerlei Effekt dergestalt, dass Internetnutzer den Piraten aufgeschlossener und damit positiver gegenüberstehen als Nicht-Nutzer.[10]

Gegenüber diesem Nulleffekt der Internetnutzung gehen von den Einstellungen zum demokratischen System signifikante Effekte auf die Bewertung der Piraten aus. Dabei gilt: Wer unzufrieden mit der Demokratie im Allgemeinen ist, der findet zugleich die Piraten besser im Vergleich zu Personen, die mit der Demokratie zufrieden sind. Dies lässt sich als Protestmotiv deuten, das der Piratenunterstützung zugrunde liegt. Von erheblich größerer Bedeutung ist allerdings der

---

10 Dieses Ergebnis hängt dabei *nicht* davon ab, wie wir die Internetnutzung operationalisieren. Unabhängig davon ließe sich aber natürlich einwenden, dass nicht die Internetnutzung per se, sondern die Art (und Tiefe) der Nutzung und die Salienz des Themas „Internet" und „digitale Gesellschaft" von Bedeutung sind. Das können wir allerdings mit den uns vorliegenden Daten nicht prüfen und muss daher weiteren Analysen vorbehalten bleiben.

Effekt, der von den individuellen Einstellungen zu Möglichkeiten direktdemokratischer Beteiligung ausgeht. Auch mit dem Glauben, solche Beteiligungsmodalitäten seien sinnvolle Ergänzungen der repräsentativen Demokratie, geht eine deutlich positivere Bewertung der Piraten einher. Dabei ist der resultierende Effekt (mit über zwei Skalenpunkten) der stärkste, der insgesamt in diesem Modell zu beobachten ist.[11] Den Piraten gelingt es offenkundig, die Unzufriedenheit mit dem bestehenden System durch ihre neue, offenere, partizipativere, direktere Art, Demokratie zu betreiben, in positive Bahnen zu lenken und daraus Wasser für ihre Antriebsmühlen (bzw. -schrauben) zu machen.

5 Schlussfolgerungen

In diesem Beitrag sind wir der Frage nachgegangen, ob und – wenn ja – inwiefern die Piratenpartei eine Lücke in der ideologisch-programmatischen Parteienkonstellation Deutschlands füllt und damit einen Anreiz für verschiedene Segmente im Elektorat bietet, sich bei Wahlen für die Piraten zu entscheiden. Werden auf inhaltliche Standpunkte der Parteien beruhende Modelle des Wahlverhaltens als Ausgangslage herangezogen, dann ist zu erwarten, dass „neue" Parteien auf dem Wählermarkt insbesondere dann erfolgreich sind, wenn sie sowohl ein Themenspektrum als auch inhaltliche Positionen bei diesen Themen derart besetzen, dass die programmatische Distanz zwischen einem hinreichend hohen Wähleranteil und der neuen Partei minimal bzw. kleiner ist als zu den anderen Parteien.

Auf der Grundlage zweier Möglichkeiten der Extraktion programmatischer Positionen parteipolitischer Akteure – dem „Wordscores"-Verfahren einerseits wie den im Rahmen des Wahlomat-Projekts erhobenen Daten andererseits – konnten wir zeigen, dass die Piraten in innen-, rechts- und gesellschaftspolitischen Fragen explizit progressiv-libertär ausgerichtet sind, es in Fragen der Wirtschafts- und Sozialpolitik jedoch Anzeichen dafür gibt, dass die Piraten eher moderate Positionen einnehmen. Dies lässt sie attraktiv für mögliche Anhänger von FDP und

---

11 Betrachtet man im Vergleich dazu ein analoges Modell, das die Sympathiewerte der Linken als abhängige Variable hat, so resultiert grundsätzlich eine ähnliche Struktur der Ergebnisse: Mit zunehmendem Alter sinkt die Sympathie für die Linken (wohl gemerkt: in Baden-Württemberg), zugleich findet sich hier ein Effekt, wonach Internetnutzer die Linken weniger sympathisch finden. Für die allgemeine Zufriedenheit mit der Demokratie resultiert ein negativer, allerdings insignifikanter Effekt, während sich für die Zustimmung zu direktdemokratischen Verfahren ein signifikant positiver Effekt einstellt – analog zu den Piraten, allerdings etwas weniger deutlich ausgeprägt.

Grünen erscheinen, die Wert auf eine reformorientierte Gesellschaftspolitik legen und denen die wirtschafts- und sozialpolitische Haltung ihrer jeweiligen Partei zu marktliberal oder zu staatsinterventionistisch ist.

Aufgrund ihrer auf mehr Transparenz abhebenden Position hinsichtlich des politischen Institutionensystems Deutschlands stimmen die Piraten auf diesem Politikfeld jedoch stark mit den Positionen der Grünen und der Linken und weniger mit denjenigen der Liberalen und Christdemokraten überein. Dies lässt die Piraten – insgesamt betrachtet – als eine eher dem „linken" Parteienspektrum zuzurechnende Partei erscheinen, auch wenn es insbesondere in sozioökonomischen Fragen Tendenzen dahingehend gibt, moderate Haltungen zu vertreten. Auch die Sicht der Wähler auf die Parteien verstärkt den Eindruck, dass die Piraten eine eher „linke" Partei sind, wobei der starke Zusammenhang zwischen der Sympathie für die Linke und derjenigen für die Piraten auch aus einem Wunsch nach Veränderungen des politischen Systems hin zu mehr Transparenz herrühren könnte.

Was implizieren unsere Ergebnisse für die Entwicklung von Wahlverhalten, Parteienwettbewerb und Koalitionsbildung in Deutschland? Insbesondere Grüne und die Linke, aber auch FDP und SPD werden sich dem Hauptthemengebiet der Piraten – den Implikationen des Internet für die moderne, repräsentativ organisierte Demokratie – zuwenden und sich dort (neu) positionieren müssen, um nicht noch weiter Wähler an die Piratenpartei zu verlieren.

Das Koalitionsspiel und der Prozess der Regierungsbildung werden hingegen durch einen zusätzlichen Akteur innerhalb des Parteiensystems an Komplexität gewinnen. So sollte die Wahrscheinlichkeit noch weiter steigen, dass keines der beiden koalitionspolitischen „Lager" – Schwarz-Gelb oder Rot-Grün – eine parlamentarische Mehrheit erreicht. Dies hätte zur Folge, dass neben einer Koalition aus Union und Sozialdemoraten verstärkt Kombinationen aus drei Parteien benötigt werden, um eine Mehrheit im Bundestag oder in den Landtagen der 16 Länder zu erreichen.

Sollte die Piratenpartei von ihren Mitbewerbern in das Koalitionsspiel miteinbezogen werden, dann deuten die hier ermittelten ideologisch-programmatischen Positionen darauf hin, dass SPD, Grüne und auch die Linke aufgrund der Schnittmengen in Fragen der Reform des politischen Systems und der innen-, rechts- und gesellschaftspolitischen Politikdimension ideale Koalitionspartner der Piratenpartei wären. Auch die Liberalen könnten aufgrund der ähnlichen Ausrichtungen in der Gesellschaftspolitik ein möglicher Regierungspartner sein, wenn auch die schwammigen, zwischen linken und moderaten wirtschaftspolitischen Positionen variierenden Politikziele der Piraten ein potenzielles Konfliktgebiet bei einer Zusammenarbeit zwischen Liberalen und der Piratenpartei sein könnten. Aus dieser Perspektive könnte der Erfolg der Piratenpartei dazu führen, dass die bislang sehr fest gefügte Lagerbildung in der bundesdeutschen Koalitionspolitik in Bewegung kommen könnte.

Literatur

Adams, James F./Merrill, Samuel/Grofman, Bernard (2005): A Unified Theory of Party Competition. Cambridge: Cambridge University Press.

Aldrich, John (1995): Why parties? The origin and transformation of party politics in America. Chicago: University of Chicago Press.

Arzheimer, Kai (2006): „Dead Men Walking?" Party Identification in Germany, 1977–2002, in: Electoral Studies, 25, S. 791–807.

Axelrod, Robert (1970): Conflict of Interest. Chicago: Markham.

Benoit, Kenneth/Laver, Michael (2006): Party Policy in Modern Democracies. London: Routledge.

Bräuninger, Thomas/Debus, Marc (2008): Der Einfluss von Koalitionsaussagen, programmatischen Standpunkten und der Bundespolitik auf die Regierungsbildung in den deutschen Ländern, in: Politische Vierteljahresschrift, 49, S. 309–338.

Bräuninger, Thomas/Debus, Marc (2009): Legislative Agenda-Setting in Parliamentary Democracies, in: European Journal of Political Research, 48, S. 804–839.

Bräuninger, Thomas/Debus, Marc (2012): Parteienwettbewerb in den deutschen Bundesländern. Wiesbaden: VS Verlag für Sozialwissenschaft.

De Swaan, Abram (1973): Coalition Theories and Cabinet Formation. Amsterdam: Elsevier.

Debus, Marc (2007): Bestimmungsfaktoren des Wahlverhaltens in Deutschland bei den Bundestagswahlen 1987, 1998 und 2002: Eine Anwendung des Modells von Adams, Merrill und Grofman, in: Politische Vierteljahresschrift, 48, S. 269–292.

Debus, Marc (2012): Sozialstrukturelle und einstellungsbasierte Determinanten des Wahlverhaltens und ihr Einfluss bei Bundestagswahlen im Zeitverlauf: Westdeutschland 1976 – 2009, in: Schmitt-Beck, Rüdiger (Hrsg.): Wählen in Deutschland (Sonderheft 45 der Politischen Vierteljahresschrift). Baden-Baden: Nomos, S. 40–62.

Decker, Frank (2009): Koalitionsaussagen der Parteien vor Wahlen. Eine Forschungsskizze im Kontext des deutschen Regierungssystems, in: Zeitschrift für Parlamentsfragen, 40, S. 431–453.

Downs, Anthony (1957): An Economic Theory of Democracy. New York: Harper.

Faas, Thorsten/Debus, Marc (2012): Die Piraten am Wahlomat: Programme und inhaltliche Standpunkte einer (relativ) neuen Partei. In: Bieber, Christoph/Leggewie, Claus (Hrsg.): Unter Piraten. Erkundungen in einer neuen politischen Arena. Bielefeld: Trancript Verlag.

Falter, Jürgen W./Schoen, Harald (Hrsg.) (2005): Handbuch Wahlforschung. Wiesbaden: VS Verlag für Sozialwissenschaften.

Gallagher, Michael/Laver, Michael/Mair, Peter (2006): Representative Government in Modern Europe. New York: McGraw-Hill.

Grofman, Bernhard (2004) Downs and Two-Party Convergence, in: Annual Review of Political Science, 7, S. 25–46.

Hinich, Melvin J./Munger, Michael C. (1997): Analytical Politics. Cambridge: Cambridge University Press.

Jun, Uwe (1994): Koalitionsbildung in den deutschen Bundesländern. Theoretische Betrachtungen, Dokumentation und Analyse der Koalitionsbildungen auf Länderebene seit 1949. Opladen: Leske und Budrich.

Klemmensen, Robert/Binzer Hobolt, Sarah/Hansen, Martin E. (2007): Estimating Policy Positions using Political Texts: An Evaluation of the Wordscores Approach, in: Electoral Studies, 26, S. 746–755.

Korte, Karl-Rudolf (2012): Der Altmaier-Effekt: Lernen Volksparteien von Piraten? In: Bieber, Christoph/Leggewie, Claus (Hrsg.): Unter Piraten. Erkundungen in einer neuen politischen Arena. Bielefeld: Trancript Verlag.

Kropp, Sabine (2010): Kooperativer Föderalismus und Politikverflechtung. Wiesbaden: VS Verlag für Sozialwissenschaft.

Laver, Michael (2005): Policy and the Dynamics of Political Competition, in: American Political Science Review, 99, S. 263–281.

Laver, Michael/Hunt, W. Ben (1992): Policy and Party Competition. New York, London: Routledge.

Laver, Michael/Schofield, Norman (1998): Multiparty Government. The Politics of Coalition in Europe. Ann Arbor: University of Michigan Press.

Laver, Michael/Sergenti, Ernest (2012): Party Competition: An Agent-based Model. Princeton: Princeton University Press.

Laver, Michael/Shepsle, Kenneth (1996): Making and Breaking Governments. Cambridge: Cambridge University Press.

Laver, Michael/Benoit, Kenneth/Garry, John (2003): Extracting Policy Positions from Political Texts Using Words as Data, in: American Political Science Review, 97, S. 311–331.

Lipset, Seymour M./Rokkan, Stein (1967): Cleavage Structures, Party Systems and Voter Alignments: An Introduction, in: Lipset, Seymour M./Rokkan, Stein (Hrsg.) (1967), Party Systems and Voter Alignments: Cross-National Perspectives. New York, London: Free Press, S. 1–64.

Lowe, Will (2008): Understanding Wordscores, in: Political Analysis, 16, S. 356–371.

Martin, Lanny W./Stevenson, Randolph T. (2001): Government Formation in Parliamentary Democracies, in: American Journal of Political Science, 45, S. 33–50.

Martin, Lanny W./Vanberg, Georg (2004): Policing the Bargain: Coalition Government and Parliamentary Scrutiny,in: American Journal of Political Science, 48, S. 13–27.

Martin, Lanny W./Vanberg, Georg (2011): Parliaments and Coalitions: The Role of Legislatures in Multiparty Governance. Oxford: Oxford University Press.

Müller, Wolfgang C. (2009): Government formation, in: Landmann, Todd/Robinson, Neil (Hrsg.): The SAGE Handbook of Comparative Politics. Los Angeles: Sage, S. 227–245.

Niedermayer, Oskar (2008): Plädoyer für die Abschaffung der Links-Rechts-Dimension, in: Neue Gesellschaft/Frankfurter Hefte, 55, S. 32–35.

Niedermayer, Oskar (2010): Rot-Grün-Präferenz statt rot-rot-grüner Lagerbildung: Zur künftigen Strategie der SPD, in: Neue Gesellschaft/Frankfurter Hefte, 57, S. 28–31.

Niedermayer, Oskar (2011): Das deutsche Parteiensystem nach der Bundestagswahl 2009, in: Niedermayer, Oskar (Hrsg.): Die Parteien nach der Bundestagswahl 2009. Wiesbaden: VS Verlag für Sozialwissenschaften, S. 7–35.

Pappi, Franz U. (2009): Regierungsbildung im deutschen Fünf-Parteiensystem, in: Politische Vierteljahresschrift, 50, S. 187–202.

Pappi, Franz U./Stoffel, Michael/Seher, Nicole (2009): Regierungsbildungen im fragmentierten deutschen Parteiensystem. Arbeitspapier Nr. 129 des Mannheimer Zentrums für Europäische Sozialforschung. Mannheim.

Pappi, Franz U./Shikano, Susumu (2002): Die politisierte Sozialstruktur als mittelfristig stabile Basis einer deutschen Normalwahl, in: Kölner Zeitschrift für Soziologie und Sozialpsychologie, 54, S. 444–475.

Powell, G. Bingham (2004): The chain of responsiveness, in: Journal of Democracy, 15, 91–105.

Roller, Edeltraud (1998): Positions- und performanzorientierte Sachfragenorientierungen und Wahlentscheidung: Eine theoretische Analyse aus Anlass der Bundestagswahl 1994, in: Kaase, Max/Klingemann, Hans-Dieter (Hrsg.): Wahlen und Wähler. Analysen aus Anlass der Bundestagswahl 1994. Opladen: Westdeutscher Verlag, S. 173–219.

Schmitt-Beck, Rüdiger (Hrsg.) (2012): Wählen in Deutschland (Sonderheft 45 der Politischen Vierteljahresschrift). Baden-Baden: Nomos.

Schmitt-Beck, Rüdiger/Weick, Stephan/Christoph, Bernhard (2006): Shaky attachments. Individual-level stability and change of partisanship among West German voters, 1984–2001, in: European Journal of Political Research, 45, S. 581–608.

Seher, Nicole/Pappi, Franz U. (2011): Politikfeldspezifische Positionen der Landesverbände der deutschen Parteien. Arbeitspapier Nr. 139 des Mannheimer Zentrums für Europäische Sozialforschung. Mannheim.

Thurner, Paul (2000): The Empirical Application of the Spatial Theory of Voting in Multiparty Systems with Random Utility Models, in: Electoral Studies, 19, S. 493–517.

Warwick, Paul (2002): Toward a common dimensionality in West European policy spaces, in: Party Politics, 8, S. 101–122.

Warwick, Paul V. (2006): Policy Horizons and Parliamentary Government. Houndmills, Basingstoke: Palgrave Macmillan.

Die Piratenfraktion im Berliner Abgeordnetenhaus

Carsten Koschmieder

1 Einleitung

Bei der Wahl zum Berliner Abgeordnetenhaus am 18. September 2011 erreichte die Piratenpartei überraschende 8,9 Prozent der Stimmen und damit fünfzehn Mandate. Für eine Partei, die wenige Monate zuvor in den Umfragen noch nicht einmal explizit ausgewiesen wurde, war das ein sensationelles Ergebnis. Es fand weit über Berlin hinaus Beachtung, bescherte den Piraten deutschlandweit einen unglaublichen Medienrummel und sorgte so mit dafür, dass sie in Umfragen und bei den Mitgliederzahlen rasant nach oben schossen. Aber während der Bundesvorsitzende, Sebastian Nerz, zugab, „Detailkonzepte" würden die Partei „überfordern"[1], begann für die fünfzehn Berliner Abgeordneten der detailreiche Alltag im Abgeordnetenhaus. Dieser Artikel soll ihre bisherige Arbeit dokumentieren und bewerten.

Dazu soll zunächst die Arbeit der Fraktion im Parlament anhand der von Werner Patzelt (2003) übernommenen normativen Funktionskriterien beleuchtet werden. Diese Idealtypen beziehen sich naturgemäß auf das Parlament als Ganzes, sodass bei der Analyse beachtet werden muss, dass jede Fraktion immer nur einen Teil dazu beitragen kann, dass das Parlament seine Funktionen wahrnimmt. Wie erfüllen die Piraten die Repräsentationsfunktionen (Vernetzungsfunktion, Responsivitätsfunktion, Darstellungsfunktion, Kommunikative Führungsfunktion) des Parlaments, wie die regierungsbezogenen Funktionen (Wahlfunktion, Gesetzgebung, Regierungskontrolle) und wie die Selbstorganisationsfunktion? Anschließend wird kurz skizziert, was die Piratenfraktion außerhalb des Parlamentsbetriebes tat bzw. womit sie öffentliche Aufmerksamkeit erregte, bevor dann näher untersucht werden soll, was die Piraten tatsächlich von den anderen

---

[1] Rasmus Buchsteiner, Detailkonzepte würden uns überfordern, in: Passauer Neue Presse vom 2. Januar 2012; siehe auch S. Bergt/A. Maier, Die drei ???, in: Die Tageszeitung vom 5. Oktober 2011.

Fraktionen unterscheidet – und inwieweit sie Teile davon aufgeben werden oder schon aufgegeben haben, um sich den Realitäten des Parlamentsbetriebes anzupassen. Zum Schluss soll dann betrachtet werden, inwieweit die Arbeit der Partei im Parlament zu ihrem bislang ungebremsten Erfolg in Umfragen und Mitgliederzahlen beiträgt. Da die Piraten jetzt[2] gerade ein halbes Jahr im Parlament vertreten sind, sich dieses zu Beginn erst konstituieren und die neuen Abgeordneten sich zunächst kennenlernen und einarbeiten mussten, kann hier natürlich nicht mehr als eine Momentaufnahme – und keine abschließende Einschätzung – geliefert werden.

Aus denselben Gründen gibt es über die Arbeit der Fraktion noch keinerlei wissenschaftliche Quellen, und auch über die Piratenpartei selbst, die in Deutschland erstens eine sehr junge Partei ist und die zweitens bis vor der Berlinwahl wenig erfolgreich war, gibt es noch kaum wissenschaftliche Literatur. Auf der anderen Seite versuchen die Piraten, ihren Forderungen im Wahlkampf entsprechend, möglichst vollständige Transparenz herzustellen, indem sie permanent öffentlich (und im Internet nachlesbar) miteinander kommunizieren und tagen – was dazu führt, dass es Unmengen an Primärquellen über die Arbeit der Fraktion gibt. Außerdem sorgt das anhaltend hohe Medieninteresse an der Arbeit der „Neuen" für eine große Anzahl an Medienquellen.[3]

2   Piraten und Parlamentsfunktionen

In diesem Kapitel soll zunächst eine theoretische und empirische Grundlage für die Analyse der Arbeit der Piratenfraktion gelegt werden. Dazu wird nachgezeichnet, was die Piraten bisher im Abgeordnetenhaus getan haben. Um erste Antworten auf die Frage zu finden, ob und inwieweit die Piraten eine normale Fraktion sind, oder ob sie sich auch im Parlament *anders* verhalten, wird analysiert, inwieweit die Piratenfraktion dazu beiträgt, dass das Landesparlament die ihm im parlamentarischen System der Bundesrepublik zukommenden Funktionen erfüllt. Grundlage hierfür ist der Funktionskatalog von Werner Patzelt (2003). Die einzelnen Funktionen werden jeweils knapp vorgestellt, bevor die Arbeit der Piratenfraktion dargelegt wird.

---

2   Der Artikel wurde letztmals am 12.04.2012 überarbeitet, neuere Entwicklungen konnten leider nicht berücksichtigt werden.

3   Der Artikel basiert außerdem auf persönlichen Gesprächen, die am 06.03.2012 mit den Abgeordneten Fabio Reinhardt, Oliver Höfinghoff und Simon Kowalewski geführt wurden. Des Weiteren danke ich Matthias Dilling für wertvolle Anregungen und Hinweise.

2.1 Repräsentation

Die Abgeordneten im Parlament müssen mit allen Bürgerinnen und Bürgern – und nicht nur mit denen, die sie gewählt haben –, in einem beständigen Kommunikationsprozess stehen. Dieser funktioniert in beide Richtungen: Einerseits müssen die Abgeordneten Wünsche und Bedürfnisse der Bevölkerung wahrnehmen, andererseits müssen sie den Menschen ihr Handeln vermitteln und es rechtfertigen können. Patzelt unterteilt die Repräsentationsfunktionen daher in Vernetzungsfunktion, Responsivitätsfunktion, Darstellungsfunktion und Kommunikative Führungsfunktion (vgl. Patzelt 2003: 22 ff.).

2.1.1 Vernetzungsfunktion

Die Fraktion sowie die einzelnen Abgeordneten bilden im Idealfall das Zentrum verschiedener organisatorischer und kommunikativer Vernetzungen. Sie binden Verbände, Vereine, NGOs, Bürgerinitiativen, verschiedene Wählergruppen, aber auch Einzelpersonen in ihre Arbeit ein, treffen sich mit deren Vertretern oder bringen unterschiedliche Gruppen in ihren Räumen zusammen. Diese Vernetzung kann sowohl ortsbezogen sein, wenn beispielsweise ein Abgeordneter verschiedene Gruppen seines Heimatwahlkreises einlädt oder deren Anregungen einbezieht, als auch themenbezogen (vgl. Patzelt 2003: 22 f.).

Gewachsene Strukturen kann es bei einer neuen Fraktion natürlich noch nicht geben; die Vernetzung der Piratenfraktion mit gesellschaftlichen Gruppen beginnt daher gerade erst. Dabei sind die Kontakte zu Organisationen in ihren Kernthemen naturgemäß ausgeprägter als bei weniger im Fokus der Partei stehenden Bereichen. Dazu gehören z. B. Mehr Demokratie e. V., Transparency International, die Humanistische Union oder Lobby Control, Organisationen also, die sich für bessere Beteiligungsmöglichkeiten und für transparentere Politik einsetzen. Allerdings sind diese Kontakte noch nicht institutionalisiert und eher anlassbezogen, wenn beispielsweise ein entsprechender Gesetzentwurf eingebracht werden soll und ein Abgeordneter die Expertise des Vereins einholen will. In anderen Bereichen hingegen beginnen die Piraten erst, die relevanten Akteure kennen zu lernen. Regelmäßige Treffen der Abgeordneten gibt es lediglich mit den themenspezifischen Arbeitsgruppen der eigenen Partei, den sogenannten „Squads"; diese sind im Prinzip für alle offen, sie bestehen aber faktisch fast ausschließlich aus Parteimitgliedern und -unterstützern. Bisher also ist der Beitrag der Piratenfraktion zur Vernetzungsfunktion eher gering.

2.1.2 Responsivitätsfunktion

Die Responsivitätsfunktion erfüllt das Parlament dann, wenn es ihm gelingt, aus allen Bevölkerungsgruppen Anliegen und Bedürfnisse aufzunehmen und diese in „Gemeinwohl" umzusetzen (vgl. Patzelt 2003: 23 f.). Hier ist es wichtig zu betonen, dass nicht ein Abgeordneter alleine und auch nicht eine einzelne Partei die Funktionen erfüllen kann, sondern, dass dies nur dem Parlament als Ganzes möglich ist. So kann nicht von einer Partei erwartet werden, dass sie auf die Interessen aller Bürger gleichermaßen responsiv reagiert.

Bei den Piraten haben vor allem die Parteimitglieder vielfältige Möglichkeiten, die Parteipolitik mitzugestalten. Parteitage sind grundsätzlich für alle offene Mitgliederversammlungen[4], auf denen auch jedes Mitglied Rederecht hat. Das noch unfertige Programm der jungen Partei entsteht dezentral unter intensiver Mitwirkung der Basis, die (nicht nur) über das Internet vielfältige Möglichkeiten hat, sich einzubringen. Gerade im kleinen Berliner Landesverband ist der relative Einfluss jedes einzelnen Mitglieds bei der Formulierung des Wahlprogrammes hoch. Insofern ist also schon das Umsetzen des Programms responsiv gegenüber den Wünschen der eigenen Mitglieder, und die Abgeordneten fühlen sich nach eigener Aussage stark an das Programm gebunden. Wichtiger aber noch ist das sogenannte „LiquidFeedback", eine Software für Abstimmungen und Meinungsbilder im Internet. Jedes Mitglied der Piratenpartei kann hier gleichberechtigt Anträge einbringen oder über Anträge anderer diskutieren und abstimmen oder, wenn es das Thema nicht interessiert, seine Stimme an ein anderes Mitglied delegieren. Dabei herrscht keine Klarnamenpflicht, die Abstimmungen sind also geheim. Bei der Anmeldung wird sichergestellt, dass nur Parteimitglieder genau einen Account haben. Allerdings ist das System aufgrund unterschiedlichster theoretischer und praktischer Probleme in der Partei nicht unumstritten.[5]

„LiquidFeedback" wird für grundsätzliche Entscheidungen ebenso genutzt wie für die Arbeit im Parlament: Eine Mitarbeiterin der Fraktion stellt alle im Plenum zur Abstimmung stehenden Anträge bei „LiquidFeedback" ein, sodass die Abgeordneten ein Meinungsbild der Parteibasis bekommen. Das gilt sowohl für geplante eigene Anträge, als auch für Anträge anderer Fraktionen, über wel-

---

4 Aus demokratietheoretischer Sicht erscheint diese Regelung nur für untere Ebenen oder Stadtstaaten (wie Berlin) sinnvoll, auch innerhalb der Partei wird bereits über Alternativen diskutiert.

5 Eine gelungene, mit empirischen Daten aus dem „LiquidFeedback" untermauerte Kritik findet sich bei o. A. (2012): Die 5 Phasen der flüssigen Demokratie. The Tale goes on. URL: http://streetdogg.wordpress.com/2012/03/28/die-5-phasen-der-flussigen-demokratie-the-tale-goes-on/ (29.03.2012).

Die Piratenfraktion im Berliner Abgeordnetenhaus 217

che die Piratenfraktion im Plenum entscheiden muss, nicht aber für Entscheidungen, welche beispielsweise die Organisation der Fraktion betreffen. Zwar gilt einschränkend natürlich das freie Mandat der Abgeordneten, und diese betonen auch, dass sie die Ergebnisse der „Liquid-Feedback"-Abstimmungen nur als Meinungsbilder und keinesfalls als verbindlich ansehen[6], bisher haben sie sich aber stets entschieden, dem Votum der Basis zu folgen – und im Übrigen können sie sich als Parteimitglieder an der Diskussion und der Abstimmung im „LiquidFeedback" natürlich auch beteiligen und diese mit der ihnen qua Amt zugeschriebenen Sachkompetenz beeinflussen. Nur in den Fällen, in denen die Zeit oder die Beteiligung für ein sinnvolles Meinungsbild nicht ausgereicht hat, entscheiden die Abgeordneten unabhängig nach ihrer eigenen Einschätzung (und dann oft nicht einheitlich).

Die Fraktion hört also theoretisch in hohem Maße auf die Wünsche der Parteimitglieder, in der Praxis gibt es mit diesem Prozess aber ein gravierendes Problem: An den Abstimmungen zur Stadtpolitik beteiligen sich meist nur ungefähr 70–200 Mitglieder; bei 2700 Mitgliedern[7] im Landesverband sind das deutlich unter zehn Prozent – bei den geringen Opportunitätskosten einer Abstimmung im Internet also ein eher geringer Wert. Hinzu kommt noch, dass sich diese Mitglieder bei weitem nicht alle selbst aktiv beteiligt haben – viele geben ihre Stimme pauschal an andere Mitglieder weiter, welche dann für sie abstimmen (oder die Stimmen wiederum weitergeben), sodass die tatsächliche Beteiligung noch einmal deutlich niedriger sein dürfte.

Im Hinblick auf die Responsivität ist jedoch das größte Problem, dass sich nur Parteimitglieder an dem Prozess beteiligen können, die Abgeordneten aber nicht nur diese vertreten. Mit Nichtmitgliedern kommen die Piratenabgeordneten nach eigener Aussage trotz einiger Anstrengungen zu wenig ins Gespräch. Deren Vertretung können sie aber ohnehin nicht als ihre Aufgabe sehen, da sie mit dem Prinzip der Bindung an die Parteibasis kollidieren müsste. Insofern erfüllt die Piratenfraktion die Responsivitätsfunktion gegenüber dem aktiven Teil ihrer eigenen Mitglieder sehr gut, einen Beitrag zur Responsivität des gesamten Parlamentes gegenüber allen Bürgern leistet sie jedoch kaum.

---

6 Vgl. dazu Aussagen während der Fraktionssitzung vom 6. März 2012, einsehbar unter https:// redmine.piratenfraktion-berlin.de/projects/antraege/wiki/Fraktionssitzung_vom_06032012 (19.03.2012).

7 Die Piratenpartei gibt diese Zahl mit Stand 10. März 2012 an, siehe http://wiki.piratenpartei.de/ Mitglieder (27.03.2012).

2.1.3 Darstellungsfunktion

Um dem Parlament (und im weiteren Sinne der Demokratie als Ganzes) in den Augen der Bevölkerung Legitimität zu verleihen, ist es nicht nur wichtig, dass sich die Parlamentarier responsiv *verhalten*, sondern vor allem, dass sie diese Responsivität nach außen *zeigen*. Klassische Öffentlichkeitsarbeit wie Medienauftritte sowie transparente Entscheidungsprozesse – die verdeutlichen, wessen Interessen warum berücksichtigt wurden – sind also notwendig; das Parlament muss deutlich machen, dass es sich um die Belange der Bürger kümmert und für deren Anregungen empfänglich ist. Das ist allerdings nicht ganz einfach, da sich die Bürger eher weniger für die kleinteiligen Abläufe gerade der Landespolitik interessieren (vgl. Patzelt 2003: 24).

Die Forderung nach Transparenz in der Politik gehörte im Wahlkampf der Piraten zu den wichtigsten Themen. Um „das Handeln der Ausschüsse, Verwaltungen und Abgeordneten"[8] nachvollziehbar zu machen, müssten die Abläufe im Parlament für die Bürger transparent und einsehbar sein. Mit Kritik an den vermeintlich intransparent agierenden anderen Parteien wurde nicht gespart; neben der starken Basisbeteiligung wollten die Piraten vor allem auf diesem Feld alles besser machen. In der Praxis der Parlamentsarbeit erwies sich jedoch schnell, dass die Herstellung von Öffentlichkeit nicht so einfach war, wie es von außen und vor der Wahl ausgesehen hatte.

Schon beim ersten – öffentlichen – Treffen der neugewählten Fraktion am Montag nach der Wahl[9] kam es zu einer grundsätzlichen Debatte, weil einige Abgeordnete die funktionellen Vorteile nichtöffentlicher Sitzungen thematisierten. Heiko Herberg und Christopher Lauer beispielsweise argumentierten, man könne nicht offen reden, wenn immer die Presse und die Piraten-„Community" dabei wären. Pavel Mayer schlug vor, die Sitzung aufzuzeichnen und bestimmte Stellen vor einer Veröffentlichung zu „zensieren". Andere Abgeordnete wie Gerwald Claus-Brunner hingegen sprachen sich für die versprochene totale Transparenz aus. Als Kompromiss wurde vorgeschlagen, dass die Abgeordneten als Fraktion Transparenz herstellen müssten, als Gruppe von Menschen aber auch mal ohne (Internet-)Öffentlichkeit miteinander reden könnten.[10] Am nächsten Tag beschwichtigten die Abgeordneten – von „Zensur" war keine Rede mehr; klargestellt

---

8   Siehe dazu http://berlin.piratenpartei.de/2011/08/06/wahlprogramm-2011-transparenz/ (7. 3. 2012).

9   Siehe das Protokoll der Sitzung unter http://piratenpad.de/kt7 (05. 04. 2012).

10   Karin Christmann, Vor der ersten Fraktionssitzung. Piraten streiten über Transparenz, in: Der Tagesspiegel vom 20. September 2012.

wurde, dass alle Fraktionssitzungen öffentlich sein würden.[11] Damit war der Streit aber keineswegs beendet: Vor der ersten offiziellen Fraktionssitzung drei Tage später[12] hatten sich der Spitzenkandidat Andreas Baum und der medial präsenteste Abgeordnete Christopher Lauer abgesprochen, gemeinsam als Doppelspitze für den Fraktionsvorsitz zu kandidieren. Susanne Graf und Gerwald Claus-Brunner kritisierten das als genau die Art von Politik, gegen die sich die Partei zurecht wende, woraufhin Lauer wiederum forderte, bestimmte sensible Entscheidungen nichtöffentlich zu treffen, um mediale Schlammschlachten zu vermeiden.[13] In der darauffolgenden Woche wurde schließlich Andreas Baum in einer geheimen Abstimmung zum alleinigen Fraktionsvorsitzenden gewählt.[14] Damit war zwar dieser Streit beigelegt, das dahinterstehende Problem aber keineswegs.

Auch wenn die Presse nach dem ersten Abflauen des Medienhypes mittlerweile das Interesse an einzelnen Sitzungen der Piratenfraktion verloren hat und die Abgeordneten nach einem – öffentlichen – Streit jetzt im Kreis und nicht mehr aufgereiht zu den Kameras hin sitzen,[15] sind die Treffen der Fraktion weiter öffentlich; es ist sowohl möglich, persönlich teilzunehmen, als auch, der Sitzung per „audio-stream" über das Internet zu folgen. Außerdem ist das Fraktionsprotokoll online einsehbar. Lediglich zum Schutz der Persönlichkeitsrechte beispielsweise von Stellenbewerbern wird die Öffentlichkeit ausgeschlossen, dazu in bestimmten Ausnahmefällen, etwa wenn die Fraktion einen Richter für das Landesverfassungsgericht[16] oder die Mitglieder für die Bundesversammlung nominieren muss – wobei letzteres wiederum Kritik hervorgerufen hat.[17] Auch in weiteren Punkten sind die Abgeordneten der Piraten vorbildlich transparent: Zwar nicht

---

11 Svenja Bergt/Benjamin Quiring, Piraten üben Demokratie. Das Kreuz mit der Transparenz, in: Die Tageszeitung vom 21. September 2011.

12 Siehe das Protokoll der Sitzung unter http://www.piratenfraktion-berlin.de/wp-content/uploads/2011/10/FraSitz2011-09-22.pdf (06.04.2012).

13 Johannes Schneider, Streit um sechs, in: Der Tagesspiegel vom 22. September 2011.

14 Christina Brüning, Überraschungspartei. Piraten kämpfen mit Pünktlichkeit und Juristerei, in: Die Welt vom 28. September 2011.

15 Svebja Bergt, Nach der Wahl in Berlin. Piraten suchen nach dem Wohlfühlfaktor, in: Die Tageszeitung vom 1. November 2011.

16 Wahl. Piraten nominieren Anwalt Starostik als Verfassungsrichter, in: Berliner Morgenpost vom 7. März 2012.

17 Siehe dazu die Erklärung von Fraktionsgeschäftsführer Martin Delius unter http://www.piratenfraktion-berlin.de/2012/02/29/martin-delius-zu-nominierungen-zur-bundesversammlung/ (08.03.2012).

als erste, aber dafür sehr umfassend legten sie ihre Nebeneinkünfte offen[18], und der Fraktionskalender mit allen Terminen ist ebenfalls online einsehbar.

Obwohl also die Piraten in vielen Bereichen neue Wege für eine transparentere Politik beschritten haben – und damit fraglos dazu beitragen, die Legitimation des Parlamentes in den Augen der Bürger zu erhöhen –, sorgt das Thema intern immer wieder für Streit. Als die Fraktion sich nach der Wahl nach Tschechien in Klausur begab und hinterher behauptete, man habe sich nur kennen gelernt und über Politik sei nicht gesprochen worden[19], da sorgte das ebenso für Kritik wie die Forderung von Christopher Lauer, das Treffen mit dem neu gewählten Berliner Landesvorstand solle unter Ausschluss der Öffentlichkeit stattfinden.[20] Die persönlichen Beschimpfungen in diesem Zusammenhang sind wiederum für jeden öffentlich zugänglich, aber nicht immer einfach zu finden: Die Fraktion verfügt zwar über eine eigene Internetseite, auf dieser werden die Informationen aber (noch) nicht zusammengefasst oder verlinkt. Wer also von der angekündigten Transparenz profitieren möchte, der muss sich durch Wikis, Pads, Blogs und Twitteraccounts wühlen, in denen – oft unter zahllosen unpolitischen Beiträgen – die Informationen versteckt liegen. Die Herstellung von Öffentlichkeit ist also in der Umsetzung noch verbesserungsbedürftig; bisher kostet sie den, der sie nutzen will, unverhältnismäßig viel Zeit und Aufwand.

Trotz aller genannten Schwierigkeiten scheint es aber, als würden sie an ihrer derzeitigen Praxis festhalten und – begleitet von permanenten Auseinandersetzungen über Sinn und Möglichkeit öffentlicher Politik – ihre Arbeit im Abgeordnetenhaus nicht vollständig, aber doch weitgehend transparent für den interessierten Bürger machen. Die Darstellungsfunktion des Parlaments erfüllen sie damit insgesamt nicht nur vorbildlich, sie setzen in Teilen auch neue Maßstäbe, an denen sich die anderen Fraktionen bereits in der Öffentlichkeit messen lassen müssen.

---

18 Karin Christmann/Lars von Törne, Finanzielle Transparenz. Piraten legen Nebeneinkünfte offen, in: Der Tagesspiegel vom 4. Februar 2012.

19 Karin Christmann/Claudia Maier, Die Piratenpartei muss demnächst liefern, in: Der Tagesspiegel vom 12. Oktober 2011.

20 Protokoll der entsprechenden Fraktionssitzung einsehbar unter https://fraktion.piratenpad.de/120233? (08.03.2012).

2.1.4 Kommunikative Führungsfunktion

In einer repräsentativen Demokratie sollen die Abgeordneten nicht nur reaktiv den vermeintlichen Volkswillen umsetzen, ihnen kommt auch eine Führungsfunktion zu: Sie sollen eigene Lösungsvorschläge für aktuelle Probleme bieten und eigene Visionen entwickeln für die zukünftige Gestaltung der Gesellschaft. Diese können zunächst auch dem Mehrheitswillen widersprechen oder auf Unverständnis stoßen; die Aufgabe der Parlamentarier ist es dann, ihre eigenen Vorschläge zu erläutern, zu rechtfertigen und zu vertreten (vgl. Patzelt 2003: 25). Die Kommunikative Führungsfunktion steht damit zwar in einem Spannungsverhältnis zur Responsivität, die gewählten Abgeordneten sollen aber mehr sein als nur ein ausführendes Organ eines – wie auch immer ermittelten – Volkswillens, wobei sich die beiden Funktionen im Idealfall natürlich ergänzen.

Den Grundüberzeugungen der Piraten ist eine solche Führungsfunktion fremd. Die Partei zeichnet sich nicht nur durch flache Hierarchien aus, sie sieht die vorrangige Aufgabe gewählter Repräsentanten vor allem in der Umsetzung von Entscheidungen der Basis. Dies gilt für Parteiorgane stärker als für Abgeordnete, bei denen das freie Mandat respektiert wird; dennoch entspräche eine starke Wahrnehmung der Führungsfunktion nicht der politischen Kultur der Piratenpartei. Wie in Kapitel 2.1.2 beschrieben, erwarten die Abgeordneten von der Basis mittels „LiquidFeedback" eingebrachte und abgestimmte Vorschläge, welche sie dann – sofern diese sinnvoll und mit ihrer freien Gewissensentscheidung vereinbar sind – umsetzen. Aber die Piratenpartei ist nicht nur in Berlin noch im Aufbau: Zu vielen Themengebieten gibt es noch nicht einmal eine grundsätzliche Richtungsentscheidung, sodass die „Squads" häufig noch mit Grundsatzfragen statt konkreter Ausarbeitung beschäftigt sind; ein Teil der Mitglieder findet zudem, dass die Partei sich sowieso ausschließlich um ihre Kernthemen kümmern sollte[21], und der Aufbau von arbeitsfähigen Strukturen wird auch dadurch erschwert, dass sich mit dem Medienrummel um die erfolgreiche Berlinwahl die Mitgliederzahl des Landesverbandes binnen kürzester Zeit vervierfacht hat. Kurz: Die Partei ist zu sehr mit sich selbst beschäftigt, um ausreichend konkrete Vorschläge an die Fraktion zu liefern. Die Abgeordneten müssen daher selber Vorschläge erarbeiten und so ihre Führungsfunktion wahrnehmen – diese aber wird wiederum durch die Tatsache abgeschwächt, dass sie ihre eigenen Vorschläge der Basis vorlegen und sich deren Votum dann anschließen. Eine kommunikative

---

21 Siehe u.a. Meike Laaf, Bundesparteitag der Piraten. Kernis gegen Vollis, in: Die Tageszeitung, vom 21. November 2010.

Führungsfunktion in dem Sinne, dass sie eigene Vorschläge gegen eine Mehrheitsmeinung verfolgen, erfüllt die Piratenfraktion also (bewusst) nicht. Es wird spannend sein zu beobachten, wie sich dieses Verhältnis mit einer zunehmenden Professionalisierung der Abgeordneten und einer womöglich erlahmenden Euphorie der Parteibasis für die kleinteilige, permanente Mitarbeit entwickelt.

2.2   Regierungsbezogene Parlamentsfunktionen

Die zweite Kategorie neben den Repräsentationsfunktionen sind die regierungsbezogenen Parlamentsfunktionen. Dazu zählen nach Patzelt die Regierungsbildung, die Gesetzgebung und die Regierungskontrolle (vgl. Patzelt 2003: 25 ff.).

2.2.1 Wahlfunktion

Die Wahl der Regierung ist in einer parlamentarischen Demokratie eine der wichtigsten Aufgaben des Parlamentes, die allerdings meist nur einmal in einer Legislaturperiode zum Tragen kommt (vgl. Patzelt 2003: 26 ff.). Aus nachvollziehbaren Gründen sind nicht alle Parteien gleichmäßig an dieser Funktion beteiligt: Fraktionen, mit denen keine minimale Gewinnkoalition[22] möglich ist, werden ebenso bereits in den Koalitionsüberlegungen übergangen wie beispielsweise als demokratiefeindlich angesehene Parteien.

Obwohl nach der Abgeordnetenhauswahl in Berlin eine Regierungsbeteiligung der Piraten rechnerisch möglich war, wurde darüber nicht gesprochen; die SPD als stärkste Partei sondierte abwechselnd mit den Grünen und der CDU, nachdem es für eine Fortsetzung der Rot-Roten Koalition nicht gereicht hatte. Erst als Anfang Oktober 2011 die Verhandlungen zwischen SPD und Grünen scheiterten und Klaus Wowereit nunmehr eine Große Koalition zur einzig denkbaren Lösung erklärte, meldeten sich auch die Piraten zu Wort: In einer Sondersitzung beschloss die Fraktion, der SPD und der Linkspartei öffentliche Sondierungsgespräche anzubieten. „Den Bürgern eine rot-schwarze Regierung als einzig mögliche Regierungsmehrheit zu präsentieren", hieß es, sei „nicht die ganze Wahrheit".[23] Die SPD

---

22 In einer minimalen Gewinnkoalition führt der Wegfall jedes Koalitionspartners zum Verlust der absoluten Mehrheit (Riker 1962: 32 ff.).
23 Bastian Pauly/Christoph Spangenberg, Nach dem Scheitern von Rot-Grün. Piraten wollen über Regierungsbeteiligung verhandeln, in: Der Tagesspiegel vom 5. Oktober 2011.

Die Piratenfraktion im Berliner Abgeordnetenhaus   223

lehnte den Vorschlag jedoch freundlich, aber bestimmt ab, verbunden mit dem Hinweis, dass die Piraten wohl noch nicht so weit seien.[24] Neben der Schwierigkeit, dass die Piraten aufgrund des in vielen Punkten noch nicht vorhandenen Programmes, der starken Basisbeteiligung und der fehlenden Fraktionsdisziplin wohl keinen stabilen Koalitionsvertrag hätten aushandeln oder gar einhalten können, hätte es auch inhaltliche Probleme gegeben: Die Piraten lehnten beispielsweise den Weiterbau der A100 – am Streit darüber waren die Rot-Grünen Gespräche gescheitert – im Gegensatz zur SPD vehement ab. So diente dieser Vorschlag eher der eigenen Profilierung, als dass er ein ernstgemeintes Angebot hätte sein können.[25]

Doch auch Parteien, die nicht an der Regierungskoalition beteiligt sind, nehmen an der Wahl des Regierenden Bürgermeisters teil. Im Normalfall stimmt die künftige Opposition gegen den Kandidaten der Regierungsparteien; dies gilt auch dann, wenn sie ihn oder Teile seines Programms sympathisch finden. Wegen der Gewaltenverschränkung der parlamentarischen Demokratie ist die Wahl des permanent vom Vertrauen des Parlamentes abhängigen Regierungschefs gleichzeitig auch eine Zusicherung, die Regierung dauerhaft zu stützen, solange diese wiederum die Interessen der sie tragenden Fraktion ausreichend berücksichtigt (vgl. Patzelt 2003: 26 ff.). Durch die Wahl sichern also die Abgeordneten dem zukünftigen Regierenden Bürgermeister ihre Unterstützung auch über diese eine Wahl hinaus zu. Dieses Konzept aber passt nicht zur Piratenpartei, der – aus Unkenntnis über das Funktionieren des Parlamentes[26] ebenso wie aus ihrer generellen Abneigung gegenüber Parteien (vgl. Lühmann 2012: 15)[27] – Fraktionsdisziplin genauso fremd ist wie die Idee, auch gegen seine eigenen Überzeugungen für etwas zu stimmen, um eine stabile (Koalitions-)Regierung zu ermöglichen. Und so luden die Piraten Klaus Wowereit zu einer Fraktionssitzung ein, um ihn kennenzulernen, da sie niemanden wählen würden, den sie nicht kennen, aber auch nicht nur aus Prinzip gegen ihn stimmen wollten. Der medienerfahrene Wowereit nutzte die Chance und besuchte die Piratenfraktion, referierte über sein Regierungsprogramm und beantwortete Fragen der Abgeordneten. Am Ende hatten beide Seiten

---

24   Matthias Schlegel et al., Koalitionsangebot. Piraten wollen mit ans Ruder, in: Der Tagesspiegel vom 5. Oktober 2011.

25   In der Folge einigten sich SPD und CDU auf die Bildung einer Großen Koalition.

26   o. A., Piratenpartei. Wer sitzt alles im Boot, in: Berliner Kurier vom 20. September 2011; Jan Thomsen, Neue Oppositionsfraktion. Die Piraten fremdeln noch, in: Berliner Zeitung vom 31. Dezember 2011.

27   Siehe dazu auch Petra Ahne/Jan Thomsen, Piratenpartei-Chefin im Interview: Ich bin ein Kind des Internets, in: Berliner Zeitung vom 13. Dezember 2011.

positive Medienberichterstattung bekommen.[28] Außerdem behaupteten nach der Wahl am 24. November 2011 mit Alexander Morlang und Pavel Mayer tatsächlich immerhin zwei Piraten, für Klaus Wowereit gestimmt zu haben.[29] Bei der Funktion der Regierungsbildung ist die Piratenpartei also ihrem Image, *anders* zu sein, gerecht geworden.

Ein Sonderfall der Wahlfunktion ist die Wahl des Bundespräsidenten durch die Bundesversammlung, in die auch Vertreter der Landesparlamente entsandt werden. Nach dem Rücktritt von Christian Wulff am 17. Februar 2012 durfte die Piratenfraktion zwei Mitglieder der Bundesversammlung benennen. Sie entschied sich in einer nichtöffentlichen (und daher von Parteimitgliedern kritisierten[30]) Sitzung dafür, den Parlamentarischen Geschäftsführer Martin Delius sowie die Schatzmeisterin Katja Dathe zu nominieren.[31] Nachdem zunächst im Raum stand, dass die Piraten einen eigenen Kandidaten für das Amt des Bundespräsidenten vorschlagen würden, entschieden sie sich nach einigen Absagen – der Mathematiker Gunter Dueck, der ehemalige Verfassungsrichter Hans-Jürgen Papier und der Kabarettist Georg Schramm wollten nicht antreten[32] – dagegen. Letztlich gaben beide Piraten an, sich bei der geheimen Wahl enthalten zu haben.[33]

2.2.2 Gesetzgebung

Im politischen System der Bundesrepublik ist das Parlament zwar der Ort, an dem über Gesetzesvorlagen entschieden wird; aufgrund struktureller Mehrheiten ist es aber die die Regierung tragende Koalition, welche ihre eigenen Gesetzentwürfe – oder, wesentlich häufiger, die von der Regierung selbst eingebrachten – beschließt. Gesetzesinitiativen der Opposition hingegen haben in den seltensten

---

28 Gereon Asmuth, Klaus Wowereit besucht Piratenfraktion. Der Regierende macht Piraten den Hof, in: Die Tageszeitung vom 22. November 2011; Johannes Schneider, Wowereit besucht Piratenfraktion. Der Regierende referiert. Die Piraten twittern, in: Der Tagesspiegel vom 22. November 2011.

29 G. Schomaker, Vier Koalitionäre stimmten nicht für Wowereit, in: Berliner Morgenpost vom 24. November 2011.

30 Vgl. Fußnote 17.

31 Lars von Törne, Bundesversammlung. Rehhagel wählt Wulff-Nachfolger mit, in: Der Tagesspiegel vom 23. Februar 2012.

32 Frédéric Valin, Pirat zur Bundespräsidentenwahl. Löblich, dass die Linke sich bemüht, in: Die Tageszeitung vom 1. März 2012.

33 Klaus Tretbar/Marc Kalpidis, Im ersten Anlauf. Gauck ist Bundespräsident, in: Der Tagesspiegel, 18. 03. 2012.

Fällen eine Chance, im Parlament angenommen zu werden, und sind daher in den meisten Fällen eher Teil der Profilbildung, dienen also der Öffentlichkeitsarbeit (vgl. Patzelt 2003: 35 ff.).

Die Fraktion der Piratenpartei hat bisher vier Gesetzentwürfe vorgelegt: Am 18. Januar brachte sie einen Antrag ein, das Wahlalter für die Abgeordnetenhauswahl schrittweise auf vierzehn und dann auf sieben Jahre zu senken und schließlich eine Altersbeschränkung gänzlich aufzuheben, also das Wahlrecht ab der Geburt zu vergeben.[34] Im Plenum stimmte sie aber ebenfalls einem nicht so weitgehenden Antrag von Grünen und Linkspartei zu, das aktive Wahlrecht ab sechzehn zu vergeben. Um mehr Beteiligungsmöglichkeiten ging es auch im zweiten Entwurf: Am 1. Februar brachte die Fraktion einen Antrag ein, die Hürden für Volksbegehren in Berlin zu senken.[35] Erwartungsgemäß profilierten sich die Piraten mit eigenen Gesetzentwürfen also zunächst in einem ihrer Kernthemen, bei denen aufgrund vorhandener Konzepte die Einarbeitungszeit relativ gering war. Mit einem Gesetzentwurf vom 13. März 2012, der jedem Bürger ein pfändungsfreies Konto garantieren soll[36], sowie einem Entwurf vom 14. März 2012, in welchem es um die Stärkung der Bedeutung des Migrationsbeauftragten ging[37], verließen die Piraten jedoch das ihnen angestammte Themenfeld und wandten sich der Sozialpolitik zu. Inwieweit sie sich in diesem Bereich nach ihren plakativen Forderungen im Wahlkampf auch in der parlamentarischen Arbeit werden etablieren können, bleibt abzuwarten.

2.2.3 Regierungskontrolle

Das Parlament kontrolliert die Regierung auf zwei sehr unterschiedliche Arten: Während die Regierungsparteien wirkungsvolle, aber öffentlich nur schwer wahrnehmbare „Kontrolle durch Mitregieren" (Patzelt 2003: 29) ausüben, ist es die Opposition, die weithin sichtbar, aber weniger effektiv über die (Parlaments-)Öffentlichkeit zu kontrollieren versucht. Dazu stehen ihr neben allgemeiner Presse-

---

34 Siehe den entsprechenden Antrag unter http://www.parlament-berlin.de:8080/starweb/adis/citat/VT/17/DruckSachen/d17-0111.pdf (21.03.2012).

35 Siehe den entsprechenden Antrag unter http://www.parlament-berlin.de:8080/starweb/adis/citat/VT/17/DruckSachen/d17-0142.pdf (21.03.2012).

36 Siehe den entsprechenden Antrag unter http://www.parlament-berlin.de:8080/starweb/adis/citat/VT/17/DruckSachen/d17-0231.pdf (21.03.2012).

37 Siehe den entsprechenden Antrag unter http://www.parlament-berlin.de:8080/starweb/adis/citat/VT/17/DruckSachen/d17-0230.pdf (21.03.2012).

und Öffentlichkeitsarbeit im Parlament vor allem die Möglichkeiten von Kleinen und Großen Anfragen sowie die Einberufung aktueller Stunden zur Verfügung. Aufgrund des starken Gewichtes der Exekutive im bundesrepublikanischen Föderalismus wird die Regierungskontrolle von vielen als die bedeutendste Funktion der Landesparlamente gesehen (vgl. Patzelt 2006).

Ins Auge fällt zunächst, dass die Abgeordneten der Piraten bei ihren Kernthemen, wie Transparenz und Bürgerrechten, aber auch Bildung, bereits sehr aktiv waren. Bei anderen Themen hingegen zeigt sich deutlich, dass die Piratenpartei sich eher weniger für sie interessiert und oft noch keine Position hat, die sie vertreten könnte oder wollte. Die starke Abhängigkeit der Fraktion von der Basis schwächt so die Möglichkeit, die Regierung effektiv zu kontrollieren (vgl. Kap. 2.1.4).

Ihre bisher einzige aktuelle Stunde beantragte die Piratenfraktion zum Thema „Massenhafte Funkzellenabfrage in Berlin – Ausmaß und Hintergründe offenlegen" in der Sitzung vom 26. Januar 2012.[38] Dabei ging es um die Ermittlungsmethoden der Polizei zu den Autobrandstiftungen in Berlin. Auch die beiden bisher gestellten Großen Anfragen zu den Themen „Überwachungssoftware an Berliner Schulen"[39] und „Einsatz von Quellen-TKÜ- und IT-Überwachungssystemen in Berlin"[40] beschäftigten sich mit der Angemessenheit staatlicher Überwachung und damit mit einem Kernthema der Piratenpartei. Dass beide Anfragen noch im November 2011 gestellt wurden, zeigt, dass die Abgeordneten hier keine nennenswerte Einarbeitungszeit benötigten. Die erste Anfrage rückte die geplante Einführung einer medienwirksam als „Schultrojaner" bezeichneten Überwachungssoftware auf Schulcomputern in den Blickpunkt, durch die zweite wurde öffentlich, dass Berlin die Anschaffung eines sogenannten „Staatstrojaners" plant, mit dessen Hilfe unbemerkt die Computer Verdächtiger ausgespäht werden können. Ihre inhaltlich gute Arbeit auf diesem Gebiet brachte der Fraktion allgemein Anerkennung.[41]

---

38 Siehe das Protokoll der Sitzung unter http://www.parlament-berlin.de:8080/starweb/adis/citat/VT/17/PlenarPr/p17-007-wp.pdf (20. 03. 2012).

39 Siehe dazu http://www.parlament-berlin.de:8080/starweb/adis/citat/VT/17/DruckSachen/d17-0023.pdf (20. 03. 2012).

40 Siehe dazu http://www.parlament-berlin.de:8080/starweb/adis/citat/VT/17/DruckSachen/d17-0046.pdf (20. 3. 2012).

41 Siehe zum Beispiel Jan Thomsen, Schultrojaner. Gesucht. Lehrer als Raubkopierer, in: Berliner Zeitung, 11. 11. 2011; Törne, Lars von (2012): Piratenpartei. Wir treiben die Regierung vor uns her, in: Der Tagesspiegel, 31. 01. 2012.

Der thematische Schwerpunkt ist auch bei den bisher gestellten dreißig mündlichen Anfragen zu erkennen: Hier ging es ebenfalls vornehmlich um Bürgerrechte, Überwachung und Transparenz, aber auch um Bildungspolitik, Sozialpolitik und innere Sicherheit. Wiederum zeugen vor allem die Anfragen bei den erstgenannten Themen von Sachkenntnis, während es bei anderen Themen auch zu solch skurrilen Anfragen wie der von Simon Kowalewski kam, der sich echauffierte, dass er an einer Haltestelle vergeblich auf einen Bus hatte warten müssen.[42] Auch die unterschiedliche Aktivität einzelner Piraten kann hier sehr deutlich beobachtet werden; so stammte rund ein Viertel der mündlichen Anfragen von Christopher Lauer.

Schließlich machten auch die neun eingebrachten Entschließungsanträge sowie die fünf eingebrachten Änderungsanträge zu Entschließungsanträgen anderer Fraktionen die Themenschwerpunkte Transparenz (etwa die Offenlegung von Verträgen bei der Spreeparknutzung[43] oder die Forderung, der Senat solle in Zukunft öffentlich tagen[44]), Verbesserung des Datenschutzes[45] und Stärkung der Bürgerrechte (etwa gegen Staatstrojaner[46] und Videoüberwachung[47]) deutlich.

Insgesamt zeigt sich, dass die Piratenfraktion die Regierungskontrolle immer dann ordentlich ausübt, wenn es um ihre Lieblingsthemen – Datenschutz, Bürgerrechte, Transparenz – geht, während sie bisher Probleme hatte, bei ihr eher fremden Themen sinnvolle Beiträge zu leisten. Die Fraktion ist also nicht, wie oft behauptet wird, monothematisch aufgestellt, ihre Kompetenz aber eben doch stark auf ihre wenigen Kernthemen begrenzt.

---

42 Siehe dazu das Protokoll der Sitzung vom 12. Januar 2012 unter http://www.parlament-berlin. de:8080/starweb/adis/citat/VT/17/PlenarPr/p17-006-wp.pdf (21.03.2012).

43 Siehe den entsprechenden Antrag unter http://www.parlament-berlin.de:8080/starweb/adis/citat/VT/17/DruckSachen/d17-0141.pdf (21.03.2012).

44 Siehe den entsprechenden Antrag unter http://www.parlament-berlin.de:8080/starweb/adis/citat/VT/17/DruckSachen/d17-0225.pdf (21.03.2012).

45 Siehe den entsprechenden Antrag unter http://www.parlament-berlin.de:8080/starweb/adis/citat/VT/17/DruckSachen/d17-0226.pdf (21.03.2012).

46 Siehe den entsprechenden Antrag unter http://www.parlament-berlin.de:8080/starweb/adis/citat/VT/17/DruckSachen/d17-0197.pdf (21.03.2012).

47 Siehe den entsprechenden Antrag unter http://www.parlament-berlin.de:8080/starweb/adis/citat/VT/17/DruckSachen/d17-0227.pdf (21.03.2012).

2.3 Selbstorganisation

In demokratischen Systemen organisieren Parlamente in der Regel selbst, unter welchen Bedingungen und Regeln sie arbeiten. Dazu zählen zum Beispiel die Verteilung von Ressourcen, die Regeln für Redezeit und Antragsrechte (vgl. Patzelt 2003: 40 f.).

Da die Abgeordneten der Piratenfraktion ohne klare Vorstellungen über die tatsächliche Arbeit im Parlament in selbiges eingezogen waren[48], und sie sich von ihrem Selbstverständnis zunächst auch nicht an die bisherige Praxis gebunden fühlten, war absehbar, dass sie mit den Regeln des Parlamentsbetriebes in Konflikt geraten und diese auch zu verändern versuchen würden. So trugen sie als einzige Fraktion die neue Geschäftsordnung des Abgeordnetenhauses nicht mit[49], Martin Delius unterstützte zudem einen Änderungsantrag zur Geschäftsordnung von Grünen und Linken.[50] In der konstituierenden Sitzung stellten sie gleich zwei weitere Anträge zur Änderung der Geschäftsordnung: einen zur Stärkung der Position kleiner Fraktionen im Parlament[51] und einen weiteren für ein besseres Rede- und Antragsrecht individueller Abgeordneter.[52] Letzteres, kündigte Pavel Mayer an, wolle man notfalls vor dem Bundesverfassungsgericht durchsetzen.[53] Außerdem beschwerten sich die Piraten, dass sie auf den Plätzen der FDP, also ganz rechts außen, sitzen sollten[54], sowie dass sie keinen Parlamentsvizepräsidenten stellen durften, was Klaus Wowereit süffisant anmerken ließ, er habe erwartet, dass die Piraten sich eher um Inhalte als um Posten kümmern würden.[55] Während die Partei also zu Beginn im Parlamentsbetrieb vieles neu organisieren wollte, hat sie sich im Laufe der Zeit mehr und mehr an die eingespielten Abläufe gewöhnt und sich in Teilen auch mit ihnen angefreundet.

---

48 Vgl. die Aussage von Baum in Jan Thomsen, Neue Oppositionsfraktion. Die Piraten fremdeln noch, in: Berliner Zeitung, 31.12.2011.

49 Siehe den entsprechenden Antrag der anderen Fraktionen unter http://www.parlament-berlin. de:8080/starweb/adis/citat/VT/17/DruckSachen/d17-0001.pdf (23.03.2012).

50 Siehe den entsprechenden Antrag unter http://www.parlament-berlin.de:8080/starweb/adis/citat/VT/17/DruckSachen/d17-0001-1.pdf (23.03.2012).

51 Siehe den entsprechenden Antrag unter http://www.parlament-berlin.de:8080/starweb/adis/citat/VT/17/DruckSachen/d17-0012.pdf (23.03.2012).

52 Siehe den entsprechenden Antrag unter http://www.parlament-berlin.de:8080/starweb/adis/citat/VT/17/DruckSachen/d17-0013.pdf (23.03.2012).

53 Stefanie Alberti, Erste Sitzung des neuen Abgeordnetenhauses. Eine Art Familientreffen, in: Die Tageszeitung vom 27. Oktober 2011.

54 Johannes Schneider, Gerangel um die Plätze im Parlament. Piraten wollen nicht neben der CDU sitzen, in: Der Tagesspiegel vom 5. Oktober 2011.

55 Ebd.

Die Piratenfraktion im Berliner Abgeordnetenhaus 229

3 Weitere Aktivitäten und öffentlich Wahrgenommenes

Nicht alle für das Verständnis der Piraten relevanten Fakten lassen sich in den Funktionskatalog des Parlamentes einordnen. Hier sollen einige weitere die Fraktion charakterisierenden Ereignisse kurz dargestellt werden. In der Wahrnehmung einer breiten Öffentlichkeit fielen die Abgeordneten zunächst kaum durch ihre inhaltliche Arbeit auf. Stattdessen berichteten die Medien über zahllose kleinere und größere Fehler und Ereignisse, die dann teilweise als „Skandal" bezeichnet wurden. Aufgrund des enormen Interesses der Medien an Geschichten über die neue Partei sind aber längst nicht alle diese „Skandale" tatsächlich so relevant, dass sie hier Erwähnung finden. Anderseits verdeutlichen einige von ihnen Schwierigkeiten sowie Besonderheiten der neuen Fraktion.

Im November entließ Susanne Graf ihren Freund, den sie zunächst als Mitarbeiter eingestellt hatte, da sie ihm, wie sie sagte, vertraue und er sie gut kenne. Die Kritik an dieser Personalie kam auch aus der Piratenpartei selbst. Die Abgeordnete hielt die Einstellung trotz allem für richtig und bedauerte nur, diese nicht vorher abgesprochen zu haben. In einem ähnlichen Fall verteidigte sich Oliver Höfinghoff mit dem Argument, die Beziehung zu seiner Mitarbeiterin habe erst nach deren Einstellung begonnen. Trotz teils massiver Kritik[56] hielt er an der Personalie fest.[57]

Die Fraktionsgeschäftsführerin der Fraktion, Daniela Scherler, rückte Mitte Dezember in die Aufmerksamkeit der Öffentlichkeit. Medien berichteten über Thesen, welche die Heilpraktikerin in esoterischen Seminaren und Büchern verbreitete, so unter anderem, dass Aids-Kranke selbst schuld an ihrer Krankheit seien. Obwohl beispielsweise die damalige Vorsitzende der Jungen Piraten, Julia Reda, öffentlich Kritik an der Personalie übte, zog sich die Piratenfraktion auf den Standpunkt zurück, die Angelegenheit sei eine Privatsache. Außerdem gäbe es auch keinen Parteibeschluss zum Thema Esoterik.[58]

Fehler dieser Art machen deutlich, dass die Abgeordneten zunächst mit ihrer neuen Rolle und vor allem der massiven Berichterstattung überfordert waren. Inzwischen sind sie jedoch vorsichtiger geworden und versuchen zumindest teil-

---

56 Siehe zum Beispiel die Kommentare unter der Erklärung auf Oliver Höfinghoffs Blog zum Thema, einsehbar unter http://piratenstadt.net/?p=238 (23. 03. 2012).

57 Karin Christmann/Björn Stephan, Schwer verschnupft. Piraten neben der Spur, in: Der Tagesspiegel vom 17. November 2011.

58 Johannes Schneider, Krude Esoterik. Die Piraten haben den Wertepluralismus falsch verstanden, in: Der Tagesspiegel vom 16. Dezember 2011; Björn Hengst, Leitende Piraten-Mitarbeiterin irritiert mit Esoterik-Thesen, in: Der Spiegel online vom 16. Dezember 2011.

weise, die Außenwirkung ihrer Handlungen in Vorhinein abzuschätzen. Allerdings gilt das, trotz einiger Bemühungen, nicht für interne Konflikte. Diese werden innerhalb der Piratenfraktion meist vor einer potentiellen Öffentlichkeit ausgetragen und finden so stärkere Beachtung als in anderen Parteien – mit den entsprechenden Folgen für das Image der Fraktion: Diese gilt als zerstritten. Ende November beleidigten sich Gerwald Claus-Brunner und Julia Schramm, die in der Partei aktive Lebensgefährtin von Fabio Reinhardt, ausgiebig bei Twitter. Als Schramm dann Anfang Januar ihre Verlobung mit dem Abgeordneten bekannt gab, war es wieder Claus-Brunner, der die zukünftige Braut öffentlich beschimpfte. Während des Landesparteitages der Piraten in Berlin am 25. Februar 2012 waren es dann Susanne Graf und Christopher Lauer, die sich via Twitter attackierten. Da die internen Streitigkeiten – nicht um politische Richtungsentscheidungen, sondern beispielsweise um die Verteilung der Büroräume – überhand zu nehmen drohten, engagierten die Piraten für 8 000 Euro eine professionelle Mediation und richteten einen wöchentlichen Stuhlkreis ein, in dem die Abgeordneten – ganz ohne Öffentlichkeit – über ihre Probleme miteinander reden sollten.[59]

Aber nicht nur innerhalb der Fraktion gibt es beständig – öffentlich ausgetragenen – Streit. Auch zwischen der Berliner Fraktion und dem Bundesvorstand der Piraten ist die Stimmung eher schlecht. Zwar geht es auch hier teilweise um Sachfragen: So steht der progressive Berliner Landesverband hinter dem „Liquid-Feedback" und der Forderung nach Einführung eines bedingungslosen Grundeinkommens, was der Bundesvorsitzende Sebastian Nerz eher ablehnt. Aber wiederum sind in diesem Konflikt persönliche Differenzen und Befindlichkeiten Teil des Problems.[60] So schrieb Nerz in einer später veröffentlichten Email an Andreas Baum Ende März 2012, er habe „die Schnauze voll" von den persönlichen Anfeindungen aus der Berliner Fraktion und forderte ihn als Fraktionsvorsitzenden auf, seinen Kollegen beizubringen, „was Verantwortung und elementare Regeln der Höflichkeit und des menschlichen miteinander sind".[61] Die Vielzahl an Streitigkeiten, gleich auf welcher Ebene, belastet die Effizienz der Fraktion, nicht

---

59 Karin Christmann/Lars von Törne, Piraten nach Mediation etwas klüger, in: Der Tagesspiegel vom 12. Dezember 2012; Dagmar Rosenfeld, Im Stuhlkreis der Piraten, in: DIE ZEIT, vom 2. Februar 2012.
60 o. A., Streit bei den Piraten. Ein Gespräch gegen den Zoff, in: Die Tageszeitung vom 4. April 2012.
61 Siehe zur veröffentlichten Email und zu der sich anschließenden Diskussion http://www.tirsales.de/blog/tirsales/2012/04/04/der-halb-offene-brief-die-fraktion-und-ich (05. 04. 2012); Rechtschreibfehler im Original.

Die Piratenfraktion im Berliner Abgeordnetenhaus 231

nur wegen des schlechten Arbeitsklimas, sondern auch wegen der Arbeitszeit, die solche Auseinandersetzungen kosten. Für die noch junge Partei üben die zunächst einzigen Abgeordneten aber noch Funktionen aus, die nicht zu ihren eigentlichen Aufgaben gehören. In vielen Medien sind sie als Vertreter der Piraten präsent, und der Erfolg verleiht ihnen auch innerhalb der Partei überproportional Aufmerksamkeit und Einfluss. Ihre Erfahrung wiederum nutzen sie, um den Aufbau der Partei voranzubringen. Vor den Landtagswahlen im Saarland und in Schleswig-Holstein luden die Berliner Piraten Wahlkämpfer aus den entsprechenden Landesverbänden ein, um ihnen von ihren Erlebnissen zu berichten, und fuhren selbst medienwirksam für Wahlkampfauftritte in die Regionen.[62]

4 Die Besonderheiten der Piratenfraktion

In der Öffentlichkeit gelten die Piraten als *anders*. Bei der Beschreibung ihrer Tätigkeiten im Abgeordnetenhaus sind bereits etliche Punkte angeklungen, welche die Piraten tatsächlich von den übrigen Fraktionen unterscheiden. In diesem Kapitel werden die Unterschiede systematisch dargestellt.

Die beiden gravierendsten Neuerungen, welche die Piraten mitgebracht haben, sind gewiss die neuen Wege bei der Herstellung von Öffentlichkeit und Transparenz (vgl. Kap. 2.1.3) sowie die permanente Beteiligung der Mitglieder (vgl. Kap. 2.1.2 und 2.1.4). Beides hat es in dieser Form vorher noch nicht gegeben. Trotz der beschriebenen permanenten Auseinandersetzungen hat die Fraktion es dabei bisher geschafft, den hohen eigenen Ansprüchen beim Thema Transparenz gerecht zu werden, wenn sie auch Abstriche machen musste gegenüber den ursprünglichen Vorstellungen mancher Piraten und beispielsweise bei Fraktionssitzungen die Öffentlichkeit auf Antrag ausgeschlossen werden kann. Bisher hat sich die Fraktion den von einigen Abgeordneten ins Feld geführten Sachzwängen[63] schlicht nicht unterworfen und nimmt lieber in Kauf, in der Öffentlichkeit manchmal als streitend oder ahnungslos wahrgenommen zu werden. Gerade Letzteres hat der Popularität der Partei keinen Abbruch getan, im Gegenteil wirkt diese ungewöhnliche Offenheit im Umgang mit der eigenen Überforderung auf

---

62 Karin Christmann, Piraten spüren bundesweit Aufwind, in: Der Tagesspiegel vom 22. März 2012.
63 Heiko Herberg beispielsweise argumentiert: „Öffentlichkeit führt dazu, dass man sich verstellt." Zitiert in Verena Friederike Hasel, Plötzlich Käpt'n. Drei Monate im Leben des Piraten Heiko Herberg, in: Der Tagesspiegel vom 21. Januar 2012.

viele einfach ehrlich. Wie lange die Fraktion diesen nervenaufreibenden und ressourcenintensiven Kurs wird beibehalten können – und wollen –, lässt sich naturgemäß nicht vorhersagen, bisher gibt es aber kaum Anzeichen, dass die Pragmatiker innerhalb der Fraktion sich mehr als punktuell durchsetzen könnten.

Der Versuch hingegen, die Parteimitglieder permanent in die Entscheidungen der Fraktion einzubinden und sie über jede einzelne abstimmen zu lassen, war bisher nicht so erfolgreich, wie die Piraten sich das vorgestellt hatten. Fraglich bleibt, ob sich das Problem mangelnder Beteiligung und vor allem mangelnder Initiative der Basis nach einer Eingewöhnungszeit und einer Konsolidierung der Partei abschwächt, oder ob es nicht wahrscheinlicher ist, dass nach dem Abebben der anfänglichen Begeisterung an der Basis die Abgeordneten durch ihren Ressourcenvorteil – vor allem, was Zeit und Zuarbeit durch Referenten angeht – immer stärker in eine Führungsrolle gedrängt werden; zur Zeit sieht es eher nach Letzterem aus.

Bisher erhalten haben sich die Abgeordneten der Piraten ihre flache Hierarchie untereinander. Im Gegensatz zu allen anderen Fraktionen nicht nur im Berliner Landtag ist der Fraktionsvorsitzende, Andreas Baum, nach außen hin eher unterdurchschnittlich präsent, während er nach innen die Abläufe zwar moderiert, die Fraktion aber weder führt, noch inhaltlich Akzente setzt. Mündliche Anfragen beispielsweise hat er noch überhaupt nicht gestellt, und ein Machtwort bei strittigen Fragen von ihm ist nicht zu erwarten – und würde wohl auch kein Gehör finden. Die größte öffentliche Aufmerksamkeit hingegen bekommt Christopher Lauer, der entgegen seinem Bemühen nur einfacher Abgeordneter, rhetorisch aber der Talentierteste in der Fraktion ist.

Diese Art, die Fraktion zu organisieren, hängt mit einer weiteren Besonderheit der Piraten im Abgeordnetenhaus zusammen: Offiziell lehnen sie jede Art von Fraktionsdisziplin strikt ab. Das bedeutet nicht, dass die Abgeordneten nicht häufig alle gleich abstimmen würden; sie tun dies dann aber, weil sie jeder für sich dem Votum der Basis oder inhaltlichen Argumenten folgen. Ob es sich dabei um eine lediglich andere Form der Fraktionsdisziplin handelt, bei der den Abgeordneten der Kurs von der Basis statt der Fraktionsführung vorgegeben wird, ist eine interessante Frage, die hier nicht erörtert werden kann. Ebenso scheint noch völlig offen zu sein, wie die Abgeordneten in einem Fall entscheiden werden, in dem sie, beispielsweise aufgrund größerer Sachkenntnis, mit einem Votum der Basis nicht einverstanden sind. Setzen sie es dennoch um, entscheiden sie gegen die Basis oder geben sie, wie für solche Fälle angekündigt, ihr Mandat zurück? In jedem Fall unterscheidet sich die Praxis der Piraten deutlich von der anderer Fraktionen. So kann es passieren, dass nicht mal ein Antrag der eigenen Fraktion im Plenum einstimmig unterstützt wird[64], oder dass ein Teil der Abgeordneten für einen Antrag der Regierung stimmt. Doch obwohl die Piratenanhänger dies als Abkehr von Parteipolitik und als Wiederkehr des freien Mandats feiern[65], wird die Fraktion diesen Zustand nicht lange beibehalten können, vorausgesetzt, sie hat ein Interesse daran, längerfristig politisch mitzugestalten. Die Fraktionsdisziplin resultiert ja nicht, wie von den Piraten geargwöhnt, aus der Herrschsucht einiger Spitzenpolitiker, sondern schlicht aus der (von Teilen der Partei nicht verstandenen) Funktionslogik des Parlamentarismus in modernen Gesellschaften (vgl. i. a. Schmidt 2006: 309 ff.). Nicht nur für eine mögliche Regierungsfähigkeit der Piraten wäre eine Abkehr von dieser Besonderheit unerlässlich; auch potentielle Wähler werden verstärkt wissen wollen, wofür denn *die Fraktion* inhaltlich steht, wenn der Reiz des Neuen verflogen ist. Dennoch ist zu erwarten, dass einzelne Abweichler gegen eine Fraktionsdisziplin weiterhin zur politischen Kultur der Partei gehören und entsprechend geduldet werden; dies stellt dann aber keinen Unterschied mehr zu anderen Fraktionen dar.

Obwohl das Abgeordnetenhaus in Berlin nur ein Halbtagsparlament ist, haben die meisten Mandatsträger der Piraten ihre vorherigen Tätigkeiten aufgegeben oder sind dabei, dies zu tun. Sie betrachten sich selbst also als Vollzeitabgeordnete. Dies hat sicher auch damit zu tun, dass sich bei den Piraten die komplette Fraktion neu einarbeiten musste, während bei anderen Parteien neue Abgeordnete auf bereits bestehende Strukturen zurückgreifen können. Die Piratenfraktion unterscheidet sich hier also deutlich gerade von CDU und SPD, bei denen die meisten Abgeordneten noch einem anderen Beruf nachgehen.[66] Des Weiteren fallen einige der Mitglieder der Piratenfraktion durch unkonventionelle Bekleidung im Parlament auf, und die politische Konkurrenz beschwerte sich bereits über die Verrohung der Sprache im Plenum und in den Ausschüssen, die durch die Piratenpartei Einzug gehalten habe. Diese verteidigte sich mit dem Hinweis, ihre Sprache sei einfach verständlich und direkt.[67]

---

64 So geschehen gleich in der konstituierenden Sitzung, weswegen in der Öffentlichkeit der falsche Eindruck entstand, die Piraten würden immer bunt durcheinander abstimmen. Siehe dazu: Berliner Abgeordnetenhaus. Piratenpartei zieht erstmals in ein Landesparlament ein, in: Frankfurter Allgemeine Zeitung vom 27. Oktober 2011.

65 Siehe beispielsweise http://martindelius.de/2012/04/die-debatte-um-die-debattenkultur/ (05. 04. 2012).

66 Eine Übersicht findet sich unter http://www.parlament-berlin.de/pari/web/wdefault.nsf/vHTML/ C17_2?OpenDocument (05. 04. 2012).

67 Sabine Beikler/Lars von Törne, Politiker streiten um den richtigen Ton, in: Der Tagesspiegel vom 11. April 2012.

Insgesamt unterscheidet sich also die Piratenfraktion in einigen Punkten deutlich von den übrigen Fraktionen. Es ist aber zu erwarten, dass diese Unterschiede im Laufe der Zeit geringer werden. Nicht nur, weil die Piraten sich wie beschrieben an einigen Stellen werden ändern müssen, sondern auch, weil die politische Konkurrenz auf die neuen Themen bereits reagiert hat: Gerade beim vieldiskutierten Punkt der Transparenz sieht es so aus, als würden sich die anderen Fraktionen verändern – und so den Unterschied zu den Piraten verkleinern.

5 Fazit

Obgleich schon das Wahlergebnis der Piraten als sensationell empfunden wurde, stiegen die Umfragewerte der Partei in Berlin weiter an, bis sie Ende Januar 2012 mit vierzehn Prozent sogar die Linkspartei überholt hatte.[68] Es stellt sich nun die Frage, ob dazu neben der medialen Aufmerksamkeit, der für einige Wähler interessanten thematischen und organisatorischen Neuerungen, der geschickten Inszenierung der Piraten als Alternative zu *den anderen* Parteien und dem parallelen Niedergang der FDP auch die Arbeit der Abgeordneten beitrug. Obwohl es dazu keine empirischen Daten gibt, lassen sich einige begründete Vermutungen anstellen.

Zunächst wurde die Partei überwiegend nicht mit einer konkreten inhaltlichen Erwartung gewählt. Die Schwächen der Fraktion in diesem Bereich können der Beliebtheit der Partei also nicht gefährlich werden. Gleiches gilt für die Unkenntnis, welche die Abgeordneten sowohl vor als auch nach der Wahl demonstriert haben – im Gegenteil, der offene Umgang damit hat die Partei in den Augen derer, die Parteien oder gleich die Politik an sich für verlogen halten, sympathischer erscheinen lassen. Diese Unzufriedenen stellten schon bei der Abstimmung am 18. September 2011 die Mehrheit der Piratenwähler, und auch aktuell sind sie für die guten Umfragewerte verantwortlich.[69] Gerade durch die von der Piratenfraktion forcierten Themen Transparenz und Beteiligung, ihre noch nicht professionalisierte Arbeitsweise sowie das Fehlen von Fraktionsdisziplin dürften sich diese

---

68 o. A., Forsa-Umfrage. Berliner Piraten überholen erstmals Linkspartei, in: Berliner Morgenpost, 31. 01. 2012.

69 So stimmten im April 2012 63 Prozent der Anhänger der Piratenpartei der Aussage zu: „Die Piratenpartei wird nur gewählt, um den anderen Parteien einen Denkzettel zu verpassen." Vgl. Infratest dimap: DeutschlandTREND. Umfrage zur politischen Stimmung im Auftrag der ARD-Tagesthemen und zwei Tageszeitungen, April 2012, einsehbar unter http://www.infratest-dimap. de/uploads/media/dt1204.pdf (16. 04. 2012).

Wähler in ihrem Gefühl bestärkt sehen, dass die Piratenpartei *anders* und damit wählbar ist. In diesem Zusammenhang scheinen auch die kleinen „Skandale" von den Unterstützern der Partei eher als Beleg dafür gesehen zu werden, dass diese eben nicht aus perfekten Berufspolitikern besteht. Im Gegensatz zu den Medien wird die Partei nicht als Teil des Systems gesehen und die kritische Berichterstattung in solchen Fällen daher in den Kommentaren oft als Kampagne gegen die Neuen zurückgewiesen.[70] Lediglich die immer wieder nach außen dringenden ungelösten Streitigkeiten sowohl innerhalb der Fraktion als auch zwischen Fraktion und Partei trüben das positive Bild.

Wer also die Partei aus einem diffusen Gefühl der Unzufriedenheit wählt, kann sich durch das Auftreten der Fraktion in Berlin in seiner Entscheidung bestärkt fühlen. Aber auch jene Wähler, denen die Kernthemen der Piraten am Herzen liegen und die beispielsweise Netzpolitik bei anderen Parteien nicht ausreichend vertreten sehen, können mit der Arbeit der Fraktion zufrieden sein, die, wie dargestellt, in diesen Bereichen inhaltlich eine gute Arbeit macht. So tragen die Arbeit der Piratenfraktion sowie die mediale Berichterstattung über diese Arbeit dazu bei, dass der Höhenflug der Partei in den Umfragen und bei der Mitgliederentwicklung zumindest zunächst noch ungebremst weitergeht.

Literatur

Lühmann, Michael (2012): Piratenpartei – die Grünen 2.0? Nachfragen zu einem Politikmodell und seiner Übertragbarkeit, in: Kommune 1/2012, S. 14–17.

Patzelt, Werner (2003): Parlamente und ihre Funktionen, in: ders. (Hrsg.): Parlamente und ihre Funktionen. Institutionelle Mechanismen und institutionelles Lernen im Vergleich. Opladen: Westdeutscher Verlag, S. 13–49.

Patzelt, Werner (2006): Länderparlamentarismus, in: Schneider, Herbert/Wehling, Hans-Georg (Hrsg.): Landespolitik in Deutschland. Grundlagen, Strukturen, Arbeitsfelder. Wiesbaden: VS Verlag, S. 108–129.

Riker, William (1962): The Theory of Political Coalitions, New Haven: Yale University Press.

Schmidt, Manfred (2006): Demokratietheorien. Eine Einführung. Wiesbaden: VS Verlag.

---

70 Zu einer Auseinandersetzung mit diesen „starken Abwehrreaktionen" auf „negative Berichterstattung" siehe „Offener Brief der Jungen Piraten an die Piratenpartei" vom 06.04.2012, einsehbar unter http://www.junge-piraten.de/2012/04/06/offener-brief-der-jungen-piraten-an-die-piratenpartei/ (07.04.2012).

Die netzpolitischen Reaktionen der anderen Parteien auf das Erscheinen der Piratenpartei

Oskar Niedermayer

1 Einleitung

Die Kleinstparteien, die an Wahlen teilnehmen, werden von den relevanten Parteien in der Regel schlicht ignoriert. Aufmerksamkeit erfahren sie erst, wenn man zu der Ansicht kommt, die Existenz oder Aktivitäten der Kleinstpartei würden sich in irgendeiner Weise auf die eigenen Machtperspektiven auswirken, wobei dies nicht unbedingt nur in Form der negativen Beeinflussung der eigenen Wahlchancen geschehen muss.[1] Bewirkt eine Kleinstpartei Reaktionen anderer Parteien im Parteienwettbewerb, erhält sie also parteistrategische Relevanz für ihre Konkurrentinnen, so hat sie damit die zweite Karrierestufe, die der Wettbewerbsbeeinflussung, erreicht.[2]

Die möglichen Reaktionen der Konkurrenzparteien gegenüber der neuen Partei können sowohl inhaltlicher als auch organisationsbezogener Art sein. An inhaltlichen Reaktionen lassen sich neben der Ignorierung die Stigmatisierung der neuen Partei, die eigene Thematisierung ihrer wesentlichen politischen Inhalte, die inhaltliche Auseinandersetzung mit der neuen Partei, die Annäherung der eigenen politischen Positionen oder sogar die Übernahme der politischen Positionen der neuen Partei denken. Als organisationsbezogene Reaktionen kommen die Kooperation mit der neuen Partei, ihre Eingliederung in die eigene Partei oder eine gleichberechtigte Fusion der beiden Parteien in Frage.[3]

---

1 Möglich ist z. B. auch, dass die neue Kleinstpartei eine zur eigenen Wählerschaft komplementäre Wählerklientel anspricht und man sich durch eine zukünftige Kooperation bessere Machtchancen verspricht.
2 Vgl. das Einleitungskapitel des Verfassers.
3 Ein Beispiel für eine erfolgreiche organisationsbezogene Reaktion einer etablierten auf eine neue Partei stellt die Reaktion der PDS auf die Gründung und Wahlteilnahme der WASG dar. Schon sehr früh hatte man in der PDS-Führung erkannt, dass die westdeutsche WASG der PDS als Vehikel für ihre bisher gescheiterte Westausdehnung dienen könnte. Man ging daher nicht auf

2 Die Beeinflussung des Parteienwettbewerbs durch die Piratenpartei

Die Piratenpartei fristete in den ersten zwei Jahren nach ihrer Gründung ein kaum beachtetes Schattendasein.[4] Dies änderte sich erst mit der öffentlichen Debatte um das ‚Gesetz zur Bekämpfung der Kinderpornografie in Kommunikationsnetzen‘ (Zugangserschwerungsgesetz) und der allgemeinen Netzsperrendiskussion in der ersten Jahreshälfte 2009, da sie sich unter den Gegnern der Netzsperren zu den politischen Meinungsführern aufschwingen konnte. Ihr Achtungserfolg bei der Europawahl am 7. Juni, die weiter gehende Netzsperrendiskussion und die Affäre Jörg Tauss[5] führten ab Juni 2009 zu einer deutlich erhöhten Medienaufmerksamkeit für die Piraten und die Partei geriet allmählich ins Visier ihrer Konkurrentinnen: „Die etablierten Parteien blieben zwar zumeist bei der Taktik, die Partei zu marginalisieren, in verschiedenen Äußerungen und Aktionen aber schimmerte immer wieder durch, dass sie aufgrund der Medienpräsenz der PIRATEN einen gewissen Respekt nicht verbergen konnten" (Bartels 2009: 128).

In diese Zeit fällt somit das Erreichen der zweiten Karrierestufe durch die Piratenpartei, die der Wettbewerbsbeeinflussung, da sie begann, für ihre Konkurrentinnen parteistrategische Relevanz zu entfalten. Bei den Grünen wurde schon zwei Monate vor der Bundestagswahl am 27. September befürchtet, die von einigen Grünen-Politikern wie z. B. dem Bremer Fraktionsvorsitzenden Matthias Güldner deutlich gemachte Befürwortung des Zugangserschwerungsgesetzes könnte „grüne Sympathisanten ins Lager der Piratenpartei treiben."[6] Auch die ‚Sprachregelung‘, mit der auf die Piraten reagiert wurde, wurde schon früh deutlich: Die jetzt erst durch die Piraten entdeckten Themen seien schon lange Teil der grünen Programmatik[7] und die Konsequenz daraus für die anstehende Bundestagswahl sei daher: „Wer das Programm der Piratenpartei will, der muss Bünd-

---

Konfrontationskurs, sondern versuchte schnell, mit der WASG Kooperationsbeziehungen aufzubauen. Nachdem schon bei der Bundestagswahl 2005 einige WASG-Mitglieder auf den Landeslisten der in ‚Die Linkspartei.PDS‘ umbenannten PDS kandidierten, schlossen sich die beiden Parteien nach einer längeren, auch kontrovers geführten Diskussionsphase 2007 zur neuen gesamtdeutschen Partei DIE LINKE zusammen.

4   Vgl. das Kapitel des Verfassers zu den Piraten im politischen Wettbewerb.
5   Vgl. das Kapitel des Verfassers zu Organisationsstruktur, Finanzen und Personal der Piratenpartei.
6   Daniel Brössler, „Hirn herausgetwittert", in: Süddeutsche Zeitung online vom 29. Juli 2009, http://www.sueddeutsche.de/digital/sperrung-von-kinderporno-seiten-hirn-herausgetwittert-1.175663 (09.01.2012).
7   So äußerte der Co-Bundesvorsitzende Cem Özdemir in einem VZ-Interview Mitte August: „Vieles, was jetzt an Themen von der Piratenpartei entdeckt wird, ist schon längst grüne Programmatik", http://www.presseportal.de/meldung/1455376 (17.01.2012).

nis 90/Die Grünen wählen".[8] In der SPD grenzte man sich einerseits strikt von den Piraten ab – der damalige ‚Schatteninnenminister' Thomas Oppermann bezeichnete sie als „intolerant" und ihre Haltung zu Downloads als „kriminell und unsozial"[9] – andererseits war der – gescheiterte – Initiativantrag an den außerordentlichen Bundesparteitag der SPD vom 14. Juni 2009 in Berlin, in der die SPD-Bundestagsfraktion aufgefordert wurde, das Netzsperren-Gesetz in letzter Minute zu verhindern, nicht frei von wahltaktischen, durch den Achtungserfolg der Piraten bei der Europawahl beförderten Überlegungen. Die CDU-Bundesfamilienministerin Ursula von der Leyen sah jedoch auch nach der Verabschiedung des Gesetzes am 18. Juni durch den Bundestag überhaupt keine Gefahr, dass junge Unionswähler zur Piratenpartei abwandern könnten.[10]

Vergleicht man die Wahlprogramme der Parteien zur Europawahl Anfang Juni und zur Bundestagswahl Ende September 2009, so könnte man zu der Auffassung kommen, der Achtungserfolg der Piraten bei der Europawahl hätte eine programmatische Reaktion der anderen Parteien bewirkt. Hatte sich bei der Europawahl „mit Ausnahme der Grünen … keine Partei in ihrem Wahlprogramm ausführlich mit netzpolitischen Themen auseinandergesetzt", so war in den Bundestagswahlprogrammen bei allen Parteien eine gewachsene „Sensibilität für die Bedeutung des Netzes auch als Querschnittsthema" zu erkennen (Neumann 2011: 70, 75) und bei den Grünen erhielt die Netzpolitik zusätzlich ein eigenes Kapitel unter dem Motto „Digital ist besser – für ein freies Internet". Allerdings wurden die Bundestagswahlprogramme der Grünen und der FDP schon Mitte Mai 2009 beschlossen und der programmatische Diskussionsprozess bei CDU/CSU, SPD und Linkspartei, die ihre Programme Mitte/Ende Juni beschlossen, war zur Zeit der Europawahl schon weitgehend beendet. Die stärkere Beachtung der Netzpolitik ist somit eher auf die Netzsperrendiskussion schon in der ersten Hälfte 2009 und auf die generell breitere Ausrichtung der nationalen Wahlprogramme zurückzuführen.

---

8 So der parlamentarische Geschäftsführer der Grünen, Volker Beck, zit. n.: Stephan Löwenstein, Schöner als in der Karibik, Frankfurter Allgemeine Zeitung online vom 20. September 2009, http://www.faz.net/-geh-13p78 (09. 01. 2012).

9 Zit. n. „Die Union ist überbewertet wie die Lehmann-Zertifikate", Interview mit Thomas Oppermann, in: Der Spiegel online vom 12. August 2009, http://www.spiegel.de/politik/deutschland/0,1518,641801,00.html (05. 04. 2012).

10 Vgl. Jochen Gaugele/Maike Röttger, Kampf gegen Schmutz im Internet wird verschärft, in: Hamburger Abendblatt online, http://www.abendblatt.de/politik/article1120772/Kampf-gegen-Schmutz-im-Internet-wird-verschaerft.html (09. 01. 2012).

3 Die Erarbeitung der netzpolitischen Positionen in den anderen Parteien

Schon am Tag nach der Bundestagswahl „adelte die Bundeskanzlerin die Piraten durch Aufmerksamkeit", indem sie verkündete „Wir müssen den Dialog mit den Wählern der Piratenpartei aufnehmen und uns um die Wähler der Zukunft kümmern, um die jungen Wähler".[11] Die folgenden zwei Jahre waren jedoch weniger durch den Dialog mit den Wählern und mehr durch eine Institutionalisierung der Netzpolitik bei den einzelnen Parteien geprägt, auch wenn in den ersten Monaten nicht nur Innenminister Thomas de Maizière, sondern auch andere „Minister und Parteien um die Gunst der Netz-Community" buhlten,[12].

Nachdem sich bereits 2009 in der CDU verschiedene Gruppen zusammengefunden hatten, um die netzpolitische Ausrichtung der Union zu debattieren, wurden diese Initiativen im September 2010 von Generalsekretär Hermann Gröhe im Arbeitskreis Netzpolitik gebündelt. Auf ihrem Bundesparteitag im November 2010 in Karlsruhe beschloss die CDU, dass der Arbeitskreis für den Bundesparteitag 2011 programmatische Positionen erarbeiten sollte. Dies gelang zwar nicht, aber der Arbeitskreis legte dem Bundesparteitag der CDU vom 13. bis 15. Dezember in Leipzig einen Bericht vor[13], der die bisher erarbeiteten Leitlinien der CDU-Netzpolitik zusammenfasst. Die CSU hinkt dieser Entwicklung noch hinterher. Dort wurde erst im September 2011 ein neuer Arbeitskreis CSUnet gegründet, der sich um das Thema Netzpolitik kümmern soll.

Die SPD fasste auf ihrem Bundesparteitag in Dresden im November 2009 einen Grundsatzbeschluss zur Öffnung gegenüber der digitalen Generation und Veränderung der Netzpolitik. Im Rahmen der Jahresauftaktklausur des Parteivorstands am 18.1.2010 wurde der Beschluss konkretisiert, indem man im Rahmen der Medienkommission des Parteivorstands einen Gesprächskreis Netzpolitik und digitale Gesellschaft einrichtete. Dieser Gesprächskreis sollte die Arbeit des früheren Online-Beirats, der sich vor der Bundestagswahl aus Protest gegen die Zustimmung der SPD zum Netzsperrengesetz im Juni 2009 aufgelöst hatte, fortführen. Er setzte sich das Ziel, ein netzpolitisches Grundsatzprogramm zu formulieren, das die Werte und Ziele der SPD auf den Bereich der Netzpolitik

---

11 Zit. n. Özlem Topcu, Bloß nicht offline, in: Die Zeit online vom 1. Oktober 2009, http://www.zeit. de/2009/41/Piraten-Pertei (02.10.2009).

12 Florian Güßgen, Im Angesicht der Piraten, in: Der Stern online vom 25. März 2010, http://www. stern.de/politik/deutschland/netzpolitik-im-angesicht-der-piraten-1553703.html (29.03.2010).

13 Bericht des Arbeitskreises Netzpolitik an den 24. Parteitag der CDU Deutschlands, 13.–15.11.2011, Leipzig; http://www.cdu.de/doc/pdfc/111114-bericht-zur-netzpolitik.pdf. (07.01.2012).

Die netzpolitischen Reaktionen der anderen Parteien auf das Erscheinen der Piratenpartei 241

transformiert. Der Entwurf der netzpolitischen Grundsatzerklärung wurde Anfang August 2011 im Netz zur Diskussion gestellt, dort auch breit diskutiert und auf dem Bundesparteitag der SPD vom 4. bis 6. Dezember in Berlin zusammen mit zwei weiteren Anträgen zur Breitbandversorgung und zur Netzneutralität einstimmig beschlossen.[14]

Die Grünen weisen in Bezug auf die Netzpolitik eine wechselvolle Geschichte auf. Nachdem man Anfang der Neunzigerjahre den damals noch unter Informations- und Kommunikationstechnologie firmierenden Bereich für sich entdeckt hatte, geriet er Ende der Neunziger wieder aus dem Blick. Nach der Jahrhundertwende in der Grünen Jugend und der Heinrich-Böll-Stiftung revitalisiert, versandete das Thema nach dem Gang in die Opposition erneut, und 2009 überließ man das Feld zu lange der neuen Konkurrenz, sodass sich die Piraten „als Platzhirsch in der deutschen Internetpolitik"[15] etablieren konnten. Nach der Bundestagswahl intensivierte man die Beschäftigung mit der Netzpolitik vor allem in der schon seit über zehn Jahren existierenden Bundesarbeitsgemeinschaft Medien und auf der Ordentlichen Bundesdelegiertenkonferenz in Kiel vom 25. bis 27. November 2011 wurde ein netzpolitischer Grundsatzbeschluss gefasst[16].

Die FDP vertritt hinsichtlich der Piraten und ihrem Kernthema die Auffassung „es gibt schon längst eine Netzpartei"[17], nämlich sie selbst, und diskutiert seit 2005 netzpolitische Fragen in der Kommission für Internet und Medien. Einen netzpolitischen Grundsatzbeschluss eines Parteitags, der die netzpolitischen Positionen der FDP festlegt, gibt es allerdings noch nicht. Im Oktober 2010 wurde jedoch die Diskussion um das neue Grundsatzprogramm der FDP gestar-

---

14 Freiheit, Gerechtigkeit und Solidarität in der digitalen Gesellschaft; Ordentlicher SPD-Parteitag Berlin vom 4.–6. Dezember 2011, Beschluss-Nr. 36, Berlin, 5. Dezember 2011, http://www.spd.de/linkableblob/21872/data/36_beschluss_internet_lang.pdf; Schnelles Internet für alle – für eine flächendeckende Breitbandversorgung; Ordentlicher SPD-Parteitag Berlin vom 4.–6. Dezember 2011, Beschluss-Nr. 37, Berlin, 05. Dezember 2011, http://www.spd.de/linkableblob/21772/data/37_beschluss_schnelles_internet.pdf; Netzneutralität im Internet gewährleisten – Gegen Diskriminierung, für Teilhabe und Transparenz, Ordentlicher SPD-Parteitag Berlin vom 4.–6. Dezember 2011, Beschluss-Nr. 38, Berlin, 5. Dezember 2011, http://www.spd.de/linkableblob/21796/data/38_beschluss_netznetralitaet.pdf (24.01.2012).

15 Vgl. Jan Ludwig, Die Freibeuter der Leere, in: Frankfurter Allgemeine Zeitung online vom 24. November 2011, http://www.faz.net/-gsi-6vb3m (13.12.2011).

16 Offenheit, Freiheit, Teilhabe – die Chancen des Internets nutzen – den digitalen Wandel grün gestalten! Beschluss der 33. Ordentlichen Bundesdelegiertenkonferenz, Kiel, 27. November 2011; http://www.gruene-par-tei.de/cms/default/dokbin/397/397743.offenheit_freiheit_teilhabe_die_chancen.pdf (30.11.2011).

17 Braucht es die Piraten, damit Netzpolitik Thema wird?, FDP-Bundespartei vom 19. Oktober 2011, http://www.fdp.de/FDP-ist-im-Netz-gut-aufgestellt/1844c13271i1p204/index.html (06.04.2012).

tet, das vom Bundesparteitag 2012 beschlossen werden soll, und der im Februar 2012 vorgestellte Entwurf der Grundsatzkommission[18] enthält einige grundsätzliche Positionen zu den Bürgerrechten in der digitalen Welt und dem Schutz geistigen Eigentums.

Die Linkspartei formulierte schon Mitte 2008 in einem Positionspapier des Parteivorstands Leitlinien zu den Herausforderungen der digitalen Welt.[19] Erst im September 2011 wurde jedoch die Bundesarbeitsgemeinschaft Netzpolitik gegründet, um konkrete Positionen einer linken Netzpolitik zu entwickeln. Die allgemeinen Grundsätze sind im Grundsatzprogramm der Linkspartei vom Oktober 2011 enthalten.[20]

Ende 2011 kamen somit die netzpolitischen Diskussionen der Parteien zu einem ersten Abschluss. Ihre Positionen zu relevanten Fragestellungen der Netzpolitik sollen im Folgenden verglichen werden, wobei nochmals zu betonen ist, dass es sich bei der Linkspartei und der FDP um die generelle Positionierung in Grundsatzprogrammen handelt, in denen zu Einzelfragen nicht Stellung genommen wird, sodass Aussagen nur zu wenigen der folgenden Fragestellungen zu finden sind.

1) Ausbau des Breitband-Netzzugangs für die Bevölkerung: Die CDU befürwortet den flächendeckenden Breitbandausbau, lehnt aber eine gesetzliche Universaldienstverpflichtung der Telekommunikationsunternehmen ab: „Nicht jeder kann mit diesem Wandel und dieser Geschwindigkeit Schritt halten. Hier müssen der Staat und die Gesellschaft solidarische Hilfestellung geben, u.a. durch den „flächendeckenden Breitbandausbau". Allerdings „lehnen wir eine gesetzliche Universaldienstverpflichtung der Telekommunikationsunternehmen zum Breitbandausbau als zu weitgehenden Eingriff ab."

Die SPD hingegen plädiert für eine gesetzliche Universaldienstverpflichtung, wenn ein flächendeckender Breitbandausbau über den Marktmechanismus nicht zeitnah verwirklicht wird: „Wir brauchen in Deutschland das Recht auf eine schnelle Internetverbindung. Dies stellt heute einen Teil der öffentlichen Daseins-

---

18 Verantwortung für die Freiheit, Entwurf der FDP-Grundsatzkommission, Stand 6. Februar 2012, http://www.fdp.de/files/565/Freiheitsthesen_Entwurf_der_Grundsatzkommission.pdf (10.02.2012).

19 Herausforderungen der digitalen Welt begegnen – Grundlagen für eine digitale Medienordnung schaffen, Positionspapier des Parteivorstandes – Beschluss vom 6. Juli 2008, http://www.die-linke.de/index.php?id=4904 (28.01.2010).

20 Programm der Partei DIE LINKE, Beschluss des Parteitages der Partei DIE LINKE vom 21. bis 23. Oktober 2011 in Erfurt, bestätigt durch einen Mitgliederentscheid im Dezember 2011, http://www.die-linke.de/partei/dokumente/programmderparteidielinke/ (04.04.2012).

vorsorge dar. (…) Damit ist dessen Sicherstellung zum Bestandteil der kommunikativen und medialen Daseinsvorsorge geworden. (…) Für den Fall, dass durch wettbewerbliche Lösungen die Grundversorgung nicht zeitnah verwirklicht wird, wollen wir diese durch eine gesetzliche Universaldienstverpflichtung endgültig absichern. (…) Für den Fall der Umsetzung der Universaldienstverpflichtung ist die Finanzierung durch eine Unternehmensumlage vorzusehen." Die Grünen wollen die staatliche Garantie eines Breitbandzugangs über eine gesetzliche Universaldienstverpflichtung: „Zum grünen Verständnis von sozialer Teilhabe im 21. Jahrhundert gehört es, den Breitbandzugang als Teil der Daseinsvorsorge über einen verpflichtenden Universaldienst sicherzustellen und die Unpfändbarkeit des Internetzugangs festzuschreiben." Auch die Linkspartei „fordert, die Infrastruktur für ein schnelles Internet als Grundversorgung für alle bereitzustellen".

2) Öffentliche kostenlose WLAN-Netze: Bei der CDU wird dieses Thema nicht angesprochen, die SPD unterstützt die Bereitstellung: „Gleiche Zugänge bedeutet aber auch in den Kommunen WLAN-Netze bereitzustellen, die öffentlich und kostenlos zugänglich sind. Die SPD will in allen städtischen Kommunen solche WLAN-Netze gemeinsam mit den Stadtwerken oder privaten Partnern vorhalten." Auch die Grünen unterstützen das Vorhaben: „(…). wollen wir Vorhaben, die den Ausbau von kostenfreien WLAN-Netzwerken zum Ziel haben – ob öffentlich, privatwirtschaftlich oder durch Privatpersonen, ob in Städten, auf öffentlichen Plätzen oder im ÖPNV – aktiv unterstützen."

3) Förderung der Medienkompetenz der Bevölkerung: Die CDU sieht die Medienkompetenz als primär gesellschaftliche Aufgabe, die durch den Staat u. a. in Form einer verpflichtenden Verankerung in den Lehrplänen unterstützt werden kann: „Medienbildung ist aber zunächst Verantwortung Aller und Aufgabe jedes Einzelnen. Wo Hilfe benötigt wird, ist es eine gesellschaftliche Aufgabe, die durch den Staat unterstützt werden kann. Dies kann u. a. durch eine stärkere und verpflichtende Verankerung der Medienkompetenz in den Lehrplänen, zielgerichtete Elternarbeit oder durch die Stärkung kindgerechter Angebote im Internet erfolgen." Die FDP sieht es als ihr oberstes Ziel an, die Menschen zu einer selbstbestimmten Gestaltung ihres Lebens zu befähigen, wozu auch die Medienkompetenz als „Grundlage für den Schutz der Privatsphäre im digitalen Raum" gehört.

Die SPD will vor allem die Medienkompetenz der Jugend fördern: „Medienkompetenz muss zum Pflichtteil jeden Lehrplans in den Schulen werden. (…) Die Stellung von Medienpädagogik und die Vermittlung von Medienkompetenz müssen im gesamten Bildungssystem gestärkt werden. (…) streben wir außerdem eine Informations- und Qualifizierungsoffensive in den Bezugsräumen von Kindern und Jugendlichen an, auch um dem jeweiligen Ausbildungspersonal Unterstützung leisten zu können (Kindertagesstätten, Schulen, Ausbildungszentren etc.). Pilotprojekte wie den „Medienkompetenzführerschein" in NRW wollen wir fördern (…) Eine weitere Säule der Medienkompetenzprogramme sind Mentorenprojekte, die wir ausdrücklich fördern möchten". Für die Grünen hingegen steht die Förderung der lebenslangen Weiterentwicklung der Medienkompetenz im Vordergrund: „Diese Befähigung zur kritischen Nutzung des Internets kann nicht durch Internetführerscheine erteilt werden. Konzepte, die Medienkompetenz als reines Abfragewissen verstehen, wie das bei einigen „Medienführerscheinen" der Fall ist, lehnen wir daher ab. Medienkompetenz erfordert erlebtes und fortschreitendes Lernen, Interaktivität, den Einsatz sowie die Nutzung von Medien in verschiedensten Situationen und muss immer weiter entwickelt werden.". Die Linke fordert „Medienbildungsangebote, die für alle Bevölkerungsgruppen unabhängig von Alter, sozialer Lage und Region zur Verfügung stehen".

4) Anonymität und Pseudonymität im Netz: In der CDU wird dieser Punkt noch kontrovers diskutiert. Der Arbeitskreis Netzpolitik spricht sich für den Schutz der Anonymität im Netz aus, will aber Ausnahmen bei von Klarnamen abhängigen Diensten und in der Strafverfolgung vorsehen: „Der AK Netzpolitik hält das Recht auf Pseudonyme und Anonymität im Internet daher für wichtig und schützenswert. Diese Position des AK Netzpolitik ist unvereinbar mit einem „Klarnamenzwang (…). Allerdings kann es auch kein absolutes Recht auf Anonymität im Internet geben. Bei Diensten, deren Grundfunktionalitäten und Zweckausrichtung von der Nutzung von Klarnamen abhängen (…) ist eine Identifikation notwendig. Gleichermaßen besteht kein Widerspruch zu der berechtigten Forderung, dass etwa im Falle von Straftaten eine Identifizierung von Nutzern durch Provider, Bezahldiensteanbieter oder staatliche Behörden möglich sein muss." Bei der SPD wird dieses Thema nicht angesprochen, die Grünen plädieren für einen generellen rechtlichen Anonymitätsschutz: „Für uns ist die Möglichkeit der Verwendung von Pseudonymen oder Anonymität zentraler und rechtlich zu schützender Bestandteil eines freien Internets." Daher „erteilen wir einer sog. Klarnamenpflicht eine deutliche Absage."

5) Netzneutralität, d. h. die unveränderte und gleichberechtigte Übertragung von Datenpaketen im Netz, unabhängig von Sender, Empfänger, Inhalt oder der generierenden Anwendung: Für die CDU sind staatliche Maßnahmen zur Sicherung der Netzneutralität nur notwendig, wenn der marktwirtschaftliche Wettbewerb die Netzneutralität zukünftig nicht mehr gewährleisten sollte. Eine Differenzierung der Datenübertragung nach Qualitätsklassen wird als zulässig erachtet, eine Differenzierung nach Anbietern innerhalb einer Diensteklasse nicht: „Der Arbeitskreis Netzpolitik geht davon aus, dass auch zukünftig ein ausreichen-

der Wettbewerb zwischen den Netzwerkbetreibern nicht nur die Netzneutralität auch ohne staatliche Eingriffe gewährleisten wird, sondern dass dieser Wettbewerb zudem innovationsfördernd wirkt. (…) So halten wir eine Differenzierung nach Qualitätsklassen durchaus für zulässig, eine Differenzierung innerhalb einer Diensteklasse etwa nach Anbietern jedoch nicht. Sollte sich aber herausstellen, dass zukünftige Entwicklungen die Netzneutralität in diesem Sinne gefährden, sind kartellrechtliche und regulatorische Maßnahmen anzuwenden."

Die SPD fordert eine gesetzliche Verankerung der Netzneutralität, eine Datendifferenzierung wird nur im Verbraucherinteresse für zulässig gehalten: „Die SPD kämpft daher für … Netzneutralität. (…) Die gesetzliche Sicherung der Neutralität des Netzes in Europa und Deutschland sichert Barrierefreiheit beim Zugang zum schnellen Internet. (…) Für den Erhalt der Netzneutralität sind folgende sechs Prinzipien unerlässlich: Wettbewerb und Planungssicherheit durch klare Vorgaben, (…) Gleichbehandlungsgrundsatz, (…) Datendifferenzierung nur im Interesse der Verbraucherinnen und Verbraucher, (…) Nutzerinnen und Nutzer stärken, (…) Schutz der Dateninhalte und (…) Öffentliche Kontrolle durch die Bundesnetzagentur." Die Grünen gehen von einer breiten Definition von Netzneutralität aus und fordern wie die SPD eine gesetzliche Verankerung: „BÜNDNIS 90/DIE GRÜNEN verstehen Netzneutralität als die gleichberechtigte Übertragung von Daten im Internet, ungeachtet ihrer Herkunft, ihres Zieles, ihres Inhalts, verwendeter Anwendungen oder benutzter Geräte, wobei als gleichberechtigte Übertragung der Transport von Daten über die Übertragungswege des Internets ohne behindernde Eingriffe wie Sperren, Verlangsamen und Verfälschungen zu verstehen ist. Damit einher geht ein Diskriminierungsverbot für den Transport von Daten. (…) Diesen massiven Eingriff in die demokratische Grundstruktur des Internets zugunsten der bevorzugten Durchleitung von Daten einiger weniger großer Unternehmen lehnen wir entschieden ab und setzen uns stattdessen für einen effektiven Schutz der gleichberechtigten Meinungsfreiheit im Internet ein. Wir streiten für die rechtliche Verankerung der Netzneutralität und wollen uneingeschränkte Netzneutralität erreichen. Zudem soll die zukünftige öffentliche Förderungen des Netzausbaus an eine Verpflichtung der Netzbetreiber zur Netzneutralität geknüpft werden." Auch die Linke fordert eine gesetzliche Festschreibung der Netzneutralität und zusätzlich die Vergesellschaftung der Netzinfrastruktur: Um der Gefahr der Medienmacht und Medienmanipulation zu begegnen, bedarf es der „Bewahrung eines freien Internets ohne Zensur und mit festgeschriebener Netzneutralität. Das Internet ist für DIE LINKE ein öffentliches Gut, die Netzinfrastruktur gehört unter gesellschaftliche Kontrolle und muss demokratisiert werden".

6) Datenschutz: Die CDU will eine grundlegende Überprüfung der Gesetzeslage und plädiert für ein entwicklungsoffenes System der regulierten Selbstregulierung mit grundsätzlichem Vorrang der Selbstbestimmung innerhalb bestimmter Grenzen: „Wir benötigen ein ausgewogenes, pragmatisches und zukunftsfähiges Konzept, dass entwicklungsoffen ist und bei Wahrung elementarer Freiheiten des Einzelnen gleichzeitig Innovation und neue Formen des Datenaustauschs ermöglicht. Statt eines Verbots mit Erlaubnisvorbehalt kann es sinnvoll sein, auch bei der Datenverarbeitung grundsätzlich der Freiheit den Vorrang einzuräumen und nur bei Überschreitung bestimmter Grenzen Verbote auszusprechen und Sanktionen vorzusehen. Ein solches entwicklungsoffenes System bedarf einer Stärkung der Selbst- bzw. Co- Regulierung der Industrie in einem System, das Planbarkeit und Rechtssicherheit für alle Beteiligten bietet. (…) Der Einzelne muss autonom entscheiden können, welche Daten er zu welchem Zweck in sozialen Netzwerken preisgibt." Ganz in ihrer Bürgerrechtstradition setzt sich die FDP im Entwurf des Grundsatzprogramms „leidenschaftlich für den Schutz der Privatsphäre und persönlicher Daten ein – auch und gerade im Internet", wobei „die Balance zwischen Datenschutz und Kommunikationsfreiheit immer wieder kritisch hinterfragt und stets aufs Neue austariert werden" muss.

Bei der SPD findet sich nur ein allgemeines Bekenntnis zum Datenschutz und zur informationellen Selbstbestimmung: „Wir setzen uns für ein offenes Internet ohne Kontrolle und Zensur der Inhalte ein. Das bedeutet nicht, dass das Internet frei von Regeln und Gesetzen ist. Es ist vielmehr unsere Aufgabe, es im Sinne von Teilhabe, gleichen Zugängen, Datenschutz und Sicherheit für alle zu gestalten. (…) Gleichzeitig werden wir die Daten und die informationelle Selbstbestimmung des Einzelnen schützen." Die Grünen hingegen verlangen eine grundlegende, am Grundsatz der informationellen Selbstbestimmung orientierte Reform und die Verankerung des Datenschutzes im Grundgesetz: „Wir wollen einen Datenschutz, (…) der explizit im Grundgesetz verankert und garantiert ist, der es jedoch jeder und jedem frei und selbstbestimmt ermöglicht, selbst eigene Daten und Informationen zu veröffentlichen und aktiv mit anderen zu teilen. (…) Grundlegende Reformen des Datenschutzes, die sich am Grundsatz der informationellen Selbstbestimmung und unserem Motto „Meine Daten gehören mir" orientieren, sind unabdingbar. (…) muss in der Sache gewährleistet sein, dass der Datenschutz auch als Wettbewerbsfaktor wirksam wird. Deshalb fordern wir endlich die Vorlage eines anspruchsvollen Gütesiegel- und Auditierungsgesetzes."

7) Jugendmedienschutz: Die CDU fordert eine Neuausrichtung des Jugendmedienschutzstaatsvertrags ohne Sperrverfügungen. Mögliche Einstufungen und

Kennzeichnungen von Inhalten sollen nur als Empfehlung für die Eltern ausgesprochen werden: „Der Jugendmedienschutzstaatsvertrag muss auf aktuelle Herausforderungen im Internet ausgerichtet werden und Unsicherheiten bei Anbietern und Nutzern von Telemedien beseitigen. Dabei muss man sich von Instrumenten verabschieden, wenn sie sich nicht bewährt haben. Hierzu gehören zum Beispiel Sperrverfügungen nach § 20 Abs. 4 JMStV. Eventuell einzuführende Einstufungen und Kennzeichnungen dürfen lediglich den Charakter einer Empfehlung für die Eltern darstellen." Bei der SPD wird das Thema nicht angesprochen. Die Grünen lehnen die Novellierung des Jugendmedienschutzstaatsvertrags in der vorliegenden Fassung ab, obwohl einige Landtagsfraktionen der Grünen der Novellierung zugestimmt hatten: „(…) setzen wir uns für einen Jugendmedienschutz ein, der Risiken minimiert und insbesondere Kinder schützt. Der Jugendmedienschutz muss in Abwägung mit anderen freiheitlichen Grundrechten ausgestaltet werden. (…) Die von uns abgelehnte Neufassung des Jugendmedienschutzstaatsvertrages (JMStV) ist diesem Anspruch nach Ausgewogenheit und Angemessenheit nicht genügend gerecht geworden. Sie hat vielmehr eine Richtung eingeschlagen, welche kommerzielle Angebote bevorzugt und den Zugang zu globalen Angeboten erschwert. Für uns geht es darum, Jugendschutz zu ermöglichen und gleichzeitig Zugang zu wahren. Verpflichtende Vorkontrollen bei Web2.0-Angeboten lehnen wir ab."

8) Online-Durchsuchungen: Bei der CDU und der SPD wird das Thema nicht angesprochen, die Grünen sprechen sich klar für ein Verbot aus: „Das heimliche Ausspionieren von Computern lehnen wir ab, die heimliche Online-Durchsuchung wollen wir im Bund und den Ländern abschaffen (…) und die Intimsphäre im digitalen Zeitalter schützen. (…) Im Rahmen der sogenannten Quellen-Telekommunikationsüberwachung (Quellen TKÜ), halten wir die verfassungsrechtlich engen Grenzen für deren Einsatz zur Zeit nicht technisch umsetzbar und treten für den Stopp des Einsatzes entsprechender Programme ein."

9) Netzsperren: Dieses Thema ist durch den mit Zustimmung aller Fraktionen gefassten Beschluss des Bundestags vom 1.12.2011, die im Zugangserschwerungsgesetz von 2010 vorgesehene, danach aber auf Druck der FDP ausgesetzte Sperrung von Webseiten mit kinderpornographischen Inhalten aufzuheben und diese Webseiten zukünftig zu löschen, zunächst erledigt. Allerdings nennt die neue „EU-Richtlinie zur Bekämpfung des sexuellen Missbrauchs und der sexuellen Ausbeutung von Kindern sowie der Kinderpornografie" Netzsperren immer noch als Mittel im Kampf gegen Kinderpornographie und die EU-Kommissarin Cecilia Malmström hatte sogar auf eine verpflichtende EU-weite Einführung der Sperren gedrängt (vgl. auch den nächsten Abschnitt).

10) Freie und offene Software/Softwarepatente: Diese Thematik wird bei der CDU nicht angesprochen. Die SPD will vor allem die kleinen/mittleren Unternehmen der Software-Industrie unterstützen, ist aber für die staatliche Nutzung von freier Software: „Wir wollen, dass Deutschland im Bereich der Software-Industrie seine Erfolgsgeschichte fortsetzt. (…) Vor allem kleine und mittlere Software-Unternehmen müssen bei der Suche nach Fachkräften und bei der Beschaffung von Wagniskapital Bedingungen vorfinden, die die volle Entfaltung ihrer Potenziale zulassen. (…) Freie und proprietäre Software haben jeweils ihre eigene Berechtigung und eigene Geschäftsmodelle. Der Staat indessen muss überall dort, wo es möglich ist, freie und keine proprietären Softwarelösungen nutzen, um sich tunlichst nicht von Einzelanbietern abhängig zu machen." Die Grünen plädieren für freie und offene Software und sind für ein Verbot von Softwarepatenten: „Open Business Modelle und sozial-ökologische Geschäftsideen setzen auf den Ansatz des Teilens, der Offenheit und des Miteinanders und tragen somit außerordentlich zu einem Wohlstandsgewinn für alle bei. (…) Wir streiten für Offenheit statt Patentkriege und unterstützen freie und offene Software (FOSS) auf allen Ebenen, da die Nutzung entsprechender Angebote auch ein politisches Statement für Offenheit und gegen Monopole ist. (…) BÜNDNIS 90/DIE GRÜNEN setzen sich daher für offene Standards, die ein reibungsloses Zusammenspiel verschiedener Software (Interoperabilität) ermöglichen und ein Verbot von Softwarepatenten ein. Wir lehnen die Patentfähigkeit von softwarebezogenen Lösungen ab. Dies gilt für Software, softwarebasierte Verfahren sowie für neue Eigenschaften von Computern, wenn diese augenscheinlich nur durch ein neues Programm bewirkt werden. (…) Wir fordern daher, die Erteilung von Softwarebezogenen Patenten zu verbieten, sowie ihre rechtliche Durchsetzbarkeit im Verletzungsprozess zu unterbinden."

11) Open Access, d. h. der kostenlose Zugang zu wissenschaftlicher Literatur im Internet: Die CDU will sich für die Entwicklung einer nachhaltigen Open Access Strategie einsetzen: „Wir setzen uns für eine Unterstützung des Open Access Prinzips im Sinne der „Budapester Open Access Initiative" und der „Berlin Declaration on Open Access to Knowledge in the Sciences and Humanities" in Deutschland ein. Dies bedeutet für uns die Förderung des Open Access Prinzips in deutschen Forschungsförderungsfonds und der deutschen Universitätslandschaft durch die gemeinsame Entwicklung einer nachhaltigen Open Access Strategie und die Verankerung eines verbindlichen Zweitveröffentlichungsrechts in den Förderrichtlinien für Autoren wissenschaftlicher Beiträge im Internet." Bei der SPD wird das Thema nicht angesprochen, die Grünen unterstützen das Prinzip und wollen dazu auch das Urheberrecht ändern: „Im wissenschaftlichen

Kontext unterstützen wir das Open-Access-Prinzip, den freien Zugang zu Publikationen und anderen Informationen. Wir wollen, dass in Zukunft wissenschaftliche Publikationen, die durch öffentliche Finanzierung ermöglicht wurden, der Öffentlichkeit kostenfrei dauerhaft zugänglich gemacht werden. (…) Auch das Urheberrecht muss so gestaltet werden, dass es wissenschaftliche Beiträge als Open-Access-Publikationen ermöglicht und erleichtert."

12) Open Data, d. h. die Bereitstellung öffentlicher und nicht-personenbezogener Daten im Internet: Die CDU unterstützt das Prinzip, ist aber nicht in allen Fällen für eine kostenlose Bereitstellung der Daten: „Wir setzen uns zudem für eine deutliche Ausweitung des Open Data Prinzips in Deutschland ein. Nach Möglichkeit sollen die Daten unter by-nc Lizenz zur Verfügung gestellt werden. Das bedeutet, dass die weitere Nutzung für nichtkommerzielle Anwendungen bei Quellenangabe ohne weitere Einschränkungen möglich ist. (…) Es kann sinnvoll sein, Gebühren für die Bereitstellung von Daten zu verlangen, wenn z. B. die Erhebung der Daten sehr aufwendig war oder mit den Anwendungen der Daten kommerzielle Ziele verfolgt werden."

Auch die SPD unterstützt das Prinzip, will aber Vertraulichkeit mit mehr Transparenz in Einklang bringen: „SPD ist Teil der Open-Data-Bewegung und fordert mehr Offenheit und Transparenz von öffentlichen Daten. (…) Öffentliche Haushalte müssen öffentlich sein. (…) Offene Daten … lösen aber auch berechtigte Befürchtungen vor zu großer Transparenz aus. (…) Gemeinsam mit den öffentlichen Verwaltungen wollen wir Wege finden, wie Vertraulichkeit mit mehr Transparenz in Einklang gebracht werden können." Für die Grünen bedeutet die Unterstützung des Open-Data-Prinzips auch eine Verpflichtung der Verwaltungen, Daten von vornherein frei verfügbar zu machen: „Wir wollen die Chancen des Internets nutzen, das bisher bestehende Prinzip umdrehen und die Verwaltungen dazu verpflichten, Dokumente, Analysen, Gutachten, Erhebungen und Statistiken nicht nur auf Nachfrage herauszugeben, sondern von vornherein proaktiv als offene Daten (Open Data) frei verfügbar zu machen. (…) wollen wir schnellstmöglich ein zentrales bundesweites Portal für offene Daten einführen, dessen Daten dezentral aus Bund, Ländern und Kommunen eingepflegt werden." Auch die Linke setzt sich „für ein verstärktes Angebot und Nutzung von Open Data" ein.

13) Open Government, also das Prinzip eines offenen, direkte Bürgerbeteiligung über das Internet einschließenden Regierungs- und Verwaltungshandelns: Die CDU unterstützt das Open-Government-Prinzip als Ergänzung der repräsentativen Demokratie und legt den Focus auf die Repräsentativität der Partizipation: „E-Partizipationsformate sind eine Ergänzung zur repräsentativen Demokratie und nicht als Ersatz oder Übergangsform zu einem direktdemokratischen Sys-

tem zu verstehen. Zusätzlich gilt es bei der Einführung von elektronischen Beteiligungsangeboten darauf zu achten, dass diese durch die Nutzungsunterschiede des Netzes nicht zu einer Verschärfung des Partizipationsungleichgewichts zwischen gesellschaftlichen Gruppen führt. Die Stärkung elektronischer Partizipationsmöglichkeiten darf nicht zu einer reinen Ermächtigung der Ermächtigten führen. Die Repräsentativität der Beteiligung ist stets zu beobachten." Die generelle FDP-Position zum Verhältnis von Staat und Bürgern kann auch im Sinne einer Unterstützung des Open-Government-Prinzips interpretiert werden: Die FDP will „jede Chance nutzen, um durch neue Medien ebenso wie durch eine neue Offenheit den Dialog und das Gespräch mit den Bürgerinnen und Bürgern zu suchen" und sieht den Staat als „Diener zur Gestaltung und Sicherung der offenen Bürgergesellschaft".

Wie die CDU, so will auch die SPD mit Open-Government die repräsentative Demokratie stärken: „Durch mehr Bürgerbeteiligung und Partizipation stärken wir die repräsentative Demokratie und schaffen Vertrauen in die Politik und demokratische Institutionen. Das Internet ermöglicht und erleichtert Formen der direkten Beteiligung von Bürgerinnen und Bürgern. (…) Wir befürworten daher „Open Government Days" in den Kommunen, die die Verwaltung durchlässiger zur Bevölkerung macht und das eGovernment befördert. (…) Kommunale Beteiligungsmöglichkeiten via Internet werden wir ausbauen." Für die Grünen hingegen steht beim Open-Government die Steigerung der Bürgerpartizipation an Regierungs- und Verwaltungsentscheidungen im Vordergrund: „Wir fühlen uns dabei den Prinzipien eines offenen Regierungs- und Verwaltungshandelns (Open Government) verpflichtet. Dazu gehört für uns die internetbasierte Zusammenarbeit mit innovativen kollaborativen Werkzeugen, die der Kommunikation mit den Bürgerinnen und Bürgern dient. Wir unterstützen Initiativen … Regierungshandeln und Bürgerbeteiligung im Sinne des Open Government zu gestalten. Das Internet ist das Mittel der Wahl, wenn es um die aktive Beteiligung der Bürgerinnen und Bürger geht. (…) Wir zielen damit vor allem auf mehr Partizipation an Entscheidungen von Regierung und Verwaltung." Auch für die Linke steht die Ausweitung der Bürgerpartizipation im Vordergrund: „Die Möglichkeiten für mehr gesellschaftliche Teilhabe an politischen Entscheidungen im digitalen Zeitalter muss DIE LINKE aufgreifen (…) DIE LINKE öffnet sich für das demokratische Potenzial des Netzes, die gesellschaftliche Teilhabe durch Open Government und E-Demokratie (bspw. Online-Petitionen, Bürgerhaushalte) zu verteidigen und auszubauen".

14) Urheberrecht: Dieses Thema wird in der CDU noch kontrovers diskutiert. Der AK Netzpolitik fordert eine Reform des Urheberrechts mit fairem Interes-

sensausgleich zwischen allen Beteiligten, setzt sich für den Schutz geistigen Eigentums ein, lehnt Pauschalvergütungsansätze ab und betont die Verhältnismäßigkeit der Rechtsdurchsetzung bei Urheberrechtsverstößen: „Wir halten auch das Urheberrecht und das geistige Eigentum für schützenswerte Grundlagen von Innovation und Wirtschaftswachstum in unserer Gesellschaft. (…) Das Prinzip der Sozialen Marktwirtschaft soll auch im Internet gelten. Deswegen lehnt der AK Netzpolitik die Einführung weiterer GEZ-Modelle wie eine pauschale Vergütung von Urhebern durch eine so genannte Kulturflatrate oder eine Kulturwertmark ab. Der AK Netzpolitik setzt sich auch dafür ein, das Bewusstsein für den Wert von Kreativität und geistigem Eigentum in der digitalen Gesellschaft zu stärken und gleichzeitig den rechtlichen Rahmen für attraktive Angebote urheberrechtlich geschützter Inhalte stetig fortzuentwickeln. Der AK Netzpolitik tritt für eine Reform des Urheberrechts ein, bei der ein fairer Ausgleich zwischen den Interessen von Werknutzern und Urhebern hergestellt werden muss. Unangemessene Benachteiligungen von Werknutzern müssen hierbei auf den Prüfstand. Die Rechtsdurchsetzung bei Urheberrechtsverstößen muss verhältnismäßig sein. Internetsperren sind dafür kein geeignetes Mittel. Anstelle einer kostenträchtigen Abmahnung könnten auch automatisierte und datenschutzneutrale Warnhinweise Nutzer auf ihr illegales Verhalten aufmerksam machen. Dabei muss jedoch auch klar sein, dass der verwarnte Nutzer bei wiederholter Rechtsverletzung mit einer ernstzunehmenden Reaktion zu rechnen hat." Auch die FDP setzt sich im Entwurf ihres Grundsatzprogramms für eine Urheberrechtsreform mit einem fairen Interessenausgleich zwischen den Beteiligten ein: „Die bestehende Rechtsunsicherheit in einer digitalisierten Welt gilt es durch ein modernes Urheberrecht zu ersetzen, das den Interessenausgleich zwischen Rechteinhabern und Nutzern fair gestaltet und den Zugang zu Wissen und Innovationen ermöglicht."

Bei der SPD wird das Thema nicht angesprochen und bei den Grünen werden noch einige Bereiche kontrovers diskutiert. Gefordert wird eine Reform mit fairem Interessenausgleich zwischen allen Beteiligten, die Freigabe von urheberrechtlich geschütztem Material zum nichtkommerziellen Gebrauch, die Entkriminalisierung von Urheberrechtsverstößen mit geringem Unrechtsgehalt, die Zulassung von Creative Commons-Lizenzen durch die Verwertungsgesellschaften und ein Recht auf Privatkopien. Das Leistungsschutzrecht für Presseverlage wird abgelehnt. Umstritten sind noch die Fragen der Verkürzung der Schutzfristen, der Pauschalvergütungsansätze und die Einschränkung von Buy-Out-Verträgen: „Wir Grüne setzen uns auch weiterhin für eine Modernisierung und Reform des Urheberrechts und einen fairen Ausgleich zwischen den Interessen der UrheberInnen, VerwerterInnen sowie den Interessen der NutzerInnen und der Allgemeinheit, also aller bei der Schaffung und Verwertung Beteiligten, ein. Wir wollen die UrheberInnen stärken – auch gegenüber den VerwerterInnen und VermarkterInnen ihrer Inhalte – und ihnen einen angemessenen finanziellen Ausgleich für die Nutzung ihrer urheberrechtlich geschützten Inhalte insbesondere auch und gerade im Internet ermöglichen. (…) wollen wir die Kriminalisierung der nichtkommerziellen Nutzung urheberrechtlich geschützter Werke im Internet beenden und den Zugang zu ihnen grundsätzlich erleichtern. (…) Darüber hinaus setzen wir uns für die Einführung einer Bagatellgrenze in § 106 des UrhG ein, um Fälle mit geringem Unrechtsgehalt zu entkriminalisieren und nicht abzumahnen. (…) und streiten daher für das Recht auf digitale Privatkopie, (…) die digitale Privatkopie wird dabei genauso durch eine entsprechende Vergütung kompensiert, wie die analoge Privatkopie (…) Leistungsschutzrechts für Presseverlage, welches wir ablehnen (…) Deswegen wollen wir, dass Verwertungsgesellschaften Creative Commons Lizenzen zulassen, damit die Künstler freier wählen können, welche Verwertungswege sie einschlagen wollen; (…) wollen wir … Möglichkeiten der Veränderung und Flexibilisierung der gegenwärtig sehr langen urheberrechtlichen Schutzfristen prüfen (…) Weil die Einführung einer Pauschalvergütung eine radikale Veränderung in der Kreativ- und Kulturbranche nach sich ziehen dürfte, sind die Vergütungsmodelle zu konkretisieren und auf ihre wirtschaftliche Durchführbarkeit zu überprüfen. Darauf legen wir den Fokus, bei unserer ergebnisoffenen Prüfung werden wir alternative Ansätze aber nicht aus dem Blick verlieren." Für die Linke gilt: „Statt Nutzerinnen und Nutzer zu kriminalisieren, sind politische Lösungen für neue Vergütungsmodelle der Kreativ- und Kulturschaffenden zu entwickeln".

15) Vorratsdatenspeicherung: In der CDU wird der Bereich noch kontrovers diskutiert, im AK-Bericht wird er nicht angesprochen. Die FDP hingegen lehnt die Vorratsdatenspeicherung ab und setzt sich für die Quick-Freeze-Methode ein: „Die ansatzlose und pauschale Speicherung sämtlicher Kommunikationsdaten aller Bundesbürger – Vorratsdatenspeicherung – lehnt die FDP ab (…) kämpfen die Liberalen für den Einsatz der Quick-Freeze-Methode, bei der die Telekommunikationsdaten nur im Verdachtsfall ‚schockgefrostet' werden".

Auch in der SPD findet noch eine kontroverse Diskussion statt und im Parteitagsbeschluss wird die Vorratsdatenspeicherung nicht angesprochen. Vor dem Bundesparteitag kursierte hierzu ein von Mitgliedern des GK Netzpolitik entworfener „Musterantrag" an den Parteitag mit einer differenzierten Sicht des Problems, der in der Netzcommunity auf zum Teil heftige Ablehnung stieß. Die Grünen lehnen eine Vorratsdatenspeicherung klar ab und wollen den Quick-Freeze-Ansatz verfolgen: „Das Schlagwort der ‚Cybersicherheit' darf nicht zum Deckmantel für einen Abbau des freien und offenen Internets führen. Konkret heißt das für uns, dass wir die verdachtsunabhängige Speicherung von Informationen, wie sie unter anderem bei der Vorratsdatenspeicherung (VDS) von Telekommunikationsdaten erfolgen soll, in aller Deutlichkeit ablehnen. (…) Wir Grüne treten daher europaweit für ein schnelles Ende dieser Praxis und stattdessen bürgerrechtskonforme Lösungen bei der Strafverfolgung ein. Wenn eine Notwendigkeit für die Auswertung von Kommunikationsverkehrsdaten nachgewiesen werden kann, darf diese nur zum Zwecke der Strafverfolgung, zeitlich begrenzt, im konkreten und einzelnen Verdachtsfall (nach dem Ansatz Quick-Freeze, dem vorübergehendem Sichern von Daten) erfolgen."

4 Die Enquete-Kommission „Internet und digitale Gesellschaft" des Bundestags

Anfang 2010 schlug die Unionsfraktion die Einrichtung einer Enquete-Kommission des Bundestags zum Thema „Internet und digitale Gesellschaft" vor, die die Folgen der Online-Revolution für Gesellschaft, Wirtschaft und Recht erörtern und für den Bundestag Empfehlungen erarbeiten soll. Anfang März beschloss der Bundestag einstimmig die Einrichtung dieser Kommission aus 17 Abgeordneten und 17 Sachverständigen, die bis zur Sommerpause 2012 ihre Ergebnisse und Empfehlungen vorlegen soll.

Von den Piraten sofort als „Alibi-Veranstaltung"[21] kritisiert, nahm die Kommission Anfang Mai 2010 ihre Arbeit auf und beschloss, sich in 12 Projektgruppen zu organisieren, von denen die Gruppen Netzneutralität, Datenschutz/Persönlichkeitsrechte, Urheberrecht und Medienkompetenz sofort mit der Arbeit begannen. Es zeigte sich schnell, dass es die Kommission nicht nur mit einer breiten und komplizierten Materie zu tun, sondern auch – angesichts der unterschiedlichen inhaltlichen Positionen der beteiligten Parteien – mit parteipolitischem Gezerre zu kämpfen hatte.

Im April 2011 sollte ein Zwischenbericht mit den Arbeitsergebnissen und Handlungsempfehlungen der Projektgruppen vorgelegt werden. Am 19. April 2011 wurde jedoch nur ein Tätigkeitsbericht[22] veröffentlicht, da von keiner der vier Pro-

---

21 Zit. n. Bundestag beschließt Web-Enquete, in: Der Spiegel online vom 4. März 2010, http://www. spiegel.de/netzwelt/netzpolitik/0,1518,druck-681799,00.html (08. 03. 2010).

22 Zwischenbericht der Enquete-Kommission „Internet und digitale Gesellschaft", Bundestagsdrucksache 17/5625 vom 19. 4. 2011, http://www.bundestag.de/internetenquete/dokumentation/ Zwischenberichte/Zwichenbericht_Taetigkeitsbericht_1705625.pdf (21. 03. 2012).

jektgruppen Berichte mit Handlungsempfehlungen vorlagen. Im Juni wurde dann der Zwischenbericht zur Medienkompetenz beraten und beschlossen[23], in dem die Kommission vor allem eine stärkere Vernetzung der medienpädagogischen Aktivitäten auf Bundes- und Länderebene, die Ausstattung von Schulkindern mit Laptops und die digitale Bereitstellung von Lehrmitteln empfiehlt.

In der Sitzung vom 4. Juli 2011 verständigte man sich auf eine gemeinsame Haltung zu den Handlungsempfehlungen zum Urheberrecht.[24] Man sprach sich für eine Vereinfachung und systematische Anpassung der urheberrechtlichen Vorschriften an die Erfordernisse der digitalen Gesellschaft aus, wobei Verständnis für die Bedürfnisse aller Beteiligten anzustreben sei. Allerdings müsse der Schutz der Interessen der Schöpfer kreativer Güter beibehalten werden. Weiterhin umstritten waren jedoch die Bereiche Netzneutralität und Datenschutz, die zu „parteitaktischen Querelen" und einer „tiefen Spaltung"[25] der Kommission führten, so dass hier wieder keine Beschlüsse gefasst und die weiteren Beratungen nach heftigem Streit auf den Herbst vertagt wurden.

Auf der Sitzung am 17. Oktober verabschiedete man dann zwar den Zwischenbericht zur Netzneutralität[26]. Auf gemeinsame Handlungsempfehlungen konnte man sich, insbesondere wegen der nach wie vor gegensätzlichen Positionen zu ihrer gesetzlichen Festschreibung und der Frage des Angebots unterschiedlicher Dienstklassen für unterschiedliche Entgelte – aber wieder nicht einigen und der Bericht zum Datenschutz wurde abermals verschoben. Endgültig beraten und beschlossen wurde er erst am 12. Dezember 2011.[27] Auch hier konnten man sich in

---

23 Veröffentlicht im Oktober 2011: Zweiter Zwischenbericht der Enquete-Kommission „Internet und digitale Gesellschaft": Medienkompetenz, Bundestagsdrucksache 17/7286 vom 21.10.2011, http://www.bundestag.de/internetenquete/dokumentation/Zwischenberichte/Zwischenbericht_Medienkompetenz_1707286.pdf (21.03.2012).

24 Veröffentlicht im November 2011: Dritter Zwischenbericht der Enquete-Kommission „Internet und digitale Gesellschaft": Urheberrecht, Bundestagsdrucksache 17/7899 vom 23.11.2011, http://www.bundestag.de/internetenquete/dokumentation/Zwischenberichte/Zwischenbericht_Urheberrecht_1707899.pdf (21.03.2012)

25 Politik-Geschacher entzweit Internet-Regierungsberater, in: Süddeutsche Zeitung online vom 4. Juli 2011, http://www.sueddeutsche.de/digital/internet-enquete-kommission-politik-geschacher-entzweit-internet-regierungsberater-1.1116003 (07.04.2012).

26 Veröffentlicht im Februar 2012: Vierter Zwischenbericht der Enquete-Kommission „Internet und digitale Gesellschaft": Netzneutralität, Bundestagsdrucksache 17/8536 vom 02.02. 2012, http://www.bundestag.de/internetenquete/dokumentation/Zwischenberichte/Zwischenbericht_Netzneutralitaet_1708536.pdf (21.03.2012).

27 Veröffentlicht im März 2012: Fünfter Zwischenbericht der Enquete-Kommission „Internet und digitale Gesellschaft": Datenschutz und Persönlichkeitsrechte, Bundestagsdrucksache 17/8999 vom 15.03.2012, http://www.bundestag.de/internetenquete/dokumentation/Zwischenberichte/Zwischenbericht_Datenschutz_1708999.pdf (21.03.2012).

Die netzpolitischen Reaktionen der anderen Parteien auf das Erscheinen der Piratenpartei 255

einigen Punkten nicht auf gemeinsame Handlungsempfehlungen einigen, sodass es erneut Sondervoten gab. Am 20. Januar 2012 debattierte der Bundestag den Tätigkeitsbericht der Enquete-Kommission vom April 2011 und den Zwischenbericht zur Medienkompetenz, ohne dass Beschlüsse gefasst wurden. Dennoch wurden seit der Bundestagswahl einige wesentliche netzpolitische Entscheidungen getroffen bzw. Weichen gestellt, die im nächsten Abschnitt kurz vorgestellt werden sollen.

5 Wesentliche netzpolitische Entscheidungen nach der Bundestagswahl 2009

Die wesentlichste netzpolitische Entscheidung kurz nach der Bundestagswahl war das Umdenken beim erst am 18. Juni 2009 vom Bundestag mit der Mehrheit der Großen Koalition beschlossenen ‚Gesetz zur Bekämpfung der Kinderpornografie in Kommunikationsnetzen' (Zugangserschwerungsgesetz), das 2009 wegen der Befürchtung einer schleichenden Internetzensur zu heftigen Protesten geführt hatte.[28] Die FDP hatte sich schon vor der Bundestagswahl dagegen ausgesprochen, die Sozialdemokraten „drehten bei, sobald sie in der Opposition waren … und schlugen vor, das gerade noch mitfabrizierte Gesetz ersatzlos zu streichen", und „selbst in der Union war die Leidenschaft für das eigene Zugangserschwerungsgesetz zuletzt spürbar abgekühlt".[29] Schon in den Koalitionsverhandlungen zwischen Union und FDP zur Regierungsbildung nach der Bundestagswahl 2009 einigte man sich daher darauf, das Gesetz nach Inkrafttreten in der Praxis für ein Jahr auszusetzen. Im Februar 2010 gab dann die schwarz-gelbe Bundesregierung „sichtlich irritiert vom Erfolg der Piratenpartei bei der Bundestagswahl … die Sperrpläne der Großen Koalition"[30] auf und kündigte stattdessen eine Gesetzesinitiative zur Löschung kinderpornographischer Inhalte im Internet an.

Auch der neue elektronische Entgeltnachweis (‚Elena'), der Arbeitgeber seit dem Jahresbeginn 2010 dazu verpflichtete, die Einkommensdaten ihrer Mitarbei-

---

28 Zur Vorgeschichte vgl. das Kapitel des Verfassers zu den Piraten im parteipolitischen Wettbewerb.

29 Stefan Berg/Marcel Rosenbach, Schwarz-Gelb rückt von Internetsperren ab, in: Der Spiegel online vom 8. Februar 2010, http://www.spiegel.de/politik/deutschland/0,1518,676669,00.html (09.02.2010).

30 Heinrich Wefing, Ein bisschen Staat muss sein, in: Die Zeit online vom 18. Februar 2010, http://www.zeit.de/2010/08/P-schwarz-Gelb-Internet (24.02.2010).

ter an eine zentrale Speicherstelle zu melden, wurde nach massiver öffentlicher Kritik im Juli wegen Datenschutzbedenken und hoher Kosten ausgesetzt.

Schon seit 2007 verhandelten EU-Vertreter mit Vertretern der USA und vieler weiterer Staaten über ein internationales Abkommen zur Bekämpfung von Urheberrechtsverstößen (Anti-Counterfeiting Trade Agreement, ACTA), mit dem Produkt- und Markenpiraterie bekämpft werden soll. Anfang 2012 schwollen die Proteste gegen ACTA, durch das eine Internetzensur befürchtet wird, europaweit an. Die Bundesregierung beschloss im Februar 2012, die Unterzeichnung des Abkommens zunächst einmal auszusetzen um es in Ruhe zu beraten, obwohl vor allem CDU-Politiker es für durchaus sinnvoll halten.

Ein anderes netzpolitisches Thema führt jedoch zum Dauerstreit zwischen den Koalitionspartnern: die Vorratsdatenspeicherung. Die seit Anfang 2008 geltende sechsmonatige Speicherung von Telefondaten, auf die von den Ermittlungsbehörden in einem konkreten Verdachtsfall zugegriffen werden konnte, wurde 2010 vom Bundesverfassungsgericht für verfassungswidrig erklärt. Seither ist die Vorratsdatenspeicherung in Deutschland rechtlich nicht geregelt. Seit Dezember 2011 drängte jedoch die EU-Kommission mit mehreren offiziellen Mahnungen darauf, eine Richtlinie der Europäischen Union zur Terrorabwehr und Strafverfolgung aus dem Jahr 2006, die die verdachtsunabhängige Speicherung von Telefon- und e-mail-Verbindungsdaten über einen längeren Zeitraum vorsieht, endlich in nationales Recht umzusetzen. Während die Mehrheit von CDU und CSU die Vorratsdatenspeicherung bei der Strafverfolgung für alternativlos halten und die Richtlinie daher befürworten, ist FDP-Bundesjustizministerin Sabine Leutheusser-Schnarrenberger strikt dagegen und befürwortet als Alternative das Quick-Freeze-Verfahren, mit dem Daten nur kurzfristig bei konkreten Anhaltspunkten für Straftaten gespeichert werden. Sie „inszeniert sich als Bürgerrechtsikone der FDP"[31] und spielt auf Zeit. Dies wird jedoch immer schwieriger, da die EU-Kommission der Bundesregierung im März 2012 eine letzte Frist setzte, bevor sie Klage beim Europäischen Gerichtshof wegen EU-Vertragsverletzung einreicht, was zu einem millionenschweren Bußgeld führen kann.

Zudem bekam ein schon Ende 2007 von der EU-Kommission unterbreiteter Vorschlag einer langjährigen, verdachtsunabhängigen Vorratsdatenspeicherung von Fluggastdaten nach dem versuchten Anschlag auf einen Flug von Amsterdam nach Detroit in der Weihnachtszeit 2009 neue Relevanz. Im Dezember 2011 wurde

---

31 Steffen Hebestreit, EU droht Deutschland mit Millionen-Bußgeld, in: Frankfurter Rundschau online vom 21. März 2012, http://www.fr-onlinde.de/datenschutz/vorratsdatenspeicherung-eu-droht-deutschland-mit-millionen-bussgeld,1472644,11947782.html (08.04.2012).

ein EU-Fluggastdatenabkommen mit den USA mehrheitlich von den EU-Mitgliedsstaaten abgesegnet, wobei Deutschland nicht für die Vereinbarung stimmte. Im März 2012 nahm das Abkommen durch die Zustimmung des Innenausschusses eine wichtige Hürde im Europäischen Parlament, wobei die Entscheidung von deutschen Abgeordneten der CDU als „Sieg der Vernunft" begrüßt und von FDP-Abgeordneten als „großer Fehler" bedauert wurde.[32] Auch dieser Bereich dürfte daher in naher Zukunft in Deutschland Probleme bereiten.

6 Fazit

Die Piratenpartei hat in der Zeit zwischen der Europawahl und der Bundestagswahl 2009 die zweite Karrierestufe erreicht. Sie begann, für ihre Konkurrentinnen im parteipolitischen Wettbewerb parteistrategische Relevanz zu entfalten. Unbestritten hat sie wesentlich zum agenda-setting der Netzpolitik beigetragen, d.h. sie hat diesem Politikbereich Aufmerksamkeit verschafft. Die größere Sensibilisierung für die Belange der Netz-Community und auch die Sorge um mögliche Wählerverluste hat in einigen Bereichen auch zu einem Umdenken der Konkurrenzparteien geführt. Andererseits zeigt die Exegese der netzpolitischen Positionen, dass die Parteien den neuen Bereich im Lichte ihrer jeweiligen Positionierung im Rahmen der Konfliktstruktur interpretieren und sich daher auch mehr oder weniger von der Piratenpartei abgrenzen bzw. sich als die bessere Alternative darzustellen versuchen.

Literatur

Bartels, Henning (2009): Die Piratenpartei. Entstehung, Forderungen und Perspektiven der Bewegung. Berlin: Contumax-Verlag.
Neumann, Felix (2011): Die Piratenpartei. Entstehung und Perspektive. Freiburg im Breisgau, http://fxneumann.de/wp-content/uploads/2011/10/felix-neumann-piratenpartei-entstehung-und-perspektive.pdf.

---

32 Zit. n. Innenausschuss segnet Fluggastdaten-Abkommen ab, in: Der Spiegel online vom 27. März 2012, http://www.spiegel.de/reise/aktuell/0,1518,824119,00.html (08.04.2012).

Neu im Programm Politikwissenschaft

Göhler, Gerhard / Iser, Mattias / Kerner, Ina
Politische Theorie
25 umkämpfte Begriffe zur Einführung
2., akt. u. erw. Aufl. 2012. 435 S. Br.
EUR 19,95
ISBN 978-3-531-16246-1

Was sich hinter Begriffen wie „Demokratie", „Gerechtigkeit", „Globalisierung", „Krieg" oder „Macht" verbirgt, ist umstritten - besonders in der politischen Theorie. Anhand von 25 Begriffen, deren Bedeutungsgehalt in den vergangenen zwanzig Jahren besonders stark umkämpft war, führt dieser Band in verständlicher Weise in die wichtigsten Diskussionen und Positionen der politischen Theorie und Philosophie ein. Die Beiträge gliedern sich jeweils in drei Abschnitte: Zunächst verdeutlichen sie die Relevanz des verhandelten Begriffs für die politische Theorie und Philosophie sowie für die politische Praxis. In einem zweiten, besonders ausführlichen Teil werden die Hauptlinien der Auseinandersetzung nachgezeichnet. Drittens stellen die Autorinnen und Autoren eine eigene Position dar.

Boeckh, Jürgen / Huster, Ernst-Ulrich / Benz, Benjamin
Sozialpolitik in Deutschland
Eine systematische Einführung
3., grundl. überarb. u. erw. Aufl. 2011.
491 S. Br. EUR 22,95
ISBN 978-3-531-16669-8

Der Band führt systematisch in das breite Spektrum von Geschichte, Strukturen, Problemlagen, Lösungswegen und die europäischen Zusammenhänge von Sozialpolitik in Deutschland sowie in die Theorie des Sozialstaates ein. Der besseren Verständlichkeit dienen ausführliche geschichtliche Dokumente und aktuelle Daten zur sozialen Entwicklung bzw. zur Sozialpolitik. Gibt es Grenzen des Sozialstaates? Diesen sucht sich der Band im geschichtlichen Rückgriff auf die Weimarer Republik systematisch und sozialräumlich zu nähern.

Dingwerth, Klaus / Blauberger, Michael / Schneider, Christian
Postnationale Demokratie
Eine Einführung am Beispiel von EU, WTO und UNO
2011. 236 S. (Grundwissen Politik) Br.
EUR 24,95
ISBN 978-3-531-17490-7

Internationale Organisationen stehen im Zentrum der Diskussion über das „Demokratiedefizit" internationaler Politik. Während politische Entscheidungen zunehmend auf internationaler Ebene getroffen werden, zweifeln Kritiker immer wieder an der Legitimation dieser Entscheidungen. Das Buch führt ein in die Diskussion über demokratisches Regieren „jenseits des Staates", es stellt die Funktionsweise von EU, WTO und UNO vor und diskutiert, inwieweit das Regieren in diesen Organisationen demokratischen Grundsätzen genügt bzw. wie sich Demokratiedefizite beheben lassen.

Erhältlich im Buchhandel oder beim Verlag.
Änderungen vorbehalten. Stand: Januar 2012.

Einfach bestellen:
SpringerDE-service@springer.com
tel +49(0)6221/345-4301
springer-vs.de

Printed by Publishers' Graphics LLC